“十三五”职业教育规划教材

大学生
军事课教程

DAXUESHENG
JUNSHIKE JIAOCHENG

主编　李小荣
编写　袁　静　李睿文
主审　吴金龙

中国电力出版社
CHINA ELECTRIC POWER PRESS

内 容 提 要

本书为“十三五”职业教育规划教材。

本书紧紧围绕国家人才培养和国防后备力量建设的需要，遵循国家教育部、总参谋部、总政治部修订的《普通高等学校军事课教学大纲》的精神，重点向青年学生传授中国国防建设、军事思想、国际战略环境、军事高技术、信息化战争等方面的基本理论知识，使学生认清国防与国家安危存亡、民族荣辱兴衰的密切关系，提高对国防地位和作用的认识，增强国防观念和国家安全意识。全书知识点清晰，结构合理，每章提出了学习重点、教学难点，采用思考题方式，巩固学生在课堂中所学知识。

本书可作为职业院校军事理论课程教材。

图书在版编目（CIP）数据

大学生军事课教程/李小荣主编．—北京：中国电力出版社，2018.10
“十三五”职业教育规划教材
ISBN 978-7-5198-2489-1

Ⅰ. ①大… Ⅱ. ①李… Ⅲ. ①军事科学－高等职业教育－教材 Ⅳ. ①E

中国版本图书馆 CIP 数据核字（2018）第 231626 号

出版发行：中国电力出版社
地　　址：北京市东城区北京站西街 19 号（邮政编码 100005）
网　　址：http://www.cepp.sgcc.com.cn
责任编辑：冯宁宁（010-63412537）
责任校对：黄　蓓　常燕昆
装帧设计：赵姗姗
责任印制：钱兴根

印　　刷：北京天宇星印刷厂
版　　次：2018 年 10 月第一版
印　　次：2018 年 10 月北京第一次印刷
开　　本：787 毫米×1092 毫米　16 开本
印　　张：15.75
字　　数：384 千字
定　　价：42.00 元

学校国防教育是全民国防教育的基础，把国防军事教育列入普通高校教学之中，是国家做出的战略性决策，实为利国、利军、利民之举，是全面贯彻党的教育方针，推进素质教育的举措，也为国防和军队建设培养后备人才打下坚实的基础。

在普通高等学校开设军事理论课，是《中华人民共和国国防法》《中华人民共和国兵役法》《中华人民共和国国防教育法》和《中华人民共和国预备役军官法》的要求，对大学生进行国防教育是高等学校教学工作的重要组成部分，也是提高学生全面素质的主要途径。国防教育是大学生的必修课程。根据教育部、中央军委联合参谋部、中央军委政治工作部2002年修订的《高等学校学生军事课教学大纲》，编写了本教材。在编写过程中，吸收了近年来军事改革和军事科学研究的新举措和成果，力求融思想性、知识性、科学性于一体，以丰富学生的军事知识，增强学生的国防意识为主旨。本教材是普通高等学校开展国防教育的实用教材，也可供各类军事爱好者阅读和参考。

编写过程中引用了有关专家、学者的成果。本书共八章，由江西电力职业技术学院李小荣担任主编，袁静、李睿文参与了编写。本书由江西电力职业技术学院吴金龙担任主审。由于国际政治、军事形势变幻莫测，军事技术日新月异，加之编者水平所限，某些滞后和不当之处，敬请广大读者提出宝贵意见。

编　者

2018年8月

目　录

第一章 中 国 国 防

教学目的

了解我国国防的历史和国防建设的现状及发展趋势，熟悉国防法规和国防政策的基本内容，明确我军的性质、任务和军队建设的指导思想，掌握国防建设和国防动员的主要内容，增强依法建设国防的观念。

教学重点

（1）掌握国防的基本要素。

（2）理解建设现代化国防的重大意义。

（3）领会国防动员和国防法制的主要内容。

教学难点

（1）国防建设与经济建设的辩证关系。

（2）科技动员在高技术战争中的地位与作用。

（3）高等学校在建设现代国防中的地位与作用。

第一节 国 防 概 述

国防是国家为防备和抵抗侵略、制止颠覆、保卫国家主权、领土完整和安全，而进行的军事活动及与军事有关的政治、经济、外交、科技、教育等方面的活动。国防是国家的重要职能之一。没有一个稳固的国防，国家的安全和社会的发展就没有保障。强大的现代化国防，是关系到国家安危的大事、关系到经济发展的大事，也是关系到外交政策的大事。

一、国防基本要素

1. 国防的主体

国防的主体是国防活动的实行者，通常为国家。任何国家自诞生之日起，都要防备和抵御各种外来侵略，以保障国家安全，维系国家生存。国防随着国家的产生而产生，随着国家的发展而发展，最终随着国家的消亡而消亡。国防维护国家权力，同时也只有依靠国家权力才能运转。国防又是国家的防务，是全民的防务，与国家的各个部门、各种组织及全体公民息息相关。加强国防建设，必须依靠国家各方面的综合力量。

2. 国防的目的

国防的主要目的是捍卫国家的主权、统一、领土完整和安全。

国家和主权不可分割，主权是国家存在的根本标志。如果一个国家的主权被剥夺，那么其他的一切，包括国家的独立、领土完整、传统的生活方式、基本的政治制度、社会准则、国家荣誉和尊严等，都不复存在。因此，捍卫国家主权，始终是国防中居首位的、根本的目的和任务。

国家的统一是指国家由一个中央政府对领土内一切居民和事务行使完整的管辖权，不允许另立政府或分割国家的管辖权。从国际法的角度来说，保卫国家统一、反对分裂，历来是一个国家的内部事务，绝不允许外国干涉。这是一个原则性问题，不能有丝毫的含糊。因此，保卫国家的统一历来是国防的重要任务。当外国敌对势力插手国家的民族事务、破坏国家的民族团结、危及国家的统一和完整时，国防力量必须予以坚决的打击，以发挥其维护国家统一和完整的职能作用。

领土是指位于国家主权支配下的地球表面的特定部分及其底土和上空。领土是国家存在和发展的自然物质前提，是构成国家的基本要素之一。国家主权与国家领土之间有密切的联系，领土既是国家行使其主权的空间，也是国家行使主权的对象。没有领土，主权就失去了存在空间和行使对象。任何国家不得破坏别国的领土完整，任何集团或个人不得进行旨在分裂本国或别国领土的活动。如果国家的领土被侵占，那么主权必然要遭到侵犯。国防捍卫国家主权的独立，必然要保卫国家领土的完整。

一个国家如果没有和平、稳定的状态，不仅难以建设和发展，而且生存也会受到威胁。因此，维护国家的安全也是国防的主要目的之一。一旦国家遭到外来侵略和颠覆、安全受到威胁，国防就必须履行自己的职能，抵御和挫败外来的侵略和颠覆；当国内敌对分子勾结外国敌对势力进行武装暴乱，危及国家安全时，国防力量就要采取措施，防止和平息这种内外勾结的暴乱，保卫国家安全。

3. 国防的手段

国防的手段是指为达到国防目的而采取的方法和措施。根据《中华人民共和国国防法》的规定，我国国防的手段包括军事活动及与军事有关的政治、经济、外交、科技、教育等方面的活动。

（1）军事。国防的主要手段是军事手段。国防的根本职能是捍卫国家利益，防备和抵御外来的各种形式的侵犯和不同程度的侵犯，防备和平息内部与外部的敌对势力相互勾结所发动的武装暴乱。在各种对国家利益的侵犯中，威胁和危害最大的是武装侵犯，包括军事威胁、恫吓、军事干预、占据部分领土、武装掠夺经济资源、发动侵略战争等。上述活动及内外敌对势力相互勾结发动的武装暴乱，不仅使国家主权和人民生命财产遭受损失，而且直接危及国家、民族的生存和发展。对付武装入侵和武装暴乱最根本和最有效的手段莫过于采取军事手段。这是因为：第一，军事手段是最具威慑作用的手段，可以对各种可能的外来侵犯进行有效地阻止或遏制；第二，军事手段是唯一能够有效对付武装侵略的手段，可以通过其所拥有的巨大的即时打击能力给侵略者造成物质和精神的严重损害，从而迫使侵略者终止侵略行动，以至放弃侵略企图；第三，军事手段是解决国家之间矛盾冲突的最后手段，当国家之间主权、利益的矛盾积累达到极限时，就只有通过最高的斗争形式，即武装冲突或战争予以彻底解决。同时，军事手段还能够作为各种非军事手段的强有力后盾，可以强化各种非军事手段的国防功能。因此，军事手段理所当然地成为国防活动中的主要手段。

（2）政治。政治手段作为国防手段之一，指的是“与军事有关的”政治活动，而不是政治本身的全部含义。政治与国防关系密切。一方面，国防是直接保卫国家的主权，是政治的第一需要；国防直接保卫国家的领土，是政治的物质前提；国防直接保卫国家的安全利益与发展利益，是政治的根本追求。国家政权、政治制度也要靠国防力量来捍卫。另一方面，政治对国防起着决定性的支配作用。国家的政治需要决定了国防的根本性质和基本类型；国家的政治指导思想和路线决定了国防的方向、方针和原则；国家的政治制度决定了国防的根本体制；国家的政治素质制约国防的客观效应。其中，构成国防手段的政治活动主要是政治制度、政治思想工作和政治宣传等。

（3）经济。经济是国防的基础，社会经济制度决定国防活动的性质，社会经济状况决定国防建设的水平。现代条件下，无论是国防建设还是国防斗争，都要广泛采用经济手段，包括国防经济活动、经济动员、经济战、经济制裁等。国防经济活动是为国防而进行的生产、分配、交换、消费及管理的实践活动，其目的是保持一定的军事实力与潜力，从而有效地保障国家安全。国民经济动员是指国家将经济部门及相应的体制有组织、有计划地从平时状态转入战时状态所采取的措施，目的是充分调动国家经济能力、提高生产水平、扩大军品生产、保障战争需要。经济战是敌对双方为夺取战略优势和战争胜利而进行的经济斗争，主要指战争期间各种形式的经济斗争及和平时期的经济封锁和经济扰乱。其根本目的是给敌人造成经济恐慌，动摇其进行战争的物质基础，使敌方经济陷于崩溃，以便战而胜之。经济制裁是指国家为一定的政治、军事目的，对另一方强行实施的惩罚行为。在国防斗争中使用这一手段，可削弱被制裁国的政治、经济、军事实力，促使其国内产生不满情绪。

（4）外交。国防外交活动主要是指国家与国家之间为了国防目的而开展的外交活动。这种外交主要涉及军事领域，因此又称军事外交。它既具有通常意义上外交的一般特征，又具有区别于其他外交工作的特殊规律，是集外交与军事于一体的活动。国防外交活动的范围很广、领域很多，活动的内容也十分丰富。从总体上讲，国防外交主要涉及国家与国家之间、军事集团与军事集团之间的军事政治关系、军队关系、军事战略关系、军事科技关系和军事经济关系等。具体可划分为双边军事往来、多边军事交往、非官方军事交往、军事科技交流和军工合作、军事结盟、军事援助、军事经济合作、边防管理等。国防外交涉及的各方的活动都不是孤立的，而是有机联系的。从事国防外交活动的主体也不单纯是武装力量，还包括国家机关与民间的一些部门。

除上述因素外，与军事有关的科技、教育等也是国防的重要手段。

4. 国防的对象

国防的对象是指国防所要防备、抵抗和制止的行为。这是一个涉及国家在什么情况下可以使用国防力量的重大问题。根据《中华人民共和国国防法》的界定，国防的对象，一是“侵略”，二是“武装颠覆”。

（1）国防要防备和抵抗的是“侵略”。《中华人民共和国国防法》（简称《国防法》）对国防对象的这一法律界定，既有国际法理依据，又符合国防的实际需要，与国家安全所面临的威胁相一致，不仅表述方法合理、恰当，而且意义深远重大。

第一，与国际约章相衔接。联合国 1974 年专门通过了《关于侵略定义的决议》，该决议对“侵略”做了非常详尽的定义。凡属于决议所指的侵略，均属于要运用国防力量防备和抵抗的对象。

第二，与国家的根本大法——宪法的提法相一致。我国宪法第 29 条规定武装力量的任务，第 55 条规定公民的国防义务，都采用了“抵抗侵略”的提法。

第三，与国防活动的客观实际相适应。如果以法律的形式规定国防只是防备和抵抗“武装侵略”，在今后的国防建设和斗争中，就会束缚自己的手脚。

当今世界的现实是，确实存在着武装侵略和非武装侵略并存的事实。因此，国防所要防备和抵抗的是“侵略”，而不仅仅是“武装侵略”。

（2）国防应把“武装颠覆”作为制止的对象。所谓颠覆是指推翻现政府的一种叛逆行为，包括武装暴力颠覆与非武装暴力颠覆两种形式。对于非武装暴力颠覆的形式，则由国家安全部门对付和处理，不需要动用国防力量。只有属于武装性质的颠覆活动，如武装叛乱、武装暴乱，才必须动用国防力量。《中华人民共和国国防法》规定“武装颠覆”是国防的对象，把“制止武装颠覆”作为国防的一项重要职能，具有特殊的重要意义。第一，各种武装颠覆活动，包括分裂国家的“独立”、武装叛乱及企图推翻社会主义制度的武装暴乱，已构成对我国安全的主要威胁之一。第二，从我国当前面临的国际、国内环境来看，武装颠覆并非纯粹来自内部，或主要不是来自内部，各种形式的“独立”武装叛乱和暴乱，一般都有外国势力插手，具有内外勾结的特点。对付这一类“武装颠覆”，应该是国防的职能，也就是说，在特殊情况下，国防还具有对内的职能。第三，从苏联分裂成独联体各国及南斯拉夫分裂后，民族间战争不断、人民生灵涂炭、国民经济严重倒退的情况来看，本国分裂的危害甚至大于国家间的战争，理应将防止和制止这种现象作为国防的职能。

5. 国防的基本类型

国防的性质是由国家的性质决定的，不同社会制度国家的国防，其性质也不同。世界各国从各自不同的利益和需要出发，其国防也有着不同的内涵。国防的基本类型有以下几种。

（1）侵略扩张型。侵略扩张型国防奉行侵略扩张的霸权主义政策，其最大的特点是把所谓的本国安全建立在别国的屈服与痛苦之上，经常叫喊本国的国防安全受到了“威胁”从而侵犯他国主权和领土，干涉他国内政，赤裸裸地对他国进行侵略、颠覆和渗透。

（2）防御自卫型。其国防政策的最大特点是，主要依靠本国的国防力量防御别国的侵略，从而维护本国的国家安全和尊严。其宗旨是绝不要别国的一寸土地，不向别国派一兵一卒，但也绝不容许别国侵犯其一寸土地。在国际上实行和平共处，广泛争取各国的同情和支持，从而达到维护本国安全，以及周边地区和世界的和平与稳定的目的。

（3）互助联盟型。互助联盟型国防以联盟的形式借助他国的力量进行防卫，以弥补自身力量的不足。有的联盟形式以一个大国占主导地位，其余国家为从属地位；有的联盟形式各国之间是平等地位的伙伴关系，共同协商国家防卫大计。

（4）自主中立型。自主中立型基本奉行和平、中立和自主的国防政策。其中，有的是采取完全不设防的方式，在世界事务中实行中立态度；有的是采取全民防卫的武装中立方式，使侵略者感到得不偿失，从而放弃对该国的侵略。

我国是社会主义国家，我国的国防是为了保卫国家主权、领土完整和世界和平，因而属于防御自卫型的国防。

二、国防简史

国防作为一种历史现象，开始于部落斗争时期，后来随着国家的发展而发展。我国国防史是我国文明史的重要组成部分，是我国传统文化的一份珍贵遗产。中华民族五千年的文明史，培育和锤炼了中华民族维护国家和民族统一、勇于抵御外来侵略的精神，形成了习文尚武、文治武功的优良传统。

1. 先秦时期的国防

我国古代的国防意识和国防教育是与战争紧密相连的，主要是围绕着维护帝王“社稷安危”展开的。“普天之下，莫非王土；率土之滨，莫非王臣”，帝王即社稷，社稷即国防，这种思想在我国古代占据主导地位。古代国防教育就是在这种思想的支配下，根据不同时期的不同特点发展起来的。

我国最早的国防始于夏朝。从夏禹开始（约公元前 2033 年），国家机构、战争、军队都具有相当规模。这时期国防的主要特征就是从之前的深挖壕沟转到了“筑高墙”，这种“高墙”与“深沟”的区别具有划时代的意义。正如恩格斯所说，“他们的壕沟深陷为氏族制度的墓穴，而他们的城楼已经耸入文明时代了。”禹的儿子启继承父业，大战于甘，并发表了《甘誓》。《甘誓》既是动员令，也是迄今所知最早的国防法。从夏代开始有了兵役制度，主要是民军制度，这是后世常备军的雏形。

商汤灭夏桀（约公元前 1562 年）后不忘武备，有了最早的征兵制度即“登人”。商代中期有了常备军，并形成以土为本的国防观。

公元前 11 世纪—公元前 771 年，我国进入了封建土地私有制的西周时代。周取得政权后，为缓和殷族和周族的矛盾，提出“执干戈以卫社稷”的号召，对百姓实施裕民政策和国防教育，使阶级矛盾日趋缓和。此时国防疆土十分安定，社会出现繁荣兴旺的鼎盛时期，形成了我国最早的国防意识和国防教育思想的雏形。

公元前 770—公元前 221 年是我国历史上的春秋战国时期，社会开始由奴隶制向封建制转变。这一时期，生产力的发展和社会制度的改变使军事制度和战争形式出现了一些变化。主要表现为用于战争的兵器数量、品种增多，质量提高，尤其是弩机的发明及广泛应用；兵种增加，步兵作用显著；实行了征兵制度，士兵成分改变；车战已不再是主要作战方式等。为适应这一新的情况，各国设立了统帅军队的专职将帅，涌现了一批代表新型地主阶级利益的军事家和兵书著作，如《孙子兵法》《吴子兵法》《司马法》《孙膑兵法》《尉缭子》《六韬》等。这些兵书著作对军事思想、战争与政治的关系、战争与经济的关系均做了比较深刻的阐述。国不富，不能养兵、强兵；兵不强，不可以摧敌、立国。在这种国防思想的指导下，各国奋发图强，纷纷进行政治、经济、军事的改革。在这一时期，新兴的地主阶级同贵族阶级之间的矛盾日益激化，战火蜂起。周朝初期有一千个左右大大小小的国家，经过 800 多年的兼并战争，到秦王嬴政统一中国时这些国家已全部被吞灭。这种情况使人们对国家安全的认识和所采取的防御措施都达到了空前的高度，主要表现在以下三个方面。

（1）军事理论日臻成熟。我国古代兵书之多，堪称世界之最。西汉初年，张良、韩信整理兵书，共得 182 家之作，其中战国兵家占绝大多数，现存的有《孙子兵法》《司马法》《尉缭子》《六韬》《吴子兵法》《齐孙子》等。这些著作均被后世称为兵学教科书，至今仍饮誉中外。其中《孙子兵法》被誉为世界兵书之鼻祖，在世界上产生了极大影响，唐代传入日本，清代传入法国、德国、俄国和英国，目前仍被一些国家列为军事院校的必修课程。这些兵书所反映的军事理论内容有：

第一，极其理智地对待战争。这些军事家面对周朝初期一千多个国家到战国并为七雄的历史事实，不能不以极为理智、理性的态度对待战争和国家安全。

第二，论证了战争与政治的关系。《尉缭子》一书指出，“兵者，以武为植，以文为种，武为表，文为里。能审此二者，知胜败矣。”

第三，非常重视“戒备”的国防观念。春秋时吴王夫差征服越王勾践后，迷恋酒色，疏于武备。而勾践则卧薪尝胆，以亡国之耻教育人民，终于打败了吴国，“居安思危，思则有备，有备无患”历来是我国国防观念教育的重要内容。

第四，强调富国强兵。春秋时期大政治家管仲提出“用兵之本，必先于田宅”，即军队和国防的根本在于发展经济。孙武指“出兵者，带甲十万，日费千金”，说明物质基础是军队和国防建设的保证。商鞅提出“故治国者，其博力也，以富国强兵也”，可见发展经济在国防建设中的重要作用。

第五，认识到战争胜负在于民心所向。春秋时，楚国的斗廉说：“师克在和不在众。”陈国的逄滑说：“臣闻国之兴也，祖民如伤，是其福也；其亡也，以民为上芥，是其祸也。”由此孟子总结出“民为贵，社稷次之，君为轻”的著名论断。

第六，总结出一系列军事谋略与军事战术。春秋战国时期的兵书所反映的主旋律是谋攻，这在《孙子兵法》中反映尤为突出。书中，孙子提出“兵者，诡道也”“攻其不备，出其不意，此兵家之胜不可先传也”“不战而屈人之兵，善之善者也”。最后，孙子总结出“知彼知己、百战不殆”这个对战争规律高度概括的至理名言。这些军事谋略和战术，至今仍不失其正确性，仍是军事指挥员必须严格遵循的客观规律。

（2）军队建设奠定了基础并得到发展，主要表现在以下三个方面。

第一，常备军的建立。商朝后期武丁时就出现了右、中、左三个师的战斗编组，这也是建立常备军的开始。周朝的常备军起初为 6 个师，后来发展到 22 个师。

第二，步兵的分离。由于武器质量的提高和战区的变化，步兵逐渐从车兵中分离出来，出现了单独的步兵作战及编制。公元前 632 年，晋义公重耳建立三支独立的步兵部队以制胜北戎，这是最早的步兵分离。公元前 541 年，步兵成为作战的主力。

第三，骑兵、舟师的出现。商代有了单骑，春秋时骑兵增多，到战国时，有了专门的骑兵部队。最早建立骑兵部队的是赵国武灵王，他依靠骑兵消灭了中山国。舟师的出现是在春秋后期，公元前 559—公元前 549 年，我国古代舟师已经形成。公元前 486 年吴王夫差攻齐国，即由其将徐承率水师自海上航行数千里，大败齐军于泰安。吴齐之战是我国历史上最早的大规模水战。

（3）征兵制度的建立。周朝的征兵制度仍然是民军制，即：有受田权利的成年男子都有服兵役的义务，平时耕牧为民，战时出征为兵。征兵制度规定，每家出一人为“正卒”，随时准备出征，其余为“羡卒”，服后备役。秦始皇统一中国后，建立了全国范围的征兵制，规定 17～60 岁的男子必须服兵役两年。一年守卫京师，称“正卒”，一年守卫边防，称“戍卒”。而到了汉朝，则不论贵贱，男子到了 20 岁都要登记服兵役。

（4）修筑庞大的国防工程——万里长城。万里长城是在中华民族内部纷争中经过漫长的岁月而建起来的庞大的国防工程。早在春秋战国时期，各国为了相互防御，开始在形势险要处修筑长城。公元 647 年，楚国最早开始修筑长城，到战国时，齐、楚、魏、燕、赵、秦和中山国等国家，都相继修筑了长城。秦主嬴政统一中国后，又把秦、赵、燕三国的北边长城连为一体。后来，西汉、北魏、北齐、北周、隋朝各代又相继修筑，直到明朝末年长城最终修完。长城的修筑先后经历 27 个世纪，全长 10 万里，是中华民族不屈不挠的象征，也是中国几千年来以土为本的内陆型国防观的标志。

2. 秦、汉以来的国防

秦始皇统一中国后，为进一步巩固国防、抵御外族侵略，采取徙民实边，实施军屯。便于军队边戍边农耕，既巩固了国防，又发展了生产。同时，又把原燕、赵、秦三国的长城重新统一规划、增补、改造连成一线，形成了西起临洮东至辽东的万里长城。这一切使秦国形成了较为巩固的国防，集中体现了“富国强兵”的国防思想，同时也体现了“农”和“战”的统一。

到了汉朝，“富国强兵”的国防思想有了进一步的巩固和发展。汉武帝时期，虽然“国已殷富，国力充沛”，但还是经常受到匈奴的袭扰。当时的匈奴国极为强大，国土广阔，国民系游牧种族，全民皆兵、全军皆骑，能征善战。他们驰骋于北疆，抢夺牛羊财产，严重扰乱了边疆人民的正常生活和生产，危及汉朝国家安全。汉武帝决心制服匈奴。在敌强我强、“以强击强”的形势下，汉武帝采取了“先为不可胜，以待敌之可胜”的方略，对内充实国力，举贤纳士，精选将才，奖励耕战，牧马和训练军队。尔后，在“国富兵强”的基础上，乘匈奴出现战乱之机，派大将军卫青和骠骑将军霍去病，将万骑分东西两路攻击匈奴，取得了斩首、俘虏万人的巨大胜利，恢复了秦始皇时代的疆域，建起了巩固的国防。

隋朝初期，提出了“兵民合一”的国防思想。隋文帝励精图治，将府兵制同均田制结合起来。南北统一后，隋文帝发诏书规定，军人除有军籍外，还与自己的家属列入州县户籍，并与民户一样依照均田结合侵占土地。军人平时耕种，战时出征，每年有一定时间轮番戍卫。军队免去租调力役，从征时间备资。这种做法扩大了兵源，减轻了国家财政负担，加强了国家的控制，对巩固国防有重要作用。

唐朝曾盛极一时，疆域辽阔。唐朝的这种盛世是在唐太宗李世民极为重视国防建设的思想下取得的。为抵御外患，唐太宗李世民明确提出，“中国虽安，忘战必倾，教国之法，信不可忽”的“居安思危”的国防思想。但是，到了唐玄宗后期，唐代朝政开始腐败，统治阶级陶醉于表面的太平局面，军队素质每况愈下，亡国之兆显露无遗。以至到后来，连小小的安史之乱也无法平定，使中国再次进入大战乱时期。安史之乱后，唐朝中央政府已无力控制各地藩镇割据作乱的局面，唐朝终于倾覆。

经过五代十国的军阀混战，后周禁军首领赵匡胤陈桥驿兵变，统一中国，建立北宋王朝。由于宋太宗赵匡胤自身是靠兵变而攫取的皇位，因此非常担心武人篡权。他采取“偃武修文”的政策，废弃征兵制度，不注重国防建设，使武人遭受社会上的歧视，京城禁军士气大衰。国防力量脆弱不堪，造成外族袭扰、战事频繁、国破家亡、民不聊生，致使宋朝徽、钦二帝被金兵所俘。宋高宗续位后，起初志在收复失地、重整国防，于是使用能人，任李纲为相、宗泽为将。正当李纲、宗泽募兵买马扩充实力，积极备战，战力增强，士气开始振奋之时，宋高宗却昏庸无道、听信谗言，罢免了任期才 75 天的李纲之职务，致使重整国防成为一句空话。公元 1276 年，元军首领忽必烈率军南下，宋朝被元军消灭。

忽必烈灭宋后，改宋为元，结束了中国自宋以来三百多年的民族纷争和血战，建立了中国历史上第一个由少数民族首领统治的、高度集中的元代封建政权。元朝采用“鼎新革故，去污清政”的治国之策，提出“思大有为于天下”的国防思想。忽必烈的一系列革新得到了人民的积极响应和拥护，兵力强盛，边防稳固，出现了人民安居乐业的繁荣景象。但自平定南宋以后，元军和朝廷一起腐败，最终于 1368 年灭亡，元朝存世 97 年。

朱元璋统一中国后，建立明朝。为巩固政权、稳固边疆，在发展经济的基础上，对军事制度进行了一系列改革。第一，削弱将帅的权力，建立卫所制（管兵与指挥作战分离）。第二，实行军屯，“寓兵于农”，建立“且耕且战”的常备军。第三，整修长城，并以此为屏障，分兵驻守全国各军事战略要地，组成纵深的防御体系。第四，改革元代兵役制度，建立“军户制度”。嘉靖年间，倭寇多次袭扰沿海，由于国防意识深入民心，各地的民兵、民壮、义勇和民众自发组织起来，常常给倭寇以出其不意的打击，有力地保卫了海防。

清朝初期，康熙励精图治，极为重视国防建设。在国内，统一的多民族国家得以巩固，各民族的团结进一步加强，基本奠定了今天的版图；对外，积极进行反对早期殖民主义者侵略的斗争。但“康乾之治”之后，清政府不仅政治日趋腐败，而且国防日益衰弱，将中国人民带进了苦难的深渊。

公元前 221 年—公元 1840 年的 21 个世纪，我国经历了十几个朝代的变迁、纷争，经过了败与胜、衰与昌、贫与富、弱与强的交替。在先进思想和强盛国防思想的指导下，国家得以巩固，边疆得以稳定，主要表现在以下五个方面。

（1）征服匈奴、通西域。匈奴自秦、汉以来，一直是汉族安全的严重威胁。秦末汉初，匈奴东灭东胡，西驱大月氏，南占河南地（今河套地区）。西汉前期，汉高祖刘邦准备出击匈奴，收复失地，但由于双方军事实力悬殊，不得不采取和亲政策。但是，匈奴却愈益骄横，不时侵扰边郡、抢掠财产、人口和畜产品。后来，汉在文、景两帝统治下的前后 39 年里，鼓励生产、减轻赋税、廉政图治，经济繁荣程度超过了战国时代，到汉武帝时国势强盛。从公元前 133 年起，汉朝开始有计划、有组织地讨伐匈奴。公元前 52 年，呼韩邪单于率众降汉。公元前 105 年，伊犁河流域的乌逊国降汉。公元前 102 年大宛降汉。从此西域一带归汉，汉在西域设都护府统管西域诸国，并驻兵屯田，有兵力 60 万之众。后来，东汉收服大月氏。

随着疆域扩展和西域开通，西汉的物质文明与精神文明从汉武帝起向西方传播，通过“丝绸之路”到达意大利罗马，将凿井技术、铁制工具传到了西方。西北疆域在唐朝时有了进一步扩展和巩固。西域自唐以来一直属于中国。元朝的西域疆域西到咸海，南到浩罕，东达斋桑湖和巴尔喀什湖一带。到了明朝，对西域诸部酋长采取照谕赐印诰政策，并任命瓦剌族（今哈萨克斯坦境内居住）诸王域下的各级头人为都指挥使、都指挥佥事、指挥使、千户、百户和镇抚等官职。

清朝在建立全国政权和平定西域各地叛乱之后，加强了对西域的治理。第一，改西域为新疆，设直属中央政府的省级行政区，并在葱岭（帕米尔高原）上立“乾隆纪功碑”。第二，大规模地进行地理调查，绘制地图，编入《西域图志》和《大清统一舆图》，颁布于世。第三，建立巡边制度，对越过边界者加以驱逐。第四，向境内居民收赋税和派遣差役。第五，设置界碑。第六，驻兵屯田。第七，发展民族工业，建铝厂和开采盐湖。

（2）吐蕃受封及对西藏的治理。吐蕃人是藏族的祖先，出自我国青海羌族，以游牧为主，殷商时即与中原王朝交往。到东汉时，为反抗统治者压迫逐渐迁徙到西藏高原，但仍保留母系氏族制度的遗风。隋末唐初松赞干布统一西藏各部落，在拉萨建立吐蕃政权，派人到克什米尔学文字，依据于阗（和田）文创造了吐蕃文字，即今天的藏文。公元 641 年唐太宗以宗室女文成公主嫁松赞干布，并封其为西海郡王。此后，吐蕃历任赞普去世都要向唐告哀，而新任赞普也一定要待唐“册命”才算合法。洪武初期，明政府陆续在西藏地区设置乌斯藏、朵甘卫都指挥司，以及宣慰使司元帅府、招讨司、万户府、千户所等行政机构，并授予上层僧侣封号和官职，修建庙宇，所赐甚丰。清朝建立后，加强了对西藏的管辖。第一，对达赖和班禅正式授予封号；第二，设置了驻藏大臣，与达赖、班禅共同治理西藏；第三，创立金奔巴制度，以确定达赖、班禅转世“灵童”的合法性；第四，继承前朝做法实行怀柔政策，在内地普建庙宇以供达赖和班禅等高僧讲经宿用。

（3）开发西南，建“海上丝绸之路”。公元前 110 年，汉出兵平息了南越之乱，随即设置南海、苍梧、郁林、合浦、交趾、九尖、日南、儋耳、珠岸九郡，版图扩展到今南沙群岛一线。公元前 111 年贵州夜郎国入朝称臣，于是云、贵、川等地的小国纷纷降汉。公元前 106 年，汉武帝开辟了“海上丝绸之路”，组织了第一支商船队到达波斯湾。明朝前期，郑和率领船队从海上丝绸之路七下西洋，把中国的丝绸、瓷器、纸张等远销到东南亚及非洲。

（4）巩固东北边陲。唐朝时，东北疆域北到外兴安岭，东至鄂霍次克海，并包括库页岛。早在公元前 11 世纪，黑龙江、乌苏里江流域的少数民族就臣属西周，从秦汉到北魏及隋他们一直向中央政府朝贡称臣。公元 8 世纪前期，唐朝正式在黑龙江、乌苏里江流域建立行政管辖机构。在黑龙江口勃利设黑水都督府，在乌苏里江以东设有定理府、安边府、安远府、率宾府等。713 年，唐玄宗设渤海都督府，管辖乌苏里江和松花江流域一带地区。元朝设岭北行省，管辖今蒙古国和俄罗斯西伯利亚一带，直到贝加尔湖；元朝还设辽阳行省，管辖黑龙江、乌苏里江及西伯利亚东部地区。1409 年，明朝在奴儿干城（今俄罗斯境内黑龙江下游东岸特林处）设置了由当地各族头人担任主要官职的奴儿干都司，管辖西起鄂嫩河、东至库页岛、南濒日本海、北抵外兴安岭的辽阔地区。1696 年，康熙帝彻底平定噶尔丹叛乱后，清朝控制了漠北蒙古。1733 年，设置乌里雅苏台将军，统辖蒙古各部和科布多、唐努乌梁海两个地区。至此，东北边疆得到了巩固。

（5）古代军事理论进一步发展。先秦以前，兵书就十分多，尤其在春秋战国时期更为突出，军事理论也日臻成熟，汉朝兴盛之后，张良和韩信共同整理兵法，在一百八十二家中取舍选择定著三十五家，后来散失了一部分。中国古代兵书对世界影响巨大。美国约翰·阿林斯在《大战略》一书中说“孙子十三篇可与历代名著包括以后克劳塞维茨的著作媲美。今天没有一个人对战略的相互关系，应该考虑的问题和所受的限制比他有更深刻的认识。他的大部分观点在我们当前环境中仍然具有与当时同样重大的意义。”先秦以后各朝代继承和发展了先秦以前的军事理论，特别是《孙子兵法》有了更新的充实和发展。

公元前 221—公元 1368 年，中国经历了秦、汉、晋、隋、唐、宋、元等几个大的王朝的统治和更迭，时间长达 1500 多年。在这个漫长的历史时期，由于社会经济、政治、文化和战争的发展，军事思想也得到进一步的丰富和提高。通过战争实践，造就了一大批著名的军事家和将领，出现了众多总结军事理论和斗争经验的兵书。

鸦片战争前的明清时期（1368—1840 年），中国封建社会不但有大规模的农民战争、民族起义，还有外国势力的入侵。明朝末年，统治者多次与后金在关外发生激烈战斗，而李自成、张献忠分别领导的农民军亦顽强发展，最终推翻了明王朝的统治。清初，满洲贵族先后以八旗和绿营兵击灭了三个南明政权，发动了平定“三藩”的战争，统一了台湾，并在西北、西南等边疆地区进行了一系列为维护国家统一的平叛活动。康熙帝统治时期，还在东北地区击败了沙俄军队，取得了反侵略战争的胜利。

秦、汉以来到前清的实战经验与兵书内容，进一步丰富和发展了古代的军事思想和军事理论。

3. 元末至前清时期的反侵略史

（1）元末明初的反倭寇斗争。公元 14—16 世纪，应仁元年（公元 1467 年）一月，应仁之乱爆发，室町幕府摇摇欲坠，日本进入战国时代。日本诸侯为掠夺财富，支持西部奴隶主、武士、浪人和走私商人结成海盗集团到我国沿海进行抢掠烧杀，先后达两百年之久，史称倭寇之乱。其范围南到广东，北到辽宁、朝鲜半岛，受害最深的是江苏、浙江、福建沿海地区。倭寇每到一地就焚烧房屋、奸淫妇女、抢掠人口和财物，无恶不作，激起我沿海军民的不断抗击。明朝初期中国正式设海防，前后共七镇，派员守备。但自永乐年以后，政府日趋腐败，军费长期不足，海防松弛，致使倭寇抢掠更加猖狂。民族英雄戚继光在“保障生民、捍御地方、保国安民”的思想指导下，依靠各地民众，招募农民、矿夫组成戚家军，严格操练，训练出一支武艺精、阵法强、守纪律、听指挥、上下和、兵民合的军队，于 1564 年平定寇乱。1592 年，东征提督李如松率兵赴朝鲜，打败小西行长率领的侵略军，赶走了倭寇，光复了平壤。这两次行动不但保卫了东南海疆的安全，同时在北方也建立起了巩固的北部边防，有力地捍卫了民族主权和国土的完整。

（2）郑成功收复台湾。15 世纪初，明朝的海上力量非常强大。1405—1433 年，郑和先后七次下西洋，率领强大船队到达苏门答腊、锡兰、印度、波斯等 30 多个国家，对于中国和南洋各地的文化沟通及以后我国华侨在海外事业的发展都起了很大的作用。明朝后期，统治阶级日益腐败，国防实力大减。17 世纪初，荷兰军事势力崛起，海上称霸。1604 年荷兰派兵袭击我国澎湖，1622 年强占澎湖列岛并不断掠夺福建，1623 年侵占台湾，侵略军实行残酷的殖民统治，台湾人民不断起义反抗。1652 年，郭怀一领导 1.6 万多人举行了一次规模最大的起义，起义因计划泄露而失败，郭怀一壮烈牺牲，荷兰殖民者杀害起义者和妇女、幼儿 8000 余人。1646 年，郑成功以厦门为根据地，在进行抗清活动的同时与荷兰殖民主义者做斗争。1661 年，郑成功决定收复台湾，并把台湾作为抗清根据地。1661 年 2 月，郑成功率领大小战舰数百艘、将士 2.5 万人，从金门出发，渡海作战。在台湾人民的帮助下登陆成功，经激烈战斗，打败了荷兰侵略者。1662 年 2 月，荷兰侵略者被迫投降，沦陷了 38 年的宝岛台湾收复了。1885 年，清政府把台湾升为行省，成为全国 23 个行省之一，并加强了防务建设。

（3）抗俄斗争。沙俄是欧洲国家，它与中国并不接壤。伊凡三世时（1505—1533 年），俄罗斯疆域仅为 280 万平方千米。16 世纪时沙俄向东侵占，1581 年越过乌拉尔山向西伯利亚扩张，17 世纪下半叶才同中国发生边界冲突。1643 年，沙俄趁清军主力进关夺取明政权之际，武装入侵我国雅克萨和尼布楚等地区。虽然清政府多次抗议，但侵略者不予理会，并进一步扩大侵略范围。面对沙俄的侵略及暴行，清政府感到事态严重，康熙皇帝主张抗击，并做了一系列准备。1685 年，康熙命都统彭春、副都统朗担及黑龙江将领萨布素统率清军 3000 人，水、陆两路进取雅克萨，并将其包围。沙俄侵略者负隅顽抗，清军大炮攻城，断其水源，俄军死伤累累。至 1687 年春，826 名侵略者几乎全部被歼，侵略军头目托尔希津被击毙，沙俄不得不遣使求和。

1689 年 9 月，中俄双方订立《中俄尼布楚条约》。该条约肯定了外兴安岭以南整个黑龙江、乌苏里江流域是中国的领土，制止了沙俄几十年来对黑龙江流域的武装侵略，沙俄撤回全部入侵部队。当时，由于清政府面临亟待解决的准噶尔叛乱问题，在谈判中做了重大的让步，把原属中国的贝加尔湖以东的尼布楚一带的大片领土划归俄国。尽管如此，此次抗击沙俄殖民侵略的斗争，保卫了祖国领土完整和国家尊严，沉重打击了沙俄东侵气焰，也使黑龙江流域各族人民免受侵略者的蹂躏。

4. 晚清时期国防的衰落和近代国防意识

明朝为加强治理，在奴尔干城设置“奴尔干都指挥司”，都司下设卫、所、站、地面、寨等。公元 1412 年设置了以猛哥贴木尔为指挥史的建州左卫（今辽宁新宾县），后传到六世孙努尔哈赤。努尔哈赤统一东北各部族，开创八旗制度。1635 年，努尔哈赤皇太极改女真族氏为满洲。1636 年皇太极称帝，国号大清。1644 年推翻明朝统治，建立了清朝。清朝初期和康熙年间清政府十分重视国防建设，政治修明，使中国的封建经济和文化得到新的发展，各民族团结进一步加强，为“乾隆盛世”创造了条件，使乾隆年间出现了国泰民安的好景象。但是，由于长期崇尚“骑射为满洲之根本”的祖训，特别是对内实行民族歧视政策，对外实行闭关锁国政策，致使到了鸦片战争前夕，清朝国势日衰、政治腐败、军备废弛、兵器落后，赖以维护其封建统治的两支军队——八旗兵和绿营兵，均变得腐败不堪。八旗兵是世袭兵制，兵员 22 万，待遇优厚。随着时间推移，骄奢淫逸的八旗子弟已失去昔日剽悍粗犷的尚武精神，原有的俸禄限额与人口增长的矛盾也日益尖锐，八旗后代生计日窘。所以，八旗兵员额一有空缺，便不顾身体、年龄条件，优先将生活困难者充塞其中，致使八旗军的素质江河日下。绿营兵是在明朝卫所制的基础上建立的，兵员为 60 万，训练、装备、粮饷均大大低于八旗兵。由于军饷不足，绿营兵只好自谋生计，或替人打冤家搞械斗，或以勾结盗匪为业，兵匪一家，或开赌场、烟馆。到太平天国起义时，这两支军队全部崩溃。在专制、腐朽的清政府统治下，晚期的清朝已国力衰竭、国防空虚，难以同西方列强抗衡，甚至到了任人宰割的地步。曾称雄于世的泱泱大国，几乎走到了亡国的绝境。

自 1840 年鸦片战争以后，帝国主义列强倚仗其船坚炮利，以 4000 余人的兵力就打开了中国的大门。在 1911 年辛亥革命之前，除刘永福领导的黑旗军和冯子材率领的军民在越南打败过法国侵略军以外，其余清政府与帝国主义之间的战争均以清政府失败而告终，战败的清政府被迫与外国签订了 1100 多个丧权辱国的不平等条约。通过这些条约，帝国主义列强分割我国大片领土，获得大量赔款，并取得在我国领土上开设通商口岸、设租界、办工厂、筑铁路、开矿山、办银行、驻军队和控制关税等多项特权，中国主权丧失殆尽。中国 1.8 万多千米的海岸线上，已没有一个主权属于中国的港口，中国人民备受外敌凌辱。此时的中国陷入了半封建半殖民地的深渊之中。

（1）第一次鸦片战争（1840—1842 年）。1840 年，英国为扩大原料产地和商品市场，向中国倾销鸦片，对中国发动侵略战争。林则徐率军民抵抗，英军败阵。道光皇帝却责备林则徐“措置失当”而将其革职。1842 年，英军再攻广东，连续攻陷虎门、厦门、定海，直扑扬子江，封锁运河口。腐败的清政府只得屈膝求和，在 1842 年与英国签订了《南京条约》，赔款 2100 万银圆（占清政府当年财政收入的 36%），割让香港，开放广州、福州、厦门、宁波、上海五口岸通商，并给予英国关税、司法特权。《南京条约》开创了外国侵略者以条约掠夺、奴役中国的“合法化”先例。从此，各国侵略者接踵而来，中国逐步沦为半封建半殖民地社会。

（2）第二次鸦片战争（1856—1860 年）。这是英、法在美、俄支持下共同发动的侵华战争。1857 年 12 月英法联军攻陷广州，接着进攻白河口、天津，一直侵犯到北京，火烧圆明园，迫使清政府签订了一系列不平等条约。1858 年同俄国签订《中俄瑷珲条约》，俄国占领我黑龙江以北 60 多万平方千米土地。1860 年同俄国签订《中俄北京条约》，俄国又占去我乌苏里江以东 40 万平方千米土地。1864 年又签订《中俄勘分西北界约记》，俄国占去我新疆巴尔喀什湖以东、以南和斋桑泊南北 44 万平方千米土地。1881 年，沙俄先占领我新疆伊犁地区，后迫使清政府签订《中俄伊犁条约》、《中俄改订条约》，占去 7 万平方千米土地，并要求清政府赔款 280 万两白银，后增至 504 万两白银。英国侵占我国九龙，并获赔款 800 万两白银，还取得了领事裁判权和最惠国等许多特权。法国获赔 200 万两白银。美国、法国均同英国一样利益“均沾”。

（3）中法战争（1883—1885 年）。1883 年，法军攻占河内，然后加紧北犯。刘永福率黑旗军大败法军，法军退出河内。1884 年 4 月，法军舰进犯中国东南沿海；8 月袭击马尾军港，中方损失惨重；10 月法军攻占台湾基隆，进犯台北，同时加紧进攻越南北方。1885 年，法军进攻驻防凉山清军。清军老将冯子材率军诱敌深入，大败法军，收复凉山，并取得镇南关大捷。中国军队节节胜利，法国内阁因战败而倒台。可清政府投降派在英国操纵下与法国谈判时，竟使法国在战争失利的情况下达到了发动战争之目的，取得在越南的殖民统治权，并且打开了广西、云南两省的门户，使之成为法国对华扩张的重要地区，中国的民族危机进一步加深。

（4）中日甲午战争（1894—1895 年）。中法战争后，帝国主义加强了对中国边疆、邻国的侵略。日本为夺占朝鲜和发动侵略中国的战争，已做了长期的准备。1894 年（光绪二十年，甲午年），日本趁朝鲜东学党起义之机，出兵侵占朝鲜，并于 7 月 25 日对中国海陆军发动突然袭击，挑起战争。8 月 1 日，中日双方正式宣战。9 月，中国海陆军在平壤战役和黄海海战中受挫。10 月，日军分陆、海两路进攻中国东北，侵占九连城、安东（今丹东）。11 月，日军侵占大连、旅顺等地。1895 年 2 月，日军攻占威海卫军港，北洋水师全军覆没。3 月，日军侵占牛庄、营口、田庄台。尽管中国人民和爱国官兵曾英勇作战，但由于清政府的腐败，中国方面遭到了失败。最后清政府派李鸿章和日本订立了丧权辱国的《马关条约》。中国承认朝鲜完全“自主”，并割让台湾全岛及所有附属岛屿、澎湖列岛、辽东半岛给日本，向日本赔款 2 亿两白银。此外，日本还获得了在中国的多种其他特权。

（5）八国联军侵华（1900 年 6 月—1901 年 9 月）。1900 年英、美、德、法、俄、日、意、奥八个国家的军队攻占北京，镇压义和团运动，并进行疯狂的烧杀抢掠。1901 年，清政府被迫签订丧权辱国的《辛丑条约》，清政府赔款 4 亿 5 千万两白银，分 39 年还清，加利息共计 9 亿 8 千多万两白银。清政府以海关税、常关税和盐税作抵押。同时划东交民巷作为使馆界，由各国派兵驻扎。外国军队还在北京到山海关一线 12 个据点驻扎。清政府拆除大沽口及有碍京师至沿海各通道之炮台，永远禁止中国人民反对外国侵略者的各种组织和活动等。这一切表明清政府已完全成为帝国主义统治中国的工具。由于中国人民自发起来进行前仆后继的不屈不挠的英勇斗争，中华民族才没有遭到亡国之灾难。

19 世纪 40 年代开始的中国近代史，是资本主义、帝国主义国家武装侵略中国，中国被迫进行反侵略的卫国战争的历史。在资本主义及帝国主义列强的践踏下，中华民族传统的国防意识和国防教育受到冲击，同时也出现了一些新的转机。鸦片战争以后，英国等帝国主义列强用大炮打开了中国的大门，丧权辱国的《南京条约》加速了“天朝大国”的衰落。这时，一些志士仁人开始考虑新的防御之道，其中林则徐、魏源就是这方面的代表人物。他们通过失败的教训和观察西方的科技进步，萌发了近代国防意识。第一，提出了“师夷之长技以制夷”的战略思想。第二，提出了建立军民结合、正规军与民防相结合的武装力量的思想。第三，提出了海防与塞防并重的设防思想。林、魏的上述思想在当时的历史条件下为衰败的中国社会注入了一股振奋民族之魂的活力。从鸦片战争到八国联军进北京的60年间，由于列强的入侵和清王朝的腐败，中国进入了有国无防的时代。

1911年孙中山领导的辛亥革命推翻了清朝的腐败统治，苦难的中国民族有了希望。但是，袁世凯在短时间里窃取了胜利果实，中国的希望又成了失望。1919年的“五四”运动，使中国革命出现了新的曙光。

1921年中国共产党成立，开始领导中国革命，从此中国革命的面貌焕然一新。中国共产党团结全国各族人民，经过几十年的浴血奋战，前仆后继，打败了国内外反动派和侵略者，推翻了三座大山，建立了人民当家做主的无产阶级专政的社会主义国家。从此，中国人民真正地站起来了，中国的国防才得以建设和巩固，一支铜墙铁壁般强大的现代化国防力量屹立在世界的东方。

1949年以后的国防，在中国共产党的英明领导下，不断地巩固和发展。中国共产党依靠全国人民的团结和共同努力，打败了帝国主义、外国敌对势力和国内阶级敌人各种形式的、多层次的进攻、袭扰破坏和颠覆。国防得到巩固，人民得以安居乐业。

第二节 中国国防建设

国防的基本内容是国防建设和国防斗争。国防建设是指为满足国家安全利益需要、提高国防能力而进行的各方面的建设。国防建设包括精神建设和物质建设两个方面。国防建设随着社会的发展而不断演进，特别是经过两次世界大战以后，世界各国的国防建设有了飞速发展。随着社会生产力的发展、科学技术的进步，国家的职能进一步完善，国防建设的范围和内容也进一步扩大。同时，国防建设又受到国家政治制度、经济实力、国防战略、科技水平、地理环境和国际战略环境等因素的影响和制约。

现时国防建设的内容主要包括武装力量建设，战场建设，边防、海防、空防和人防建设，战略物资准备，国防动员，国防工业建设，国防科技研究，对国民进行国防教育，开展国防体育，国防法规建设，后备力量建设，军事科学和军事理论研究和国家战略战术研究及与国防相关的其他行业等方面的建设。中华人民共和国成立后，党中央把国防建设摆在非常重要的位置，不断健全和完善国防体制，在武装力量建设、国防工业、国防科技、军事科学研究和国防立法等方面，都取得了重大成就。改革开放以后，我国国防建设进入了一个新的历史时期，政府把国防现代化建设列入了国家发展战略。

国防斗争是指为了国家的安全和经济利益，反抗外来侵略、支持正义事业斗争，而采取的以军事为主，且包括政治、经济、外交等方面的行动。一个国家以高技术为基础的综合国力的强弱，将直接关系到国防斗争的效果。

一、国防体制的建设和发展

国防体制是国家防卫机构的设置、管理权限划分及领导体系的制度，是国家体制的重要组成部分，与国家的政治、经济、文化教育等体制既互相联系又相对独立。

中华人民共和国的国防体制坚持中国共产党的领导，贯彻民主集中制原则。根据1982

年宪法规定：

全国人民代表大会决定战争与和平的问题，并行使宪法规定的国防方面的其他职权。

全国人民代表大会常务委员会在全国人民代表大会闭会期间，如果遇到国家遭受侵犯或者必须履行国际共同防止侵略的条约的情况，决定战争状态的宣布，决定全国总动员或者局部动员，并行使宪法规定的国防方面的其他职权。

中华人民共和国主席根据全国人民代表大会的决定和全国人民代表大会常务委员会的决定，宣布战争状态，发布动员令，并行使宪法规定的国防方面的其他职权。中华人民共和国国务院领导和管理国防建设事业。

中华人民共和国中央军事委员会领导全国武装力量。

中国共产党中央军事委员会和中华人民共和国中央军事委员会，是中国共产党和中华人民共和国领导全国武装力量的最高军事统帅机构。中央军委是在中国共产党领导中国人民进行革命斗争的过程中建立起来的。1925 年 10 月，党中央决定建立中央军事运动委员会，同年 12 月改称中央军事部。1926 年底，改称中央军事委员会。1949 年初，改称中国人民革命军事委员会。新中国成立后，中央军委逐步过渡为中国共产党和中华人民共和国共同的军事统帅机构。1949 年 10 月 19 日，成立了中央人民政府人民革命军事委员会，统一管辖和指挥人民解放军及其他武装力量。1982 年起，中国共产党和中华人民共和国均成立中央军事委员会。中国共产党中央军事委员会和中华人民共和国中央军事委员会设一个机构，组成人员和对军队的领导职能完全一致，但是在中国共产党内和在国家机构内同时具有双重地位。这样有利于运用国家机器，加强国防现代化建设。

中国人民解放军的总部机关、军兵种领导机关、军区领导机关，是根据战略方针、作战任务、军队的现代化程度和国家的行政区划分等因素设置的。中国人民解放军的总部机关，设有总参谋部、总政治部、总后勤部、总装备部。它们既是中央军委的参谋部和战略意图执行机构，又是掌管全军军事、政治、后勤和技术工作的最高领导机关。其基本任务是保障中央军委关于作战和建军的战略决策和各项方针、政策的实现。

总参谋部是中央军事委员会的军事工作机关，是全国武装力量军事工作的领导机关，是中国人民解放军的总司令部，在中央军委领导下负责组织领导全国武装力量军事建设和组织指挥，以及全国武装力量的军事行动。总参谋部是在人民军队创建发展过程中，逐步建立和发展、完善起来的。

总政治部是中国人民解放军政治工作领导机关，中央军事委员会的政治工作机关。在党中央、中央军委的领导下，负责管理全军、全党的工作和组织政治工作。

总后勤部是中央军委的后勤机关，中央军委通过总后勤部领导全军的后勤工作。总装备部是中央军委的科技开发研究和部队现代化装备的综合部。其基本任务是负责我军武器装备现代化的研制、开发和列装，使我军的武器现代化水平在较短的时间内达到国际先进水平，为实现国防现代化铺平道路。

中国人民解放军的军兵种领导机关和军区领导机关包括海军领导机关、空军领导机关、第二炮兵领导机关和各大军区领导机关。

1997 年 3 月 14 日，经第八届全国人民代表大会第五次会议通过的《中华人民共和国国防法》第 22 条规定：“中华人民共和国的武装力量，由中国人民解放军现役部队和预备役部队、中国人民武警察部队、民兵组成。”

2016 年 1 月 1 日，中央军委印发了《关于深化国防和军队改革的意见》，对国防和军队的改革，明确提出“牢牢把握‘军委管总、战区主战、军种主建’的原则”。

中国人民解放军的最高军事机关为中央军事委员会。中央军委七大部、中央军委三大委员会和五大办公室（署/局）为领导机构。中央军委七大部是中央军委办公厅、中央军委联合参谋部、中央军委政治工作部、中央军委后勤保障部、中央军委装备发展部、中央军委训练管理部、中央军委国防动员部。中央军委三大委员会是中央军委纪律检查委员会、中央军委政法委员会和中央军委科学技术委员会。五大办公室（署/局）是中央军委战略规划办公室、中央军委改革和编制办公室、中央军委国际军事合作办公室、中央军委审计署和中央军委机关事务管理总局。

原中国人民解放军总参谋部改为中央军委联合参谋部，原中国人民解放军总政治部改为中央军委政治工作部，原中国人民解放军总后勤部改为中央军委后勤保障部，原中国人民解放军总装备部改为中央军委装备发展部。四总部改革后突出隶属中央军委，这是总部制改为军委多部门制的结果。此外，中国人民解放军总参谋部改为中央军委联合参谋部，这也是联合作战指挥体制改革的体现。

2016 年 2 月 1 日，原沈阳、北京、兰州、济南、南京、广州、成都七个军区调整为东部、南部、西部、北部、中部五个战区，改变指挥体系，组建战区联合作战指挥机构，海军、空军和火箭军整合在一起，实现跨区兵种在战区内的垂直和多相的指挥和联合协同作战，增加机动力和联合指挥作战的能力。

现役部队由陆军、海军、空军、火箭军、战略支援部队以及驻特别行政区部队（包括驻港部队和驻澳部队）组建而成。

以原第二炮兵为主、其他军种分属的战略核打击力量合并组建成一支新的军种——中国人民解放军火箭军。新建的中国人民解放军战略支援部队，主要承担电子对抗、网络攻防、卫星管理等电磁空间和网络空间的攻防任务。

要在现代化战争中取得胜利，海、陆、空、天、电磁五维力量必须联合、协调地作战，这就要求建立一套能有效组织各军兵种联合训练、作战的指挥体制。对于我军来说，就应该将原来相对“偏向”于陆军的大军区司令部变革为真正的战区联合指挥机构。从此以后，解放军将建立战区联合作战指挥部，陆、海、空、火箭军与战略支援部队等诸军兵种脱离作战指挥链，加上军令与政令分开也极大加强了作战效率，这必然是解放军领导指挥体制自新中国成立以来动作最大、影响最为深远的变革。可以说，此次军改之后，中国人民解放军将成为一支全新的人民军队。

二、国防建设成就

新中国成立后，半封建半殖民地的落后国防结束了，无产阶级领导的属于人民的国防开始建设。半个多世纪以来，在党中央、国务院、中央军委的正确领导下，我国国防建设由小到大、由弱到强逐步完善。强大的国防保卫了我国的社会主义建设和人民的安定生活，目前我国国防正向现代化国防迈进。

1. 建立和进一步完善了军事理论

军事理论是国家国防建设的指导思想和理论依据。以毛泽东为首的老一辈无产阶级革命家，在领导中国人民进行新民主主义革命时，继承和发展了马列主义军事理论，创立了毛泽东军事思想。在社会主义建设时期，毛泽东军事思想得到了进一步发展和完善。在毛泽东军事思想的指导下，特别是在党的十一届三中全会以后，在邓小平新时期军队建设思想，江泽民国防和军队建设思想，胡锦涛在新世纪、新阶段以科学发展观指导国防和军队建设思想和习近平关于全面推进国防和军队建设思想的推动下，我国国防建设理论又有了新的提高和发展。

（1）制定了积极防御的军事战略。军事战略是筹划和指导战争全局的方略，即根据对国际形势和敌对双方政治、军事、经济、科学技术、地理等诸因素的分析、判断，科学预测战争的发生与发展，制定战略方针、战略原则和战略计划。确定先进的军事战略，对于加强国防建设，正确处理国防建设与经济建设的关系，国防建设与国家利益的关系，国防现代化与工业、农业、科技现代化的关系，引进技术与自力更生的关系，决定国防建设中各阶段的目标，武装力量建设的诸要素等方面都具有重要的意义。

新中国的成立，标志着我国长期武装对抗的战争状态已经结束，摆在党、政府、军队和人民面前的艰巨任务是迅速进行大规模的经济建设，医治战争创伤。作为指导国家国防建设的军事战略，其主要任务也由原来对战争实战的指导转变为对战争可能的预测和准备，其使命由夺取政权转变为捍卫和巩固政权。20 世纪 50 年代，西方资本主义国家和亚洲某些反动势力对我国实行包围与封锁，美国悍然发动侵略朝鲜的战争，把战火烧到鸭绿江。为此，党中央和中央军委制定了积极防御的战略方针。其主要内容是加强军事建设，开展广泛的外交活动，扩大国际统一战线，尽力制止和推迟战争爆发。一旦美国向我国发动侵略战争，我国即以陆军为主体，在海军、空军的协同下，在沿海地区实行有重点的、大纵深的防御，以守备部队的阵地防御战和机动部队的运动战相结合，在民兵游击战的配合下，将进攻的敌人歼灭在我国沿海地区。

20 世纪 50 年代末，国际上出现一股“反华大合唱”歪风。苏联领导人赫鲁晓夫推行霸权主义政策，导致中苏友好关系破裂。20 世纪 60 年代，赫鲁晓夫的继任者在外交上仍然推行敌视我国的政策，并在中苏边境陈兵百万，继而开枪开炮打死、打伤我边境军民，挑起边境战火。印度又在中印边境地区挑起冲突，企图使非法的“麦克马洪线”事实化。龟缩在台湾岛上的蒋介石集团，在美国的支持下派遣了百余股台湾匪特“反攻大陆”。针对这种形势，党中央和中央军委从国家的利益需要出发，及时调整了战略部署。一方面做好抗击敌人从沿海入侵的准备，另一方面防备敌人从东北、华北、西北方向对我国发起的侵略，同时加强我国重点设防工程和大中城市的人防工程建设。

20 世纪 70 年代，国际形势开始走向缓和。中日、中美相继建立了外交关系。但是，苏联仍在中苏、中蒙边界陈兵百万，对我国安全构成了直接的严重威胁。为此，党中央和中央军委提出了“积极防御，诱敌深入”的战略方针。即当敌人向我发起大规模进攻时，便充分利用重点设防、重点守备和运动战相结合的优势，边打边撤并有目的地放敌进来，然后“关起门来打狗”，把敌人消灭在人民战争的汪洋大海之中。具体方法是，在以坚守防御的阵地战为主的基础上，紧密配合多种作战形式，以抵御敌人的战略突袭，制止敌人长驱直入，保存我军有生力量和战争潜力，掩护我军战略展开和国家转入战时体制。初步稳定战局，而后集中优势兵力，大量歼灭敌人的有生力量，逐步改变战略形势，适时转入战略反攻和战略追击，夺取反侵略战争的彻底胜利。

人类进入 20 世纪 80 年代后，和平力量逐渐增长，对抗转向对话，世界紧张形势转向缓和，战争并非是解决争端的唯一手段。在这种情况下，党中央做出以经济建设为中心的重大决策。同时，党中央和中央军委对积极防御的军事战略进行了进一步调整。在积极防御战略思想的自卫性、防御性和后发制人原则的前提下，从被动应付战争转变到积极遏制战争和打赢一场高技术的局部战争上，从单纯加强军事实力转变到增强以高技术为基础的综合国力上，实行灵活、正确的战略指导，综合运用包括军事在内的政治、经济、外交、文化等手段，确保自卫防御作战的胜利。

人类进入 21 世纪后，国际形势继续发生深刻而复杂的变化。和平与发展依然是当今时代的主题，国际形势发展的基本态势保持总体稳定，但不确定、不稳定、不安全因素有所增加，世界多极化、经济全球化趋势在曲折中深入发展。国际力量对比正在发生新的变化，主要力量重新分化组合和利益重新分配的进程加快。大国关系出现新的深刻调整，既相互借签、合作，又相互制约、竞争的局面不断发展。霸权主义和单边主义倾向有新的发展，围绕战略要地、战略资源和战略主导权的斗争此起彼伏，伊拉克战争对国际和地区安全形势产生深远影响。军事因素对国际格局和国家安全的影响上升。世界新军事变革加速发展，战争形态正由机械化向信息化转变，信息化成为提高军队战斗力的关键因素。世界主要国家调整安全战略和军事战略，发展高新技术武器装备，创新军事理论，加快军队转型。人民解放军按照建设信息化军队、打赢信息化战争的目标，深化改革，锐意创新，加强质量建设，积极推进以信息化为核心的中国特色军事变革。

（2）军事科学理论研究不断加强。军事科学包括理论科学和技术科学两大部分，是研究战争与战争指导规律的科学。它源于人类的战争实践，以战争为研究对象，并为战争实践服务，指导战争实践。军事科学对于赢得战争和遏制战争具有重要的指导作用。军事科学的研究对象范围很广，诸如武装力量组织、训练和作战行动，武器装备的研制、生产和使用，战略、战役、战术的研究和应用，军队的思想政治工作，后勤保障和供给，军事设施的规划和建造，后备力量建设，以及裁军、军备控制、维护国家稳定的各种军事活动等，都属于军事科学的研究对象。军事科学研究的基本任务是探索与把握战争的本质和规律，为战争的准备与实施、军队和国防的建设提供正确的理论指导。

马克思、恩格斯运用辩证唯物主义和历史唯物主义研究战争，探讨战争的本质和规律，特别是关于无产阶级武装夺取政权的问题，创立了马克思主义的军事理论。在马克思主义军事理论的指导下，苏维埃开辟了无产阶级革命、夺取政权的新纪元。列宁继承和发展了马克思主义，取得了俄国革命和保卫苏维埃政权的胜利。斯大林继承和发展了马列主义的军事理论，取得了反法西斯战争的胜利。毛泽东等老一辈无产阶级革命家，在领导中国革命战争中，进一步丰富和发展了马列主义军事理论，创立了毛泽东思想，建立了社会主义新中国。

中国共产党十一届三中全会以后，我国社会主义建设进入了一个新的历史时期。以邓小平为核心的新的领导集体，坚持毛泽东军事思想的指导地位，根据党的实事求是的思想路线和客观实际需要，创造性地运用毛泽东军事思想，制定了新时期国防建设和军队建设的一系列重大方针原则，丰富和发展了毛泽东军事思想科学体系的内容。以江泽民为核心的党的第三代领导集体，根据 20 世纪末的世界形势，继承、发展毛泽东军事思想和邓小平新时期军队建设思想，提出了一系列加强国防和军队建设的方针，进一步丰富了无产阶级军事理论的宝库。胡锦涛总书记继承三代领导人的军事思想和理论，提出了新世纪国防和军队建设的基本原则、基本方针，要求全军加强新军事变革的研究，探讨具有中国特色的军事变革，提出了新世纪新阶段国防和军队建设朝什么方向发展、如何科学发展，未来战争需要什么样的军事力量、如何科学运用军事力量的时代课题。坚持把科学发展观作为加强国防和军队建设的重要指导方针，努力提高军队应对危机、维护和平、遏制战争、打赢战争的能力。党的十八大以来，习近平总书记着眼实现中国梦强军梦，立足国家安全和发展战略全局，提出一系列重大战略思想，做出一系列重大决策部署，指挥一系列重大军事行动，开辟了党的军事指导理论新境界，在中国特色强军之路上迈出了一大步，为强军兴军打下了坚实的政治基础、思想基础、实践基础。在毛泽东军事思想、邓小平新时期军队建设思想、江泽民国防和军队建设思想、胡锦涛关于军队建设思想和习近平关于全面推进国防和军队建设思想的指导下，我国军事理论研究广泛开展，取得了一批又一批丰硕成果。

（3）军队院校建设有了一定的规模。军队院校是培养、选拔、推荐军事人才和开展军事科学研究的主要场所，是直接为军队建设和未来战争服务的，对国防建设，特别是军队的建设与发展具有重要的作用。军队院校教育是国家教育事业的重要组成部分，是军队建设的战略重点。军队院校是随着军队的建立和发展而逐步发展起来的。

在中国，自夏朝始，学校教育就与军事教育紧密结合，世界各国早期的军事教育也同学校教育结合在一起。后来，随着正规军队的建立，逐渐建立了培养军队指挥人员和其他专业人才的军队院校。中国人民解放军院校建设始于1927年土地革命时期，当时在井冈山创立了“中国工农红军教导队”。之后陆续创办了中国工农红军学校、红军大学、红军特科学校，以及炮兵、工兵、重机枪学校，彭杨步兵学校，公略步兵学校，通信学校，军医学校和供给学校等。在此之后几经变迁和改建，至1937年1月改称为中国人民抗日军事政治大学。1946年3月成立了第一所航空学校——东北民主联军航空学校。1949年5月创建了第一所海军学校——安东海军学校。

新中国成立后，随着军队革命化、现代化、正规化建设的发展，军队院校建设得到了全面的发展，相继建立了解放军军事学院、高等军事学院、政治学院、后勤学院、海军学院、空军学院、军事工程学院等。海军组建了水面舰艇、潜艇、航空兵、岸防兵，通信、后勤院校等。空军组建了指挥、飞行、气象、通信、领航、地空导弹和航空工程院校等。20世纪60年代初期，军事院校建设已达到一定规模，且门类齐全、军兵种相结合、初级与高级衔接。1980年以后，根据军队体制编制的调整，特别是根据世界其他发达国家军队院校建设的经验，为了合理配置资源，把地方院校教育与军队院校教育中共同科目紧密结合起来，我国对军队院校的数量和规模做了适当的调整，使之进一步适应军队革命化、现代化、正规化建设和未来反侵略战争的需要。1986年1月5日，中国人民解放军国防大学的成立，标志着我军军事院校建设进入了一个新的时期。2000年我军进一步调整了院校体制编制，健全军地并举培养军事人才的体制和制度，加快建立和完善以任职教育为主体、军事高等学历教育和任职教育相对分离的新体系，按照规模化、集约化办学的要求，优化院校体系结构，精简部分军地通用或同类数量偏多的院校，合并同驻一地或任务相近的院校，使军事院校与部队的需要同步发展。

2. 建设了一支强大的武装力量

武装力量建设是关于建立和加强国家武装力量所采取的一系列举措。中国共产党在领导中国长期革命战争中建立起来的人民武装力量，经过了22年的革命战争。新中国成立后，这支军队从新的历史条件出发，在继承优良传统的基础上，已由单一的军种发展成为具有一定抗打击能力的诸军兵种的合成军队，成为新中国人民民主专政的坚强柱石。

经过半个多世纪的不断发展，我国已经形成了具有中国特色的武装力量。这支武装力量在保卫国家主权和经济建设中立下了赫赫战功。随着社会生产力的不断提高和科学技术的飞速发展，这支军队从本国的需要和可能出发，积极利用各种先进科学技术成果，不断改革指挥、控制、通信、计算机和情报系统；改进现有武器装备和发展新的武器系统；改革部队教育训练内容，提高官兵科学文化和专业技术水平；提高诸军兵种联合作战的能力，使之能在“五维”时空中作战，以适应未来信息化战争的需要。

3. 建立了较完善的国防工业体系

我国国防工业是在物质、技术力量十分落后的情况下，坚持自力更生、艰苦创业而发展起来的。新中国成立后，对国民党政府留下来的军工厂和解放区的兵工厂进行了调整和改造。20世纪50年代，我国在苏联的帮助下，引进了常规武器的生产技术，并开始了导弹、核武器的研究。1959年，苏联撕毁合同撤走专家，给我国国防工业造成了很大困难。20世纪60年代初，我国实行“调整、巩固、充实、提高”的方针，使国防工业走出了困境。1964年10月第一颗原子弹爆炸成功，1966年10月进行了导弹核武器试验，1967年6月第一颗氢弹爆炸成功，1970年4月成功发射了第一颗人造地球卫星，1975年掌握了卫星回收技术，1980年我国向南太平洋发射远程运载火箭成功，1981年用一枚火箭发射三颗卫星成功，1982年成功地进行了潜艇水下发射火箭的试验。2003年10月15日，我国第一艘载人飞船“神舟”五号成功进行了首次载人航天飞行。2012年9月25日，辽宁号航空母舰，简称“辽宁舰”，交付予中国人民解放军海军服役。“两弹一星”和“神舟”飞船的研制、发射成功，使我国成为世界上掌握核技术和空间技术的少数国家之一，具有了一定的核反击能力和威慑能力，国防力量极大增强。

新中国成立初期，我国国防工业比较落后，而且大多集中在沿海，不能适应未来战争的需要。20世纪60年代初期，党中央对国防工业建设和国防科技研究做出了重大决策，加大了投资力度。经过10年的努力，初步形成了科研、生产、实验的体系，改善了国防工业和国防科技的布局与结构。党的十一届三中全会后，随着经济、科技体制的改革，进一步贯彻“军民结合、平战结合”的方针，迎来了新的发展时期。科研机构日益健全，科技队伍日益壮大，科技投入日益增长，在核、航空、电子、兵器、舰船、航天及与之配套的化工、特种冶金、非金属材料等领域取得了丰硕的成果，为部队提供了比较先进的武器装备。为了适应社会主义市场经济发展的需要，建立精干、高效的国防科技工业新体系，我国对国防科技工业进行了重大改革。1999年7月，核、航天、航空、船舶、兵器工业总公司五个军工总公司改组为中国核工业集团、中国核工业建设集团、中国航天科技集团、中国航天机电集团、中国航空工业第一集团、中国航空工业第二集团、中国船舶工业集团、中国船舶重工集团、中国兵器工业集团和中国兵器装备集团十大集团公司。目前，全国已建立了200多个国防工业科研机构和900多个国防工业工厂，形成了门类齐全、完善的国防科技工业体系，国防科技工业也成为国民经济建设的重要力量。

4. 建立了符合我国国情的国防动员体制

国防动员是国家为了防备和应付外来突然袭击和侵略，在和平时期所进行的战争准备（包括人力、物力和财力的准备）。为了战时有效而迅速地展开动员，我国建立了比较完善的国防动员体制。

首先，建立了强有力的国防动员机构。根据党中央、国务院、中央军委的决定，1994年11月成立了“国家国防动员委员会”。国家国防动员委员会主任由国务院总理兼任，副主任由国务院和中央军委领导兼任，其他成员包括国家计委、国家经贸委、公安部、财政部、建设部、交通部、铁道部、国家邮政局、信息产业部、国家对内贸易局、卫生部等国家机关和中国人民解放军总参谋部、总政治部、总后勤部和总装备部有关负责人。国家国防动员委员会下设国家人民武装动员办公室、国家经济动员办公室、国家人民防空办公室和国家交通战备办公室。各军区和各省、市、自治区人民政府，各地、市人民政府，各县、市、区人民政府均设立相应的国防动员委员会，负责主管本区域的动员工作。

其次，储备了一定的国防后备力量和物资。全国实行了民兵、预备役制度，明确规定了和平时期民兵和预备役的工作方针与任务，设立了各级人民武装的领导机构。颁布了《中华人民共和国兵役法》，实行民兵和预备役相结合的制度。民兵和预备役组织已由单一兵种发展到了诸军兵种，已经成了名副其实的社会主义建设者和保卫者，是解放军的得力助手和强大的后备力量。各级国防动员委员会根据国家动员计划和方案，一方面制定了本地区的动员计划和方案，另一方面本着平战结合的原则，积极做好人力、物力、财力、资源的开发和储备。当受到外来侵略时，将采取有效措施，很快地由平时状态转为战时状态，使各种资源的潜力迅速转化为战斗力。

再次，不断完善国防工程和民防工程建设。新中国成立后，党中央、国务院和中央军委根据国际形势和我国的战略需要，建设了大量的国防工程。这些工程在反侵略战争中起着重要作用，有力地抗击侵略者的入侵。与此同时，经过数十年的努力，一大批适应现代战争需要的民防工程也相继建成。这些工程数量多、范围广，具有在核战争条件下保护相当比例城市人口的潜力。同时，对战时紧急疏散人口、防空袭击、“三防”（防核武器、生物武器、化学武器）、保护重要设施和目标及指挥、供给等都将起着重大作用。1996 年 10 月 29 日八届全国人大常委会第二十一次会议审议通过，颁布了《中华人民共和国人民防空法》，为人防工程、民防工程管理、利用提供了法律保障。

5. 进一步完善了国防法规

依法建军、依法建设国防是国家实现国防现代化的重要保证，也是世界各发达国家国防现代化建设的重要经验。为调整军队内部的各种关系，早在革命战争时期，我军就制定了许多军事规范性文件，这些文件对保证党对军队的绝对领导，巩固军队的组织纪律，完成长期艰苦、复杂的武装斗争任务起到了重要作用。新中国成立后，国家立法机关、国家军事机关、国家行政机关先后制定了一系列国防法规和军事法规等规范性文件数千件。这些法规对国防建设和武装力量建设起到了重要作用。

纵观我国历代王朝兴盛衰落的历史，可以总结出，凡是注重国防建设和国防教育、崇尚武备、居安思危的朝代，就能使民族团结和统一，人民安居乐业，国家安宁富强，经济蓬勃发展。反之，则民族分裂，外族侵扰，民不聊生以致最终国破家亡。

三、国防建设目标

我国国防建设的目标是，到建国 100 周年时，达到或接近世界先进水平，与国家的国际地位相适应。国防建设的重点：抓好常备军建设，提高军队的战斗力；加强国防科技的研究，发展高新技术和信息技术武器装备；完善国防潜力转化为国防实力的机制。国防现代化是我国国防建设的总目标。

1. 国防现代化的基本含义

国防现代化是指国防建设达到现代先进水平的目标。国防现代化是一个与世界各国相联系、相比较的相对概念。它与一定的社会历史条件相联系而存在，是对于特定的时间而言的历史发展过程，是一个发展的概念，具有鲜明的时代性。国防现代化建设是国家以高技术和信息技术为基础的综合国力的体现，国家经济能力的强弱将直接影响国防现代化的建设。因此，国防现代化建设必须以国家经济建设为基础，与国家经济建设协调发展。国防现代化建设除了依赖于经济建设外，还对经济建设具有促进与保证作用。建设现代化的国防是中华人民共和国国家建设的宏伟目标之一。保卫国家安全、维护国家权益、反对霸权主义、维护世界和平是我国国防建设的根本目的。建设巩固的现代化国防是我国现代化建设的战略任务，是维护国家安全统一和全面建设和谐小康社会的重要保障。

2. 国防现代化建设的基本原则

贯彻积极防御的军事战略方针，全面提高我军信息化条件下的防卫作战能力。适应国家根本利益的需要，坚持人民战争思想，提高综合国防力量。坚持国防建设与经济建设协调发展的方针，在经济发展的基础上推进国防和军队现代化。坚持以现代化建设为中心，实现国防科技、武器装备、国防人才、国防体制现代化。突出重点，以武装力量建设为主，全面提高国防建设的综合效益。遵循独立自主、自力更生的方针，把国防建设放在自己力量的基点上，发挥自身的优势，学习、引进和借鉴其他国家的先进技术。在党中央、国务院和中央军委的统一领导下，党、政、军、民通力合作，齐心协力地进行现代化的国防建设。

3. 国防现代化建设的主要内容

国防现代化建设的主要内容包括以下五点。

（1）军事思想的现代化。先进的军事思想对国防现代化建设具有强大的指导作用。马列主义、毛泽东军事思想、邓小平新时期军队建设思想、江泽民国防和军队建设思想、胡锦涛关于军队建设思想和习近平关于全面推进国防和军队建设思想的指导下，努力学习和创新实践先进的军事思想是实现国防现代化的重要保证。党的十八大以来，习近平总书记鲜明提出党在新形势下的强军目标，就是建设一支听党指挥、能打胜仗、作风优良的人民军队，强调“全军要准确把握这一强军目标，用以统领军队建设、改革和军事斗争准备，努力把国防和军队建设提高到一个新水平”。

（2）军队的现代化。军队的现代化是国防现代化的核心，包括武器装备现代化、人才现代化和军队体制编制现代化。武器装备现代化是军队现代化的基础，人才现代化是实现军队现代化的核心，体制编制现代化是使先进的武器装备与高素质的人才紧密结合、发挥最佳效能的重要保证。搞现代化建设、抓军事斗争准备，最核心的问题是人才。要大力实施人才战略工程，特别要把联合作战指挥人才、新型作战力量人才培养作为重中之重，培养造就能够担当强军重任的优秀军事人才。

（3）国防科研和国防工业体系的现代化。这是保证实现国防现代化不可缺少的物质技术基础。国防科研和国防工业体系的现代化包括国防科研的基础研究和应用研究要达到世界先进水平，具有现代化的科研体制、研究手段和科学管理制度，国防工业要达到高效率、集约型现代化生产体系的要求。

（4）国防法规体系和国防动员体系的现代化。建立完善的国防法规体系和国防动员体系，保证国防实力的建设、积累和发展，以确保在战时使国防潜力迅速转化为战斗力。深入推进依法治军、从严治军，全面推进依法治国总体布局的重要组成部分，是实现强军目标的必然要求。军队越是现代化，越是信息化，越是要法治化。着眼于贯彻军民融合发展战略，推进跨军地重大改革任务，推动经济建设和国防建设融合发展。

（5）国防基础设施和战场建设的现代化。它是先进的武器装备和高素质的军队紧密结合，充分发挥效能的必要条件。国防基础设施和战场建设的现代化包括国防基础工程、战场实施、战场监视系统、自动化指挥系统、电子干扰和反电子干扰系统等。

四、国防政策

国防政策是国家进行国防建设和使用国防力量的准则，是国防建设和国家安全的保证。国防政策具有其鲜明的阶级性。我国的国防政策遵循中国共产党确定的基本路线和毛泽东关于人民战争的思想，实行积极防御的战略方针，为维护和平、反对侵略服务。

1. 坚持走和平发展的道路，坚定不移地奉行防御性的国防政策

加强国防和军队现代化建设，维护国家安全统一，确保全面建设小康社会的顺利进行。中国的国防政策以国家的根本利益为出发点，服从和服务于国家的发展战略和安全战略。中国坚持发展与安全的统一，努力提高国家战略能力，运用多元化的安全手段，应对传统和非传统安全威胁，谋求国家政治、经济、军事和社会的综合安全。

2. 国防的基本目标和任务

中国维护国家安全的基本目标和任务：制止分裂，促进统一，防备和抵抗侵略，捍卫国家主权、领土完整和海洋权益；维护国家发展利益，促进经济社会全面、协调、可持续发展，不断增强综合国力；坚持国防建设与经济建设协调发展的方针，建立符合中国国情和适应世界军事发展趋势的现代化国防，提高信息化条件下的防卫作战能力；保障人民群众的政治、经济、文化权益，严厉打击各种犯罪活动，保持正常社会秩序和社会稳定；奉行独立自主的和平外交政策，坚持互信、互利、平等、协作的新安全观，争取较长时期的良好国际环境和周边环境。

3. 制止“台独”势力分裂国家是中国武装力量的神圣职责

中国政府继续坚持“和平统一、一国两制”的基本方针和现阶段发展两岸关系、推进祖国和平统一进程的八项主张，只要台湾当局接受“一个中国”原则、停止“台独”分裂活动，两岸随时可以就正式结束敌对状态包括建立军事互相信任机制进行谈判。中国人民坚决反对任何形式的“台独”分裂活动，坚决反对任何形式的外来干涉，坚决反对任何国家向中国台湾地区出售武器或与其进行任何形式的军事结盟，决不允许任何人以任何方式把台湾从中国分割出去。

4. 加速推进中国特色军事变革

为适应国际战略形势和国家安全环境的变化，以及迎接世界新军事变革的挑战，中国坚持积极防御的军事战略方针，加速推进中国特色军事变革。

（1）走复合式、跨越式发展道路。人民解放军适应世界军事发展的趋势，把信息化作为现代化建设的发展方向，逐步实现由机械化、半机械化向信息化转型，全面提高军队的威慑和实战能力。

（2）实施科技强军。人民解放军依靠科技进步提高战斗力，实现由数量规模型向质量效能型、由人力密集型向科技密集型的转变。

（3）深化军队改革。人民解放军根据现代战争形态的变化和社会主义市场经济发展的要求，坚持在改革创新中谋发展、求突破。创新发展军事理论，探索信息化条件下建军和作战的规律。

（4）加紧军事斗争准备。人民解放军立足打赢信息化条件下的局部战争，突出加强武器装备建设、联合作战能力建设和战场建设。加强针对性演练，提高应对危机和处置各种突发事件的能力。

（5）开展军事交流与合作。人民解放军贯彻国家的对外政策，发展不结盟、不对抗、不针对第三方的军事合作关系。参与联合国维和行动和国际反恐合作，开展多种形式的军事交流，建立军事安全对话机制，营造互信互利的军事安全环境。

五、武装力量建设

在国防现代化建设中，武装力量建设既是主要内容也是重点内容。武装力量是国家或政治集团的各种武装组织的总称，是国家或政治集团执行对内、对外政策的暴力工具。一般以军队为主体，由军队和其他正规的、非正规的武装组织共同构成。通常由国家或政治集团的最高领导人统帅。

中国共产党在领导中国人民革命战争的过程中，逐步认识到武装力量的重要性，特别是在 1927 年南昌起义和秋收起义失败后，开始积极探索建立共产党领导的人民武装力量的道路。毛泽东等老一辈无产阶级革命家将马列主义原理与中国革命的具体实践相结合，在创建井冈山革命根据地的过程中，逐步形成了创建新型人民军队的理论和实践，并把这支以农民为主体的军队改造成为一支全心全意为人民服务的军队，最终取得了中国革命的伟大胜利。

中国共产党在领导中国人民革命战争的过程中，坚持毛泽东关于军队、人民战争的思想，逐步建立和发展具有中国特色的人民武装力量体制。土地革命时期建立了主力红军、地方红军和赤卫军、少年先锋队相结合的人民武装力量。抗日战争时期建立了主力军、地方军和民兵、自卫队相结合的人民武装力量。解放战争时期建立了野战军、地方军和民兵相结合的人民武装力量。1985 年后，形成了中国人民解放军现役部队和预备役部队、中国人民武装警察部队和民兵相结合的武装力量。

1. 中国人民解放军

中国人民解放军是中国共产党缔造和领导的，用马列主义、毛泽东思想武装起来的，全心全意为人民服务的军队。中国人民解放军是我国人民民主专政的坚强柱石，诞生于 1927 年 8 月 1 日。

在中国共产党领导各族人民进行新民主主义斗争的过程中，人民解放军对战胜强大的国内外敌人、夺取中国革命的胜利做出了巨大的历史性贡献。新中国成立后，人民解放军由单一的陆军发展成为包括海军、空军、战略导弹部队和其他技术兵种在内的合成军队，为保卫和参加社会主义革命与社会主义建设立了新功。解放军的现代化建设进入了一个崭新阶段。部队编制体制正朝着更加科学合理、更能适应现代战争要求的方向发展，军政素质、武器装备和现代化训练的水平日益提高，火力、突击力、机动力、防护力、快速反应能力、战略核打击力、电子对抗、网络攻防、卫星管理等电磁空间和网络空间的攻防力和指挥自动化能力得加强，已经具备了核反击能力，改变了指挥体系，组建战区联合作战指挥机构，海军、空军和火箭军整合在一起，实现跨区兵种在战区内的垂直和多相的指挥和联合协同的作战，增加机动力和联合指挥作战的能力。

（1）陆军。中国人民解放军陆军是人民解放军的主要军种，是陆地作战的主力，是人民解放军各军兵种中历史最久的。陆军在新中国建立前后的历次作战中发挥最出色，是社会主义现代化建设和各种抢险救灾中的中坚力量。陆军是担负陆地作战任务的军种，既能独立作战，又能与海军、空军协同作战。陆军主要由步兵、装甲兵、炮兵、防空兵、陆军航空兵、工程兵、防化兵、通信兵等兵种及电子对抗兵、侦察兵、测绘兵等专业兵种组成。

1）步兵。步兵是陆军中徒步或搭乘装甲输送车、步兵战车作战的兵种。步兵分为徒步步兵、摩托兵和机械化步兵（装甲步兵）。主要装备有步枪、机枪、火箭筒、轻型火炮、反坦克导弹、防空火器、汽车、装甲输送车、步兵战车和直升机。步兵的特点包括作战行动受地形、气象的影响较小，既能独立地执行作战任务，又能与其他兵种协同作战。步兵的任务：进攻时，歼灭敌人的有生力量，夺取被敌人占领的地区；防御时，大量杀伤和消耗敌人，顽强扼守阵地；必要时，还可进行特殊条件下的作战。

2）炮兵。炮兵是以火炮、火箭炮、反坦克导弹和战役战术导弹为基本装备，执行地面火力突击任务的兵种。炮兵的主要装备有压制火炮、反坦克火炮、反坦克导弹和地—地战役战术导弹等。炮兵具有强大的火力、较远的射程、良好的射击精度和较高的机动力等特点。炮兵分为地面炮兵（加农炮兵、榴弹炮兵、迫击炮兵、火箭炮兵、无坐力炮兵和反坦克导弹分队）、高射炮兵（高射炮兵、高射机枪分队、地空导弹分队）及各种保障分队（侦察分队、通信分队、电子对抗分队、后勤分队）等。地面炮兵的任务包括歼灭、压制敌有生力量，破坏敌各种设施和通信、指挥所，摧毁、封锁敌后勤设施和交通要道，与敌空降兵做斗争等。高射炮兵主要负责与敌人的空中目标做斗争，保护我军的空中安全。

3）装甲兵。装甲兵是以坦克和其他装甲战斗车辆为基本装备的陆军兵种，是陆军中的一支重要突击力量，被誉为“战场之王”。装甲兵是陆军的重要突击力量，具有快速的机动力、强大的火力和较好的防护力。装甲兵可以减轻常规武器和核武器袭击的损害，有效地利用常规火力突击和核突击的效果，实施快速机动、猛烈突击，在短时间内歼灭敌人。

坦克自 1916 年问世以来，一直受到军事家的重视。目前，坦克正向动力更大、火力更猛、生存力更强、机动性更好、准确性更高的方向发展。装甲兵由坦克部队（坦克兵、装甲步兵）和保障分队（炮兵分队、侦察分队、通信分队、修理分队）等组成。装甲兵的任务包括突破防御、打开通路，配合步兵作战，扼守要点抗敌、反冲击，封锁敌突破口，以及打击空降和担任伏击任务。

4）工程兵。工程兵是将技术能力和战斗能力紧密结合，并与其他军兵种密切协同，保障部队隐蔽安全、稳定指挥，实施机动，破坏和限制敌人的机动的技术兵种。工程兵由工兵分队、舟桥分队、建筑分队、伪装分队和给水分队组成。工程兵的任务包括构筑工事、伪装工程、保障我军机动和给水、破坏与限制敌军机动等。

5）通信兵。通信兵是担负军事通信任务的兵种，通信兵由通信分队、通信工程分队、通信技术保障分队、无线电通信对抗分队、军邮分队、航空兵导航分队和观通分队等分队组成。通信兵的任务是保障我军通信畅通，干扰敌方通信，组织导航和观通。通信兵是军队的“顺风耳”和“千里眼”。

6）防化兵。防化兵是军队中担负防化保障与喷火、发烟任务的兵种。在抗日战争时期，侵华日军多次使用化学武器袭击我抗日军民，我国于 1938 年 12 月在中国人民抗日平民大学设立化学部，我军防化兵的雏形由此诞生。新中国成立后，面对美军在侵朝战争中使用化学、生物武器的现实，中央军委决定建立防化兵。我军防化兵建立后，逐步形成以群众性防护为基础、专业兵保障为骨干的防护体系，为军队的建设做出了积极的贡献。防化兵由防化、喷火和发烟分队组成。防化兵的任务包括实施核、化侦察和观测，实施喷火和纵火，发烟掩护、部队行动及实施化学反击等。

步兵徒步或乘装甲输送车、步兵战车实施机动和作战，由山地步兵、摩托化步兵、机械化步兵（装甲步兵）组成。装甲兵（坦克兵）以坦克及其他装甲车、保障车辆为基本装备，遂行地面突击任务。炮兵以各种压制火炮、反坦克火炮、反坦克导弹和战役战术导弹为基本装备，遂行地面火力突击任务。防空兵以高射炮、地空导弹武器系统为基本装备，遂行对空作战任务。陆军航空兵装备攻击直升机、运输直升机和其他专用直升机及轻型固定翼飞机，遂行空中机动和支援地面作战任务。工程兵担负工程保障任务，由工兵、舟桥、建筑、伪装、野战给水工程、工程维护等专业部（分）队组成。防化兵担负防化保障任务，由防化、喷火、发烟等部（分）队组成。通信兵担负军事通信任务，由通信、通信工程、通信技术保障、航空兵导航和军邮勤务等专业部（分）队组成。陆军按其担负的任务还划分为野战机动部队、海防部队、边防部队。

（2）海军。海军是中国人民解放军中以舰艇部队和海军航空兵为主体，其主要任务是独立或协同陆军、空军防御敌人从海上的入侵，保卫领海主权，维护海洋权益。其作战部队除了海军总部直辖外，分布于北海、东海、南海三支舰队中。海军是以舰艇部队为主体的在海上作战的军种，它具有水面、水下、空中单独作战的能力，又可与陆军、空军联合作战，具有常规作战能力和战略核打击能力。海军的主要装备有作战舰艇、辅助舰船和飞机，配备有战略导弹、战术导弹、火炮、水中武器和战斗车辆等。

海军的前身是 1949 年 4 月 23 日组建的中国人民解放军华东军区海军。1950 年 4 月 14 日，在北京成立海军领导机关。1955 年，成立东海舰队、南海舰队。1960 年组建北海舰队。中国人民解放军海军以新型航空母舰、新型驱逐舰、新型潜艇、新型战斗机为代表的新一代主战装备，以及与其相配套的新型导弹、鱼雷、舰炮，电子战装备等武器系统陆续交付使用。现在，人民海军已经拥有大型区域防空舰、核动力潜艇、AIP 潜艇等世界先进武器装备，中国人民解放军海军航空兵现已装备了轰炸机、巡逻机、电子干扰机、水上飞机、运输机等勤务飞机。海防导弹形成系列，不仅有岸对舰导弹、舰对舰导弹，还有舰对空导弹、空对舰导弹、空对空导弹等。中国人民解放军海军由潜艇部队、水面舰艇部队、海军航空兵部队、海军岸防兵部队、海军陆战队及其他专业保障分队组成。我国海军自建立后，在解放沿海岛屿、打破敌人海上封锁、反抗外来侵略的战斗中，曾独立作战或与陆军、空军协同作战 1200 余次，击沉、击伤和俘获敌舰船 400 余艘，击毁、击伤敌机 500 余架，枪毙俘虏敌人 7000 余名，保卫了海防，维护了国家的领土主权和海洋权益，同时为支援国家经济建设做出了重大贡献。

1）潜艇部队。潜艇部队是海军中执行水下战斗任务的兵种，既能独立作战，也可与海军航空兵或水面舰艇部队协同作战。目前，我国潜艇部队已具备了各种突防和打击能力，已成为海军的一个重要兵种，潜艇部队具有隐蔽性好、突击威力大、续航自给能力强的优点，同时也存在水下观察距离近和联络不方便等缺陷。潜艇部队由鱼雷潜艇部队、导弹潜艇部队、潜艇基地及其他专业保障分队组成。潜艇部队的任务包括消灭敌舰船，破坏敌海军岸上重要目标，进行侦察、反潜、布雷和巡逻等。

2）水面舰艇部队。水面舰艇部队是海军中在水面执行作战任务的兵种。水面舰艇部队由导弹艇部队、鱼雷艇部队、驱逐舰部队、护卫舰部队、扫雷舰部队、登陆舰部队及其他保障分队组成。不久，我国还将形成航空母舰战斗编队。水面舰艇具有在广阔海域进行反舰、反潜、防空、水雷战和对岸攻击等作战能力。战时，能单独或在其他兵种、军种部队的协同下，完成海上战斗、战役及战略性作战任务。水面舰艇部队的任务包括：战时，攻击敌方海上兵力和岸上目标；支援登陆和抗登陆作战；保护和破坏海上交通，进行海上封锁和反封锁作战；运送作战兵力与物资；参加夺取制海权和海洋制空权的斗争等。平时，保卫海疆安全；根据国家政治、经济和外交政策，保护大陆架、专属经济区；保卫和参加海上科学试验与调查作业、开发海洋资源，维护国家海洋权益。

3）海军航空兵。海军航空兵是海军中进行空中突击的一个基本兵种，具有远程作战、高速机动和猛烈突击的能力，其战略轰炸机部队是国家战略核力量的一个组成部分。海军航空兵由轰炸机部队、强击机部队、歼击机部队、反潜机部队、侦察机部队和各种保障分队组成。海军航空兵的任务包括夺取海洋战区和滨海战区制空权，歼灭敌方空中、海上力量，攻击敌海上目标及海军重要目标，保护我海洋安全和海军各项任务的完成和执行核打击任务。

4）海军岸防兵。海军岸防兵是海军中部署在沿海重要地段、岛屿，以火力执行沿岸防御作战任务的兵种。海军岸防兵由海岸炮兵部队和海岸导弹部队组成。海军岸防兵的主要任务包括保卫沿海主要地段安全，消灭敌舰船，封锁近海交通和支援海岸、岛屿部队作战。

5）海军陆战队。海军陆战队是海军中担负渡海登陆作战任务的兵种。海军陆战队具有机动性强、反应快和独立作战的特点。海军陆战队由陆战步兵、炮兵、装甲兵、工程兵、通信兵、侦察兵等分队组成。海军陆战队的任务包括实施登陆，夺取和巩固登陆点和登陆场，海岸防御，以及营救等特殊任务。

（3）空军。经过半个多世纪的建设，人民空军已经发展成为一支由航空兵、地空导弹兵、高射炮兵、雷达兵、空降兵、电子对抗兵、气象兵等多兵种合成，由歼击机、强击机、轰炸机、运输机等多机种组成的现代化的高技术军种。空军的主要任务是国土防空，支援陆、海军作战，对敌后方实施空袭，进行空运和航空侦察。空军是以航空兵为主体的空、防合一的，以航空空间为主战场的军种，是进行空中、空地、地空战争，保卫祖国领空的基本力量。空军既能协同陆军、海军作战，又能单独执行空中战斗任务。

1949 年 11 月 11 日，中国人民解放军空军正式成立。空军建立后，为保卫祖国的安全、支援国际和平事业、参加国内经济建设、抢险救灾等做出了巨大的贡献。在朝鲜战场上，年轻的志愿军空军击落敌机 330 架，击伤敌机 95 架。在国土防空作战中，共击落美国和国民党空军入侵我大陆领空的各型飞机 112 架。同时，空军还执行了科研试验、航空测量、空运空投、飞播造林等任务。目前，我国空军体制编制不断改进，武器装备现代化水平逐步提高，已经具备了执行国土防空、空中打击、空中支援、空中运输和航空侦察等任务的能力。

（4）火箭军。中国人民解放军火箭军于 2015 年 12 月 31 日成立。成立火箭军是党中央和中央军委着眼实现中国梦强军梦做出的重大决策，是构建中国特色现代军事力量体系的战略举措，必将成为中国军队现代化建设的一个重要里程碑，载入人民军队史册。习近平总书记强调，毫不动摇坚持积极防御战略思想，同时不断丰富和发展这一思想的内涵。根据国家安全和发展战略，适应新的历史时期形势任务要求，坚持实行积极防御军事战略方针，与时俱进加强军事战略指导，进一步拓宽战略视野、更新战略思维、前移指导重心，整体运筹备战与止战、维权与维稳、威慑与实战、战争行动与和平时期军事力量运用，注重深远经略，塑造有利态势，综合管控危机，坚决遏制和打赢战争。

中国人民解放军火箭军前身第二炮兵成立于 1966 年 7 月 1 日，由毛泽东主席批准，周恩来总理亲自命名，始终由中央军委直接掌握，是中国实施战略威慑的核心力量，主要担负遏制他国对中国使用核武器、遂行核反击和常规导弹精确打击的任务。

目前，火箭军已初具规模，装备了威力强大的新型导弹，形成了空中、地上、水下三位一体的战略核打击作战能力。火箭军核力量是防御性质的。它坚持自主立场和后发制人的原则，对向我国发动核袭击的国家实施战略核反击。核反击由中央军委集中统一指挥，与政治斗争、外交斗争紧密配合。火箭军既可独立行动，也可与海军、空军的战略核力量协调行动，对敌方的重要战略目标实施核反击。火箭军由地对地导弹部队、战役战术常规导弹部队及相应保障部（分）队组成。

火箭军的战略任务包括平时发挥威慑作用，遏制敌人可能对我国发动的核战争，战时遏制常规战争升级为核战争，遏制核战争升级，实施核反击。我国发展核武器是为了打破核垄断、反对核威胁，最终消灭核武器，保护我国安全与独立，维护世界和平。我国核战略的特点是防御性、威慑性、报复性、有限性和有效性。我国核战略的基本点是“威慑”和有限核“报复”。核威慑对维护我国的独立和安全是必要的，报复是被迫的，威慑的基础在于报复的能力，没有报复能力就起不到威慑的作用。火箭军是中国战略威慑的核心力量，是中国大国地位的战略支撑，是维护国家安全的重要基石。火箭军全体官兵要把握火箭军的职能定位和使命任务，按照核常兼备、全域慑战的战略要求，增强可信可靠的核威慑和核反击能力，加强中远程精确打击力量建设，增强战略制衡能力，努力建设一支强大的现代化火箭军。

（5）战略支援部队。新建中国人民解放军战略支援部队，是维护国家安全的新型作战力量，是我军新的作战能力的重要增长点，主要是将战略性、基础性、支撑性都很强的各类保障力量进行功能整合后组建而成的。成立战略支援部队有利于优化军事力量结构、提高综合保障能力。新成立的战略支援部队可能包括情报、技术侦察、电子对抗、网络攻防、心理战五大领域，特种作战、后勤保障和装备保障更多属于战役层面的内容，是否包括在内还有待确认。战略支援部队属于独立军种部队，按照军种主建的原则，仅负责相关部队的军政管理工作，不具备作战指挥功能。

中国人民解放军的最高军事机关为中央军事委员会，现役部队由陆军、海军、空军、火箭军、战略支援部队组织而成。2016 年 2 月 1 日，中国人民解放军原来的七大军区重组为五个战区，即东部战区、南部战区、西部战区、北部战区和中部战区。驻特别行政区部队包括驻港部队和驻澳部队。

2. 中国人民武装警察部队

中国人民武装警察部队是将原中国人民解放军担负内卫执勤任务的部队移交公安部门，同公安部门实行兵役制的武装、边防、消防警察统一组建而成的。它是中华人民共和国武装力量中担负国内安全保卫任务的武装组织，受国务院、中央军事委员会双重领导。中国人民武装警察部队在巩固和加强人民民主专政、维护社会治安、维护国家主权和尊严方面，具有十分重要的作用。

武警部队的任务。平时，维护国家主权、尊严和社会治安，打击各种犯罪分子；保卫党政机关、重要目标和人民生命财产的安全；维护我国疆界安全，打击偷渡、越境分子；指导公民进行消防训练。战时，协同人民解放军保卫边防和海防，抗击敌人的入侵；参加城市防卫和保卫重要目标的战斗，组织对空防护；组织重要民用机场、车站、桥梁和隧道的防护；守卫重要的电台、工厂、仓库和科研设施等目标，掩护工业设施和人口疏散；打击敌特和不法分子的破坏活动，保护作战地区的社会秩序和人民群众的安全等。

武警部队由内卫、交通、水电、黄金、森林，以及边防、警卫、消防部队的武警组成。武警部队执行中国人民解放军的条令条例、建军原则和宗旨。同时，武警部队又是单一兵种作战的部队，根据任务的特点，其武器装备按短、快、近的特点设计。目前武警的装备与步兵基本相同，同时也装备有执行特殊任务的特种武器及大量的通信器材与机动车辆等。

3. 民兵

民兵是不脱离生产的群众武装组织，是国家或政治集团的武装力量的组成部分，是常备军的助手和后备力量。平时其成员各司其事，接受必要的军事训练。战时配合军队作战，担负战争勤务，开展游击战争，维护社会治安，并在必要时随军远征。我国民兵在长期的革命斗争中，在争取民族独立自由的抗争中，在推翻三座大山的战争中，以及在社会主义革命和建设中都立下了不朽的功勋。

1984 年 5 月 31 日颁发的《中华人民共和国兵役法》确立了民兵与预备役相结合的制度。20 世纪 80 年代初，我国在加强传统民兵建设的同时，开始建立一支新型的国防后备力量即预备役部队。这为中国国防力量建设找到了一条平时少养兵、战时多出兵、出强兵的新路子。在建立和发展预备役部队的同时，仍然把民兵作为兵员动员的基础，高度重视加强民兵建设，各级人武部门在减少民兵数量、压缩民兵训练任务、缩小民兵组建范围的同时，以基干民兵特别是转业技术兵为重点，着力抓好战备制度、组织调整制度、政治教育制度、武器装备管理制度、军事训练责任制度等基础建设，使民兵质量建设得到进一步提高。民兵中退伍军人和经过训练的民兵比例得到增加；民兵的编组形式更加适应执行任务和战时动员的要求。民兵军事训练内容进行了调整，训练层次有所提高，初步实现了基地化、规范化；民兵的战备工作进一步落实，边海防民兵哨所的执勤条件得到很大改善，各种民兵应急分队能做到招之即来、来之能战。在邓小平关于新时期民兵建设理论的指引下，经过多次调整和改革的国防后备力量，在各种大型军事演习和抢险救灾中都表现出较高的动员水平和较强的战斗力。1990 年 12 月 24 日，国务院、中央军委颁布了新修订的《民兵工作条例》，对民兵工作的任务、军事训练、武器装备、战备值勤等各方面都做了明确的规定，推动了民兵工作的全面发展。

习近平总书记着眼于贯彻军民融合发展战略，推进跨军地重大改革任务，推动经济建设和国防建设融合发展。军民融合发展是实现发展和安全兼顾、富国和强军统一的必由之路，必须加快形成全要素、多领域、高效益的军民深度融合发展格局，促进经济建设和国防建设协调发展、平衡发展、兼容发展。作为党的领导集体核心，一贯高度重视国防后备力量建设，始终把民兵、预备役工作当作我国国防现代化建设的重要组成部分，倾注了大量心血。他主持中央军委工作以来，在领导国防和军队现代化建设与改革的伟大实践中，继承毛泽东、邓小平等老一辈革命家关于国防后备力量建设的思想，针对世界政治格局和战争形态的发展变化，针对我国对外开放和发展社会主义市场经济的新形势，对加强国防后备力量建设，坚持打现代技术特别是高技术条件下的人民战争，做出一系列新的理论概括和精辟论述。这些新的思想，成为我国国防后备力量建设跨世纪发展的行动指南。

在关于加强民兵和后备力量建设的方针指引下，通过积极探索新形势下加强国防后备力量建设的特点规律，我国国防后备力量建设取得了长足进步。民兵、预备役部队各级组织健全，领导坚强，人员充实，素质较高，武器装备和各项保障水平有了很大提高；预备役部队经过调整改革，布局更加科学，编成各兵种结构更趋合理；民兵、预备役部队军事训练向专业化、科学化、实战化方向发展，快速动员和执行任务的能力明显增强。我国国防后备力量建设呈现出蓬勃发展的可喜局面。

在革命战争时期，民兵主要是参军参战、支援前线和巩固后方；在社会主义建设时期，民兵主要是参加社会主义物质文明、精神文明和政治文明建设，担负各项军事勤务，随时抵抗侵略，保卫祖国。《兵役法》规定，民兵的主要任务是积极参加社会主义现代化建设，带头完成生产和各项任务，担负战备勤务，保卫边疆，维护社会治安，随时准备参军参战，抵抗侵略，保卫祖国。我国的民兵是在斗争中诞生、成长和壮大的，为中国的革命和建设立下了不朽的功勋。

第三节 中国国防动员

国防动员是指国家或政治集团由平时状态转换为战时状态的国防行为或国防活动。国防动员包括国家体制的转换、国家资源的重新配置及把国防潜力转化为战争实力。从战略上讲，国防动员是指为捍卫国家利益，达成国家防务目的而进行的动员。国防动员是国家军事战略和社会经济发展战略的重要组成部分。国防动员的主体是国家，是国家采取措施由平时状态转入战时状态时，统一调动人力、物力、财力为战争服务，其目的是保障战争的需要。国防动员的主要内容有人民武装力量动员、国民经济动员、人民防空动员、交通战备动员和国防教育。国防动员的主要任务是为打赢局部战争及时组织战争动员，为未来在局部战争中配合部队实施就地作战做准备，为社会稳定、处置突发事件、实施应急抢险救灾做准备。

一、武装力量动员

武装力量动员是指国家将军队及其他武装组织由平时体制转为战时体制所采取的措施。武装力量动员通常包括现役部队、武装警察部队、预备役部队、民兵和预备役人员，以及相应的武器装备和物资等的动员。武装力量动员是战争动员的核心，对战争的进程和结局，特别是对战争初期军队的迅速扩编和战略展开，掩护国家转入战时体制，争取战略主动等具有重要意义。武装力量动员的主要内容有兵员动员、科技动员、武器装备动员、后勤物资动员及防空袭、防恐怖、防灾救灾等。

1. 武装力量动员的准备

信息化战争对武装力量动员提出了更高的要求，世界上几乎所有的国家都采取平战结合、现役和预备役相结合的办法，在平时做好武装力量动员的准备。保持一支精干的、具有快速反应能力的常备军，作为战争初期作战和军队扩编的骨干。建立健全、有权威的动员机构，平时进行动员准备，战时组织动员实施。建立健全预备役制度，储备大量训练有素的后备兵员，特别是要大量储备技术军官和技术兵员。进行预备役登记，组建预备役部队，加强预备役训练。拟制武装力量动员计划和军队扩编计划，划分兵员补充范围。储备相应的武器装备和军需物资，做好登记统计、征用征购计划，做好交通运输和通信保障准备。

2. 武装力量动员的实施

根据国家发布的动员令，按动员计划组织实施武装力量动员。

（1）兵员动员。兵员动员是国家为进行战争而征集或招募适龄公民到军队服现役所采取的措施。平时的主要工作是，完善动员体制、建立预备役制度，划分兵员补充区、坚持经常性的国防教育和管理后备兵员；战时停止现役军人退役、休假，扩编现役部队，征召预备役人员，预备役部队调服现役，改编和扩充其他武装，动员和组织民兵参军参战，征用急需物资等。

（2）科技动员。科技动员是国家统一组织、调整科学研究部门和专家，工程技术人员，从事战争所需科学技术的开发研究所采取的措施。科技动员的主要任务包括开发应用新兴科学技术，利用科研设施和成果，研制先进的武器装备，为军队培养、输送专业技术人才，使军队在战争中保持科学技术和武器装备方面的优势。

（3）武器装备动员。武器装备动员是按照动员计划，主要启用军事系统储备的武器、弹药及其配套的设备、仪表、工具和器材等，使军队和预备役部队装备配置齐全，形成作战能力的活动。平时的工作是有计划地筹集、储备、管理好各种武器装备和器材，加强科学研究，积极发展现代战争所需要的武器装备，努力提高武器装备的高科技水平。战时的主要工作：根据国家或最高军事当局的动员令，在军事系统的统一部署下，本着就地、就近的原则，紧急启动现役部队、预备役部队、民兵和战略、战役仓库储备的装备，及时、准确地配发、补充给现役部队、预备役部队和其他武装组织，保证战争的需要。

（4）后勤物资动员。后勤物资动员是统筹运用国家提供的人力、物力、财力，从给养、医疗、技术、运输等方面保障军队扩编和作战物资需要的活动。随着社会生产力和科学技术的发展，高技术兵器在战争中广泛使用，物资消耗显著增加，使后勤物资动员的作用和地位更加突出。后勤物资动员平时的主要工作：搞好物资储备，做好军民通用物资的登记、统计，制定战时征用计划，落实征用措施。战时的主要工作：开设物资供应站、物资储备基地、组织筹集、调运各种物资持续不断地保证军队扩编和作战消耗的需要。

此外，在现代战争中，由于大量使用高新技术武器、精确制导武器和指挥自动化系统，战争更加残酷、破坏性更大、战争前后方界限不分，使城市防空袭、防恐怖和防灾救灾的任务也更加繁重。因此，做好防空袭、防恐怖和防灾救灾的动员工作，是直接关系到将来夺取反侵略战争胜利的重要工作。

二、国民经济动员

国民经济动员是指国家将经济部门、经济活动和相应的体制从平时状态转入战时状态所采取的措施。国民经济动员是战争动员的基础，其目的是充分调动国家的经济能力，提高生产水平，扩大军品生产，保障战争和其他国防斗争的需要。经济是战争赖以进行的物质基础，实践证明，战争不仅是军事、政治的竞赛，也是经济的竞赛。国民经济动员就在于将经济实力转化为军事实力。

1. 国民经济动员的准备

在现代条件下，搞好国民经济动员，不仅是保障战争物质需求的基本手段，还是战时稳定社会经济秩序的必要措施，更是解决国防经济与国民经济、战时经济与平时经济矛盾的重要途径。国民经济动员通常包括工业、农业、物资、商业贸易、财政金融、邮电通信、科学技术等的动员。做好国民经济动员的准备工作关系到战争的进程和胜利。国民经济动员的准备工作主要有：建立权威的国民经济动员机构，制定完善的国民经济动员法规和动员计划，实行统一领导，保证国民经济动员工作的全面实施。合理布局生产力和安排经济建设，对重要工业部门，特别是军事工业部门，以及军用物资、仓库、通信站、试验基地等，采取集中与分散、前沿与纵深、常备与后备相结合的原则进行配置与建设，以提高战时的生存能力。便于迅速安全地实施动员。实行军民产品相结合的方针，军工企业平时在保证军品生产的前提下，也生产民品；民用企业应建立军品生产线，为战时生产军品做准备。储备一定数量的武器装备和战略物资，保证战争、扩大生产及战时人民生活、生产的需要。根据平战结合的原则，加强交通运输和邮电通信设施的规划和建设。加强农业、财贸、文教、医疗卫生等建设，以适应战时需要。国家在财政预算上应划出一定的比例，保证有关经费的落实。加强科研机构建设，研制新式武器装备，为战时大批量生产做准备。

2. 国民经济动员的实施

（1）工业动员。工业动员是指国家将工业部门及其相应的体制从平时状态转入战时状态所采取的措施。工业动员的主要任务：挖掘工业生产能力，迅速增加工业产量，特别是扩大军品生产规模，为战争和其他国防斗争提供数量充足、质量可靠的武器装备及其他军用物资，并为各经济部门提供原料、燃料、动力和技术装备。工业动员是经济动员的主体。工业动员依据国家动员令、计划，由政府机关实施，对象是国防工业部门和民用工业部门。国防工业分为担负军品生产任务的常备军工企业与平时处于封存状态下的后备军工生产线。常备军工企业是动员的首要对象，后备军工和民用工业是持续动员的基础。在工业动员中平时必须做好以下准备：制定工业动员法规和动员计划，建立工业动员机构。在工业生产建设中贯彻军民结合、平战结合的原则，建立合理的工业企业布局，制定战时军用产品的技术标准，储备新产品及其技术人才，加强军民品标准化、通用化研究，储备一定数量的战备物质，进行必要的演练等。战时的主要任务有调整产业产品结构并扩大生产规模、调整工业布局、实施工业转产，挖掘生产潜力、扩大军需物品生产、严格实行战时军品生产标准、改革管理体制、提高生产效率等。

（2）农业动员。农业动员是指国家战时为保障粮食、副食品和工业原料等需要所采取的措施。农业动员是国民经济动员的重要组成部分。农业动员通常包括种植业、林业、畜牧业、渔业、副业动员等，主要任务是以粮食生产和供应为中心，调整农业结构，对农产品的产、销、供实行统一管理，确保人民生活和军队供应的需要。农业动员的内容一般包括调整农业结构和布局、增加农业投入、有计划地增加粮食和其他农产品的储备、建立健全农业动员结构、加快农业科技推广等。

（3）财政金融动员。财政金融动员是指国家为保障战争需要而采取的筹集与分配资金的措施。财政金融动员是国民经济动员的重要组成部分，其动员的程度对战争的进程和结局具有重大影响。随着经济和科技的发展、武器装备的进步，战争的物资消耗急剧增长，作战费用也越来越大。为适应未来战争的需要、保障战争经费，必须进一步加强财政金融动员。财政金融动员在平时就必须做好的准备：制定完善的财政金融动员法规、加强资金储备、保持一定数量的资金用于战略物资和武器装备的储备、对重要的经济部门提供一定的资金保障、积极支持工业企业建立军品生产线、增加交通运输和邮电通信的投资等。

（4）科学技术动员。科学技术动员是指国家战时统一组织、调整科学研究部门和专家、工程技术人员，从事战争所需科学技术的开发研究所采取的措施。科学技术动员的主要任务：开发应用新兴科学技术，利用科研设施和成果研制先进的武器装备，为军队培养、输送科学技术人才，使军队在战争中保持科学技术和武器装备方面的优势。科学技术发展有其自身的规律，一项研究成果从研究到应用需要一定的周期。为适应科学技术的发展规律，科学技术动员的准备工作：制定符合国家科学技术发展及其动员要求的政策和策略、编制科学技术动员计划、努力培养送与输现代化的专业技术人才、加强国家级科研设施建设、不断研制先进的武器装备和重点开发先进武器，加强科学技术储备、完善科学管理体制等。

科学技术动员的实施：及时将全国科技力量转入战时轨道，强化国家对科技领域人力、物力、财力的投入，将科学技术转化为军事实力和战斗力；充分运用先进的科技成果和科技手段，迅速改进和更新武器装备，使军队的武器和技术装备保持领先地位；加速为军队输送人才，保证部队扩编和掌握新兴武器装备的需要；开拓新的领域，充分发挥科学技术在战争中的作用。

（5）贸易动员。贸易动员是指国家战时为保障商品流通，满足战争和人民生活的需要所采取的措施。为保障战争需要和稳定社会，国家要采取各种措施控制物价，实行国家定价和最高限价。对外贸易管理要及时调整外贸经营权，实行外汇管制和计划分配使用，建立健全的适合战时特点的外贸管理制度。实施贸易动员，要扩大国家直接计划管理物资的种类和数额，特别是对战时重要战略物资实行严格控制和计划分配；要建立适合战时特点的贸易管理体制，使重要物资统一管理具有可靠保证；要实行严格管制与搞活流通相结合的贸易动员原则，保障战时物资的流通和数量的充足。

（6）医疗卫生动员。医疗卫生动员是指国家战时统一调动与使用卫生人力、器材、设备和药品，对军民实施医务保障所采取的措施。医疗卫生动员，对应付战争和突发事件，不断提高医疗卫生应变能力，加强伤病员的及时抢救和治疗，保障战时军民身体健康，恢复战斗能力和劳动能力，保护人力资源具有重大意义。医疗卫生动员平时的任务：制定健全的卫生力量动员法规、动员计划和实施方案，加强各级各类卫生机构建设，建立布局合理的医疗救护网络系统；加强各级各类医疗卫生人员的培训，尤其是要做好对核、生、化武器防护的培训工作；做好必要的医疗卫生器材、药品的储备；开展医学科学技术和现代医药器材的研究，广泛利用现代科学技术的最新成果，提高伤员救治的机动能力和快速卫生保障能力。战时的主要任务：国家统一管理、调度、使用卫生人力、器材、设备和药品；协调各种卫生力量，重点保障作战部队的需要，加强战场医疗救护；及时组织调运和生产药品、卫生器材、设备等，保证战争所需的药品器材的供应；组织卫生防疫体系，加强卫生防疫工作。未来战争的卫生保障任务十分艰巨，对医疗卫生动员提出了非常高的要求。因此，加强运用现代管理科学理论和技术手段，建立科学的管理体制，培养大批医疗卫生人才，是做好医疗卫生动员的关键。

（7）人力动员。人力动员是指国家组织与调动具有劳动能力的人员为战争服务所采取的措施。人力是构成军事力量和经济力量的主要因素，在战争中具有重要的战略地位。人口数量多、人员素质好能保障军队兵员的需要和经济活动中劳动力数量的要求。有效地实施人力动员，合理地使用人力、保护人力，对取得战争胜利具有重要意义。人力动员包括兵员动员、劳动力动员、战勤民工动员等。人力动员涉及社会各个领域，关键是做好平时的动员准备，建立健全组织管理机构，制定和完善人力动员的法规，编制人力动员计划，做好人力资源调查，提高人力资源素质。

三、人民防空动员

人民防空动员是指国家战时发动和组织人民群众防备敌人空袭所采取的措施。其主要任务：依据国家有关法律法规，动员社会力量，进行防空设施建设，组建防空专业队伍，普及防空知识教育，组织隐蔽疏散，配合防空作战，消除空袭后果，保护居民、经济设施及其他重要目标的安全，尽最大可能减小国家和人民群众生命财产的损失，保存战争潜力。中华人民共和国成立后，党中央、国务院、中央军委特别重视人民防空工作。

第四节 国 防 法 规

国防法规是由国家立法机关制定的并以国家强制力保证实施的，用于调整国防体制、武装力量建设、国防科技建设、战争动员体制、国防生产、全民防御和国防教育等方面社会关系的法律规范的总称。国防法规是国家国防政策的法律体现，既是指导国防活动的行为准则，又是国家法律体系的重要组成部分。世界各国普遍重视国防法规的建设，都把有无健全国防法规作为衡量一个国家的国防是否现代化的重要标志之一。

一、国防法规的性质与作用

1. 国防法规的性质

国防法规是一个国家统治阶级的意志在国防建设领域中的法律体现。国防法规与国家宪法和其他法律一样具有鲜明的阶级性。国防法规调整的对象主要是国家国防建设领域内的军事关系，维护的客体是国家的军事利益，而军事斗争的胜败、国防力量的强弱，直接关系到一国统治阶级政治统治的存亡，所以国防法规的阶级性表现得尤为突出。

我国的国防法规，除了具有无产阶级的根本性质外，还具有以下特点。

第一，国防法规具有很高的权威性。权威性本是所有法律的共性。但是，由于国防活动和军事斗争的特殊性，国防法规的权威性就显得尤为明显。一方面，国防是一个复杂的系统工程，涉及国家的经济建设、武装力量建设、科技生产和国防教育体制等各个方面的问题。调整这些复杂关系的国防法规对各级政府、各种社会组织，以及每个公民都有不同程度的制约作用。如果国防法规缺乏高度的权威性，国家的国防政策就难以贯彻实施。另一方面，在日益强调综合国力竞争、国家整体国防实力竞争的今天，必须有严密、系统、具有高度权威性的国防法规来统一国防诸方面的力量，调节纷繁复杂的军事关系，从而保障未来军事斗争的胜利和国防安全。

第二，国防法规具有较强的从属性。国防法规的从属性主要是指国防法规的制定必须依据国家宪法和其他法律的规定进行，国防法规的内容不能同国家宪法和其他法律相抵触，国防法规的实施必须体现党的政治领导的原则，以保证党对国防建设的正确领导。

第三，国防法规具有一定程度的保密性。公开性原则是法的基本特征之一，国防法规无疑也应公开。但是，由于国防法规中的部分内容不适宜向社会公开，例如，国家作战的指挥体制、国防专利发明的申请等，在内容上或多或少地涉及国家的某些军事机密。为了保守国家军事机密，这部分国防法规的公开性就受到了限制。但这绝不代表国防法规就是“秘密法”，立法机关在立法过程中应尽量避开涉及国家军事机密的内容，辅以军事命令的形式来加以弥补，从而保证国防法规在全国范围内的有效实施。

2. 国防法规的作用

社会主义的国防法规是社会主义经济和政治制度的产物，是社会主义国家无产阶级本质的反映。国防法规的这种根本性质决定了其在国家建设中的重要社会作用。

（1）巩固社会主义制度。社会主义制度的确立、巩固和发展，必须要有强大的国防力量做后盾。当今世界，社会主义制度和资本主义制度之间的矛盾和斗争仍然存在并日趋激烈。国际资产阶级在以武力为后盾的前提下，颠覆了以苏联为首的东欧社会主义制度的国家政权后，正以各种手段企图颠覆我国社会主义制度。以美国为首的组织集团直接用武力干涉南斯拉夫联盟内政、侵略伊拉克等，打破了国际法准则，为“新型帝国主义”的扩张开了先河。我国周边环境的关系已大大改善，但不稳定因素还大量存在。在这种情况下，要加强国防建设，坚持走社会主义道路，抵御国外反动势力的颠覆和可能发动的侵略战争，捍卫社会主义国家的主权和领土完整，就必须有国防法规作保障。国家通过制定和实施国防法规，可以系统而严密地规定国家的军事制度、武装力量的组织和斗争形式，并从宏观上调整国家经济建设和国防建设的关系，确立国家平时体制转入战时体制的规范，以具体地落实国防发展的各项战略目标，从法律上保证国家职能的实现，进而达到巩固人民民主专政和社会主义制度的根本目的。

（2）保障社会主义经济改革和建设的顺利进行。社会主义制度建立后，摆在全党、全国人民面前的任务是发展生产力。只有发展生产力才能促进物质文明、精神文明和政治文明建设。提高科学技术水平和国家防卫能力，才能增强综合国力、改善人民群众的物质文化生活、推进国家和民族的全面发展。而要进行大规模的经济建设就必须要有一个和平的国际环境和一个稳定的国内政治局面。尽管国防法规不直接作用于国家的经济建设，但它通过保障国家的军事利益，促进国家的国防建设，为经济建设创造一个和平的国际环境和稳定的国内政治局面，为社会主义的经济建设及其改革开放扫清各种障碍，提供有力的军事支持和可靠的保障，让全国人民一心一意搞建设。

（3）保证国防现代化顺利实现。实现国防现代化不仅要建设一支强大的人民军队，还要建设一支强大的民兵和后备部队，从而使我国武装力量体制适应信息化战争的需要。历史经验证明，要达到上述要求，长官意志和行政手段都难以从根本上解决问题，只有用完备的国防法规加以调节，才能达到目的。国防法规对国防现代化的调节作用主要体现在以下四个方面。

第一，是保障国防决策的权威性和高效率的重要途径。目前，高科技的广泛应用和国际上错综复杂的政治、经济、军事关系，以及改革开放后在打破原有的经济体制的新情况中出现的尚未妥善解决的一系列问题，给国家的国防决策增添了许多复杂因素。但现实却要求对危及国家安全或国家根本利益的局势能迅速做出反应，以便在军事斗争中争取主动。为解决这一矛盾，唯有通过制定和实施国防法规，建立具有最高权威和最高效率的国防决策机构，使国防决策的运行机制适应未来战争及对付任何突发事件的需要。

第二，是加强国防实力建设的重要保障。国防实力是指能直接作用于国防的现实力量。国防实力是由多种力量组成的，包括常备力量、后备力量、武器装备、国防基础工程设施等。综合国防力量的大小不仅取决于各种力量要素的大小，还取决于这些力量要素的比例关系和组合形式。只有借助国防法规，才能求得国际力量内部各力量要素的最佳结构和比例关系，获得最大的整体效益。因此，国防法规的制定与执行，是加强国防实力建设的重要保障。

第三，是指导国防潜力积蓄的重要手段。国防潜力是指与国防有关的尚未作用于国防的潜在力量。由于国防在国家生活中的重要地位，因而要求在国民经济建设中，无论是经济区的划分、工业的布局、基本建设投资、工业产品的生产、能源的开发、交通运输与通信联络的建设，还是国民教育的普及、科学技术的发展、先进技术的引进、卫生体育的发展等，都应充分考虑国防的需要。例如，美国民航国际航线全部货机和90%的客机都承担在紧急情况下战略空运的任务，欧洲地区的许多铁路、公路和输油管道几乎都是军民两用。从这些国家的经验中可以看出，他们在进行经济建设的同时，不忘国防建设和战时的需要，十分注意国防潜力的发展，并用国防法规来约束和保证这种国家与国防、社会与国防、经济与国防的关系，有效地做到了平战结合、军民结合。

第四，是促进国防潜力向国防实力的转化的重要机制。现代条件下的国防建设，不仅要加强兵力、武器装备等国防实力的建设，还要特别重视兵源、资源等国防潜力的建设，并努力促进国防潜力向国防实力的转化。国家依靠国防立法，可以确定兵役制度和建立强大的国防后备力量；可以规定国家的动员体制，确保战时兵源的充足供给；可以发布各种规定和条例，宣扬为国防献身的可歌可泣的人和事，并要求全社会做好优抚工作，以进一步巩固钢铁长城。

国防法规的适用范围既包括军队又包括地方，既适合军人又适合全体国民。因此，国防法规在制定过程中，既要考虑到国防实力与国防潜力同步建设的要求，又要考虑到国防潜力向国防实力转化的规范。

二、制定国防法规的等级权限与实施

1. 国防法规的制定

国防法规的制定是指统治阶级把自己有关国防建设的意志及国家的意志，通过具体的规范文件和法律文件体现出来的立法活动。这种立法活动，依据国防法规的不同层次，由不同的国家立法机关、行政机关、军事机关来开展。

国防法规以国家宪法为基础，由各类法律规范组成，其范围是十分广泛的，内容也是十分丰富的。具体说来，主要包括以下各类法律制度：国防行政法、军事刑法、军事诉讼法、军事经济法、军事组织编制法、战争动员法、军事权益保障法、军人优抚安置法等。从我国的情况来看，国防法规还不够完善，目前还有许多法规没有制定出来。从已经颁布的国防法规来看，基本可分为以下四个等级。

（1）全国人民代表大会及其常务委员会颁布的法规。1992 年颁布的宪法规定：“全国人民代表大会常务委员会行使国家立法权”。这一规定明确了全国人大及其常委会是唯一拥有国家立法权的机关。根据我国国防立法的实践，凡属基本军事法律和军事法规，均需经过全国人大或其常务委员会讨论制定，如《中华人民共和国国防法》《中华人民共和国国防教育法》《中华人民共和国兵役法》等。其主要特点：立法程序严格，通常要经过提案、审议、通过、公布等过程；法律调整的社会关系主体广泛，法律规范效力适用于国家管辖的整个疆界，或国家的整个武装力量；具有较强的稳定性，是制定其他有关国防和军事规范性文件的基本依据。

（2）国务院和中央军委制定的法规。国务院是我国最高行政机关，中央军委是我国最高军事机关，它们都是国家权力的执行机关。它们通常是在全国人民代表大会及常务委员会制定通过有关法规之前，就该项事务发布国防和军事法规；在有关法规通过之后，就该法律发布实施条例或有关问题的管理规定，如《军用标准化管理办法》《国防科学技术情报工作条例》等。国务院和中央军委制定的国防军事法规，在我国国防法规体系中占有重要地位。其主要特点：以宪法和法律的有关规定为依据，如果没有相应的现行法律，则直接依据宪法的有关军事条款制定；通常以条令、条例、决定、规定的形式发布；依据法规的性质或内容，以国务院和中央军委的名义合署或单独发布。

（3）国务院各部、委和军委各总部制定的法规。有以下三种情况。

第一，国务院各部、委和军委各总部在各自的管理范围内，根据法律和国防法规发布管理性规章。

第二，由国务院各部、委和军委各总部起草，报国务院和军委批准，由各部、委和军委总部发布的管理性规章。

第三，根据法律规定制定国防法规和军事法律的实施细则或管理规则。

（4）各军兵种、各大战区制定的法规。中国人民解放军是一个诸军兵种合成的军队。各战区、各军事部门都有其特殊情况，军事管理事务极其复杂。国防法规和军事法律往往只能制定一些基本原则，而贯彻执行这些原则性规定，则需要有比较具体的实施细则和管理办法。由于这些管理细则和实施办法的业务性、技术性和时间性都很强，因此必须由各军兵种、各大战区分别制定。例如，陆军各兵种颁发的战斗条令，海军颁发的舰艇条令，空军颁发的飞行条令，总装备部颁发的国防计量工作管理条例，武警总部颁发的关于开除军籍的有关规定等。

2. 国防法规的实施

国防法规的实施是指国防法律规范在社会生活中的贯彻和实现。法律规范只有在实际生活中真正得到贯彻和实现时，作用才能显示出来，它的存在才有意义。

我国国防法规的实施大致可以分为两种基本方式：一种是由国家机关和国家工作人员运用来解决具体问题，即国防法规的适用。另一种是由全体公民用国防法规来规范自己的活动和行为，即国防法规的遵守。

国防法规的适用就是国家机关及公职人员，依其职权实现法律对国防建设领域内各种社会关系的调整。这种法律的适用，不能单纯理解为地方司法机关和军事司法机关的活动，其他国家机关也存在根据法定职权运用法律的问题。例如，地方人民政府可以依照《中华人民共和国兵役法》，对拒绝履行兵役义务的公民进行行政或经济制裁等。国防法规的适用，还必须遵照公民在法律面前人人平等的原则。它要求：任何公民都应平等地执行国防法规所规定的义务，任何公民都不允许有超越国防法规的特权，任何公民的违法犯罪行为应平等予以追究和制裁，必须做到“有法必依、违法必究、执法必严”，只有这样，才能使国防法规的实施落到实处，才能有效地保障国家的军事利益不受侵害，才能使国家的国防现代化建设不断取得成就。

国防法规的遵守，就是要使一切国家机关、企事业组织、社会团体和全体公民都必须遵守法律的规定，严格依法办事。国防法规的许多规定，都是依靠国家机关来贯彻执行的。因此，一切国家机关，包括权力机关、行政机关、军事机关、审判和检察机关，都必须模范地遵守国防法规的各项规定，按照各自的职责，同各种违法犯罪行为做斗争。一切国家机关工作人员，特别是负责国防建设领导工作的各级干部，都应认真学习国防法规，熟悉与自己职责有关的国防法规的具体内容，牢固地树立起“以法建设国防”“以法治军”的观念，加强对全体公民的国防法制教育，并使教育经常化、制度化和系统化，提高全体公民的国防意识和国防观念，自觉遵守国防法规，使国防法规得到全面的贯彻和实施。

国防法规的正确实施，还需要按照国家宪法的有关规定，由全国人大和常委会对国家的基本国防法律的实施进行监督，由国务院和中央军委对国家的一些国防法规及军事法规的实施进行监督。监督的内容和范围：审查处理国防法律或国防法规是否与宪法及国家的其他基本法律相抵触，审查处理国家各机关制定和发布的决议、决定等内容是否与国防法律或国防法规相抵触，并依据宪法和国家其他法律的精神，对违法行为做出纠正或处罚。

三、主要国防法规简介

我国的国防法规是我国社会主义法制的重要组成部分，是公民履行国防义务的行为规范。我国历来重视国防法规建设，早在民主革命时期就制定了《中华苏维埃共和国中央执行委员会关于战争动员后方工作的训练》《红军优待条例》《红军抚恤条例》《边区战时勤务人员暂行办法》等多种法规。新中国成立以后，又依据我国宪法的规定，制定了一系列的国防法规。这些国防法规的颁布和实施，标志着我国国防建设走向制度化、法律化、规范化的正确轨道，也标志着我国国防法制体系已初步建成。

1. 我国国防法规的基本法——《中华人民共和国国防法》

1997 年 3 月 14 日，我国颁布了第一部《中华人民共和国国防法》（以下简称《国防法》）。《国防法》的制定和颁布，是我国国防史和法制史上的一件大事，对于加强国防建设和完善我国军事法制具有十分重要的现实意义和深远的历史意义。

《国防法》以毛泽东军事思想、邓小平新时期军队建设思想、江泽民国防和军队建设思想、胡锦涛关于军队建设思想和习近平关于全面推进国防和军队建设思想为指针，以宪法为依据，贯彻党中央、国务院、中央军委关于新时期国防和军队建设的一系列指示精神，总结我国国防和军队建设的经验，研究社会主义市场经济条件下国防和军队建设的经验，立足现实、着眼发展，是一部具有中国特色的国防基本法律。其特点主要体现在以下几个方面。

（1）体现了党和国家领导国防的一致性。中华人民共和国是中国共产党领导全国各族人民，经过长期艰苦卓绝的斗争建立起来的人民民主专政的国家。党和工人阶级、国家与广大人民群众在根本利益上是一致的。作为体现取得国家政权的中国人民意志的法律，必然要以一定的形式确认中国共产党在国家生活中的领导地位。《国防法》所体现的党的领导，就是把党的政治领导、思想领导和组织领导制度化、法律化。首先，《国防法》把党关于国防建设的方针、政策，如国防现代化、武装力量“三化”建设、正确处理国防建设与国家经济建设的关系、实行人民战争、贯彻积极防御的战略方针等，用法律的形式加以确认并上升为国家的意志，旨在依靠法律手段来保证其长期稳定地付诸实施。其次，《国防法》进一步确立和完善了党领导下的国防领导体制。再次，《国防法》明确了中国共产党对武装力量的领导。《国防法》规定：“中华人民共和国的武装力量受中国共产党的领导。”

（2）体现了我国国防的正义性。霸权主义是现代战争的根源。只要世界上存在帝国主义和霸权主义，战争的危险就依然存在，社会主义国家遭到侵略、颠覆和被分裂的可能性就依然存在。因此，我国必须强化防备和抵抗侵略与颠覆，维护国家统一，保卫国家主权、领土完整和安全这一根本职能。

我国武装力量的对外职能是积极防御性质的。新中国成立以来，我国同个别邻国曾经有过武装冲突，这完全是在受到侵略、战争威胁或军事挑衅的情况下被迫采取的自卫行动，是任何一个主权国家的正当权利。我国的一切国防举措，都是为了保证本国不受侵略和颠覆，保卫本国人民的和平生活与劳动。我国的国防不以牺牲他国利益为代价。同时，中国人民反对任何侵略他国主权、掠夺他国利益的非正义战争，我国一向主张以正义战争反对非正义战争。对此，《国防法》对上述我国一贯的国防立场和国防政策给予了确认与肯定。

（3）体现了我国国防的人民性。人民战争思想是毛泽东军事思想的精髓，过去、现在和将来都是人民克敌制胜的法宝。毛泽东曾经指出“战争的伟力之最深厚的根源，存在于民众之中”。同过去一样，在未来的反侵略战争中，只有依靠、动员和组织广大人民群众，才能造成陷敌于灭顶之灾的汪洋大海之中，是克服一切战争困难的必要前提。

在国防建设中坚持人民战争思想，就必须显示出我国国防的人民性。我国是社会主义国家，人民当家做主。我国的国防是社会主义国防，它为了人民、依靠人民，人民是自觉的权利主体和义务主体。广大人民的积极参与，是我国国防的基本特点之一。对此，《国防法》第四条明确规定：“坚持全民自卫的原则”。人民群众是武装力量的坚强后盾和雄厚基础，在我国的国防事业中有着举足轻重的作用。《国防法》重申了宪法的规定：“保卫祖国，抵抗侵略是中华人民共和国每一个公民的神圣职责”；同时还规定：“中华人民共和国公民应当依法履行国防义务”。这些规定清楚地表明，捍卫国家主权和安全，防备和抵抗侵略，不仅是武装力量的职能，而且是全体公民的义务。

从我国目前的情况来看，国防的人民性还意味着必须坚持军民兼容、军民结合的国防发展道路，这是一条花钱少、办事多、效益高的路子，也是毛泽东人民战争指导思想在国防建设上的体现。既然国防是全社会的义务，那么，不仅那些平时“军转民”的军用企业要确保战时“民转军”，而且许多民用技术的开发和民用企业的发展都应考虑到国防的需要。对此，《国防法》明确规定：“国防科技工业实行军民结合、平战结合、军品优先、以民养军的方针”。

（4）体现了国防建设和经济建设发展的协调性。在和平时期，世界各国进行国防建设，大多考虑与经济建设的协调，注重综合国力的提高。我国是一个发展中国家，与发达国家相比，工业、农业、科技等还比较落后，加强国防建设，实现国防现代化，处理好国防建设与国家经济建设的关系更为重要。军队装备现代化，只有国民经济有了比较好的基础才有可能。因此，国防建设、军队建设要服从经济建设这个大局，并在这个大局下行动。同时，又一定要在国民经济不断发展的基础上，改善武器装备，加速国防现代化。在国防建设和经济建设这一对矛盾中，和平时期经济建设是矛盾的主要方面，抓住了这个主要方面，把经济搞上去，国防建设也能得到相应的发展。战争打起来后，矛盾的主要方面可能转移。对此，《国防法》明确规定：国防经费的增长应当与国防需求和国民经济发展水平相适应；国家根据国防建设和经济建设的需要，确定国防资产的规模、结构和布局。

（5）体现了基本军事法律的综合性。世界上许多国家都有国防方面的基本法律，但在规定的内容范围上有所侧重。我国的《国防法》从本国的实际出发，借鉴外国的有益经验，是一部具有中国特色的综合性国防法典。

第一，从军事法的范围上看，我国的军事法包括国防活动的组织、经济、法律保障、国防人员配备、国防设施和军事装备、国防教育和武装力量管理与训练、国家防务和卫戍、战争等诸方面的法律规范。这种军事法的综合性，决定了作为军事法体系“母法”的《国防法》必须具有综合性，这样才能覆盖军事法涉及的方方面面。

第二，从国防的主体范围上看，我国的国防主体不仅包括国家机关、军队和军人，而且还包括社会组织和普通公民。这种国防主体的普遍性，决定了以调整基本国防法律关系主体为对象的《国防法》必须具有综合性。

第三，从国防的职能范围上看，我国的国防职能不仅包括防备和抵抗侵略这一首要的国防职能，而且还包括制止分裂、维护统一等其他国防职能。这种国防职能的多重性，决定了以确定国防职能为首要立法目的的《国防法》必须具有综合性。

第四，从国防的手段范围上看，我国的国防手段不仅包括军事手段，而且还包括与军事有关的政治、经济、文化、科技、外交等其他手段。这种国防手段的广泛性，决定了《国防法》的综合性。

第五，从国防的时间范围上看，任何国家的国防活动都毫无例外地包括平时国防建设与战时军事斗争两个方面。这种国防时间范围的二元性，同样决定了《国防法》的综合性。

2. 我国第一部全面调整和规范国防教育的法律——《中华人民共和国国防教育法》

《中华人民共和国国防教育法》（以下简称《国防教育法》）以毛泽东、邓小平、江泽民、胡锦涛和习近平等领导人关于加强国防教育的重要论述为指导，适应我国的国情和我国所面临的国际安全形势，以《国防法》和《教育法》为依据，科学总结了我国国防教育的理论成果和实践经验，经中华人民共和国第九届全国人民代表大会常务委员会第二十一次会议于2001年4月28日通过，并于当天经中华人民共和国第五十二号主席令公布实施。

（1）适应了我国的国情和我国所面临的国际安全形势。当前的国际形势仍然是严峻的，我国安全环境也存在各种不确定的因素。中华人民共和国全国人民代表大会常务委员会在这样严峻的形势下通过的《国防教育法》，表明了中国人民提高国防意识、普及军事理论教程、捍卫领土主权、维护国家尊严的坚强意志和民族精神。

《国防教育法》制定的目的："为了普及和加强国防教育，发扬爱国主义精神，促进国防建设和社会主义精神文明建设"。使每一个公民都要意识到具有国防意识、增强国防观念、掌握基本的国防知识、学习必要的军事技能、履行国防义务是法律对每一个公民的要求。

（2）规范了学校国防教育的形式。《国防教育法》第二章第13～17条专门规定了各级各类学校进行国防教育的形式，强调了学校国防教育在全民国防教育中的地位，说明了国家对学校国防教育重视的程度。《国防教育法》第13条指出："学校的国防教育是全民国防教育的基础，是实施素质教育的重要内容"。作为全民国防教育的基础，学校的国防教育在更好地普及和加强全社会国防教育中有着极其重要的意义。国家把国防教育作为学校素质教育的内容，说明了国家对人才的素质观，用法律的形式规定了国防素质是人才素质中不可缺少的内容。

《国防教育法》第二章还对学校国防教育的开展作了制度上的规定。对教育行政部门提出，"应当将国防教育列入工作计划，加强对学校国防教育的组织、指导和监督，并对学校国防教育工作定期进行考核"的要求；对各级各类学校提出，"应当将国防教育列入学校的工作计划和教学计划，采取有效措施，保证国防教育的质量和效果。"《国防教育法》除对学校开展国防教育提出具体的要求外，还对负责培训国家工作人员的各类教育机构也提出，"应当将国防教育纳入培训计划，设置适当的国防教育课程"的要求，这说明国家把是否具备国防意识作为干部考察的条件之一。

（3）明确了加强国防教育是全社会的共同职责。根据立法的指导思想，《国防教育法》明确了"国防教育是巩固和建设国防的基础，是增强民族凝聚力、提高全民素质的重要途径"；明确了"国防教育贯彻全民参与、长期坚持、讲求实效的方针，实行经常教育与集中教育相结合、普及教育与重点教育相结合、理论教育与行为教育相结合的原则"；要求"针对不同对象确定相应的教育内容分类组织实施"；明确了国防教育的领导体制和各级国防教育工作机构的职责，并确定国家设立全民国防教育日。同时，《国防教育法》还对学校国防教育、社会国防教育、国防教育的保障及法律责任等都做了明确规定。这一法律的制定，集中反映了各方面的意见和建议，充分体现了广大人民群众的意愿，为全民国防教育健康持久、深入地开展，提供了可靠的法律保障。

（4）强调了落实《国防教育法》的保障及违反《国防教育法》的制裁措施。《国防教育法》对开展国防教育的人力、物力、财力的落实作了法律上的规定，在第 24、25 条中规定“各级人民政府应当将国防教育纳入国民经济和社会发展计划”，开展国防教育所需的经费“在财政预算中保障”。各企事业单位和各级各类学校开展国防教育的经费在法律中也有明确的规定，并严正指出，“任何单位和个人不得挪用和克扣”。《国防教育法》对用于国防教育的爱国主义教育基地的建设、国防教育大纲的制定、加强国防教育师资队伍的建设等内容都有明确的要求，对保证全社会的国防教育开展提供了法律保障。《国防教育法》针对不执行开展国防教育的单位和个人，规定“由各级人民政府有关部门或上级机关给予批评教育，并责令限期改正；拒不改正，造成恶劣影响的，对负有直接责任的主管人员依法给予行政处分”。对违反法律条款及破坏、扰乱国防教育的给予相应的司法处理，直至追究刑事责任。

3. 我国兵役法律制度

1955 年我国颁布了第一部《中华人民共和国兵役法》，1984 年 5 月全国人大六届二次会议通过了新的《中华人民共和国兵役法》（第二部《兵役法》，以下简称《兵役法》），并于 1998 年 12 月 29 日全国人大九届六次会议进行了修改，对我国的兵役法律制度的基本内容作了详细的规定。

（1）我国兵役制度的特点。世界上的兵役制有两种。一种是国家利用法律形式规定公民必须服兵役，带有强制性，称为义务兵役制、征兵制等。另一种是本人自愿从军，以军旅为职业，称为志愿兵役制、募兵制、雇佣兵制等。我国新《兵役法》第 2 条规定：“中华人民共和国实行义务兵与志愿兵相结合、民兵与预备役相结合的兵役制度。”上述规定，指明了我国的兵役制度“两个结合”的特点。

首先，我国兵役制度是由我国社会主义性质决定的。在中国，人民是国家的主人，保卫祖国是每个公民的义务，也是公民神圣的权利。

其次，义务兵与志愿兵相结合是为了保持部队战斗力的需要。随着我军武器装备现代化程度的不断提高，部队需要有一批技术骨干能较长时间地在部队服役，以便熟练掌握各种技术装备。同时，技术骨干的学习和培训也需要较长时间才可能完成。

再次，民兵与预备役相结合是为了进一步加强我国的后备兵源的建设。民兵是一般的群众性武装，作为一般兵员建设可以满足需要，但是，信息化战争需要的是高质量、高技术的兵源。因此，只有一般的兵源就不能满足信息化战争的要求。与预备役相结合，就能把平时的编组训练结合起来，做到数量相对集中、质量可靠、军事过硬、协同作战能力强，随时满足部队扩编的兵源需要。

（2）我国公民履行兵役义务的形式。

1）服现役。服现役是公民履行兵役义务的主要形式。服现役又分为义务兵服现役、志愿兵服现役和军官服现役三类。义务兵服役期限为两年。义务兵服役期满，根据军队需要和本人自愿，经团以上单位批准可以改为志愿兵。志愿兵服役期限，从批准志愿兵起至少 3 年，一般不超过 30 年，年龄不超过 55 岁。现役军官年限根据部队建设需要而定，军官来源是军事院校毕业生、优秀士兵选派上军校培训合格者、地方院校毕业生、部队需要的其他专技术人员。在战时，现役军官还可以是直接在士兵中任命、征召预备军官和适合服现役的非军事部门的干部。

2）服预备役。《兵役法》第 5 条规定：“兵役分为现役和预备役。……编入民兵组织或者经过登记服预备役的称预备役人员。”服预备役是公民履行兵役义务的又一种重要形式，预备役分为军官和士兵两种。其条件在《兵役法》中第二章、第四章有详尽的规定，预备役人员都必须按规定参加军事训练，预备役军官训练时间为3～6个月，预备役士兵在18～22岁期间应参加30～40天的军事训练，其中专业技术兵的训练时间按实际需要适当延长。

3）学生军训。《兵役法》第八章对高等院校和高级中学学生的军事训练做了专门的规定。指出：“高等院校的学生在就学期间，必须接受基本的军事训练。根据国防建设的需要，对适合担任军官职务的学生，再进行短期集中训练，考核合格的，经军事机关批准，服军官预备役。”高级中学和相当于高级中学的学校的学生也必须参加军事训练。学生参加军训是服兵役的另一种形式。

4）为服兵役的公民承担一定的优抚义务。按照《兵役法》的规定，“义务兵服现役期间，其家属由当地人民政府给予优待，优待的标准不低于当地平均生活水平”；“预备役人员参加军事训练，由当地人民政府给予误工补贴”“现役军人牺牲、病故，由国家发给其家属一次性抚恤金，其家属无劳动能力或无固定收入不能维持生活的，再由国家定期发给抚恤金”。所有这些费用均要由人民政府采取平衡负担的方式加以解决，这对未服现役和预备役的公民也是一种尽义务的方式。

5）兵员动员及有关规定。《兵役法》规定：“为了对付敌人的突然袭击，抵抗侵略，各级人民政府、各级军事机关，在平时必须做好战时兵员动员的准备工作。”为此《兵役法》第48条规定：“在国家发布动员令以后，各级人民政府、各级军事机关，必须迅速实施动员：①现役军人停止退出现役、休假。探亲的军人必须立即归队；②预备役人员随时准备应召服现役，在接到通知后，必须准时到指定的地点报到；③机关、团体、企事业单位和乡、镇的人民政府负责人，必须组织本单位被征召的预备役人员，按照规定的时间、地点报到；④交通运输部门要优先运送应召的预备役人员和返回部队的现役军人。关于我国平时的兵员征召，《兵役法》在第二章共有六条条款做了具体的规定。

4. 我国的军事权益保护制度

国防法规中的军事权益保护制度，涉及的内容十分广泛，这里只对有关保护制度作简略说明。

（1）军事设施保护制度。为了保护军事设施的安全、保障军事设施的使用效能和军事活动的正常进行，加强国防现代化建设，巩固国防，抵抗侵略，1990年2月七届人大常委会第12次会议通过了《中华人民共和国军事设施保护法》（以下简称《军事设施保护法》），并经国家主席发布命令，1990年8月1日起实行。保护军事设施的指导思想是，“各级人民政府和军事机关应当从国家安全利益出发，共同保护军事设施、维护国防利益”。《军事设施保护法》对我国军事设施的限定及类型进行了划分和规定。军事设施分为军事禁区、军事管理区和没有划入军事禁区、军事管理区的军事设施。在军事设施中的行动受到条例规定的约束，不可任意行动。同时明确了军事设施保护的管理职责和法律责任。对于违反《军事设施保护法》的，要分清情况分别追究其责任，甚至追究刑事责任。为了更好地保护军事设施，2001年1月21日国务院和中央军委第298号令公布了《中华人民共和国军事设施保护法实施办法》，对贯彻《军事设施保护法》中的条款做了补充说明。

（2）军人婚姻保护制度。军婚保护制度是我国国防法规中的一项重要制度。军人的婚姻关系，在平时是沟通军队与地方的坚实桥梁，在战时则是连接前方与后方的重要纽带。《中华人民共和国婚姻法》也对保护军婚做出了实质性规定。总政治部为保证新婚姻法在军队的顺利实施，也做出了暂行规定。任何人都有保护军婚关系的义务。对于破坏军婚者，视其情节及其破坏程度与后果，追究其行政或刑事责任，并依法从重从快处置。

（3）国防专利保护制度。国防专利是指涉及国家安全及其军事利益方面需要保密的发明专利。我国《专利法》第 4 条规定："申请专利的发明创造涉及国家安全或者重大利益需要保密的，按照国家有关规定办理。"第 8 条规定："国防系统各单位申请专利的发明创造，涉及国家安全将要保密的，其专利申请由国防科技主管部门设立的专利机构受理，专利局应当根据该机构的审查意见做出决定。"这些规定明确了对国防专利实行特殊保护的制度。

复习思考题

1. 我国新世纪新阶段的国防政策是什么？
2. 我国公民的国防权利和义务是什么？
3. 国防动员的基本内容是什么？
4. 我军有哪些军兵种，各自的任务、性质是什么？
5. 什么是预备役部队？其主要任务是什么？

第二章　军　事　思　想

教学目的

了解军事思想的形成与发展过程，熟悉我国现代军事思想的主要内容、地位、作用及科学含义，树立科学的现代战争观和方法论。

教学重点

（1）军事思想的定义、分类、产生与发展及地位和作用。
（2）《孙子兵法》产生的历史背景、主要内容、地位和影响。
（3）毛泽东军事思想的科学含义、形成与发展、地位与作用和主要内容。
（4）邓小平新时期军队建设思想的科学含义、形成与发展、地位与作用和主要内容。
（5）江泽民国防和军队建设思想的形成与发展、历史地位和主要内容。
（6）胡锦涛关于国防和军队建设重要论述的主要内容、地位和作用。
（7）习近平关于全面推进国防和军队建设重要论述的主要内容、地位和作用。

教学难点

（1）军事思想的分类及基本规律。
（2）中国古代军事思想的产生、发展及丰富的过程。
（3）新中国领导人军事思想内涵与联系。

第一节　军事思想概述

一、军事思想的基本概念

军事思想是关于战争、军队和国防的基本问题的理性认识，是人们长期从事军事实践的经验总结和理论概括。军事思想揭示战争的本质和基本规律以及进行战争的指导规律，阐明军队建设的基本理论和原则，从总体上反映研究战争和军事问题的成果。军事思想来源于人类的军事实践，同时又给人类的军事实践以理论指导，并在军事实践中接受检验和发展。军事思想作为一种独立的意识形态是在奴隶社会形成的，它产生于一定的社会物质生产和战争实践基础之上，并且受到其他社会意识形态的制约与影响。军事思想对其他社会意识形态也具有一定的能动作用和影响，军事思想和军事领域所揭示的一些事物的普遍规律、原则、概念和范畴，常常被用于政治、经济、外交以及商业竞争和体育比赛等方面。

军事思想的内容大致可分为两个层次：一个是军事哲学问题，主要内容有战争观、军事问题的认识论和方法论；另一个是军事实践基本指导原则问题，主要内容有战争指导的基本方针和原则、军队建设的基本方针和原则、国防建设的基本方针和原则等。

军事思想具有鲜明的阶级性。军事思想来源于社会实践，为了各自阶级的利益所奉行和推崇的军事思想，反映出各个阶级对战争和军队建设的不同认识和立场。

军事思想具有强烈的时代性。军事思想来源于战争实践，不同历史时期的战争有着不同的形态和战略、战术，有着不同的军队组织原则和编制。这种不同时代的特征往往最能反映当时的物质生产水平（生产力水平），军事思想所反映的这些特征代表着这一时代的特性。

军事思想具有明显的继承性。战争的特征之一，是强制人们必须使自己的主观认识同客观实际相一致。因此在战争中，必须按事物的客观规律办事。古代著名军事家孙武说："先知者，不可取于鬼神，不可象于事，不可验于度，必取于人，知敌之情者也。"因为只有这样，才能做到"知彼知己，百战不殆，知天知地，胜乃无穷"。所以，历史上所形成的具有规律性的军事原则、概念和范畴被流传下来为后人所使用，并不断地加以丰富和发展。

军事思想按不同的标准有不同的划分。如按阶级来划分，军事思想可分为奴隶主阶级军事思想、封建地主阶级军事思想、资产阶级军事思想和无产阶级军事思想。按国家来划分，可分为外国军事思想和我国军事思想。按阶段来划分，可分为古代军事思想、近代军事思想、现代军事思想等。

二、军事思想的地位和作用

军事思想是各种军事理论、军事原则的理论基础，对军队建设、作战行动和国防建设起着根本性的指导作用。

（1）军事思想为认识军事问题提供基本观点。每一个人都在一定的社会经济地位中生活，总是基于一定的思想观点去评判战争、军事和军队，进而确定对其采取何种态度和行动。显然，采用不同阶级的军事思想去分析战争，所得的结果是完全不同的。如果用形而上学的观点去看待战争，其结果是，或者为侵略战争而战，或者是否定一切战争暴力的和平主义，要么是"强存弱汰"的社会达尔文主义战争论者。只有运用马克思主义科学的战争观分析战争，才能全面正确地认识战争在人类社会生活中的作用，正确判断战争的性质，坚持以正义的、进步的、革命的战争去反对非正义的、反动的、反革命的战争，并采取正确的行动。

（2）军事思想为进行军事预测提供思想方法。科学的军事思想揭示了军事领域各种矛盾运动的规律，为人们正确地认识战争这个事物、进行军事预测提供了科学的认识论和方法论。马列主义关于资本主义列强之间的争夺将导致世界大战的预见，毛泽东关于中国抗日战争进程与结局的论断，就是科学地进行宏观预测的范例。这种科学预测为无产阶级和被压迫民族与被压迫人民争取自由和解放，提供了科学的理论依据，指出了革命的道路，坚定了与反动阶级斗争的信心。非科学的军事思想则不能揭示甚至反而会歪曲军事领域事物矛盾运动的规律，必然导致错误的预测结果。例如，古代战争中，各朝代的帝王将相在战前拜佛抽签，战后烧香纳贡，把战争的胜利寄托在鬼神佛士之上，其结果是不言而喻的。反动阶级都过高地夸大了自己的力量，过低地估计了人民的力量，最后只能是"搬起石头砸自己的脚"，总是以失败而告终。

（3）军事思想为从事各项军事实践活动提供全局性指导。人们在从事军事活动时，都需要军事思想作指导。而军事实践的成败就直接受到军事思想科学与否的影响。用科学的军事思想做指导，军事实践就能保持正确的方向，并能达到预期的效果。中国人民在中国共产党的领导下，在长期的革命战争和社会主义建设中，能以劣势装备战胜国内外强大的敌人，其根本原因就是有科学的毛泽东思想为正确指导。若用形而上学的军事思想作指导，军事实践的方向就会发生偏离，就达不到预期的目的。在第二次世界大战初期，欧洲一些国家的防御失利，重要原因之一就是它们是由当时盛行的形而上学、保守主义等非科学的军事思想来指导行动的。

三、军事思想发展的基本规律

（1）军事思想的发展以新的生产力和社会关系为前提。首先，军事思想的发展史证明，社会生产力和科学技术的水平是军事思想发展的物质技术基础。当社会生产力和科学技术的进步，尤其是新技术成果运用到军事上时，带来的将是一场军事上的革命。例如，人类冶炼技术的成熟和应用，使战争进入了冷兵器时代，从而促进了我国先秦和古希腊、古罗马时代军事思想的繁荣，人类现代大工业和核技术的发展，确立了机械化战争和核战争的理论。而21世纪新技术革命风靡全球时，又使军事思想得到了新的发展和突破，进入了高能战争理论的时代。其次，社会制度的变革促进了用一种新的军事思想代替旧的军事思想。在阶级社会中，人们的社会关系主要表现为阶级关系，而这种阶级关系的变化对军事思想的发展起到巨大的推动作用。我国春秋战国时期，新的封建社会取代了奴隶社会，新型地主阶级成为政治舞台上的主导力量，他们为争夺和扩大统治权进行长期战争。以孙子为代表的先秦军事思想就是这种社会条件的产物。欧洲无产阶级革命产生了马克思主义的军事理论。列宁主义军事思想是俄国十月社会主义革命的产物。而毛泽东军事思想则是中国几十年新民主主义革命的结晶，因此，研究军事思想必须特别注意研究社会关系，尤其是阶级关系的变化对军事思想发展的影响。

（2）军事思想的发展依赖于军事实践特别是战争实践。军事思想随着战争的产生、战争的实践而发展，以及人们对战争实践在认识上的飞跃而发展，是人们对战争这一特殊社会现象在认识上不断深化的结果。古今中外的军事家和军事理论家的军事思想，或是自身军事实践经验的总结和概括，或是从间接的军事实践经验中抽象提炼，或兼而有之。孙武的《孙子兵法》就是其对前人的战争经验和对古战场的调查研究后的高度概括和总结。毛泽东军事思想是毛泽东和中国共产党人领导中国人民进行革命武装斗争经验的科学总结，同时也大量吸收了古今中外军事实践的有益经验。军事实践是不断发展的，新的军事实践需要新的理论去指导，从而推动了军事思想的不断发展。军事思想本身也需要经过军事实践来检验，而战争实践最具有权威性。通过战争实践对军事思想进行完善和补充，这种检验不能靠一两次军事行动，而是要实践，认识，再实践，再认识，不断循环往复，才能使军事思想不断向前发展。当然，军事思想的形成和发展还需要通过人们的提炼，特别是需要个别领军人物的总结与提炼。离开了这个条件，军事思想也是难于向前发展的。

（3）军事思想在激烈尖锐的相互对抗竞争中发展。军事思想源于战争实践，而战争是对抗双方展示各自军事思想的舞台。在战争中为了取得胜利，敌对双方总是竞相抢占军事思想的制高点，以便在军事实践的主观指导上高于对手。从这个意义上说，军事思想就是在激烈的相互对抗中发展起来的。在我国革命战争时期，以毛泽东为代表的共产党人与以蒋介石为代表的反动阶级进行了殊死的搏斗。在这场搏斗中，毛泽东等老一辈革命家始终站在科学的马列主义军事思想的高度指导中国人民进行革命战争，而蒋介石等所代表的反动阶级自始至终都采用了落后的军事思想。决战的结果是，人民革命战争的胜利取代了反动阶级的黑暗统治，先进和科学的军事思想取得了胜利并得到了新的发展。战争实践的历史说明，在敌对双方激烈的对抗中，谁的军事思想落后，谁就会在军事斗争中处于被动的地位甚至失败。因此，在和平时期重视军事思想研究，善于从变化了的情况中及时提出新的军事思想，并将其用于指导军队建设、国防建设，是保证在未来战争中实施正确领导、立于不败之地的重要手段。

（4）军事思想在继承和借鉴优秀成果中发展。尽管各种军事思想都带有强烈的阶级性和明显的时代性，以及揭示了本阶级和当时军事领域的一些特征。但要取得军事活动中最高斗争形式战争的胜利，其行动必须符合事物的客观规律，其主观指导必须与客观实际保持一致，即其军事思想除揭示本时代、本民族、本阶级军事活动的特殊规律外，还必须揭示军事领域中的一般规律和具有稳定性的普遍性矛盾。这些军事活动中一般事物的普遍规律是没有阶级性的，具有普遍的指导意义。例如，《孙子兵法》所揭示的“知彼知己”“致人而不致于人”“以正合，以奇胜”等，至今仍被军事家、商家、教练、战略家等采用。因此，继承前人优秀的军事成果，借鉴和吸取军事思想中的合理成分，对促进军事思想的发展具有重要的意义，而军事思想也正是在这种继承和借鉴中得到了创造和发展。

（5）军事思想与哲学思想的相互促进和发展。自从人类社会出现军事活动以来，军事就是按照其自身固有的辩证规律发展的，由于战争的胜负直接关系着阶级、国家、民族和政治集团的生死存亡，所以人们远在军事辩证法这个概念之前就已经辩证地思考军事问题了。孙武在其兵法中就揭示了许多具有一般意义的哲理。军事家为了战争的胜利常常寻求哲学的指导，欧洲资产阶级革命后，战争理论获得了新的发展。克劳塞维茨的《战争论》的产生，就得益于黑格尔的古典哲学的辩证方法。

无产阶级革命导师马克思、恩格斯创立的科学的辩证唯物主义哲学，指导了无产阶级的革命实践，创立了无产阶级的军事思想。列宁、斯大林、毛泽东在领导国内战争和粉碎帝国主义的武装干涉和侵略的斗争中，撰写了大量军事理论著作，又极大地丰富了马克思主义的军事理论，并把辩证哲学推向了一个新的高潮。

第二节 军事思想发展简史

人类对军事问题的认识，随着社会生产力的发展和社会关系的变化，战争规模的扩大及其激烈程度的加剧，以及科学文化技术水平的不断提高，经历了一个又一个由浅入深的演进过程。

一、古代军事思想

原始社会末期和奴隶社会初期，战争开始频繁发生，这促使了奴隶主阶级军事思想萌芽的产生。人类进入了奴隶社会后，战争的规模、样式、性质、作用等发生了根本性变化。战争具有了鲜明的政治目的，成为政治斗争的工具，并有了专门的军队组织和相应的军事制度，战争的规模也越来越大。我国武王伐纣分兵 4 万，古代马其顿国王亚历山大出兵 3.5 万进行侵略性远征。与此同时，战争决策已涉及了战前力量的组织与准备，并有了心理战和间谍战等。正是这些客观情况的发展变化，以及历次战争经验的积累使得人们对战争和军队建设的认识由感性逐渐上升到了理性，从而产生了最早的奴隶主阶级军事思想。

随着生产力的发展和社会制度的变革，以及战争的频繁发生和改朝换代的加剧，军事方面的许多因素发生了变化，铁制兵器代替了铜制兵器，实行了征兵制和募兵制，由单一兵种发展到了步、车、骑、水军并进，封建社会比奴隶社会更为先进的社会政治、经济、军事的发展，为封建地主阶级的军事思想的发展打下了坚实的基础。人们对战争和军队的认识有了更大的提高。与此同时，反映军事思想的一大批兵书相继问世，其中最杰出的代表著作就是被称为东方兵书“鼻祖”的《孙子兵法》。这些杰出的军事著作，基本上概括了冷兵器时代一般战争的战略、战争理论和原则，对战争的本质，起源，战争与政治、经济、外交、自然条件等因素的关系等，都有了相当的认识，体现了朴素的辩证法和唯物主义思想。对战争的起源已从“自然存在”的认识上升为“免名、争利、仇恨、内乱、饥荒”等社会现象的认识，具有了朴素的唯物思想。战争的性质有了正义与非正义之分，提出了战争是镇压暴乱、制止不义行为的有利手段。对于战争和军队的重要性，有了“兵者，国之大事，死生之地，存亡之道，不可不察也”的认识，提出了“慎战”的思想。揭示了战争的本质，指出“兵者，以武为植，以文为种，武为表，文为里”（《尉缭子》）。还在军队建设方面提出“以战养战”和“用兵攻战之本，在乎茧民”（《司马法》）的思想。揭示了“以治为胜”和“以教为先”的思想，重视军队的作战训练，重视选拔“将才”。例如，针对组织军队士兵的训练问题，孔子指出：“不教民战，是谓弃之”；“士不生教，不可用也”（《司马法》）。针对选拔将帅问题，孙子提出了“智、信、仁、勇、严”五条标准，诸葛亮则对选拔标准有了进一步的解释，指出“故善将者，不恃强、不怙势、宠之而不喜、辱之而不惊、见利不贪、美色不淫、以身殉国、一意而已”。

在作战指挥方面，提出“知彼知己，百战不殆”“不战而屈人之兵”“兵贵胜，不贵久”（《孙子兵法》）及“多算胜，少算不胜”（《孙子兵法》）的思想，要求做好充分的战前准备。同时，还提出“致人而不致于人”（《孙子兵法》）的争取主动力避被动的作战思想。在后勤保障方面，初步建立了经济是战争的物质基础的思想。例如，孙子提出“军无辎重则亡，无粮食则亡，无委积则亡”，孙膑提出“垒无其资，众恐，可败也”。同时，还提出了多备财物的最好办法是使用敌人的所有财物，丰富和发展了“以战养战”的思想。孙子提出“善用兵者，役不再籍，粮不三载。取用于国，因粮于敌，故军食可足也”；“食敌一钟，当吾二十钟；萁杆一石，当吾二十石”。

在古代，世界上其他国家的军事思想，尤其是古代希腊军事思想和古代罗马军事思想有了显著发展。例如，古希腊军事统帅埃帕米农达、古马其顿国王亚历山大三世、迦太基军事统帅汉尼拔等人的军事活动，以及这一时期的军事代表作希罗多德的《历史》、修昔底德的《伯罗奔尼撒战争史》、色诺芬的《远征记》等，都反映出古代欧洲一些国家的军事思想。在他们的军事活动和军事著作中，对战争与政治、外交的关系，对作战谋略、指挥艺术、战略战术，对军队建设等，都有较明确的论述，这对军事思想的发展做出了贡献。

二、孙子兵法介绍

《孙子兵法》又称《吴孙子兵法》《孙武兵法》或《孙子》，作者为春秋末期孙武，享有“兵经”“武经”等美誉，是世界现存最古老且最著名的兵书。《孙子兵法》至今仍有诸多方面的现实价值，被人们广泛、深入地研究和运用。

1. 作者简介

据史书记载，《孙子兵法》是我国古代大军事家孙武所著。孙武，字长卿，大约为春秋末期齐国乐安（今山东惠民）人，与孔子同代。他的祖先姓陈，是陈国（河南淮阳）人。陈厉公的儿子陈完因战乱到齐国避乱，被齐桓公授之以主管手工业的官，后来改名为田完。几代之后成为齐国新兴势力的代表。田完的第五代子孙田书也就是孙武的祖父因为作战有功被齐景公赐姓孙氏，乐安也被齐景公封给了田书。春秋时代，姓是全族的共同称号，而氏是族中某一支派的称号，故田武又称为孙武。孙武的前辈田穰苴著书《司马法》、孙武的后代孙膑著书《孙膑兵法》。齐国也是一个群英荟萃的地方，如齐国的开国鼻祖姜太公和后来的管仲都是历史上著名的军事家。这些家世、社会环境熏陶对孙武研究兵法都有很大的影响。后来孙武因齐国内乱到吴国（今江苏苏州），经伍子胥七次推荐被吴王委任为将。孙武为将以后，为吴国立下了汗马功劳，据《史记》记载，孙武助吴王“西破强楚，北威齐晋，南服越人”。吴王夫差当政以后国事紊乱，孙武的事迹不见经传，江苏吴县东门外建有孙武的坟墓，据此推测孙武晚年可能是隐退山林，老死他乡。

2.《孙子兵法》的内容及影响

《孙子兵法》共13篇，6000余字。13篇可分为三个部分。第一部分由《计》《作战》《谋略》《形》《势》和《虚实》组成，侧重论述军事学的基础理论和战略战役问题。第二部分由《军争》《九变》《行军》《地形》和《九地》组成，侧重论述战术问题。第三部分由《火攻》和《用间》组成，论述了战争中的两个特殊问题。

《孙子兵法》是我国奴隶制向封建制转变的社会大变革时代的产物，它被誉为古今中外现存古书中最有价值、最有影响的古代兵书。

（1）中国历代名家无不重视对其研究与应用。《孙子兵法》产生于春秋末期，到战国时代已传播很广。韩非子曾说：“境内皆言兵，藏孙（武）、吴（起）之书者有之”，西汉时期司马迁《史记·孙子吴起列传》指出：“世俗所称师旅，皆道《孙子》十三篇”。三国曹操亲自注解《孙子》，感叹“吾观兵书战策多矣，孙武所著深矣。”唐、宋时期更受重视，《孙子》被列为《武经七书》之首，出现权威的注释本《十一家注孙子》。明代的茅元仪高度赞扬道，“前孙子者，孙子不遗；后孙子者，不能遗孙子。”

中国革命的先驱者孙中山对《孙子兵法》评价很高：“就中国历史来考究，2000多年的兵书有十三篇，那十三篇兵书，便成为中国的军事哲学。”老一辈革命家毛泽东、朱德、刘伯承和叶剑英等都十分重视对《孙子兵法》的学习和研究。战争年代毛泽东在写给叶剑英的信中说：“之前买回的书，大多不合用，我要的是战略和战役的书，特别要买一本《孙子兵法》。”毛泽东称孙武是“中国古代大军事家”，在他的著作中多次引用《孙子兵法》的一些军事原则。新中国成立后，《孙子兵法》一书曾多次再版，有些原则被列入了我军的战斗条令之中。军事科学院及其他军事院校还建立专门机构，组织人员进行研究，同时，《孙子兵法》一直被作为军队院校中高级干部的必修课。

（2）《孙子兵法》在国外备受推崇。据粗略统计，迄今为止，《孙子兵法》在世界上已被译成20余种语言、约800个版本。首先传播到日本，尔后至法国、欧洲和美洲。

公元735年，日本学者吉备真贝把《孙子兵法》带回日本，引起日本皇室贵族及各界人士对《孙子兵法》的重视和研究。他们把孙武推崇为“百世兵家之师”“东方兵学的鼻祖”，把《孙子兵法》称为“兵学圣典”和“世界古代第一兵书”。日本著名武将武田信玄把孙子兵法中“其疾如风，其徐如林，侵掠如火、不动如山”四句话各取最后一个字，缩为“风火山林”绣于他的军旗之上，作为其军队的信条。近代日本海军把《孙子兵法》配发到驱逐舰一级，可见对其的重视程度。

在中国居住43年的法国神父阿米奥（中文名叫王若瑟），把《孙子十三篇》翻译成法文，以《中国军事艺术》为书名于1772年出版。该书在欧洲非常畅销，流传很广、影响巨大。据说叱咤风云的军事家拿破仑，在戎马倥偬的作战间隙，手不释卷地阅读《孙子兵法》。德皇威廉二世发动第一次世界大战失败后，在没落的侨居中，不禁兴叹，“早二十年读《孙子兵法》，就不至于遭受亡国之痛苦了”。著名的资产阶级军事理论家克劳塞维茨也受到《孙子兵法》的影响。

在美国，《孙子兵法》中的有些原则，如“知彼知己，百战不殆”“攻其不备，出其不意”等被列入《美军作战纲要》之中。“孙子核战略”更是借鉴其“全胜”思想，从低强度冲突理论、非对称作战理论也可以看出孙子兵法的影响。与许多国家一样，《孙子兵法》被作为美国高等军事学府的必修课。

(3)《孙子兵法》在社会其他领域也有着广泛影响。近年来对《孙子兵法》的研究与应用几乎遍及各个领域。它极大地吸引着一些政治家、哲学家、文学家、历史学家，甚至连企业家、商人等也争相拜读。《孙子兵法》俨然成了取之不尽、用之不竭的百科宝库。

在哲学界，《孙子兵法》被公认为是一部有价值的军事哲学著作，因为全书充满朴素的唯物主义和辩证法的色彩。孙子认为战争的胜负不取决于鬼神，而首先取决于敌我的客观条件，同时他也注意到主观能动性在战争中的作用。兵法中对立统一的概念有 85 对，使用 260 次之多，而且指出对立双方在某一条件下是可以互相转化的，“逸能劳之，饱能饥之，安能动之……”正如日本军事理论家小山内宏所称，《孙子兵法》是一部有深刻含义的战争哲学。

在文学上，《孙子兵法》是难得的佳品。兵法以《计》篇统领全局，层层论证，同时各篇又独立成章、相互照应，从而逐步揭示出战争的基本规律及指导原则。它每提出一个观点，不但讲明其是什么、为什么，还要回答怎么办。例如，在提出速战速决这一观点时，不但说明为什么要速战速决，而且还说明怎样才能速战速决，具有很强的可操作性，因而令人信服。《孙子兵法》语言极为生动。例如，说明奇正之变循环无穷时，用“故善出奇者，无穷如天地，不竭如江河”。再如“声不过五（宫、商、角、羽、徵），五声之变，不可胜听也。色不过五，五色之变，不可胜观也。味不过五，五味之变，不可胜尝也。战势不过奇正在，奇正之变，不可胜穷也。”

《孙子》语言极为简练。谈到如何把握虚实、夺取主动时“……无所不备，则无所不寡。寡者，备人者也，众者，使人备己者也”，只用了 138 个字。而西方近代著名军事理论家克劳塞维茨在论述这一问题时却用了几个章节的篇幅。

总之，在文学上《孙子兵法》结构严谨，逻辑严密，语言生动、准确、简练，修辞方式丰富多彩，文意精辟，是一部难得的优秀文学作品。

《孙子兵法》也被用于医学。早在战国时期医典《黄帝内经·灵枢》就引用过孙子语，清初名医徐大椿专门写过运用孙子兵法治病的著作《医学源流论·用药如用兵论》，并在最后总结说：“孙武子十三篇，治病之法尽之矣。”

《孙子兵法》在经济界更被深入研究。20 世纪中期，日本创办了世界上第一所兵法经营学校，培养出了一批优秀的企业家。日本企业家大桥武夫所著《兵法经营全书》，对如何在经营管理中进行“庙算”“料敌”“任将”“出奇”等问题，做了详细的论述。1996 年初，我国第一所兵法经营管理学校在北京创立。美国的著名管理学家乔治在《管理思想史》一书中指出，“《孙子兵法》在用人方面的论述，对于今天的企业管理有很大的价值”，他甚至说：“你想成为管理人才吗？必须去读《孙子兵法》。”

总之，《孙子兵法》是古今中外军事学术史上一部出类拔萃的兵书，是几千年来一直为人们所尊崇，并且现在仍享有巨大声誉和具有极高科学价值的军事理论名著。因此，无论从继承、发扬我国民族历史遗产的角度，还是从学习研究现代军事思想的角度，《孙子兵法》都是值得认真钻研和必修的军事教科书。

三、近代军事思想

近代军事思想发展的总体特征。第一，资产阶级军事思想体系得到确立，第二，以马克思主义军事理论为代表的无产阶级军事思想宣告诞生。

资产阶级军事思想产生于欧洲，经过了三个世纪的时间，随着资产阶级革命战争实践而逐步形成，并随着战争的发展而发展。15 和 16 世纪之交的文艺复兴时期，欧洲军事思想领域出现了近代化的萌芽，主要代表著作是意大利思想家马基雅弗利为总结他领导的反对西班牙入侵的战争，于 1521 年发表的《论军事艺术》专著。在专著中，他提出了为了巩固自己的统治，必须致力于战争，真正掌握军事实力，要普及实行义务兵役制。17 世纪，英国发生了影响世界的资产阶级革命，打破了封建地主阶级的生产关系，极大地解放了生产力，使经济得到很大发展。资本主义制度建立后，大英帝国实力倍增，开始在北美、亚洲、非洲开展野蛮的掠夺殖民地的战争，欧洲的葡萄牙、西班牙、荷兰甚至法国也都成了英国的殖民地。英国经济上的发展，科学技术上的进步，社会思想的前进，极大地推动了资产阶级军事思想的发展。

17—18 世纪，欧美各国资本主义得到迅猛发展，发达的工业和手工业生产出了大量新式火器，文艺复兴和资产阶级革命风暴造成的阶级关系和民族关系，促使战争和军队建设从形式到内容发生了巨大变化，欧美军事思想的近代化过程随之达到高潮。18 世纪末—19 世纪前期，法国爆发了资产阶级革命和拿破仑战争，19 世纪中叶，德国、奥地利等国也爆发了资产阶级革命，1861 年俄国废除农奴制。在资产阶级革命过程中，一批资产阶级的军事思想家和军事思想变革的成果涌现出来，集中体现在拿破仑战争艺术，以及克劳塞维茨的《战争论》和若米尼的《战争艺术概论》等著作中。克劳塞维茨在《战争论》中提出了“战争无非是政治通过另一种手段的继续”的著名论断，比较系统地探讨了战争的本质、战争与政治的关系、军队建设、战争艺术、消灭敌人和保存自己的关系、民众战争的作用与使用原则、精神和物质的关系、集中兵力和积极防御的思想等。若米尼在《战争艺术概论》中，论证了军事领域的许多基本原理和规则，提出了决定战争胜败的各种因素，指出全民参加的民族战争具有最可怕的力量。这两部著作均是在总结拿破仑战争经验的基础上产生的，标志着欧洲和世界近代资产阶级军事思想体系的基本确立。无产阶级军事思想，作为一种崭新的军事思想体系，也是在近代确立的。1848—1849 年，无产阶级以特殊身份参加了欧洲资产阶级革命。在这场大革命中，无产阶级一方面与资产阶级一道反对封建地主阶级的统治，推翻封建制度，另一方面，在革命中举行反对资产阶级的大规模起义。例如，巴黎六月起义、柏林三月起义、维也纳三月和十月起义、德国西南地区五月起义，以及意大利和匈牙利等国的民族解放运动。上述起义为无产阶级斗争奠定了基础。马克思和恩格斯及时总结了无产阶级斗争的经验，发表文章和评论。在这些文章和评论中，对人民战争、战争与政治的关系、战略战术和武装起义的思想进行了阐述，体现了马克思和恩格斯早期的军事思想。19 世纪中后期，世界各地的战争和武装起义频繁发生，如东方战争（1853—1865 年）、西班牙革命（1854—1856 年）、中国太平天国革命运动和战争（1851—1856 年）、美国内战（1861—1865 年）、普法战争（1870—1871 年）、巴黎公社革命（1871 年）等。为适应当时工人运动发展的需要和迎接即将到来的无产阶级革命，马克思和恩格斯针对这些战争和起义撰写并发表了数百篇文章及评论，系统地阐述关于战争、军队和作战指导方面的基本思想。例如，战争的产生与消灭、战争与经济的关系、无产阶级对待战争的态度、无产阶级在战争与革命问题上的理论和策略等基本理论，形成了马克思主义关于战争、军队和作战理论的军事思想体系。他们应用辩证唯物主义和历史唯物主义确立了军事问题的认识论和方法论的科学原则，创立了马克思主义军事理论，建立了关于城市工人武装起义、无产阶级军队和人民战争及其战略战术原则的学说，为无产阶级军事科学奠定了坚实的理论基础。

中国在 1840 年的鸦片战争之后，传统兵学受到了西方军事思想的严重冲击。林则徐、魏源是变革传统军事思想的先驱，随着中国近代军事工业的建立，国防建设思想、作战指导思想和作战方式又向近代化迈进了一步。以孙中山为代表的资产阶级革命党人，在共产国际和中国共产党的帮助下，提出以党治军、军队与国民相结合的思想，在军队中建立党代表和政治工作制度，在建军思想上又迈出了一大步。1927—1949 年，蒋介石及国民党政府引进西方和日本的一些军事技术、体制编制和资产阶级军事思想，按其所需承袭了一些中国古代军事思想，并与法西斯的军事思想掺杂混用，从而形成其军事思想的政治特征。

四、现代军事思想

1917 年俄国十月社会主义革命的成功，标志着人类文明跨入现代史时期。19 世纪中叶之后，世界列强竞相利用产业革命所提供的新型技术物质手段，在全球加剧争夺势力范围，相应的军事理论开始产生。德国首相俾斯麦提出，德国的一切重大问题只能通过“铁与血”的手段解决。日本首相山县有朋宣布，以朝鲜和中国等邻国国土为日本的“利益线”。此外，还有英国赫伯特·斯宾塞的“社会达尔文主义”，德国拉采尔的“强存弱汰”国际生活“自然法则”论、美国马汉的海权论等。这些军事理论促进了资本主义的侵略扩张，发展到垄断资本主义（帝国主义）进行全球性扩张，终于爆发了第一次世界大战。第一次世界大战结束后，帝国主义纷纷抢先发展坦克、飞机、潜艇、航空母舰等机械化兵器，并大量装备部队，新的战争理论也应运而生，如麦金德的“大陆心脏论”、鲁登道夫的“总体战”理论、冯·施利芬的“闪电击战”理论等。这些理论又在后来的第二次世界大战中得到一定程度的应用和发展。

19 世纪后期到第二次世界大战结束是资产阶级军事思想丰富和发展的时期。19 世纪末和 20 世纪初，资本主义经济得到了迅速发展，许多新技术得以应用于军事。新技术的运用必然导致作战评论和作战原则的重大变革，与此同时战争的规模越来越大，战争对经济的依赖程度越来越大，卷入战争的人员也越来越多，国际政治、经济、外交斗争日益复杂、激烈。这些重大变化推动了资产阶级军事思想的发展，相继出现了“制空权”“小型职业军队”“机械化战争”“坦克制胜”等一系列军事理论，尤其是“总体战”理论为希特勒发动第二次世界大战奠定了军事理论基础。

第二次世界大战后，以美国为首的资产阶级军事思想得到了进一步的发展。主要体现在以下三个方面。第一，“总体战争”和“联盟战争”的思想进一步确立，经过第二次世界大战后，资产阶级军事理论家都认为，今后战争的胜利不仅仅取决于整个国家和全体国民的参加，还取决于有许多国家结成的联盟的参加，取决于联盟国家的政治、经济、外交和军事的综合力。在这种理论指导下，资本主义国家相继成立了“东南亚条约”“里约热内卢条约”“美澳新条约”和“美日条约“组织等，使资本主义国家结成了空前规模的世界性军事联盟。第二，火箭战略思想。第二次世界大战时，德国研制了 V-1、V-2 火箭。第二次世界大战后期，美国研制成核武器，并在实战中投入使用，造成了战争史上的大悲剧。核武器的出现使资产阶级军事思想发生了更为显著的变化，认为未来世界战争必然是核战争。因此，对战争的样式、作战行动和作战原则都提出了相应的评论。例如，他们认为未来的世界大战必然是核战争，核武器成为完成战略任务的基本手段，所有的作战行动将围绕核突击而展开，把核力量的建设放在军队建设的首位等。当他们单方拥有核武器时，奉行“核遏制战略”，当他们的核垄断被打破时，转而奉行“灵活反应战略”；当他们丧失核优势时，又奉行“现实威慑战略”“相互确保摧毁战略”“新灵活反应战略”等。第三，“大战略”思想。他们认为战争对经济和科学技术的依赖程度越来越大，经济和科学技术的现代化程度是制约战争取胜的最主要条件。因此，发展经济和科学技术是国家研究大战略必须考虑的重要问题。第四，重点准备“核威慑条件下的常规战争”，随着核武库的储量趋于饱和，世界上拥有核武器国家增多，资产阶级军事家认为核战争没有胜利者，核战争已经没有意义，只不过是互相残杀、交换自杀而已，核武器已失去了推行政治的工具作用，因此出现了“核威慑条件下的常规战争”和“有限战争”理论。人类进入 20 世纪 80 年代以来，大批高新技术的出现及其在军事上的广泛应用，已经替代了核武器的作用，特别是海湾战争后，资产阶级的军事思想提高到了一个崭新的阶段。资产阶级军事思想非常活跃，军事著作大量涌现，在对战争规律的认识，战争与政治、经济、科技、外交、文化等关系方面的认识，以及军队建设、战略、战术理论等方面，都取得了令人瞩目的成就。

在这一阶段，无产阶级军事思想在世界范围内蓬勃发展。列宁在领导俄国十月革命和反对帝国主义武装干涉及国内战争中，创立了关于战争与革命、武装起义和建设工农红军、实行全民战争等无产阶级的军事理论和军事思想。斯大林在反对法西斯侵略、捍卫无产阶级政权和国家现代化建设中，继承和发展了马列主义的军事理论，全面建立了苏联军事思想体系。世界其他一些国家的无产阶级政党在领导本国人民的革命武装斗争中，创立了各具特色的军事思想。毛泽东把马列主义军事理论与中国革命实践相结合，创立了具有中国特色的毛泽东军事思想，成为指导中国革命战争、军队建设、国防建设不断走向胜利的理论武器和行动指南。毛泽东军事思想中的人民战争思想、人民军队思想、人民战争的战略战术思想、国防建设思想和关于战争论、方法论的学说，不但深刻揭示了中国革命的特殊规律，而且反映了军事领域的一般规律，是无产阶级军事思想史上的一个里程碑。

这一时期，中国国防战略思想也发生了阶段性变化。中国在 20 世纪 60 年代核武器试验成功后就宣布，中国发展核武器完全是为了自卫，绝不首先使用核武器。承诺不向无核国家使用核武器。20 世纪 70 年代末，邓小平继承和发展了毛泽东军事思想，提出“和平与发展是世界两大主题，霸权主义是现代战争的根源”，并且把中国在战争指导思想上准备“早打、大打、打核战争”的临战状态，转移到和平时期的经济建设轨道上来，明确提出建设一支强大的现代化正规化革命军队的总目标。20 世纪 90 年代，江泽民提出了“政治合格、军事过硬、作风优良、纪律严明、保障有力”这一军队建设的总要求。人类进入 21 世纪，胡锦涛根据信息化战争的要求，提出要以科学发展观统领国防与军队建设的一系列论述。党的十八大以来，习近平总书记着眼于实现中国梦、强军梦，立足国家安全和发展战略全局，提出了一系列重大战略思想，做出了一系列重大决策部署，指挥了一系列重大军事行动，开辟了党的军事指导理论新境界，在中国特色强军之路上迈出了一大步，为强军兴军打下了坚实的政治基础、思想基础、实践基础。毛泽东军事思想、邓小平新时期军队建设思想、江泽民国防和军队建设思想和胡锦涛国防和军队建设重要论述，习近平关于全面推进国防和军队建设的重要论述，是当今中国军队建设、国防建设和未来反侵略战争的理论基础与行动指南。

第三节 毛泽东军事思想

毛泽东是伟大的无产阶级革命家、战略家、军事家和著名的军事理论家，是中国共产党、中国人民解放军和中华人民共和国的主要缔造者和领导者。在长期的革命战争实践中，毛泽东运用他的聪明和才智，凝聚了全党全军的集体智慧，创造性地形成了毛泽东军事思想。

1945 年 4 月，在延安召开了中国共产党第七次全国代表大会。毛泽东在大会上所做的《论联合政府》报告中，总结了抗战以来的对敌斗争的经验，并对我党长期领导军事斗争和军队建设的基本经验进行了理论概括，明确地提出了人民战争、人民军队、人民战争的战略战术等概念，并做了精辟的论述。在大会上朱德在所做的军事报告《论解放区战场》中，第一次提出了“毛主席的军事思想”这一概念。从此，毛泽东军事思想成为中国共产党在军事战线上的一盏明灯，更加明确地指引着中国革命从胜利走向胜利。

一、毛泽东军事思想的科学含义

毛泽东军事思想是毛泽东关于中国革命战争、人民军队和国防建设及军事领域一般规律问题的科学理论体系，是马列主义的基本原理与中国革命战争和国防建设实践相结合的产物，是中国共产党领导中国人民及其军队长期军事实践经验的科学总结和集体智慧的结晶。同时毛泽东思想多方面汲取了古今中外军事思想的精华，是中国共产党领导中国革命战争、军队建设、国防建设和反侵略战争的指导思想。

1. 毛泽东军事思想是马列主义的基本原理与中国革命战争具体实践相结合的产物

马克思指出，无产阶级要取得革命的胜利，只能走暴力革命的道路。列宁实践了马克思的理论，并发展为无产阶级革命。然而，中国的实际情况与俄国不一样，中国是一个以农民为主体的半封建半殖民地的国家，中国无产阶级如何组织军队、如何进行革命战争，在马列主义著作中找不到直接和现成的答案。毛泽东继承和发展了马列主义军事思想，创造性地应用马列主义原理，结合中国半封建半殖民地社会的现实状况，积极开展武装斗争，以农村包围城市，最后夺取政权，并获得成功。

2. 毛泽东军事思想是中国革命战争和国防建设实践经验的总结

军事理论产生于战争实践。中国长期革命战争的实践是毛泽东军事思想赖于产生和发展的源泉和基础。没有中国革命战争的具体实践，就没有毛泽东军事思想。正如毛泽东 1962 年 1 月 30 日《在扩大的中央工作会议上的讲话》中指出：“在抗日战争前夜和抗日战争时期，我写了一些论文，例如《中国革命战争的战略问题》《论持久战》《新民主主义论》，替中央起草过一些关于政策、策略的文件，都是革命经验的总结。那些论文和文件，只有在那个时候才能产生，在以前不可能有，因为没有经过大风大浪，没有两次胜利和两次失败的比较，还没有充分的经验，还不能充分认识中国革命的规律，但仅有战争实践还不能自然而然地产生军事理论”。中国共产党在领导人民进行新民主主义革命时，经历了国共合作的北伐战争及独立领导的土地革命、抗日战争、解放战争。新中国成立后，又进行了抗美援朝战争，中印、中苏、中越边界自卫反击战。毛泽东军事思想就是中国革命战争和国防建设实践经验的科学总结。当然，毛泽东军事思想的产生和发展，是同毛泽东的主观因素分不开的。毛泽东一方面对马克思列宁主义有着深刻的理解，另一方面对中国的国情孜孜不倦地进行研究和探讨，使其具有丰富的历史知识，同时又集军事统帅和军事理论家于一身。这些条件的存在，使毛泽东能长期亲身参加和领导战争实践，并从中总结经验使之上升为理论，又用此理论指导实践，不断丰富和发展理论，与此循环往复逐步完善，成为科学体系。

3. 毛泽东军事思想是以毛泽东为代表的中国共产党人集体智慧的结晶

毛泽东作为一名杰出的统帅和军事家，有着过人的才智。但天才来自实践，智慧源于群众。毛泽东军事思想从来不是某一个人的独创，是毛泽东和他的战友们共同创造的，是中国共产党人领导的亿万军民在长期革命实践中集体智慧的结晶。中国革命战争是由若干个互不相连的地区发展起来的，从土地革命时期的“红色割据”区域，发展到抗日战争的各抗日根据地，再发展到解放战争时期的各解放区，在很长的时间都被分割成各自独立的状态。在这种环境中，各根据地独立地进行斗争，并造就了一批独当一面的领袖人物。他们之中有的与毛泽东一起起草过军事文件，有的参加过重大决策的讨论，有的发表过自己的军事著作，他们对毛泽东军事思想都进行了深刻的阐述和必要的补充。遵义会议后，确立了以毛泽东为首的党中央领导集体。毛泽东提出的许多有关党的路线、方针、政策和其他重大决策，都经过了党中央的集体讨论，凝聚了党中央的集体智慧，在革命斗争和社会主义建设中，毛泽东一贯遵循“从群众中来，到群众中去”的原则，及时总结群众中产生的经验，并上升为理论，用于指导实践。强调毛泽东军事思想是集体智慧的结晶，并不是否认毛泽东个人的独特贡献。毛泽东兼革命家、军事家、理论家、政治家、外交家、文学家和诗人于一身，是我党军事家的杰出代表，是中国革命军事理论的奠基人和集大成者。毛泽东具有惊人的才能、非凡的智慧和坚忍的毅力，具有丰富的经历、渊博的知识、深邃的思维能力和正确的思想方法，以及勤奋刻苦的钻研精神。在长达半个世纪的革命活动中，毛泽东总结撰写了大批的军事著作，对我党的军事理论做了最集中、最深刻的概括。以毛泽东的名字命名我党的军事理论，称为毛泽东军事思想，是完全符合历史实际的，也是当之无愧的。

4. 毛泽东军事思想是毛泽东思想的重要组成部分

毛泽东思想是以毛泽东为代表的中国共产党人，根据马克思列宁主义的基本原理，把中国长期革命实践中的一系列独创性经验做了理论概括，形成了适合中国国情的科学的指导思想。毛泽东思想是马克思列宁主义普遍原理与中国革命具体实践相结合的产物。毛泽东军事思想同毛泽东思想的关系是局部与全局、部分和整体的关系，是毛泽东思想整个科学体系中重要的组成部分，毛泽东军事思想极大地丰富和发展了马列主义的军事理论。

中国共产党在取得政权前的22年中，主要工作和重心是军事工作，是用武装的革命反对武装的反革命，共产党的党史实际是一部武装斗争史。毛泽东和他的战友不得不以极大的精力注重战争、研究军事。毛泽东的军事实践活动是他一生中最伟大、最光辉和最成功的部分，其军事著作占有大量的篇幅和重要地位。因此，研究毛泽东思想，必须理解和掌握毛泽东军事思想。

二、毛泽东军事思想的形成和发展

毛泽东军事思想的形成和发展是一个历史过程，是在中国长期革命战争过程中产生、形成、成熟和发展成为科学的马克思主义军事思想的理论体系。

1. 在土地革命时期产生和形成

严格地说，毛泽东在青年时期还没有完全认识到军事的重要性。1919年7月，他在《湘江评论》创刊宣言中主张群众联合，向强权者为持续的“忠告运动”，实行“呼声革命——面包的呼声、自由的呼声、平等的呼声”，要进行“无血革命”，不主张大搅乱，以及“炸弹革命”和“有血革命”。但在接受马列主义的暴力革命学说后，毛泽东的思想发生了根本性的变化。之后，他给蔡和森写了一封长信，系统地批判了社会改良主义，主张俄国式的暴力革命。

1921 年 7 月，在中国共产党第一次全国代表大会所通过的第一个纲领中，明确了用革命手段推翻旧政权的历史任务。尽管对建军和武装斗争还没有深入讨论，但它表明我党从成立的第一天起，就接受了马列主义关于暴力革命和建立无产阶级军队的学说，为以后的斗争指出了正确方向。

1922 年，在中国共产党第二次全国代表大会上，提出中国革命“分两步走”的原则，基本任务是反对帝国主义和封建主义的民主主义的革命运动。为了实现这一革命目标，必须组成“民主主义的联合战线”，正如胡绳在《中国共产党的七十年》中指出的，“党的第二次全国代表大会在全中国人民面前第一次明确提出反帝反封建的民主革命纲领。早在 20 世纪就已经开始进行的中国民主革命，长时间里没有明确地弄清革命的对象和动力，没有正面提出过反对帝国主义和封建势力的主张；中国共产党成立刚刚一年，就把这个问题基本解决了，这说明，只有用马克思主义武装起来的中国共产党，才能为中国革命指明方向。”

1923 年，在中国共产党第三次全国代表大会上，提出了改组国民党，同国民党联合，共同反对军阀，打倒封建主义帝国主义的纲领。党的第三次全国代表大会决定，共产党员以个人的身份加入国民党，用这种形式实现国共合作。同时明确规定在共产党员加入国民党时，党必须在政治上、思想上和组织上保持自己的独立性。但没有提出工人阶级应当努力争取对民主革命的领导权的问题，对国民党内的复杂情况和日后可能发生的变化估计不足，为后来陈独秀右倾机会主义错误种下了根子。

1924 年实现了国共第一次合作。其间，中国共产党掌握了一批工人武装和黄埔军校的国民革命军第 4 军、第 1 军。1924 年 11 月，周恩来遵照党的决定出任黄埔军校政治部主任，负责指导党在黄埔军校和国民革命军中的政治工作。在周恩来积极努力的工作下，国民革命军的第 12、3、4、6、8 军的政治部主任和党代表都由共产党员担任。在中国共产党直接掌握的部队中，党组织已普遍发展，团设总支、营设支部、连设小组。然而，彻底认识武装斗争在中国革命中的极端重要性，还是在蒋介石、汪精卫于 1927 年春、夏之交相继发动反革命叛变和反革命政变之后。大革命失败后，在中国革命的紧要关头，毛泽东于 1927 年 7 月 4 日在中共中央常委扩大会议上，针对党的负责人的右倾主张，提出“不保存武力则将来一到事变，我们即无办法”的意见，主张“‘上山’可造成军事势力的基础”。同月，中共中央制定了在湘、鄂、赣等省区发动武装起义的计划。1927 年 8 月 1 日，中国共产党在南昌发动了武装起义，打响了武装反对国民党反动派的第一枪，标志着中国共产党独立领导武装斗争、创建革命军队的开始。1927 年 8 月 7 日中共中央在武汉召开紧急会议，正式确定实行土地革命和武装起义的总方针。毛泽东在发言中强调，全党“要非常注意军事，须知政权是由枪杆子中取得的”著名论断。至 1928 年 6 月，党在全国范围内相继领导了近百次武装起义。毛泽东军事思想就是在这样的时代条件下，为适应指导中国革命战争的需要，而产生和逐步形成发展起来的。

1927 年 9 月 9 日，毛泽东领导发动了湘赣边界的秋收起义。在起义遭受挫折时，毛泽东毅然放弃了攻打长沙的计划，率领余部沿罗霄山脉南下，向反动统治薄弱的农村进军。1927 年 9 月 29 日，队伍来到了江西永新县的三湾村。此时队伍已经疲惫不堪，思想混乱，特别是想家思想严重，天天有逃兵，队伍中打骂士兵的现象也很严重。这一系列的问题严重地影响着这支刚刚诞生的人民武装的前途。在这种情况下，毛泽东进行了具有伟大历史意义的“三湾改编”，提出了“支部建在连上”的党指挥枪的原则，成立了士兵委员会。从此，这支人民武装在政治上有了明确的方向和保障，也开创了建立一支新型的人民军队的新篇章。

1927 年 10 月底，毛泽东率领这支队伍在井冈山开展游击战争，发动农民进行土地革命，建立工农民主政权，成功地创建了我国第一个农村革命根据地，这一系列行动揭示了我国无产阶级革命的基本特征。经过长期的武装斗争，走农村包围城市的道路，最后夺取全国政权。1928 年 4 月，朱德、陈毅率领南昌起义余部和湘南农军在井冈山与毛泽东会师，开创了井冈山革命根据地的全盛时期。在这期间，朱德提出了红军的行动原则：分兵以发动群众，集中以应付敌人。到 1928 年 5 月，毛泽东总结出以“敌进我退、敌驻我扰、敌疲我打、敌退我追”十六字为核心的游击战争的作战原则，支部建在连上的建军原则也进一步得到了完善和提高。毛泽东指出：“红军的性质是为人民的利益而打仗的，红军的任务是打土豪分田地、帮助群众建立红色政权。”与此同时，毛泽东还制定三大纪律（行动听指挥、不拿工人农民一点东西、打土豪要归公）和六项注意（上门板、捆稻草、说话和气、买卖公平、借东西要还、损坏东西要赔）。

由于当时红军处在初创时期，其主要成分又是北伐军的雇佣士兵和大量的农民及解放过来的士兵，因而旧军队的作风和各种非无产阶级思想在红军中大量存在，严重地妨碍着党的正确路线的执行。根据党中央的指示，1929 年 12 月 28 日，毛泽东在福建上杭县古田镇主持召开了红四军党的第九次代表大会，并在会上做重要的政治报告，强调要从政治上、思想上和组织上把红军建成为新型的人民军队。毛泽东指出：“红军是一个执行革命的政治任务的武装集团，红军打仗不是单纯地为了打仗而打仗，而是为了宣传群众、组织群众、武装群众，帮助群众建设革命政权才去打仗的，离开了群众就失去了打仗的意义，也就失去了红军存在的意义。”这次党代会解决的中心议题是建立一支什么样的军队。毛泽东还指出：“我们要建立一支全心全意为人民服务的新型的无产阶级军队，要保证军队的无产阶级性质就一定要坚持党指挥枪的原则，在党的绝对领导下，开展军事斗争、土地革命和建立革命政权。为此，要克服各种非无产阶级思想，特别是要改造旧军队的军阀作风，要克服流氓无产者的习气，反对平均主义、主观主义、个人主义、宗派主义，坚持民主集中制和无产阶级铁的纪律。”古田会议的召开，使红军完全建立在马列主义基础上，从根本上划清了无产阶级新军队与其他各阶级的旧式军队的界限，形成了我军的建军原则，古田会议决议是我军建设的伟大纲领。从此，红四军走上了一条真正的革命发展道路。

在 1927 年 8 月至 1930 年 6 月这段时间内，毛泽东经过不懈的努力，把马列主义与中国革命的具体实践相结合，创立了工农红军，建立了农村革命根据地，形成了人民军队的建军原则和一整套游击战争的战略战术，为中国革命开辟了一条正确的道路，即在农村建立革命根据地，以农村包围城市，最后夺取城市的道路。

1930—1931 年，在中央革命根据地第一、二、三次反“围剿”作战中，毛泽东提出了诱敌深入于根据地，在运动中各个歼灭敌人的作战原则，接连粉碎了敌人的围剿，巩固和发展了根据地。1934 年 1 月，毛泽东提出“革命战争是群众的战争，只有动员群众才能进行战争，只有依靠群众才能进行战争”的关于人民战争的著名论断。在这期间，毛泽东写下《中国的红色政权为什么能够存在》《井冈山的斗争》《纠正党内的错误思想》《星星之火，可以燎原》等光辉著作，为中国革命指出了正确的方向。然而，这些正确的思想却遭到了当时在党内占统治地位的王明“左”倾冒险主义的否定，使红军丧失了大好的革命形势并被迫长征。1935

年 1 月，遵义会议纠正了王明的错误，重新确立了毛泽东所建立起来的一整套作战原则。

2. 在抗日战争时期建立科学体系

1936 年 10 月，党中央和中央红军经过长征胜利到达陕北。此时，正值日本帝国主义加紧侵略中国，民族矛盾上升为主要矛盾，全国抗日民主运动出现新的浪潮。同年 12 月，党中央政治局在陕北瓦窑堡召开会议，提出了以坚决的民族革命战争反对日本帝国主义进攻的总任务，制定了抗日民族统一战线的政治策略和军事战略方针。在党中央和毛泽东的努力下，促成了抗日民族统一战线的建立，实现了全民族的抗日战争。为了指导抗日战争，为了从理论上系统地回答中国革命战争的战略问题，毛泽东进一步深入研究了哲学，阅读并研究了大量古今中外的军事理论著作，特别是马列主义的军事理论著作，运用辩证唯物主义和历史唯物主义的理论、方法，总结了红军创建以来正反两方面的经验和教训，写出了《中国革命战争的战略问题》。在这篇著作中，毛泽东精辟地分析了中国革命战争的特点和规律，系统地阐述了中国革命战争中战略问题的各个方面，如无产阶级的战争观和方法论，中国革命战争的特点、规律及其战略指导问题，特别是积极防御战略的基本原理。同时还论述了战争的起源和本质、战争的性质和应采取的态度，消除战争的途径和方法，战争中认识发展的辩证过程，战争规律的客观条件和辩证法及其科学的研究方法等，为指导中国革命战争走向胜利奠定了坚实的理论基础。

1937 年 7 月 7 日，日本帝国主义制造了卢沟桥事变，向中国发动了侵略战争，抗日战争全面爆发。为解决抗日战争中的战略战术问题，毛泽东于 1938 年相继发表了《抗日战争的战略战术问题》《论持久战》《战争和战略问题》等著作。这些著作从战略到战役、战术都做了详细的阐述，丰富和发展了研究战争和指导战争的理论，全面分析了抗日战争的特点和规律，批判了“亡国论”和“速胜论”。毛泽东指出抗日战争是持久战，最后胜利是中国的。预见抗日战争要经过战略防御、战略相持和战略进攻三个阶段。阐述人民战争思想，指出战争的威力之最深厚的根源存在于民众之中，对战争进程的进行了分析，得出结论：中国的抗日战争是一场持久战。毛泽东还指出人民是决定战争胜负的决定因素，武器是重要因素。对于战争的目的不是别的，就是“保存自己，消灭敌人”，它也是一切战略战术和技术原则与行动的依据。为此，毛泽东要求八路军、新四军实行“基本的是游击战，但不放松有条件下的运动战”的方针。强调作战指导的主动性、灵活性和计划性，尽可能乘敌之隙，执行有利的决战，号召“全党要注重战争，学习军事，准备打仗”。

抗日战争的实践证明，毛泽东在抗战初期为我军制定的战争指导路线、战略方针和作战原则是正确的。同时经过战争实践，毛泽东军事思想也得到进一步丰富。1942 年开始的整风运动，是一场马列主义的思想教育运动，使全党全军进一步懂得和掌握了马列主义和中国实践相结合的原则。1944 年，毛泽东又发表了《关于军队的政治工作》文章，对我党、我军在北伐战争、土地革命战争和抗日战争三个时期的政治工作进行了历史性的总结，并以马列主义的观点，从理论上进一步阐明了我军政治工作的性质、方向、任务、地位和方法。1945 年党的六届七中全会做出的《关于若干历史问题的决议》，总结了革命战争的历史经验，对人民军队的建设和战略的理论进行了系统的阐述。

1945 年在党的第七次代表大会上，毛泽东在《论联合政府》的报告中，全面阐述了人民军队和人民战争的战略战术问题，指出全心全意为人民服务是我军唯一的宗旨。它包含自觉遵守纪律和一整套政治工作原则，我军实行主力兵团与地方兵团、游击队与民兵相结合，武装群众与非武装群众相结合，军事斗争与政治、经济、文化等各条战线的斗争相结合的真正的人民战争，从实际出发的灵活机动的战略战术。至此，毛泽东军事思想的科学体系已经建立起来了。

3. 解放战争时期达到全面成熟

抗战胜利后，国内阶级矛盾上升为主要矛盾。毛泽东同朱德、周恩来等组织指挥了一系列的大规模战役。这样，毛泽东军事思想不但有了战略防御的系统理论，而且有了关于战略进攻、战略决战和战略追击的系统理论，标志着毛泽东军事思想有了重大发展，进入了全面成熟时期。

解放战争是我军和全国人民在中国共产党领导下，同帝国主义、封建主义和官僚资本主义敌人进行的一场大决战。在这场大决战中，我军经历了战略防御、战略进攻、战略决战和战略追击等阶段，采取了以运动战为主并配以攻坚战、阵地战等多种形式，进行了数以千计的战斗，其规模之大，情况之复杂多变是空前的。战争开始时，形势仍然是十分严峻的，敌人在军事力量和经济力量上都占有绝对优势。面对敌强我弱的严峻形势，毛泽东及时指出："决定战争胜败的是人民，而不是一两件新式武器"。提出"一切反动派都是纸老虎"的著名论断。毛泽东断言，我们的"小米加步枪"必将战胜蒋介石的飞机加大炮。其原因是：人民解放战争所具有的爱国主义的革命，必然要获得全国人民的拥护和支持，这也是战胜蒋介石的政治基础。毛泽东号召全党对敌人要敢于斗争和善于斗争。"在战略上我们要藐视一切敌人，在战术上我们要重视一切敌人。"当蒋介石发动全面内战后，毛泽东于1946年7月20日在《以战争粉碎蒋介石的进攻》中指出"以歼灭国民党有生力量为主，而不是以保守地方为主"的正确战略方针。

1946年9月16日，毛泽东又发布了关于《集中优势兵力，各个歼灭敌人》的指示，要求我军"应以集中兵力打运动战为主，以分散兵力打游击战为辅"。而在蒋介石军队武器加强的条件下，必须特别强调集中优势兵力，各个歼灭敌人的作战方法。经过一年的解放战争，国内形势发生了重大变化，我军消灭敌军112万人，国民党反动派在军事上遭到失败的同时，在政治上、经济上也陷入了严重危机。毛泽东针对敌人将战争继续引向解放区，企图破坏我解放区的人力、物力的阴谋，及时地审时度势，紧紧抓住战局发展的有利形势，于1947年6月30日，指挥中国人民解放军由战略防御转入战略进攻，实行以主力打到外线去，把战争引向国民党统治区域的方针，指示刘邓大军千里跃进大别山，创建新的革命根据地，并取得了成功，将中国革命推向新的高潮。

1947年12月，在我军战略进攻后，毛泽东又把我军长期与敌人作战的经验，结合人民解放战争已经转入战略进攻的具体情况，在当前形势和当时的任务中，提出了著名的十大军事原则，全面地总结和概括了我军打歼灭战的特点和规律。战争进入第三年后，我军总兵力尚未超过敌人，然而毛泽东及时抓住了敌军形成几个孤立战略集团之机，实行分期分批、就地歼灭的原则，进行正确的战略指导。1948年9月在东北发起了辽沈战役，把战争推进到了决战阶段。辽沈战役歼敌47万人，解放了东北。此战役的胜利使全国的军事形势发生了一个根本性的变化，我军在数量和质量上首次占了优势。接着，毛泽东又指挥了淮海、平津战役，消灭了敌人的重兵集团。1949年夏季的渡江战役后，在对敌人实施战略追击时，为防止敌人逃往海上和国外，毛泽东又创造性地实行了远距离的大迂回、大包围的战略追击，迅速地将在大陆的国民党军队消灭。

在建军方面，为适应战略进攻的需要，毛泽东提出了军队正规化建设的方向，进行了炮兵、工程兵、装甲兵等技术兵种的建设，强调了组织纪律性，规定了城市建设的政策，加强了司令部工作和后勤工作等。为了适应进攻城市和夺取全国胜利的需要，毛泽东还开展了新式整军运动，在进一步发扬三大民主的同时，强调了政策和纪律的教育。毛泽东在解放战争中，以其雄才大略和高超的军事艺术，统率千军万马，运筹于帷幄之中，决胜于千里之外，创造了战争史上的奇观。

4. 社会主义革命时期有了新的发展

全国大陆地区解放后，急需一个和平的国际环境和安定的国内环境，以进行大规模的经济建设，发展生产力，改善人民的物质生活。然而，摆在我党我军面前的却是另外两大任务：一个是清剿盘踞在深山老林的国民党中有计划潜留下来的大批武装特务、土匪，另一个是抗美援朝、保家卫国。在清匪作战中，我军遵照党中央和毛泽东的指示，各剿匪部队在当地党委统一领导下，积极、广泛地发动翻身后的人民群众，紧紧依靠人民群众，贯彻执行军事清剿与政治争取相结合、镇压与宽大相结合，以及“首恶必办，胁从不问，立功受奖”的方针政策。经过数年的剿匪作战，至 1953 年取得了歼灭匪特 200 余万人的重大胜利，在全国范围内基本肃清了蒋匪，保卫了胜利果实，加强了人民民主专政。

1949 年新中国的成立，沉重打击了美帝国主义企图称霸世界的野心。1950 年 10 月，美军披上了“联合国军”的外衣，悍然越过“三八线”大举进攻朝鲜，企图以朝鲜为跳板，进而侵略中国。为保卫世界和平和来之不易的胜利果实，应朝鲜劳动党和政府的请求，中国在百业待兴的情况下，于 1950 年 10 月 19 日派志愿军入朝鲜作战。抗美援朝战争是一场反侵略的正义战争，也是同当时具有世界一流武器装备的外国侵略军及其仆从国军队进行的一场现代化战争。在这场战争中，我军仍然是以劣势装备战胜了全副武装的敌军，初步取得了现代条件下作战的新经验。毛泽东根据这场战争的新特点，提出和解决了现代条件下，进行国际主义行动的局部战争之方针、政策和作战原则。例如，志愿军出国作战的政策纪律，军事打击与政治斗争紧密配合，利用初战的突然性，夺取先机之利对战斗力较强的美军实行战术的小包围和打小歼灭战，讲究打坦克、反空袭、反空降、反登陆作战的战法，以“零敲牛皮糖”灵活作战的原则，不断歼灭和消耗敌人有生力量，依托坑道工事进行坚守防御，以战术、战役的反击，大量歼灭敌人，重视兵力、火力对比和军队的伪装隐蔽，建立强大的后勤保障等。

夺取全国政权后，毛泽东根据新的历史条件，及时地提出了建设现代国防、抵御外国入侵的战略任务，并领导我军进行正规化、现代化建设，使我军进入了建军的高级阶段。1949 年 9 月 21 日，毛泽东指出：“我们将不但有一个强大的陆军，而且有一强大的空军和一个强大的海军。”在国防现代化建设的问题上，毛泽东强调指出：我们的陆军、空军和海军都必须有充分的机械化装备和设备，要在大力发展国民经济、增强国家经济实力的基础上，建立完整的国防工业体系，发展现代化的技术装备，独立自主地建设强大的国防。”在加强我军现代化正规化建设的同时，毛泽东领导并制定了积极防御的战略方针，强调后备力量建设，强调现代条件下的人民战争，强调帝国主义是现代战争的主要根源，提出了三个世界划分的理论和建立反对帝国主义统一战线的策略，要求做好长期反侵略战争的准备等。

三、毛泽东军事思想的主要内容

毛泽东军事思想博大精深，是一个完整的科学体系，主要内容包括无产阶级的战争观和方法论、人民军队建设理论、人民战争思想、人民战争的战略战术和国防建设理论五个部分。

无产阶级的战争观和方法论是毛泽东研究和指导战争的基本立场、观点和方法，揭示了中国革命战争的指导规律，是毛泽东军事思想的理论基础；人民战争思想是我党从事革命战争的根本指导思想，是毛泽东军事思想的核心；人民军队思想是建设人民军队的指南，是实行人民战争的骨干力量，人民战争的战略战术是适应人民战争需要的战略原则和作战方法，是人民战争取得胜利的保证；国防建设理论是毛泽东军事思想在新中国成立后新的历史条件下的开拓性发展，是实现国防现代化的指南。

1. 无产阶级的战争观和方法论

战争观是人们对战争的看法和态度，显示了研究和指导战争的立场和观点。方法论是人们在认识战争规律的基础上，依据战争规律确定自己指导战争的根本方法。

（1）无产阶级的战争观。无产阶级的战争观包含战争的起源和根源、战争的本质和目的、战争的性质、对战争的态度、战争的最终目的和消灭战争的道路等方面的内容。

1）战争的起源和根源。马克思主义认为，战争不是人类社会开始就有的，而是人类社会出现私有财产、分化为不同的阶级以后所特有的社会现象。它不是由偶然因素决定的，而是由社会的必然因素导致的。

战争的起源同战争的根源不是一个概念，但两者有密切联系。只有弄清战争的起源，才能理解战争的根源。私有制是战争的起源，私有制导致了阶级的出现。压迫者阶级，为了贪图更多的私有财产，所以以掠夺、奴役为目的的战争变成其经常性的行为。因此，压迫者、剥削者阶级是人类战争的根源。

毛泽东对战争的起源和根源作了精辟的概括，他说："战争——从私有财产和有阶级就开始了的，用以解决阶级和阶级、民族和民族、国家和国家、政治集团和政治集团之间，在一定发展阶段上的矛盾的一种最高的的斗争形式。"同时，也指明战争的范围和战争的必然性与间断性关系。压迫与被压迫的矛盾，必然导致战争，但这种矛盾的对抗并不是时时以战争的形态表露的，它有一定的潜伏期。潜伏期内表现为其他的争斗形态，只有这种其他的形态无法解决时，才激化上升到战争这个矛盾的最高斗争形式，从而揭示了战争时起时伏的特性。

2）战争的本质和目的。要认识战争的本质和目的，首先要弄清战争与政治、战争与经济的关系。

战争与政治的关系。战争是政治的继续，在这点上说，战争就是政治，战争本身就是政治性质的行动，自古以来没有不带政治性的战争。但是战争有其特殊性，在这点上说，战争不等于一般的政治。战争是政治的特殊手段的继续。政治是不流血的战争，战争是流血的政治。毛泽东关于战争与政治的关系的论点，阐明了两层意思：一层是战争从属于政治，服务于政治。政治处于主导和支配的地位，战争居于从属和被支配的地位。战争是达到政治目的的一种特殊手段。政治贯穿于战争的全过程。另一层是战争不仅是实现政治目的的手段和工具，而且反作用于政治、推动政治。

战争与经济的关系。经济是战争的物质基础，战争依赖于经济。毛泽东结合战争的起源，说明战争与经济的关系有：战争起源于一定的生产方式，战争依赖于社会的经济力量，战争的最终目的是为了一定的经济利益。由此可以看出，战争的本质和目的，无非是为了取得或维护政治地位和经济利益。

3）拥护正义战争，反对非正义战争。毛泽东对战争的性质，进行了科学的划分。他说："历史上的战争分为两类，一类是正义的，一类是非正义的。一切进步的战争都是正义的，一切阻碍进步的战争都是非正义的。”毛泽东对战争性质的划分，奠定了无产阶级对待战争的根本态度，这就是反对非正义战争，拥护正义战争。毛泽东又说过，“在阶级社会中，革命和革命战争是不可避免的，舍此不能完成社会发展的飞跃，不能推翻反动的统治阶级，而使人民获得政权。”毛泽东的论述说明了中国人民采取拥护正义战争的态度。

4）战争的最终目的和消灭战争的道路。毛泽东明确指出：“战争——这个人类互相残杀的怪物，人类社会的发展终究要把它消灭的……但是消灭它的方法只有一个，就是用战争反对战争，用革命战争反对反革命战争，用民族革命战争反对民族反革命战争，用阶级革命战争反对阶级反革命战争。”他又指出：“我们是战争消灭论者，我们是不要战争的，但是只能经过战争去消灭战争，不要枪杆子必须拿起枪杆子。”毛泽东在这里非常鲜明地提出了反对战争的唯一选择，就是用革命战争去消灭反革命战争，从而将无产阶级对战争的态度与战争的最终目的科学地统一了起来，为无产阶级和革命人民，不仅指明了消灭战争的目标，而且指明了实现这个目标的根本道路和方法。

（2）无产阶级的战争方法论。以毛泽东为代表的中国共产党人，在指导中国革命战争的实践中，创造性地使用马列主义的辩证唯物论和历史唯物论，观察和分析战争的基本问题，认识和运用军事领域的辩证规律，阐明了无产阶级的战争观和方法论。它包括如下四个方面的内容。

1）必须认识和把握战争规律。战争规律是战争在发生和发展过程中，战争双方在政治、经济、军事、自然地理诸方面因素的本质联系及其发展趋势。毛泽东在总结土地革命战争的经验时指出；“战争的规律——这是任何指导战争的人不能不研究和不能不解决的问题。”同样，“不懂得这些特殊的情形和性质，不懂得它的特殊的规律，就不能指导革命战争，就不能在革命战争中打胜仗。”

战争规律分为一般战争规律和特殊战争规律。战争的一般规律与特殊规律之间是辩证统一的关系。在研究战争的一般规律时，要注意战争的特殊性，避免犯教条主义的错误；在研究战争的特殊规律时，要注意不凭个人臆断任意普遍化，避免犯经验主义的错误。

2）主观指导必须符合客观实际。认识和研究战争规律的目的在于确立指导战争的方法。毛泽东把这种合乎战争客观规律的战争指导方法，比作“战争大海中的游泳术”，称之为“战争指导规律”。

毛泽东指出：“一切战争指导规律，依照历史的发展而发展，依照战争的发展而发展；一成不变的东西是没有的。”正确解决主观符合客观的问题，是战胜敌人的关键，是人的因素在战争指导者身上的主要体现。要解决指导上的主客观一致，需着重解决好三个问题：第一，要熟识敌我双方的客观情况；第二，要善于学习，勇于实践；第三，要在客观物质的基础上，充分发挥自觉能动性。

3）着眼特点，着眼发展。毛泽东指出：“战争情况的不同，决定着不同的战争指导规律。我们研究在各个不同历史阶段、各个不同性质、不同地域和民族的战争的指导规律，应该着眼其特点和着眼其发展，反对战争问题上的机械论。”由于各次战争的情况不同，有时间、地域、性质和对象的差别，因此，就各有其不同的特点和规律。

4）关照全局，把握关节。全局是事物的整体和发展的全过程，局部是组成事物整体的各个部分和发展全过程的各个阶段。全局统帅局部，局部从属全局，构成全局与局部之间的正确关系。有时局部的失利并不给全局以严重影响，而有的局部的失利却对全局带来重大影响，甚至导致全局的失利。例如，有时下一着错棋尚可挽回，但有时一着不慎全盘皆输。这个对胜负起关键作用的一着，就是关节。因此，关节就是对全局有重大影响的关键性环节。所以说，关照全局是战争指导的首要准则，把握关节是推动全面发展的重要方法。

2. 人民军队建设理论

毛泽东把创建人民军队作为进行武装斗争的首要问题和实现革命理想的最主要手段，强调“没有一个人民的军队便没有人民的一切”。在革命战争年代，主要的斗争形式是战争，而主要的组织形式是军队。为了把以农民为主要成分的军队建设成为一支无产阶级性质的新型人民军队，毛泽东在长期的战争实践中，总结和提出了一整套建军的理论和原则。

（1）人民军队的性质。毛泽东从“军队是国家政权的主要成分”“是阶级压迫的工具”的原理出发，提出了“枪杆子里面出政权”和“党指挥枪”的思想，指明我军是党领导下的执行无产阶级革命政治任务的武装集团。坚持中国共产党对军队的绝对领导，是确保人民军队的无产阶级性质的根本原则。

（2）人民军队的宗旨。人民军队是为无产阶级利益服务的工具，由此决定了这支军队的无产阶级性和人民性的统一。毛泽东指出：“紧紧地和中国人民站在一起，全心全意地为中国人民服务，就是这个军队的唯一宗旨。”全心全意为人民服务的宗旨，是我军建军原则的核心，是我军区别于其他任何军队的本质特征。我军在革命战争和保卫祖国的长期斗争中，始终遵循这一宗旨，从而赢得了人民群众的拥护和爱戴。

（3）人民军队政治工作的三大原则。进行强有力的政治工作，是毛泽东建军思想的一个突出特点，是保持我军的无产阶级性质，提高战斗力，促进军队建设的可靠保证。我军的政治工作，随着革命战争的发展而逐步完善。形成了官兵一致、军民一致和瓦解敌军的三大原则。官兵一致的原则，体现了我军内部上下之间政治上平等的关系，这是与旧式军队的根本区别之一；军民一致的原则，是人民军队本色的体现；瓦解敌军的原则，是促进敌人从内部瓦解的有效武器，是加速敌人崩溃的战略性原则。

除以上三项重要内容以外，还有实行政治、经济、军事三大民主，实行三大纪律、八项注意，人民军队要不断提高正规化和现代化建设水平，发扬勇敢战斗、不怕牺牲和艰苦奋斗的优良传统和作风等。

3. 人民战争思想

人民战争是我党历来坚持的指导战争的根本路线，是中国共产党唯一正确的战争指导思想，是毛泽东军事思想的核心部分。

（1）人民战争思想的含义。人民战争是指广大人民群众为反抗阶级压迫或抵御外敌入侵而组织和武装起来进行的战争。人民战争具有两个基本特征。一个是战争的正义性，在毛泽东看来，战争的性质既取决于它的政治目的，又取决于它的社会效果，就是看能否促进历史的进步，而其根本标志在于是否符合广大人民群众的根本利益。战争的正义性是实行人民战争的首要条件和政治基础。另一个是战争的群众性。战争的群众性是指战争必须有广大人民群众的支持和参加，这是人民战争的重要标志。历史上凡是具备这两个特征的战争都可称为人民战争。但是我党领导的人民战争，较之一般意义上的人民战争，群众性更广泛，革命性更彻底，组织性更严密。

人民战争思想的基本精神：在中国共产党的领导下，以人民军队为骨干，坚决依靠广大人民群众，实行主力兵团与地方兵团相结合，正规军与游击队、民兵相结合，武装斗争与非武装斗争相结合的人民战争。总之，它是中国历史上最完全、最彻底的人民战争，是“真正的人民战争”。

（2）人民战争思想的理论基础。毛泽东创造性地发展了马列主义关于人民战争的理论，对实行人民战争的必要性和可能性及如何实行人民战争问题，作了系统的论述，阐明了人民战争的理论基础和政治基础，以及实行人民战争的指导原则，创立了具有中国特色的人民战争思想。

1）人民群众是战争胜负的决定力量。战争是力量的抗争，人民战争的主体是人民群众，人民群众是社会发展变革的决定力量，也是战争胜负的决定力量，要准确地理解和把握人民战争思想，就必须首先认识人民群众在战争中的作用。毛泽东曾说：“人民，只有人民，才是创造世界历史的动力。”这就是毛泽东人民战争思想的根本出发点和理论基础。

早在土地革命战争时期，毛泽东就指出，革命战争是群众的战争，只有动员群众才能进行战争，只有依靠群众才能进行战争。中国革命战争的历史和实践证明，人民群众是人民军队赖以生存和发展的条件，是战争中一切力量的源泉，是战争胜负的决定力量。

2）战争的正义性是实行人民战争的政治基础。战争是政治的继续，是为一定的阶级、政治集团的利益服务的。历史上的战争，按其性质不外乎分为两大类：一类是正义战争，一类是非正义战争。正义战争是进步的，符合人民的根本利益，人民群众不但真心拥护、积极支持，而且踊跃参加。相反，非正义战争是退步的，违背民众的根本利益，必然要遭到人民群众的坚决抵制和反对。尽管战争发起者采取蒙蔽与欺骗手段，或者煽动民族仇恨，或者煽起宗教狂热，驱使人们去为他们卖命，但终有一天会被识破，从而导致失败的结局。所以，非正义战争是不可能实行人民战争的。

战争的革命性、正义性是唤起民众、激发民众热情的政治基础。革命战争的目的与民众的根本利益一致，就能调动民众自觉的行动和勇敢奋斗的能动精神，这就是“得道多助，失道寡助。”战争的正义性是实行人民战争的政治基础，只有正义的革命战争，才能实行最广泛的人民战争。

3）战争胜负的决定因素是人不是物。人和武器是构成战斗力的两个基本要素，正确处理人与武器的关系，是人民战争思想的一个重要理论问题。

战争是人和武器的综合竞赛。毛泽东根据历史唯物主义的基本原理，批判了“唯武器论”的观点，科学地阐明了人在战争中的地位和作用。他指出，武器是战争的重要因素，但不是决定的因素，决定的因素是人不是物。力量对比不但是军力和经济力的对比，而且是人力和人心的对比。决定战争胜负的是人，而不是一两件新式武器。这是毛泽东同志在战争问题上对人与武器关系的精辟论述和高度概括。

力量的对比不但是军力和经济力的对比，而且是人力和人心的对比。军力和经济力是要人去掌握的。战争中的人包括人力、人心、人的能动性三个方面，人心是人的能动性的动力，人力是物质力量，人心、人的能动性是精神力量。因此，人是物质力量和精神力量的统一体，是具有精神活动的物质力量。任何武器和物质，都要靠人去掌握，从而构成了人和武器之间的主导与非主导的关系。

人是战争胜负的决定因素，在一定的物质基础上，谁充分发挥了人的能动作用，谁就能赢得战争的胜利。

武器是战争胜败的重要因素。毛泽东重视武器这个重要因素的作用。以往战争年代，在没有军事工业的条件下，毛泽东采用从敌人手中夺取武器的办法，以缩小敌我武器的差距。新中国成立后又强调说，敌人有的，我们要有，敌人没有的，我们也要有，迅速建立起独立的国防工业体系。毛泽东历来反对忽视武器装备、片面夸大精神作用的“唯意志论”，同时又反对片面夸大武器作用的“唯武器论”。

4）马克思主义政党的正确领导是实行人民战争的必要条件。人民战争作为战争的指导思想，不是群众联合起来就可以自发形成的，它必须要有战争的领导条件。人民战争领导者必须具备两个条件：一个是真正代表人民群众的利益，反映人民群众的根本愿望，全心全意为人民群众谋取利益；另一个是懂得和掌握群众路线的指导方法，善于制定有利于调动群众积极性的方针和政策。这两个条件，唯有马克思主义的政党才能具备。战争的正义性，揭示了人民战争的可能性，但并非具有必然性。具有正义性的战争，并非都能实行人民战争。第二次世界大战以来不少国家的反侵略战争是正义的，但这些国家的资产阶级或封建领导集团，出于他们的阶级本能，看不到人民群众的作用，也害怕人民群众起来后危及他们的统治。因此，不可能实行人民战争的指导思想，只能采取片面的抵抗政策。唯有像中国共产党这样的马克思主义政党和毛泽东这样的无产阶级革命家，才能真正认识人民群众的巨大作用，才能全面彻底地实行人民战争的指导思想。毛泽东的人民战争与一般意义上的人民战争有着本质的区别。中国共产党的正确领导是实行人民战争的必要条件。

（3）毛泽东人民战争思想的主要内容。毛泽东人民战争思想的内容极为丰富，主要有：坚持中国共产党对人民战争的统一领导，结成最广泛的革命统一战线；实行以人民军队为骨干的三结合的武装力量体制；以武装斗争为主与其他斗争形式密切结合；建立巩固的革命根据地；实行灵活机动的战略战术。

4. 人民战争的战略战术

人民战争的战略战术是体现毛泽东人民战争思想的战略指导原则和作战方法，是毛泽东高超的战争指导艺术的总结，它揭示了中国革命战争的指导规律，是毛泽东军事思想中十分精彩的部分。

（1）战略上藐视敌人，战术上重视敌人。毛泽东指出：“从战略上看，必须如实地把帝国主义和一切反动派，都看成纸老虎。从这点上，建立我们的战略思想。另一方面，它们又是活的铁的真的老虎，它们会吃人的。从这点上，建立我们的策略思想和战术思想。”毛泽东关于帝国主义和一切反动派既是“纸老虎”，又是“真老虎”的论断，奠定了人民战争战略战术的基本原则。在战略上，敌人是纸老虎，要藐视它，树立敢打必胜的信心。在战术上，敌人又是真老虎，要重视它，讲究斗争的策略和艺术。

（2）保存自己，消灭敌人。毛泽东指出：“保存自己消灭敌人这个战争的目的，就是战争的本质，就是一切战争行动的根据。”进攻，是直接为了消灭敌人，同时也是为了保存自己。防御，是直接为了保存自己同时也是辅助进攻或准备转入反攻的一种手段。保存自己，消灭敌人是兵家公认的原则，然而真正加以辩证地认识和运用的，并不多见。毛泽东用辩证唯物主义的方法，指明两者之间的关系是相辅相成的，是对立统一的。

（3）实行积极防御，反对消极防御。毛泽东在讲到攻防辩证统一这一积极防御战略思想的基本精神时说：“积极防御，又叫攻势防御，又叫决战防御。消极防御，又叫专守防御，又叫单纯防御。消极防御实际上是假防御，只有积极防御才是真防御，才是为了反攻和进攻的防御。”这一论述深刻揭示了积极防御的实质和消极防御的要害，指明了积极防御的目的和必然进程。

积极防御的战略思想是把积极防御的一般原理、原则，作为战略指导思想，用于指导战争全过程的一种战略理论。它要求在敌强我弱的被动情况下，首先经过战略防御，采取各种不同形式的作战，不断削弱和消耗敌人，逐步改变力量对比，摆脱战略上的被动局面，争取战争的主动权，尔后适时地转入战略反攻或进攻，在有利情况下实施决战，稳步地实现整个战争的目标。

除以上三项内容外，战略战术的内容还包括游击战、运动战、阵地战三种作战形式密切配合，适时进行以改变主要作战形式为基本内容的战略转变；做好战争准备，不打无准备、无把握之仗；战略上持久，战术上速决；集中优势兵力，各个歼灭敌人；以歼灭战为主，辅之以消耗战；慎重初战，执行有利决战，避免不利决战；作战指导上的主动性、灵活性和计划性。

5. 国防建设理论

新中国成立前，在毛泽东军事思想的形成过程中，就有关于国防建设的论述。新中国成立后，毛泽东从实际情况出发，适应新形势和任务的需要，总结国防建设和国防斗争的实践经验，创立了国防建设理论。

（1）建设现代化、正规化的国防军，抵御外敌入侵。毛泽东指出，“我们将不但有一个强大的陆军，而且有一个强大的空军和一个强大的海军。”并亲自领导了我军现代化、正规化建设。在他的亲自主持下，颁布了各种条令、条例，开办了各类正规的军事院校，加强了部队训练，颁布了新中国第一部兵役法，使我军实现了由步兵为主的单一陆军向诸军兵种合成军队的转变。

（2）确立了向国防科技尖端发展的战略。毛泽东指出，“不但要有更多的飞机大炮，而且还要有原子弹”。在今天这个世界上，要不受人家欺负，就不能没有这个东西。在这个战略思想的指导下，在自力更生的基础上，实行了常规武器与尖端武器相结合发展，并优先发展尖端战略武器的方针，研制、生产出了原子弹、氢弹、卫星和导弹等一系列的新式武器和装备。

（3）积极防御战略思想有了新的发展。新中国成立后，毛泽东根据国家安全利益的需要，从国际形势和我国的具体情况出发，确立了我国的国防战略、国防建设的目标和方针。1956年，毛泽东批准了中央军委提出的阵地战结合运动战，为未来反侵略战争的主要作战形式的积极防御的战略方针。之后，他又反复强调这一思想。50年代以后，毛泽东又相继提出“大办民兵师”“全民皆兵”和“深挖洞、广积粮、不称霸”的战略思想。

四、毛泽东军事思想的历史地位和指导意义

毛泽东军事思想，在军事科学发展史上独树一帜，占有重要的历史地位。

1. 毛泽东军事思想对马列主义军事理论做出了重大而独特的贡献

毛泽东是举世公认的战争艺术大师，在20世纪的世界无产阶级革命家中，指挥革命战争时间之长、规模之大、经验之丰富，毛泽东当是首屈一指的。他创造性地发展了马列主义的军事理论，并将其发展到一个新的高度，其独特贡献具有鲜明的中国特色，是马列主义军事理论宝库中价值连城的珍品。

2. 毛泽东军事思想在世界上具有广泛而深刻的影响

毛泽东军事思想的影响，远远超出了中国的国界和其产生的时代。它作为人类优秀文化的灿烂结晶，在世界军事理论殿堂中享有显赫的地位。在中国革命取得胜利后，毛泽东军事思想受到世界各国的普遍重视，许多人开始对其进行探索和研究，许多国家成立了毛泽东军事思想的研究会和学习会。在 20 世纪，全球发行量最大的书之一，就是《毛泽东选集》，不仅在中国出版几亿册，而且发行到世界上 100 多个国家。

许多有识之士，都称誉毛泽东是当代最伟大的军事家、战略家和著名的军事理论家。有着传奇经历的古巴革命运动的领袖卡斯特罗评价说："毛泽东领导下的中国革命是人类历史上最壮丽的史诗!"越南人民军前总司令武元甲在总结奠边府战役胜利的经验时说："毛泽东军事思想对于我党领导这场抗战有着重大的贡献"。国外众多学者十分重视对毛泽东军事思想科学体系的全面研究。他们认为，毛泽东在军事上的认识论和方法论，集中体现了马克思主义哲学与中国传统哲学的结合，是他全部军事思想的基础；在人民军队建设方面，尽管恩格斯、列宁都曾谈过军事，但都没有发表过有关革命军队建设的指导性论文，在实践中解决这一问题的正是毛泽东。在人民战争理论方面，毛泽东的人民战争理论的本质，最重要的是人民革命战争。因此，中国即使实现了核武装，战争即使高技术化，人民战争仍将继续和长期发挥作用；在人民战争的战略战术方面，国外学者指出毛泽东的战略战术的中心思想，是如何以自己的劣势战胜优势之敌，这是对作战原则最精彩、最精辟的概括。

不仅如此，毛泽东军事思想还渗透到社会生活的各个领域，只要有竞争存在，就有毛泽东军事思想存在。毛泽东的战略、战术、谋略和兵法，不仅培养出一代代横刀立马、驰骋疆场的将帅，也造就了当今社会一批批驰骋商海、经营市场的商业巨豪。

毛泽东一生中有过许多敌人，然而，他那深刻的洞察力、坚毅的性格和高超的谋略艺术，即使是再有头脑的高明对手，对毛泽东也都不得不佩服得五体投地。作为毛泽东在意识形态上的敌人——前美国总统尼克松，1972 年访华时，心悦诚服地当面对毛泽东说："主席的著作推动了一个民族，改变了整个世界。"后来的事实证明，尼克松当时并非客套，而是发自内心的叹服。

研究毛泽东军事思想的人，尽管身份不同、动机各异，但都从不同的侧面说明毛泽东军事思想已经超出国界，是一份不可多得的宝贵财富，在全世界产生了极为广泛和深刻的影响。

3. 毛泽东军事思想是我军打赢高技术战争的法宝

毛泽东半个多世纪奋斗的历史，就是人民军队孕育、诞生、成长、发展、壮大的历史。翻开中国革命的历史画卷，展现在眼前的，有巍巍井冈山的星星之火，有神州大地的抗日烽火，有天翻地覆的钟山风雨，有上甘岭的滚滚硝烟等。这一切，无不展现出毛泽东军事思想的巨大威力。它雄辩地证明了一个真理：毛泽东军事思想是打败强敌、夺取胜利的指路明灯。

20 世纪，每一部中国共产党的历史、中华人民共和国的历史都与毛泽东的名字紧紧相连。今天，毛泽东的巨幅画像仍高挂在天安门城楼，他的基本思想仍被奉为中国共产党和中国军队的行动准则。现在，国际国内形势都发生了巨大变化，科学技术发展日新月异，世界军事革命已从理论步入实践。在这种情况下，有的人可能会问，主要产生于战争年代的毛泽东军事思想，还能够适应今天的需要吗？回答是肯定的。

毛泽东军事思想的基本原则反映了现代战争和军队建设的一般规律，是经过实践检验了的科学真理，对指导我国国防建设、军队建设及做好新时期军事斗争准备，对我军打赢未来高技术条件下的现代战争，都具有普遍的指导意义。毛泽东军事思想是我军打赢高技术战争的重要法宝。

邓小平新时期军队建设思想、江泽民国防和军事建设思想、胡锦涛国防和军队建设重要论述，习近平关于全面推进国防和军队建设的重要论述，是发展了的毛泽东军事思想。

第四节　邓小平新时期军队建设思想

在新的历史条件下，邓小平坚持和发展毛泽东军事思想，创建了邓小平新时期军队建设思想。邓小平新时期军队建设思想，是指邓小平关于新时期中国军事战略、军队建设和国防建设问题的科学理论体系，是发展了的毛泽东军事思想。

一、邓小平新时期军队建设思想的主要内容

邓小平新时期军队建设思想，以“实事求是”为总的指导原则，以马克思的战争与和平的理论，社会主义初级阶段的理论、国防建设和军队建设与国家经济建设关系的理论为依据，明确提出了建设一支有中国特色的强大的现代化、正规化、革命化的军队，阐明了新时期军队建设的一系列基本原则，即：坚持党对军队绝对领导的原则，坚持现代化为中心的原则，坚持战斗力标准的原则，坚持独立自主、自力更生、艰苦奋斗、勤俭建军的原则，坚持从我国国情出发，立足现实、面向现代化、面向世界、面内未来的原则，坚持把教育训练提高到战略地位的原则等。

邓小平新时期军队建设思想的主要内容包括无产阶级战争观的新拓展、新时期人民军队建设、中国特色的国防。

1. 无产阶级战争观的新拓展

历史是不断发展的。在不同历史时期提出的不同问题，都需要从理论上不断进行探讨并在实践中加以解决，及时地回答历史和时代所提出的问题是马克思主义军事理论丰富和发展的重要契机。邓小平从世界全局出发，科学地回答了当代战争提出的新问题。

（1）霸权主义是当代战争的根源。战争这个怪物在人类生活中已存在很久，对人类生活的影响很大，既可以加速也可以延缓社会历史的进程。所以，自古以来，人们都很关注战争问题，不断地思索战争问题。历史上曾出现过，至今仍然存在着形形色色的战争观。实践证明，只有马克思主义的战争观才能深刻地揭示战争的本质属性。马克思主义认为，战争的根源是社会经济制度。列宁指出，帝国主义是当代战争的根，毛泽东认为，世界上只要存在着帝国主义制度，战争就不可避免。

然而，第二次世界大战结束至今，新的世界大战并未爆发。与此同时，相对和平的历史过程却发生了此起彼伏的 280 多场局部战争。战争观上的困惑给马克思主义者提出了新的挑战，即当代战争的根源是什么？

早在 20 世纪 80 年代初期，邓小平就果断提出：当今世界不安宁来源于霸权主义的争夺，霸权主义是战争的根源。经过多年的冷静观察与审慎思考，邓小平又进一步完善为：无论是世界性霸权主义，还是地区性霸权主义，都是当代战争的根源。邓小平这一新的论断，丰富了马克思主义战争观。在马克思主义战争观中，战争起源和战争根源是两个既相互联系，又相互区别的概念，战争起源侧重于揭示战争是社会发展到一定阶段后经济矛盾的产物；战争根源是揭示引发战争的主要矛盾。前者的内涵相对稳定，后者随着时代的变化和矛盾特殊性的变化而有所变化。因此，在马克思主义军事思想史上，战争起源于私有财产的出现和阶级的经济利益，这是就人类社会整体发展而言的。而列宁的“帝国主义就是战争”，季米特洛夫的“法西斯主义就是战争”则都是针对引起当时战争主要矛盾而言的。邓小平关于“霸权主

义是当代战争根源”的论断，全面深刻地揭示了当代局部战争频繁不断，而世界大战虽迟迟未爆发，但其危险却依然存在的现实。

邓小平关于“霸权主义是当代战争根源”的思想具有丰富的内涵，是对马克思主义战争根源理论的重大发展。第一，任何社会制度的国家只要推行霸权主义，都可以成为战争的根源；第二，霸权主义，既有世界霸权主义，又有地区霸权主义，两者侵略扩张的本质相同；第三，苏联解体，两极体制消失，但决不意味着霸权主义的消失。

（2）如果工作做得好，世界战争是可以避免的。在世界大战问题上，邓小平研究了军事活动的历史和现状得出了新的结论。1975 年，邓小平讲仗 5 年打不起来。1980 年，又讲 5 年打不起来。1984 年，邓小平指出，仗打不起来这个话，我们多次讲过，过去讲 10 年，现在过了几年，还可以说 10 年。1985 年，邓小平明确指出：工作做得好，世界大战是可以避免的。

20 世纪 80 年代后，世界战略格局的多极化趋势，出现了制约世界大战的多种因素。第三世界的崛起，中国国际地位的增强，成为制约世界大战的首要因素。发达国家摆脱超级大国控制的独立倾向的发展，成为制约世界大战的第二种势力。20 世纪 80 年代前，两个超级大国相互遏制，战略部署未调整好，以及经济实力无法承受战争的消耗，捆住了他们发动大战的手脚。这些制约因素的增长，决定了世界大战可以避免的结论的产生。

邓小平认为：如果工作做得好，世界大战可以避免。这是邓小平对世界军事运动的新趋势的基本判断，近年来国际军事运动的新趋势在于：一方面世界大战不再以少数几个大国的意志为转移，而是取决于战争力量与和平力量新的对比，目前的特点是和平力量的发展超过了战争力量的发展。另一方面无论是局部战争还是武装冲突，越来越多的地方受到国际政治、经济、外交等多种因素的制约。

邓小平关于世界大战是可以避免的论断指明：大战可以避免不是无条件的，而是有条件的，主要条件就是“如果我们做得好”，就是要使和平力量不断发展，阻止霸权主义全球战略部署的完成。大战可以避免，绝不是说小战也不会发生。因此，不能笼统地说现在是战争转化为和平，从而放松对一切战争的警惕性。大战可以避免，也不是说战争根源已不复存在，不要把战争的根源与战争现实等同，但也不要忽视“世界战争的危险依然存在”。

（3）战争不是解决国家、民族、阶级间利益矛盾的唯一手段。在阶级社会中，战争尽管被亿万人所痛恨，但它绝不会自动退出历史舞台。战争总是以流血的方式去贯彻政治的意志。但是，人类社会的前进，使科学技术迅猛发展，核武器的发展使战争的代价变得越来越昂贵。因此，战争在使用的选择上，受政治的制约比以往任何时代更多，在解决争端、维护各国利益的效果上，其代价也相对减小。

国家间的利益冲突，不一定必然导致战争。因为只有当争端一方斥诸武力，战争才可能爆发，而双方如果都选择政治解决方式，战争就可以避免。也就是说，在解决国际争端问题上，军事手段与政治手段都是可能的选择。但问题在于，过去各国在选择解决问题的方式上，更偏重于军事手段，而仅仅把政治手段作为军事手段的补充。因此，政治解决争端没能构成主要的手段。

邓小平针对新的现实指出，维护世界和平，应当放弃用武力解决国家间冲突和争端的方式，而代之以政治解决。冲突双方应互相克制，求同存异，灵活地通过协商、对话等一系列政治方式加以和平解决。邓小平认为，国家间的利益冲突、领土争端和历史遗留的许多问题，都应当本着双方受益、合情合理的原则化解“热点”，同时还主张加强联合国调解和仲裁国际争端的功能。邓小平成功地运用了“一国两制”的和平方式，解决了香港、澳门回归祖国的问题，为国际争端的和平解决做出了典范。

（4）现代条件下的人民战争。毛泽东创立的人民战争的理论，是中国共产党军事路线的核心，是我军战略战术原则的基础。坚持现代条件下的人民战争，是邓小平新时期军事思想的重要内容。邓小年强调，在现代条件下，“坚持人民战争”“用劣势装备打败优势的敌人”仍然是重要的战略思想。

1）现代条件下仍然要坚持人民战争。毛泽东的人民战争思想是马克思主义的群众观点和群众路线在军事领域的贯彻和运用，是在长期的革命战争中形成和发展起来的。它不是特定条件下指导战争的权宜之策，而是建立在马克思主义唯物论观点基础之上，对无产阶级的军事战争和军事建设具有普遍、长期指导意义的根本指导方针。在新的历史条件下，国内外环境与战争年代相比发生了很大变化。但是，毛泽东的人民战争思想不会因客观情况的某些变化而失去生机与活力，它所强调的基本精神和主要原则并没有过时，仍然是克敌制胜的锐利武器。邓小平指出，我国的战略是毛泽东主席制定的，毛泽东主席的战略思想就是人民战争，现在还是要坚持人民战争。

在现代条件下，仍然要坚持人民战争，这主要是由以下几方面决定的：第一，是由无产阶级的政治属性决定的。人民群众是历史的主人，人民战争的正义性是实行人民战争的理论基础和政治基础。第二，是由我国的物质条件决定的。尽管我军的武器装备会越来越好，但与发达国家相比，仍将处于落后状态，这就要求我军继续发挥人民战争的威力，弥补武器装备的不足，赢得战争的胜利。第三，是由我国军事战略和国防战略的性质决定的，我国是社会主义国家，对内致力于现代化建设，对外反对霸权主义和维护世界和平，我国的军事是自卫和防御性的。战前，要用一切办法制止或推迟战争的爆发，若遭敌侵略，将发动广大人民群众，以武装力量为骨干，进行坚决反击，保家卫国。

邓小平说：“只要我们坚持人民战争，敌人就是现在来，我们以现有武器也可以打，最后也可以打胜，我们有这样多人口，军民团结一致，敌人要消灭我们的人民是不可能的。”

2）现代条件下的人民战争思想的新发展。人民战争是一个历史的范畴，是跨时代的概念。毛泽东的人民战争思想，是整个无产阶级革命时代的无产阶级进行军事斗争的根本指导方针，但是，人民战争是随着历史的发展而发展的，不同时代的人民战争有着不同的内容和形式。人民战争思想只有与时代特征和要求相适应，才能发挥巨大的威力。邓小平强调指出，现在的人民战争与过去不同，装备不同，手段也不同，条件不同，人民战争的表现形式也不同。为此，邓小平对毛泽东的人民战争思想做了若干重要的发挥与发展。

第一，强调人民战争要与时代发展的脚步相适应。人民战争是不断发展的，随着时代的发展而发展。邓小平非常注重现代条件下的人民战争，例如，国际大环境、高科技在军事领域的应用、战争样式变化等都将给人民战争带来与以往人民战争不相同的地方。邓小平多次指出，今后我们进行的人民战争，将是反对大小霸权主义的侵犯。在战争规模上，不排除大规模的反侵略战争，但可能性更大的是边境局部战争和武装冲突；在战争样式上，将是高技术、高性能武器的对抗。

第二，强调人民战争的内容要与现代军事战争和国防建设的任务相一致。在现代条件下，贯彻毛泽东人民战争思想，既表现在直接的战争准备上，又表现在持久的国防建设上。如今世界上爆发战争的可能性依然存在，尤其在我国边境地区，还存在一触即发的战争热点。因此，做好直接的战争准备，保卫国家，反抗一切侵犯我国主权的斗争是首要任务。但是，现代条件下的人民战争，不仅仅是武装力量的对抗。战争中人民作用的发挥，更普通、更重要的体现是在平时的、持久的、全面的国防建设，是国家与国家综合国力的对抗。因此，动员全国各族人民、各行各业、各个领域都来关心国防、建设国防，把自己从事的工作与民族的振兴、国家的发展与安全联系起来，将是现代条件下人民战争思想的重要体现。

第三，强调人民战争的形式要与现代战争的特点相吻合。邓小平指出，在现代条件下如果敌人打来，我们仍然要发挥野战军、地方军和民兵三结合的威力，陷敌人于人民战争的汪洋大海之中。同时，邓小平又指出，未来战争将是建立在高技术基础上的现代化战争，人民战争只有同现代军事技术紧密结合起来，同先进的武器装备结合起来，才能形成足以使敌人畏惧的战斗力，达到克敌制胜的目的。人民战争的最大特点就是有什么武器打什么仗，现代条件下，军事技术有了突飞猛进的发展，各种尖端武器大量涌现，必定带来战术的变化，人民战争必须有新的形式。为此，重视武器装备的改进和军事技术的提高，以及现代条件下人民战争形式的研究，充分发挥现代条件下人民战争的威力是新时期国防建设的一个重要内容。

第四，强调现代战争条件下，从事人民战争的人必须具有很高的素质，未来战争将是现代科学技术激烈竞争的领域。人把高技术战争推上历史舞台，反过来高技术战争又要求与之相适应的人来驾驭。在勇敢精神、牺牲精神和严格的纪律等政治思想因素不失其意义的同时，知识、智能和现代科学技术及现代军事技能武装起来的现代军事人才，将比以往发挥更巨大的威力。在未来战场上，不论战争规模大小，都要求参战人员不仅要有良好的政治觉悟和心理素质，而且还要熟练掌握现代化装备，精通军事技术和技能。否则，要完成作战任务是不可能的。因此，邓小平再三强调，在军队中，科研和教育也要一起抓，进行现代战争没有现代战争知识怎么行。

2. 新时期人民军队建设

建设一支强大的现代化、正规化、革命化的军队，是邓小平通过对国际形势、我国国情及我军军情的实际，进行科学分析后提出的，是新时期我军建设的纲领和实际工作的指南。

（1）建设一支现代化、正规化、革命化的军队。由中国共产党和毛泽东创建的人民军队，是一支全心全意为人民服务的军队。在战争年代，为新中国的成立而流血牺牲、英勇战斗；在社会主义建设时期，为保卫祖国的建设事业又立新功；在新时期，这支能改变战争的人民军队应该如何建设，才能捍卫国家的主权，适应现代战争的需要呢。1981 年 9 月，邓小平明确提出必须把我军建设成一支强大的现代化、正规化的革命军队的伟大目标。现代化、正规化、革命化是互相联系、互相促进、缺一不可的。革命化体现人民军队的本质、军队的政治素质和传统作风；正规化体现军队组织、管理和军制水平；现代化体现军队的武器装备、指挥、作战和协同等方面，适应打现代战争的能力。“三化”不是平列的，而是以现代化为中心。军队之所以必须以现代化建设为中心，是由我军的历史和现实任务所决定的，我军现代化建设已取得了巨大成就，但从总体看，现代化程度还不高，科学文化水平还较低，武器装备也比较落后。邓小平深刻指出：“要承认我们军队打现代化战争的能力不够。要承认我们军队的人数虽然多，但是素质比较差”。显然，军队存在的这些问题就难以适应现代战争的特点和要求，只有努力提高我军现代化的程度，才能更好地适应现代战争，更好地履行保卫祖国、维护世界和平的神圣职责。

以现代化为中心，并不是忽视和降低正规化和革命化建设的地位。相反，现代化的提高，对正规化和革命化提出了更高的要求。正规化是现代化的重要保证和必要条件，搞现代化建设几乎每一步都离不开正规化。现代化的合成军队，不仅需要按照正规的编制体制，将各类人员和武器装备加以科学组合和配备。而且需要在正规的教育训练中，提高协调行动的能力，建立有序、高效的组织指挥系统。可见，正规化保证着现代化，现代化离不开正规化。革命化是现代化、正规化建设的灵魂和方向，是人民军队的革命性质和正确方向的根本保证。离开了革命化，军队就会变质，现代化、正规化建设就会走到邪路上去。我军的革命化所反映的阶级性、政治思想水平，决定着军队为谁服务，为哪个阶级服务，现代化所反映的时代性军事水平，则决定着军队为本阶级服务的能力，正规化则对现代化和革命化起促进作用。

（2）建立合理的编制体制。军队的编制体制，是军队的组织指挥系统和编制序列的总称，主要包括军队的组织结构、军队的领导和指挥关系、各级的职权划分、部队的编组。把这四个方面科学地结合成一个有机的整体，才能形成现实的战斗力。长期以来，邓小平非常重视军队的编制体制问题，早在 1975 年就指出："搞好军队的编制整顿、体制整顿，可以适当解决军队的其他问题"。1977 他又指出："搞好军队的编制整顿、是准备打仗所必需的。有了这些保障，我们就有章可循，就能够统一认识，统一行动"。1981 年邓小平指出，不少事情都涉及制度问题，要改革，归根到底要解决军队的制度问题。1984 年邓小平要求军委的同志，要把军队的精简整编同体制改革结合起来，军队的体制改革要服从国家大局。

邓小平不仅反复强调编制体制改革的必要性、重要性，而且从提高战斗力的目的出发，提出了军队编制体制改革的基本原则。

第一，"精兵"原则。精兵才能打仗，这是被古今中外战争的实践证明了的一条规律，邓小平说："我们存在的一个大问题，就是军队很臃肿。真正打起仗来，不要说指挥作战，就是疏散也不容易。现在提出消肿、主要是要解决军队机构重叠、臃肿，以及由此带来的各级指挥不灵等问题"。从这一原则出发，1986 年中央军委决定减少军队员额 100 万，并努力在建军质量上下功夫。

第二，提高效能的原则。现代战争是高速、高效能的战争，要求军队指挥系统精干灵便和反应快速。庞大臃肿的指挥机构别说是现代，就是在以往也是兵家一忌，邓小平说，过去打仗的时候，负领导责任的，一个野战军几个人，一个兵团几个人，现在是一大堆人。精简机构，使军队指挥系统日益精干日益小型化，是战争日益现代化的必然要求。

第三，合成原则。调整军队组编，组建陆军集团军。现代战争已由过去单一兵种作战或小规模、小范围的协同作战，发展到了诸兵种大规模范围的合成作战，是高技术的、立体的、综合性的对抗，需要更广泛地组织合成作战行动，使各个军兵种、各种保障力密切配合，合成是编组现代化军队的重要原则。在邓小平合成思想的指导下，通过 1985 年的精简整编，组编了兵种齐全的陆军合成集团军，并从战略上提高了陆、海、空军和战略导弹部队之间的协同作战能力，使我军在建设现代化的合成军队的道路迈出了具有历史意义的一步。

第四，平战结合的原则。军队是为了应付可能发生的战争，军队的编制体制首先要做的是适应战争的需要，必须看到，一个国家不能长期处于战争状态。因此，军队的编制体制就可能只顾战时而不顾平时，否则，会加重国家的经济负担。所以，制定军队的编制体制时，必须坚持平战结合的原则，坚持经济建设与战时作战相结合，经济建设与战时力量相结合，正规部队与半正规的预备役部队相结合，以形成精干的常备军应付随时可能发生的局部战争，坚持非满员部队和预备役部队，战时可迅速扩编的合理力量配置。

第五，有利于人才成长的原则。编制体制改革的目的在于增强军队的活力。为使这一改革获得成功，邓小平把人才问题与编制体制问题紧密结合起来，强调建立健全军队干部退休制度和大批提拔新生力量。邓小平说：“现在的庙很多，每个庙的菩萨也很多，老同志盖住了，年轻人上不来。所以，我们要改革现行的干部工作制度，建立有利于提拔年轻干部的制度。”军人职业与其他职业不同，作为军队干部是要带兵打仗的，不仅要求具有良好的军政素质，而且要有强健的体魄，至于年轻干部的经验问题，邓小平强调经验的积累，若年轻干部不上来，就永远没有经验。而对于指挥现代战争，可以说谁都没有好经验，都是全新课题。正是因为邓小平的倡导、支持、关心，我军各级干部顺利地实现了新老交替，从而使我军各级领导班子的年龄结构、知识结构日趋合理，更加符合现代战争的要求。

（3）把教育训练提高到战略地位。把军队的教育训练提高到战略地位，是邓小平新时期关于军队建设的非常重要的思想。邓小平说，战略要研究的问题，不仅是作战问题，还包括训练。要把训练放在战略问题的一个重要位置上。军队的战斗力是人和武器的结合力，军队现代化，包括人和武器两个方面的现代化，武器现代化要靠人去实现。人在战争中的决定作用不会改变，随着人对科学技术的创造和运用，使得人的作用在广阔的领域和更高的层次上得到发展。有了现代化的武器，若没有现代化的人去驾驭，再好的武器也是没有用的。战争年代是靠“从战争中学习战争”来提高人的能力的，和平时期则主要通过教育训练来实现。军队教育训练不仅是战斗力生成的途径，而且也是培养各种人才、锻炼战斗作风、增强部队凝聚力的重要措施。教育训练是联系相当广泛的实践活动，是联系军队建设各方面的纽带，军队建设的各项成果，往往需要通过教育训练的实践来检验、改进、完善和提高。军队教育训练的基本内容有军事训练、政治教育、科学文化教育和民用技术教育。

邓小平所讲的“四位一体”的军事实践活动，极大地拓宽了军队教育训练的领域，丰富了军队教育训练的内容，其意义是十分深远的。邓小平说：“现在不打仗，你根据什么来考验干部，用什么来提高干部，提高军队的素质，提高军队的战斗力？还不是要从教育训练着手？”通过教育训练可提高干部、考验干部，继承和培养我军的优良传统和作风，提高军队的作战能力，强化部队的战略意识，发现部队工作的薄弱环节并及时加强，考核军队的编制体制。邓小平把教育训练视为军队在和平时期的基本军事实践活动，视为军队所有活动中最基本、最基础的活动，是起决定作用的具有战略意义的活动。

（4）加强和改进新时期政治工作。政治工作是军队的生命线。通过强有力的政治工作，把进步的政治精神贯注于军队之中，是中国人民解放军这支新型人民军队区别于其他军队的显著特点之一。在艰苦的战争年代和新中国成立后的革命实践中，我军的政治工作发挥了巨大的威力，积累了丰富的经验，形成了具有中国特色的优良传统。在新的历史时期，如何做好思想政治工作，发挥政治工作的作用呢？邓小平说：对军队来说由于长期的战争环境转入和平环境，这是最大的不同。我们政治工作的根本任务、根本内容没有变，我们的优良传统也还是那一些，但是，时间不同了，条件不同了，对象不同了，因此，解决问题的方法也不同。要研究和解决在新的历史条件下怎样恢复和发扬政治工作的优良传统，提高我军战斗力的问题。邓小平特别强调：政治工作要在继承优良传统的基础上改革创新。历史是不断发展的、不同的历史时期，不同的历史条件下，必然会出现以往所没有的新情况和新问题。搞清新的历史条件，掌握新时期所特有的新情况和新问题，是搞好新时期政治工作的重要前提。

1987 年，《中央军委关于新时期军队政治工作的决定》指出新时期我军的政治工作，必须服务于国家的社会主义现代化建设，服务于军队的现代化建设，从政治上、思想上、组织上，保证党对军队的绝对领导和人民军队的性质，保证军队的精神文明建设，保证军队内部的团结和军政、军民团结，保证军队战斗力的提高和各项任务的完成，动员和团结全体官兵把我军建设成为具有中国特色的现代化、正规化的革命军队，这就是我军政治工作的基本指导思想。新时期邓小平关于加强和改进我军政治工作的理论，主要表现在如下几个方面。

第一，为适应军队建设的新形势、新情况，必须保证人民军队的性质。忠于党、忠于国家、忠于人民，保证我军在政治上永远合格，这是军队政治工作的根本任务。

第二，坚持用马列主义、毛泽东思想和新时期“一个中心和两个基本点”教育和统一全军的思想，把忠实维护国家建设和改革开放，反对资产阶级自由化和“和平演变”作为政治工作的重点。

第三，把培养有理想、有道德、有文化、有纪律的“四有”军人，列为政治工作的目标。

第四，坚持党对军队的绝对领导，把发挥军队内党组织的战术堡垒作用和党员的先锋模范作用，作为政治工作的核心内容。

第五，树立永远是战斗队的观念，加强精神文明建设，把发扬“五种革命精神”作为政治工作的着眼点。

第六，把在实践中继承和创新，充分发挥政治工作的优势，作为政治工作的动力。要使我军政治合格，还必须在军队中坚决贯彻全心全意为人民服务的宗旨。紧紧地抓住了这个核心，一切问题也就迎刃而解了。

3. 中国特色的国防

国防建设指导思想直接关系着国防建设的成效。任何国家的国防建设指导思想的确定，都要受世界形势和国内情况的影响和制约。邓小平通过对国际形势的长期观察和深思熟虑，做出了国防建设包括军队建设的指导思想实行战略性转变的重大决定，从而揭开了我国国防建设和军队建设新的一页。

（1）国防建设必须服从国家经济建设大局。抵御外来侵略，以武力捍卫国家的主权、尊严和领土完整，使国家有一个和平、安定的外部环境，是国防的首要任务。因此，国际战略格局、战争与和平的发展态势，以及对我国的影响程度，是确定国防建设指导思想的最重要的依据。邓小平以战略家的眼光和胆略，通过对战争与和平的分析，明确指出，战争的危险仍然存在，但和平力量的发展超过了战争力量的发展，世界大战至少在 20 世纪末打不起来，我们有可能争取到一个较长时期的和平环境。同时强调，要充分利用大仗一时打不起来的这段和平时期，放心大胆地一心一意搞现代化建设。在这一思想的指导下，全党、全军和全国人民一心一意把国民经济搞上去，是全党的大局、全国的大局，是压倒一切的中心任务。

军队作为党领导下的武装力量，国防作为国家机器中的重要职能部门，理所当然地应随着党的工作重心转移，转变自身建设的指导思想，以服从和服务于党的总任务和总目标。为此，邓小平多次号召全军要服从国家建设这个大局。他要求全军和从事国防事业的各个部门，正确认识和处理国家经济建设与国防建设的关系，指出国防建设的规模、质量和速度，总要受国家经济实力的制约和规定。军队和国防只有服从国家经济建设的大局，才能增强国力、军力。在现代条件下，国家的防御能力、军队的发展，比以往任何时候都更加依赖和取决于经济、科学技术和现代工业。国富是强兵的基础，振兴国防首先要振兴国家经济。国家建设搞好了，经济实力增强了，军队和国防现代化才有坚实的基础。

（2）军民兼容、平战结合发展国防工业。建国初期，毛泽东曾对国防工业体制改革提出了“平战结合，军民结合”的思想，但由于历史的原因，国防工业基本上是单一的军品生产体制。例如，我国的核工业早已成为具有一定规模的独立的工业体系，但产品基本上限于各种原子弹、氢弹和导弹，而对于国计民生有直接促进作用的核能的和平利用却相当落后。至20 世纪 70 年代末期，当世界上已经有几百座核电站在运转的时候，我国还处在空白状态，邓小平根据国家经济建设和国防建设的双向需要，提出了国防工业改革的要求。

邓小平说：“国防工业设备好，技术力量雄厚，要充分利用起来，加入到整个国家建设中去，大力发展民用生产”。1979 年，中央军委、国务院制定了“军民结合、平战结合、以军为主、以民养军”的发展国防科技和国防工业的方针。1982 年，邓小平将其中的“以军为主”改为“军品优先”，从而使这一方针更加具体化。在这一方针的指引下，国防科技和国防工业改革产品结构，发挥军事工业设备和技术上的优势，积极为民用工业的技术改革做贡献，挖掘军事工业的生产潜力，生产民用工业品，为城乡人民服务，成为促进经济建设和科学技术发展的一支重要力量。

目前，我国国防建设得到了全面加强，支持和参与国防建设正成为亿万人民的自觉行动，国防建设纳入了国家总体建设的轨道，在国家经济不断发展的同时求得国防事业的协调发展。

（3）引进技术与自力更生相结合发展国防科技。国防科技是国家科学技术的重要组成部分，对国防经济实力和提高军队战斗力有着重要的影响。邓小平强调：“过去也好，今天也好，将来也好，中国都必须发展自己的高科技，在世界高科技领域里占有一席之地”。主张“在国民经济不断发展的基础上，改善武器装备，加速国防现代化”。并提出了一系列新时期发展国防科学技术的方针、原则。

新中国的国防科技，是在物质、技术十分落后的条件下起步的。几十年来，沿着自力更生、艰苦创业的道路，克服重重困难，取得了中华民族引以为豪的成就，大大增强了我国的国防实力，显示了国威、军威，提高了新中国的国际地位和形象。

在国防科技发展史上，曾有过两种错误倾向：一种是闭关自守，盲目排外；另一种是依赖外援，迷信外国。邓小平坚持我党自力更生为主的传统方针，并同时倡导对外开放，吸收外来先进技术。邓小平说“关起门来搞建设是不能成功的，中国的发展离不开世界，当然，像中国这样大的国家搞建设，不靠自己不行，主要靠自己。但是，在坚持自力更生的基础上，还需要对外开放，吸收外国的资金和技术来帮助我们发展”。独立自主、自力更生，是从中国的实际出发，依靠群众进行革命和建设的必然结论。邓小平在 1982 年 6 月接见外宾时说，从 20 世纪 50 年代中期到 70 年代，即在建国 32 年多的时间里，大致有二十几年我们完全或基本上处于没有外援的状况，主要靠自力更生。没有外援也有好处，迫使我们奋发努力。在这种精神的激励下，我们在这个时期搞出了原子弹、氢弹、导弹，发射了人造卫星等。

邓小平又说：“独立自主不是闭关自守，自力更生不是盲目排外”。我国的革命和建设，包括国防现代化建设在内，不是也不可能独立于世界之外，在任何时候都需要争取外援，特别需要学习外国一切对我国有益的先进事物。但是，同样重要的是，在任何时候，都要保持清醒的头脑，不能抱不切实际的幻想。因为，国防科学技术牵涉到战争胜负、国家安危，是国家最高利益之所在。当前国际形势虽然趋于缓和，但并没有改变西方国家企图垄断和把握高技术和敏感技术的实质，这已成为他们推行强权政治乃至对社会主义国家实行“和平演变”

战略的重要手段。因此，要立于不败之地，尽快地发展国防科技，就一定要始终如一地坚持引进技术与自力更生紧密结合起来的方针，并且把基点建在艰苦奋斗、自力更生上，只有这样才能胜利。

二、邓小平新时期军队建设思想的地位和意义

邓小平新时期军队建设思想，在无产阶级军事理论中占有十分重要的地位，对指导新时期我军建设和军事斗争，更具有重大的现实意义。

（1）是毛泽东军事思想的继承和发展。在新的历史时期，邓小平作为中国共产党第二代领导集体的核心，以马克思主义实事求是的科学态度、无产阶级革命家的创新精神和战略家的远见卓识，对国内外大事和新的历史条件进行了深谋远虑的思考，在实践中探索和规划了我国新时期国防建设和军队建设发展的总体战略。他把个人创造与集体智慧融为一体，把毛泽东军事思想与新时期的客观实际结合起来，提出了新时期国防与军队建设的一系列新论断，极大地丰富和发展了毛泽东军事思想。

邓小平在新时期的军队工作中，主导了拨乱反正，结合新的形势，继承、恢复和重申了毛泽东关于军队建设思想的许多重要理论和指导原则。邓小平继承毛泽东关于人民军队的思想，强调坚持党对军队的绝对领导，继承毛泽东关于建设强大国防的思想，强调加速军队现代化建设；继承毛泽东关于加强国防建设首先要加强经济建设的思想，强调国防建设要服从国家大局；继承毛泽东关于人民战争、积极防御战略的思想，强调新时期仍然是积极防御；继承毛泽东关于政治工作是我军生命线的思想，强调新时期要加强和改进军队政治工作；继承毛泽东关于严格纪律、从严治军的思想，强调要培养军地两用人才；继承毛泽东关于精兵的思想，强调减少数量，提高质量。

邓小平对丰富和发展毛泽东军事思想的理论贡献主要体现在以下几个方面：第一，对战争与和平问题提出了新的论断；第二，与社会主义现代化建设的要求相适应，确定了国防建设的总目标是实现现代化。第三，提出并实行国防与军队建设指导思想的战略性转变，使国防与军队建设真正走上和平时期建设的轨道；第四，贯彻党在社会主义初级阶段的基本路线，确定了国防建设、军队建设要服从国家建设大局的基本原则，根据新的历史条件提出了军队建设的一系列新观点、新原则；第五，提出军事改革是国防现代化的根本出路，是社会主义国家制度自我完善的重要方面；第六，根据现代科学技术的发展和国际战略形势的变化，重新明确了我军在新的历史时期要继续坚持积极防御的战略方针。

邓小平的上述理论贡献是一个有机的整体，它进一步揭示了相对和平时期国防与军队建设的规律，创造性地阐述了新时期我国国防与军队建设的基本理论问题，是毛泽东军事思想在新的历史条件下的重大发展。

（2）邓小平理论的重要组成部分。邓小平新时期军队建设思想作为邓小平建设有中国特色社会主义理论的重要组成部分，其历史地位是与邓小平理论的整个科学体系历史地联系在一起的。

第一，邓小平新时期军队建设思想的产生、形成和发展与邓小平理论体系的形成和发展具有共同的实践基础。邓小平理论是在和平与发展成为时代主题的条件下，在我国改革开放和四个现代化建设的实践过程中，逐步形成和发展起来的。新时期军队建设思想同样是在这一实践基础上形成和发展起来的。因为我国社会主义现代化建设，其中就包括国防和军队现代化建设。邓小平作为党和国家的领导核心，始终站在国家发展的高度，将四个现代化建设作为一个整体来思考，这表明建设有中国特色社会主义的伟大实践包含国防和军队的实践在内，同时也表明指导这一伟大实践建设具有中国特色社会主义的理论，同样也包含指导新时期国防建设、军队建设和作战的理论。可见，邓小平新时期军队建设理论在建设有中国特色社会主义理论中具有十分重要的地位和作用。

第二，邓小平新时期军队建设思想是邓小平理论的基本内容在军事领域的延伸和具体化，邓小平理论是当代中国的马克思主义，具有普遍的指导意义。例如，“一个中心，两个基本点”的基本路线是邓小平理论的核心内容，也是新时期军队建设思想的灵魂。按照基本路线来建设军队，全军指战员执行和捍卫党的基本路线，就成了我军历史性的任务；以经济建设为中心，解放和发展社会生产力是邓小平理论所规定的根本任务，正是这一点规定了军队建设要服从并服务于国家建设这个大局，而在这个大局下行动，就能为建设现代化、正规化的革命军队提供充分的保障。

第三，邓小平新时期军队建设思想是邓小平理论所坚持的科学世界观和方法论在军事领域的贯彻和运用。解放思想、实事求是是邓小平理论的精髓，也是新时期军队建设思想的精髓。邓小平解决军队和国防现代化建设问题，总是始终如一地坚持党的解放思想、实事求是的思想路线。始终把中国的国情、军情，世界战略格局和世界军事发展形势，作为指导军队和国防建设的依据。解放思想、实事求是是新时期军队建设思想成长的历史起点，也是作为一个严密科学体系的逻辑起点。正是在这一思想的指导下，我军恢复和发展了党的建军传统，冲破了世界大战不可避免的观点，提出了和平与发展的时代主题，实现了军队建设指导思想的战略性转变，突破了各种旧的传统观念的束缚，认识到高技术对军队建设的影响，在战略方针上提出了立足于打赢现代技术特别是高技术条件下的局部战争问题，开辟了建设有中国特色的精兵之路。

（3）新时期军事斗争和军队建设的科学指南。

首先，邓小平新时期军队建设思想揭示了相对和平时期国防和军队建设的基本规律，其主要成就体现在以下五个方面：第一，科学地揭示了相对和平时期国防和军队建设同经济建设相互作用的基本规律，确定了国防和军队建设同经济建设协调发展的原则；第二，科学地揭示了国防和军队建设各要素和各方面工作相互作用与影响的基本规律，确定了要以提高战斗力作为国防和军队建设的出发点和落脚点，作为检验各项工作的根本标准；第三，揭示了军队建设中数量与质量相互制约与转化的基本规律，确定了科技强军、提高质量、走精兵之路的原则；第四，揭示了和平时期军队战斗力生成的基本规律，提出要把教育训练提高到战略地位，以军事训练作为军队工作的中心的原则；第五，科学地揭示了综合国力同军队战斗力之间相互转化与促进的基本规律，提出了在增强综合国力的基础之上，全面提高军队战斗力的思想。

其次，邓小平新时期军队建设思想符合我军的实际，具有鲜明的中国特色和强大的生命力。邓小平坚持把当今世界各国国防和军队建设的一般规律和原则，同我国我军特殊情况有机结合，把我军传统的经验和原则同新时期的新情况有机地结合，紧紧抓住我军建设的主要矛盾，创造性地回答和解决了新时期我军建设亟待解决的一系列重大理论和实际问题，为我军建设指明了方向。

再次，邓小平新时期军队建设思想符合当代和未来战争的客观要求。邓小平在确定把建设有中国特色的现代化、正规化革命军队作为我军建设的总任务、总目标，并强调要以现代化为中心时，实际上就把按照现代和未来战争的客观要求，全面加强军队建设作为我军建设的基本着眼点和落脚点。同时，他在指导我国国防和军队建设的过程中，自始至终贯穿着要全面提高我军实行现代条件下人民战争能力的重要思想，这也从根本上进一步奠定了邓小平新时期军事理论对我国新时期军事斗争和军队建设的指导地位。

第五节　江泽民国防和军队建设思想

1989 年 6 月，党的十三届四中全会选举江泽民为党中央总书记。同年 11 月，党的十三届五中全会确定江泽民为中央军委主席。这标志着我党第三代领导集体接班的开始，以江泽民为核心的党的第三代领导集体，坚持把邓小平新时期军队建设思想作为国防和军队建设的根本依据和指导思想，作为开创国防和军队建设新局面的科学指南。结合新的形势和任务，根据我国国防和军队建设的实际情况，江泽民做出了一系列关于加强国防和军队建设的重要论述和重大决策，在进一步集中力量进行经济建设的大局下，加强军队的革命化、正规化、现代化建设，走有中国特色的精兵之路，使我国国防和军队建设得到了进一步的巩固和加强。实践证明，以江泽民为核心的党中央、中央军委关于加强国防和军队建设的决策，是新形势下对毛泽东军事思想、邓小平新时期军队建设思想运用的科学结晶，是对毛泽东军事思想、邓小平新时期军队建设思想的坚持、丰富和发展。

江泽民国防和军队建设思想，是江泽民关于新时期军事战略、军队建设和国防建设等基本问题的科学理论体系，是以江泽民为核心的党的第三代领导集体继承和发展毛泽东军事思想、邓小平新时期军队建设思想的体现，是第三代领导集体智慧的结晶。江泽民国防和军队建设思想、全面贯彻和履行“三个代表”重要思想，确立了我军新时期的军事战略方针，把我军军事斗争的基点放在打赢现代条件下的高技术局部战争之上；坚持在全军深入开展理论教育和传统教育，全心全意为人民服务，坚持中国共产党对军队的绝对领导；提出了新时期科技强军和质量建军的思想，全面提高部队的战斗力；揭示了新时期我军迎接挑战，培养高素质人才的重要性和必要性。江泽民新时期国防与军队建设思想反映了我军在和平时期建设的客观规律，是我军革命化、现代化、正规化建设的纲领，是我军新时期建设的指导思想。

一、江泽民国防和军队建设思想的主要内容

江泽民对新时期军事实践活动的各个方面，都有着高屋建瓴、深刻精辟的论述，形成了一个指导性强、内容丰富的科学理论体系。这个理论体系，主要由三个方面的内容组成，即军事战略思想、军队建设思想和国防建设思想。

1. 军事战略思想

一个国家、一个民族，要生存和发展，要在竞争激烈的国际环境中站稳脚跟，就一定要有一个科学的军事战略方针来指导正确的行动。新中国成立以来，我国实行积极防御的战略方针，维护了国家的主权与安全。在新时期以江泽民为核心的党的第三代领导集体根据国际形势的发展变化，制定了我国新时期军事战略方针，这一战略方针的本质仍然是积极防御，同时又根据新时期军事斗争的实践，对军事领域的一系列重大问题做了新的科学阐述和明确规定，科学地回答了新时期战争与和平一系列重大的理论与现实问题，揭示了现代军事运动的新的趋势和基本规律，从而丰富了无产阶级战争观的内容。

（1）和平仍是主流，战争危险依然存在。冷战结束后，世界总的形势趋于缓和，大战在

较长时间内可能避免，但天下并不太平，各种矛盾和斗争错综复杂，地区性动荡加剧，局部战争和军事冲突明显增多。其原因，一方面，美苏两极格局终结，世界大战打不起来，世界在向多极化格局转变过程中，各国围绕建立“国际新秩序”的斗争日趋复杂，世界霸权和地区霸权主义的存在，使诱发局部战争的因素增加。另一方面，由于国际竞争焦点，已经由军事领域向以科技、经济、信息为主的综合国力的竞争扩展或转移，引发了各主要国家普遍对军事战略进行大规模调整，即由准备应付大规模的全面战争转向主要应付中低强度的地区性冲突和局部战争。

在新的历史时期，江泽民以敏锐的目光和辩证的思维，对国际环境进行了冷静的观察和科学分析，就战争与和平问题做出了准确的判断。江泽民指出，世界并不太平，导致武装冲突和引发战争的不合理的政治、经济旧秩序还没有得到根本改变，作为现代战争根源的霸权主义和强权政治依然存在，领土、民族、宗教矛盾错综复杂，世界一些地区发生局部战争和武装冲突不可避免。因此，我国的国防和军队建设既要着眼于和平时期的长远发展，又要防止和平麻痹“建和平军”“当和平兵”的思想。1993 年 9 月，江泽民指出：我们当前是处在这样一个总的国际形势之下，世界大战一下子打不起来，有可能争取一段较长时间的和平环境。但是，世界和平问题并未根本解决，战争危险产生的根源仍然存在。

我们要为促进世界和平力量的增长继续做出不懈努力，同时也要应付现代条件特别是高技术条件下的局部战争，这是一个重要的战略方针。1991 年 6 月 1 日，江泽民在观看首都民兵、预备役部队和卫戍部队军事汇报表演时指出：“在战争与和平的问题上，我们从来不去主动挑起战争，我们是爱好和平的也是致力于保卫和平的，反对一切侵略性的、非正义的战争，反对任何形式的霸权主义和强权政治。我们真诚地希望世界上有一个和平环境，以便集中精力进行经济建设。但是，这也不以我们的意志为转移。如果有人一旦把战争强加在我们头上，我们是不惧怕的，中国人民是不信邪的！如果有这种情况出现，我们就以正义的、反侵略的人民战争来对付它，坚决把敢于来犯之敌消灭在人民战争的汪洋大海之中”。在以江泽民为核心的第三代领导集体的准确判断和对国际形势的科学分析与指导下，我国国防和军队建设进入了一个崭新的阶段。

（2）立足打赢高技术局部战争。把未来军事斗争准备的基点，放在打赢可能发生的现代技术特别是高技术条件下的局部战争上，是以江泽民为核心的党的第三代领导集体在邓小平新时期建军思想的正确指导下，把积极防御战略同当代军事斗争的最新发展趋势结合起来，提出的新时期军事战略方针的基本精神。它反映了当今世界形势和战略格局所发生的重大变化，反映了高技术条件下的局部战争成为主要作战形式的发展趋势，符合我国国情及面临的主要威胁和周边的实际情况。

江泽民指出：“世界军事发展的强劲势头，对我军的质量建设和军事斗争准备提出了严峻挑战。”海湾战争后，经过几年酝酿，我们制定了新时期军事战略方针，把军事斗争准备的基点放在打赢现代技术特别是高技术条件下的局部战争上。在这个战略方针指导下，实现我军由数量规模型向质量效能型、由人力密集型向科技密集型的转变。全军的各项建设和一切工作，包括军事训练、政治工作、后勤保障、国防科研等，都要在新时期军事战略方针的指导和统揽下，立足于未来打赢现代技术特别是高技术条件下的局部战争，周密规划、全面部署和深入展开。也就是说，全军的各项建设和一切工作，都要服从和服务于这一战略方针的需要，都要为确保这一战略方针的胜利实现做好各方面的充分准备。新时期军事战略方针的提出，确立了我国新时期军事斗争准备的基点，为我军未来作战提供了基本依据。

首先，坚持军事战略服从和服务于国家发展战略。江泽民指出：当前和今后一个时期，军事战略的指导中心问题，是要维护国家的领土、海洋权益和社会秩序，保障国家经济建设和开放有一个安全稳定的内外环境，这是对军事战略服从和服务于国家发展战略的基本要求。军事战略是国家总体战略的有机组成部分，军事战略从属于国家总体战略，服从和服务于国家的总体战略，因此，维护和实现国家的最高利益是军事战略的最高原则。新时期，我国的最高利益是实现以经济建设为中心的社会主义“四个现代化”，这在客观上要求执行新时期军事战略方针时，必须在充分考虑国家发展的需要和可能前提下确立国防建设、军队建设和军事斗争的规模水平、目标和速度。同时，还必须在充分考虑国家实际需要和可能的前提下，积极加强军队建设和进行必要的军事斗争，努力为国家的改革开放和经济建设提供坚强有力的安全保证，创造一个稳定的和平环境。

其次，坚持平时遏制战争与争取打赢战争相统一。江泽民指出，做好打赢一场现代技术特别是高技术条件下的局部战争的准备，也是为了尽可能防止和避免战争的发生，也是确保一旦发生高技术战争我们能够夺取胜利的根本性措施。我国进行社会主义现代化建设迫切需要一个长期稳定的和平环境。执行新时期军事战略方针，必须重视提高我军的威慑能力，以遏制战争，达到不战而屈人之兵的目的。新时期军事战略要求军队把遏制战争爆发作为一项重要的职能，并结合政治、经济、外交等各种手段和种种斗争形式，努力遏制局部战争和武装冲突的爆发，使国民经济建设免遭战争的冲击。威慑力是以强大实力做后盾的，军事实力是遏制战争的客观基础，遏制战争必须具有打赢战争的能力，打赢战争是遏制战争的重要前提。因此，关键是做好打高技术条件下局部战争的准备，只有平时能够有效地遏制战争，一旦战争爆发，才能够以战制战，赢得反侵略战争的胜利。

再次，坚持灵活正确的战略指导，以江泽民为核心的党的第三代领导集体，鉴于我军长期革命战争实践的丰富经验，以及对现代高技术战争特点的科学认识，深知实行灵活、正确的战争指导对夺取战争胜利的重大作用。因此，江泽民要求全党全军全面贯彻邓小平关于冷静观察、稳住阵脚、沉着应付、韬光养晦、善于藏拙、绝不当头、有所作为的战略方针，力求站在时代发展前沿，密切关注国际战略形势发展变化的各种动向，预测战争可能的发生和发展，正确处理各种国际关系，及时对国际上各种关系到我国安全的事件做出必要的有力反应。坚定不移地贯彻军民结合、平战结合的原则，充分利用和平时期的有利时机，静下心来把国民经济搞上去，把以军队为骨干的武装力量建设好，为遏制战争爆发和一旦战争爆发创造有利于我军的条件，尽快夺取主动权。

（3）坚持高技术条件下的人民战争。人民战争是我军以劣胜优、克敌制胜的法宝，是我军的传统优势。在新的形势下，江泽民特别强调，应付现代技术特别是高技术条件下的局部战争，现阶段我们确有困难，但我们也有自己的优势，我们真正的优势还是人民战争，江泽民要求全军树立立足现有装备作战的思想，发扬人民战争的优良传统，研究和演练以劣胜优的战法，增强战胜敌人的信心，从目前的情况看，我们以劣对优的状况在短期内还不能改变，但我们必须看到，我国地域广阔、人数众多，特别是我们进行的是保卫国家主权和人民利益的反侵略战争，符合国家和人民的根本利益，这就在政治上为赢得战争胜利获得了巨大优势。

我国国民经济的发展和民众科学技术素质的提高，又为赢得高技术条件下的局部战争，奠定了必要的物质和科技基础。全民国防意识的增强，为克敌制胜赋予了坚实的力量源泉，同时，要努力创造以劣胜优的条件，在现有物质基础上，加速改进我军的武器装备，大力提高人的素质，科学解决人与武器的结合；注重高技术条件下局部战争的战略战术和战法研究，努力探索以劣胜优的新特点、新方法，结合发挥这些优势，就一定能赢得未来反侵略战争的胜利。江泽民指出：紧紧依靠最广大的人民群众，是我军最深厚的力量根源。无论武器装备如何发展，战争形态如何变化，人民战争都是我们克敌制胜的法宝。我们要结合新的历史条件和新的实践，坚持和创造性地发展人民战争的思想。按照人民战争的战略思想，必须实行精干的常备军与强大的国防后备力量相结合，在加强军队建设的同时，高度重视后备力量建设，做到平时少养兵，战时多出兵。新形势下的国防后备力量建设，要适应未来军事斗争的特点和发展社会主义市场经济的要求，注重提高质量，完善组织体制及相关的政策制度，预备役部队和民兵要保持适度规模，优化结构，提高快速动员能力和训练水平，真正做到招之即来、来之能战。同时，要按照“平战结合、军民结合、寓兵于民”的方针，进一步调整和完善国防动员体制，提高国防动员能力。

2. 军队建设思想

在新的历史条件下，军队建设的总目标和总方针是什么，这关系到军队建设的方向性问题。江泽民“三个代表”重要思想，是马克思主义与当代实际相结合的最新理论成果，是对中国共产党几十年奋斗业绩和历史经验的新概括，是中国共产党永葆先进性和社会主义兴旺发达的伟大纲领，也是指导新世纪国防和军队建设的行动纲领和科学指南。1990 年 12 月，江泽民明确提出，军队要按照“政治合格、军事过硬、作风优良、纪律严明、保障有力”的总要求进行建设。1993 年，中央军委颁发的《军队基层建设纲要》规定，各部队要以江泽民提出的“五句话”总要求为核心和灵魂，加强部队的全面建设。这“五句活”的总要求，思想深刻、内容丰富、意义深远。它体现了毛泽东的建军思想，特别体现了邓小平新时期军队建设思想和军委新时期军事战略方针的要求，是对毛泽东建军思想和邓小平新时期军队建设思想的继承与发展。

（1）“五句话”总要求的基本含义。政治合格，就是解决军队不变质的问题。政治合格的根本含义就是要坚持和接受中国共产党的绝对领导，保证我国人民军队的性质和宗旨，确实履行党和人民所赋予的神圣使命。要做到政治合格，第一，要始终不渝地坚持和接受党对军队的绝对领导，践行“三个代表”重要思想，保证枪杆子永远听从党的指挥。第二，要努力贯彻和实践全心全意为人民服务的宗旨。第三，要坚定不移地用科学的思想武装全军官兵，引导官兵树立正确的人生观、价值观，与党中央和中央军委保持一致。第四，坚持党管干部的原则，努力建设一支高素质的干部队伍。

军事过硬，就是要解决我军打得赢的问题。军队是国家的武装力量，是执行国家对内及对外的暴力工具，其根本任务就是保卫人民和国家的生命安全、经济利益和国家的主权与领土完整。为此，针对新形势的要求，江泽民对军队再三强调：第一，必须坚持毛泽东军事思想和邓小平新时期军队建设思想的科学指导地位，深入研究高技术战争的指导规律，务求军事理论建设的优势地位；第二，贯彻积极防御的新时期军事战略方针；第三，以科技为先导，不断改善我军的武器装备，确保我军掌握具有世界先进水平的“撒手锏”；第四，用科学知识武装全军官兵，不断提高我军官兵的军事素质；第五，实行科学的编制体制，走科技质量效能型路；第六，以训代战，努力提高高技术条件下的防御作战能力；第七，牢固树立战斗队的思想。

作风优良，就是要解决我军永葆本色的问题。优良的光荣传统和特有的政治优势，是我军性质与宗旨的集中体现，也是构成我军战斗力的重要因素和克敌制胜的法宝，其主要内容是实事求是、言行一致、公道正派、廉洁奉公、艰苦奋斗、勤俭节约、尊干爱兵、拥政爱民、雷厉风行、英勇顽强等。江泽民反复强调，在新的历史条件下，更要大力加强我军的作风建设，发扬我党我军的光荣传统，发扬老红军的优良传统，特别要发扬邓小平倡导的“五种革命精神”永葆人民军队的本色。

纪律严明，就是要解决新时期军队指挥到位的问题。我军一向以严密的组织、严明的纪律产生强大的凝聚力和战斗力而著称。早在“三湾改编”时，毛泽东就为红军制定了严明的纪律，确保了我军的壮大和胜利。江泽民根据新的历史条件强调指出：必须以加强纪律建设为核心内容，依法从严治军，因为，“在长期的和平环境中，部队容易松懈，坚持从严治军很不容易，但正因为如此，治军就更要严格，丝毫懈怠不得”。为此，一要严格政治纪律，坚决维护政令军令的权威性、严肃性，确保党中央、中央军委决策的贯彻落实。二要树立高度自觉的组织观念，无论客观环境如何变化，都必须按组织原则行事。三要严格遵守条令条例和各项规章制度。四要严格执行群众纪律，自觉接受群众的监督，维护人民的利益。

保障有力，就是要解决我军在高技术战争条件下供得上的问题。现代技术条件下的作战，消耗大，技术保障复杂，时效性要求高，对后勤和技术保障的依赖性大。实现保障有力，就是要根据高技术条件下的作战需要，加强后勤和技术保障建设。主要抓好应急综合保障能力的提高。后勤建设的改革，建立平战结合、军民兼容的后勤保障体系，加强后勤保障技术的训练等，以适应高技术战争的需要。

（2）坚持和加强党对军队的绝对领导。坚持中国共产党对军队的绝对领导，是毛泽东等老一辈无产阶级革命家创立的根本建军原则。在改革开放和相对和平时期的新形势下，邓小平及时回答和解决了坚持党对军队绝对领导的新问题，进一步捍卫和发展了军队建设的这一根本原则。

新的历史时期，江泽民用极大的精力坚定不移地贯彻了这一原则。江泽民主持军委工作以来，结合新的建军实践，把这一问题的重要性提到新的理论高度。江泽民指出，坚持党对军队的绝对领导，这是我们建军的报本原则，是我们党的优良传统，是我们军队特有的政治优势，必须继续保持和发扬。江泽民特别强调，一个军队要有军魂，我们军队的军魂就是党的绝对领导，要把党对军队的绝对领导提升到我们军队永远不变的军魂，江泽民说最根本的是保证党对军队的绝对领导。这一点在新的历史时期尤为重要。毛泽东同志作为我军的主要缔造者，为确立党对军队的绝对领导做出了巨大的历史性贡献，他在三湾改编时提出“支部建在连队上”这一建军原则，把党的组织建立在基层，从而使党得以切实掌握部队。他主持起草的古田会议决议，提出了党对军队领导的根本原则、措施和方法，明确规定党不仅要管党员、管政治工作，而且要管军事、管打仗，毛泽东同志还从政治原则高度明确了党同军队的关系，鲜明地提出了我们的原则是党指挥枪，而决不容许枪指挥党，毛泽东同志创立的党对军队绝对领导的理论及其一整套制度，对于消除一切旧式军队的影响，把我军这支以农民为主要成分的军队建设成为新型的无产阶级军队起到了决定性作用。

邓小平同志历来十分重视军队在国家政治生活特别是维护国家稳定中的重要作用，他从来都是从政治上思考和处理军队问题的。这也是邓小平同志新时期军队建设思想最显著的特色，邓小平同志指出：“我们国家所以稳定，军队没有脱离党的领导轨道，这很重要”。他强调：党要管军队，军队任何时候都要听党中央的话，选人也要选听党的话的人，军队不能打自己的旗帜。坚持党对军队的绝对领导，必须严守政治纪律是坚持党对军队绝对领导的保证；必须加强思想政治教育；必须搞好军政、军民关系和官兵关系；加强军政、军民团结和军队内部团结；必须加强各级领导班子建设。

（3）走科技强军和精兵之路。大力加强军队质量建设，坚定不移地走有中国特色的精兵之路，是以江泽民为核心的中央军委在新的历史时期做出的一个最重要的战略决策。1985 年，以邓小平为核心的中央军委做出了我国国防和军队建设指导思想实行战略性转变的重大决策，确定了军队建设的一系列方针原则，开创了建设有中国特色的精兵之路，拉开了我军战略调整的序幕，江泽民主持军委工作后，反复强调军队必须加强质量建设，走精兵之路。

从 1990 年到 1992 年，江泽民多次指出：加强国防不能在增加军队数量上打主意，不但不能在数量上打主意，我们还应该使军队更精干，政治质量更高，军事素质更高，要从严治军，走精兵之路，进一步收缩摊子，优化结构，加强管理，通过提高部队质量来提高部队战斗力，部队要严格训练，严格管理，加强教育，把质量建设的方针落实到各项工作中去，不断提高部队的战斗力和作战指挥能力。为此，1995 年底，在中共中央、国务院提出科教兴国战略的同时中央军委明确提出在军队建设上要逐步实现由数量规模型向质量效能型、由人力密集型向科技密集型的转变，标志着我军科技强军战略的正式形成。

贯彻精兵的原则，首先就是要正确处理军队数量与质量的关系。江泽民说，“随着世界科学技术日新月异的进步，以及由此带来的世界军事变革的加速发展和武器系统效能的空前提高，加强我军的质量建设显得愈来愈重要，愈来愈紧迫。军队质量在现代战争中具有决定性的意义，我们必须把质量建设作为体现我军现代化的基本指导方针更加突出的位置”。贯彻精兵的原则，关键是要走科技强军之路。具有中国特色的精兵之路，核心是个“精”字，江泽民指出：“精，既是对‘量’的要求，更是对‘质’的要求，减少数量，并不等于质量会自然而然地提高”。加强质量建设的关键，是实施科技强军的战略，提高军队现代化建设的各个方面的科学技术含量，增强现代技术特别是高技术条件下的防御作战能力。

实施科技强军的关键是要把我军的武器装备搞上去。武器装备现代化是军队现代化的物质基础，科技强军的突出标志。因此，必须把国防科技发展和武器装备建设放在优先的位置，“千方百计把我军武器装备搞上去”。同时，要积极稳妥地进行编制体制的调整改革，军队编制体制是实现人与武器有机结合的组织形式，科学的编制体制是战斗力的倍增器。在广泛使用高技术的情况下，军队编成的科学性、结构的合理性、指挥的灵便性、运转的协调性、构成作战体系的密切性等，都关系到军队战斗力的生成与发展。

（4）加强和改进新时期思想政治工作。加强人民军队的思想政治建设，是人民军队的一个极其显著的特点。毛泽东在创建和领导人民军队的实践中，创造性地提出了人民军队建设的一系列政治工作的理论和方法，有力地保证了我军在艰苦卓绝的斗争中成长壮大和人民军队的无产阶级本质。邓小平在新对期军队建设的实践中，反复强调，政治工作是我们的优势，只能加强不能削弱。在改革开放的新的历史时期，江泽民始终强调必须把思想政治建设摆在全军各项建设的首位。江泽民指出，“搞好军队的思想政治建设，是搞好军事训练、后勤保障以及整个军队现代化建设的主要基础。思想政治建设是军队革命化建设的核心，是引导全军干部战士拒腐蚀、永不沾，永保人民军队革命本色的可靠保证。所以，我们必须高度重视军队的思想政治建设，必须把它摆在全军各项建设的首位。”

江泽民指出，对于新时期的军队建设，有两个最重要的问题必须加以关注：一个是在复杂的国际环境中，我军能不能跟上世界军事发展的趋势，打赢未来可能发生的高技术战争；一个是在社会主义市场经济和对外开放条件下，我军能不能保持人民军队的性质、本色和作风，始终成为党绝对领导下的革命军队，在新形势下随着社会主义市场经济的发展和对外开放的进一步扩大，派生出一系列与之相适应的新思想、新观念，这些新思想和新观念将为我军建设注入新的生机和活力。但是，我们也不能不看到，发展社会主义市场经济和对外开放这一社会大环境对军队建设也有一定的消极影响。例如，拜金主义、个人主义、享乐主义、功利主义等错误思想都会影响到部队，都有可能腐蚀部队官兵的思想和灵魂，甚至在“灯红酒绿”下蜕变为人民的罪人。

江泽民说社会主义市场经济的发展，对外开放的扩大，为军队发展注入了强大的活力，有力地促进了军队的革命化、现代化、正规化建设。但是，在发展社会主义市场经济和对外开放的过程中，很难避免地会出现一些消极腐朽的东西，而这些东西对官兵思想的侵蚀和影响，会对部队作风、纪律产生冲击。“如果不能在新形势做到拒腐蚀、永不沾，我们这支人民军队就有改变性质的危险，就会丧失战斗力”。加强思想政治教育，有利于激发官兵学习科学文化知识和掌握现代军事技术的热情。一些人产生轻视政治和对政治工作的误解，忽视政治学习，放松思想和作风建设，只有通过强有力的思想政治工作，将党的方针政策、强烈的革命事业心与政治责任感及进步的思想贯注于干部、战士的头脑中，才能把干部、战士身上蕴藏的力量充分激发出来，成为部队凝聚力的重要因素，成为推进军队现代化建设的强大动力，成为我军克敌制胜的战斗力。同时，随着编制体制的改革，大批中、青年干部走上领导岗位，一批批有知识有文化的年轻进入部队。他们有朝气，思想活跃，为军队建设增添了生机和活力。但是他们大都没有经历过战争的考验和艰苦环境的锻炼，对军队的奋斗历史缺乏了解，对党和军队的优良传统体会不深。在新世纪军队建设进程中，如何使年轻官兵的思想适应社会主义市场经济和改革开放的新形势，正确处理个人利益和军队利益、国家利益的关系；如何引导年轻官兵既重视科学文化和军事技术的学习，又重视思想觉悟的提高，继承和发扬我党我军的优良的光荣传统，把自己培养成懂军事、懂政治、能打仗、会建设的高素质人才；如何充分利用和平时期加速我军现代化建设，增强国防实力，认清自己的神圣职责和历史使命，这些都离不开强有力的思想政治教育。

加强和改进新时期的思想政治教育，抓好共产主义的理想信念教育、优良传统的教育和先进文化的教育，政治教育要与时俱进。江泽民指出：“军队的思想政治教育一定要适应改革开放和军队革命化、现代化、正规化建设的新形势，紧密联系干部战士的思想实际，加强针对性，系统性和创造性。”政治教育只有找准了问题的核心、本质、主要矛盾，才能揭示事物的内在规律，当前思想政治教育的两大课题：一个是如何保持军队不变质；另一个是如何保证打得赢。思想政治教育必须定位在这个历史条件下，必须从这个实际出发，才能做到有针对性。同时，要与解决官兵的实际问题结合起来，这些实际主题包括思想上的认识问题、工作中的苦衷、生活中的困难等。

（5）以训代战，把教育训练提高到战略高度。建设现代化国防，打赢高技术战争的关键是要有现代化人才。未来的军事竞争，说到底是人才的竞争。在武器装备处于敌优我劣的情况下，更需要抓好官兵素质的提高。和平时期，军事人才的培养和官兵素质的提高，主要靠教育训练，江泽民多次强调，人是生产力中最具有决定性的力量，人才是科技进步和社会发展的最重要的资源，科学技术和国民教育水平是综合国力和社会文明程度的要标志，是国家繁荣昌盛的两个飞轮。贯彻新时期军事战略方针，实现科技强军和军队的现代化，人才是决定的因素。江泽民说“没有一大批高素质的人才，就无法掌握新的武器装备，无法创造和运用新的战法，也就不可能赢得未来战争的胜利。”和平时期军事人才的培养，主要是通过部队和院校的教育训练。把人和武器结合起来，要靠训练；培养部队英勇顽强的战斗作风，也要靠训练；提高指挥员组织指挥现代战争的能力，同样靠训练；军事理论的研究成果，武器装备的发展和新型武器的性能状况，部队编制体制的改革成果等，均需要通过训练才能形成现实的战斗力。因此，“必须坚持把教育训练摆在战略地位”，紧紧抓住教育训练这根主线，必须从两个方面入手。一方面是要加大军事院校教育内容和教学方法的改革力度，使其与时代接轨，与世界接轨。加强高科技知识、新型武器装备知识和现代军事指挥知识的含量，着力培养既懂政治又懂军事，既懂指挥管理又懂专业技术的复合型人才。另一方面是改革部队军事训练的内容训练方式和训练手段，大力开展科技练兵，努力提高部队在现代技术条件下特别是在高技术条件下的战术、技术水平。江泽民指出，在一个时期内，我军的武器装备整体还是由少数先进技术装备和大量一般技术装备构成。“立足于现有装备战胜高技术装备的强敌，这是我军训练的基本出发点，我们常讲，要增强立足于现有装备克敌制胜的信心。信心从哪里来呢？归根到底是要通过训练提高战术、技术水平，才能找到对付高技术对手的办法”。

3. 国防建设思想

（1）正确处理国防建设与经济建设的关系。邓小平指出，在新的历史条件下，建设有中国特色的社会主义，必须以经济建设为中心，国防建设要服从国家经济建设的大局。正是在这一思想的指导下，我国国防建设走在服从国家经济建设的大局下，与国民经济建设协调发展的正确轨道上来。以江泽民为核心的第三代领导集体，结合新的形势，对正确处理和平时期国防建设与经济建设的关系，对毛泽东、邓小平关于国防建设的思想和理论有新的发展，同时也为我国国防现代化建设进一步指明了方向。

国防建设必须以经济建设为依托，服从经济建设大局。马克思主义认为，国力是军力的基础，经济力量对国防力量具有决定性的作用，经济条件决定着国防建设的规模和水平，决定武装力量的编制形式和作战方式。在新形势下，江泽民指出：“国防建设和军队建设必须以经济建设为依托，服从国家经济建设的大局，国民经济发展才能为国防现代化提供必要的物质基础。”

当今国际社会的竞争，归根到底是经济实力和以经济实力为基础的综合国力的竞争，在矛盾复杂的现代国际关系中，要争取有利的国际地位，争取竞争的战略主动权，制约战争爆发，维护世界和平与稳定，必须有强大的综合国力做后盾，形势的发展充分说明，如果没有强大的以科学技术为基础的综合国力，在世界舞台上就没有发言权。科学技术的飞速发展，国防建设对经济基础的依赖程度越来越大，高技术战争的实质就是国家与国家间的经济与科学技术的总体较量。近几场高技术局部战争的实践表明，以经济和科学技术为基础的综合国力是赢得高技术局部战争胜利的物质基础。事实说明，一个国家只有以科学技术为基础的综合国力强大，才能为国防建设投入雄厚的资金和技术，才能提高国防的科技水平，才能保证在遭受侵略时拥有打赢高技术局部战争的物质基础。

当前，我国还是一个发展中国家，仍处在社会主义初级阶段，尽管经过五十多年的奋斗，经济有了较快的发展，生产力水平得到很大的提高。但总的来说，现实的生产力水平不是很高，科学技术欠发达仍制约着我国的综合国力，制约着我国在许多国际事务中起作用。21 世纪的竞争将更加激烈，如果我国不能实现跨越式发展，我国与发达国家的差距将越拉越大，我国将处于非常不利的地位，要巩固社会主义制度和维护国家的和平环境，就会遇到极大的困难。正是基于这样的分析，江泽民反复强调，经济建设是国防建设的基础，国防建设的发展最终取决于经济的发展；强调军队要服从国家经济建设的大局，这是我们在处理经济建设与国防建设关系上必须始终遵循的一个重要指导思想；强调军队必须积极支持和参与改革开放和现代化建设，为国家的发展和繁荣贡献力量。

实践证明，江泽民关于处理国防建设与经济建设的关系的指导思想是完全正确的，随着国民经济的发展，国防科研和装备建设计划也较好地得到了落实，有些领域得到了突破性进展。从总体上看我军的武器装备水平迈上了一个新的台阶，我军的常规作战能力、空海作战能力、核打击能力和后勤保障能力都有了很大的提高。强调国防建设要服从国民经济建设的大局，绝不是说国防建设就可以无足轻重了，也不意味着国防建设就可以停一停，甚至放在可有可无的地位，而是强调国防建设要与国民经济建设协调发展、相互促进。江泽民指出“国防现代化是我国社会主义现代化的重要组成部分，加强国防建设是国家安全与经济发展的基本保证。国家要根据需要和可能，支持和加强国防建设。”他还明确指出，对经济建设和国防建设，实行两头都要兼顾的方针，国防和军队建设只能加强，不能削弱。

（2）建设具有中国社会主义特色的现代化国防。国防现代化是国家战略目标之一，四化建设中的一个重要内容就是国防现代化，这既是三代领导集体共同的心愿，也是全国人民的心声。“巩固的国防，是经济发展和国家安全的基本保障。我们必须随着经济实力的提高加强国防建设。有了强大的国防力量和先进的军事科学技术，我们才能实施新时期的军事战略方针。”

建设具有中国特色的社会主义现代化国防，首先必须建立现代化的军事理论。要建立现代化的军事理论，就必须正确处理继承与创新的关系。江泽民指出：“马克思主义的发展史告诉我们一个深刻的道理：社会实践是不断发展的，我们的思想认识也必须不断前进，不断根据实践的要求进行创新。思想解放、理论创新是引导社会前进的强大力量，我们要始终坚持以马列主义、毛泽东思想特别是邓小平理论为指导，这一点丝毫不能动摇。同时，我们也必须根据新的实践不断进行新的探索，不断为实践提出新的理论指导。”军事理论来源于军事实践，科学技术的发展强制性地改变了战争的形态、方式和方法，也就有了新的战略战术。必须根据新的时代条件的变化和军队建设、国防建设的现实需要，努力发展具有中国特色的军事指导理论。江泽民指出：“当前和今后一个时期，主要是抓好两大课题的研究。一是研究现代技术特别是高技术条件下仗怎么打的问题，二是研究在对外开放和发展社会主义市场经济条件下军队政治思想的问题。要集中全军的智慧，共同完成时代赋予我们的这一历史任务。”（江泽民接见军事科学院干部时的讲话，1998 年 3 月 18 日）

其次，国防现代化的重要内容是实现武器装备的现代化。江泽民强调指出，我们不是唯武器论者，相信最终决定战争胜负的是人而不是物。先进的武器要有先进的科学技术含量这一点是不能忽视的；必须把国防科学技术发展和部队装备建设放在突出地位，才有信心、有能力战胜任何敌人，但武器装备落后，特别是高技术条件下的对抗能力不强，夺取战场主动权就比较困难，赢得胜利就要付出较大代价，因此必须尊重科学，重视武器的作用。要把国防科技发展和武器装备建设放在突出地位，必须坚持国防建设与经济建设相互促进、协调发展，使国防科技发展与武器装备建设适应新时期军事战略，以及整个国家现代化建设事业发展的需要。江泽民从新时期的形势、任务和实际情况出发，指出把经济建设搞上去和建立强大的国防，是我国现代化建设的两大战略任务。一方面，把经济建设搞上去，是发展国防科技、改善武器装备的前提条件，雄厚的经济基础是推动武器装备上质量、上台阶、上水平的根本保证。另一方面，要在国家财力增加的基础上，逐步加大国防科技发展和武器装备建设的投入，努力提高武器装备的现代化水平。“如果不随着经济的发展而努力加强国防建设，提高军队武器装备的现代化水平，一旦发生战争，我们就可能陷于被动，就难于有效地维护国家安全。”

再次，建立具有中国特色社会主义现代化的国防工业体系。我国的国防工业体系是在以毛泽东为首的老一辈无产阶级革命家的关心、支持，并亲自过问和指挥下建立起来的。半个世纪以来，经过全体国防工业的工人和技术人员的共同努力，已经基本建设成了包括航天、航空、船舶、电子、常规武器、核工业等在内的卓有成效的具有中国特色的国防工业体系。国防在保卫国家主权、反对外国入侵、维护世界和平、反对霸权主义和强权政治的斗争中，做出了巨大的贡献，捍卫了国家的尊严。江泽民指出：“我国‘两弹一星’事业不断取得辉煌的发展。这极大地鼓舞了中国人民的志气，振奋了中华民族的精神，为增强我国的科技实力特别是国防实力，奠定我国在国际舞台上的重要地位，做出了不可磨灭的贡献。”

江泽民指出：“在发展社会主义市场经济的新形势下，我们不断探索和完善国防建设与经济建设相互促进、协调发展的机制，坚持寓军于民，推动国防科技工业走上军民结合、平战结合、军品优先、以民养军的发展道路。”第一，坚持寓军于民，形成充满活力的国防科技建设体制。坚持寓军于民，是一个关系国民经济和国防科技建设全局的重大问题。把经济搞上去和建立强大的国防，是我国现代化建设的两大战略任务。“寓军于民”，是把这两项战略任务有机统一起来的重要举措。关键要坚持按照经济规律和科学规律办事，发挥市场配置资源的基础性作用，建立和完善适应新形势的新体制，把各方面的积极性、主动性、创造性充分发挥出来。第二，坚持大力协同，形成推动国防科技建设的社会大协作体系，国防科技建设必须坚持大力协同的原则，绝不能搞成过去那种自成体系、自我封闭、分工过细、军民分割的局面。第三，坚持自力更生，实现技术跨越式发展，加强自主创新，推进国防科技建设要两条腿走路，一方面，要坚定不移地发扬自力更生、奋发图强的精神，坚持自主创新，不断攀登科技高峰。另一方面，要抓住有利时机，有选择地引进先进的技术装备和管理方法，提高我国的武器装备水平。我国国防工业从无到有经历了一个漫长曲折的过程，在相当长的一段时间里，我国的科技工作者自力更生，创造了国防工业发展史上的奇迹。但自力更生并不排斥国际交流与合作，随着对外开放和国际市场的发展，走出国门加强对外交流与合作是国防工业在新形势下发展的必然要求。

（3）加强全民国防教育、增强全民国防观念。国防现代化包含十分丰富的内容，国防精神和国防观念是其中不可忽视的重要方面，在加强国防建设的诸项工作中，国防精神和国防观念建设是重要的一项。1997 年 3 月全国人民代表大会通过的《中华人民共和国国防法》，明确规定国家通过国防教育使公民增强国防观念，掌握国防知识，发扬爱国主义精神，自觉履行国防义务。但在长期的和平环境和发展社会主义市场经济的条件下，一方面人们容易淡化国防意识，产生和平麻痹思想；另一方面，市场经济的利益主体多元化，容易使局部利益或个人主义倾向得到强化。因此，必须紧紧抓住发展市场经济给人们的思想观念、利益关系、价值取向、精神状态带来的负面影响，确实加强国防教育，大力增强全民的国防观念。

江泽民指出：越是在和平时期，越要宣传国防建设的意义，克服和平麻痹思想，增强人们的国防观念。江泽民要求各级党校、大专院校和各类成人学校，要开设国防教育课程，把国防教育作为学员、学生的一门必修课。在江泽民的关心下，2001 年 4 月 28 日，第九届全国人大常委会第 21 次会议审议通过了《中华人民共和国国防教育法》，该法第 5 条明确规定，一切国家机关和武装力量、各政党和各社会团体、各企事业组织及基层群众性自治组织，都应当根据各自的实际情况组织本地、本部门、本单位开展国防教育。

首先，开展和加强国防教育，增强全民的国防观念，是仍然存在战争根源的需要。从根本上讲，战争是私有制和阶级压迫的产物。只要有阶级和私有制存在，就不可避免地发生压迫与反压迫、侵略与反侵略的战争。历史发展到今天，霸权主义成为当代战争的总根源，奉行霸权主义和强权政治的国家，倚仗其军事、经济实力，总是企图把自己的意志强加给别人，干涉他国内政、侵犯别国主权，从而构成了对世界和平的严重威胁。江泽民指出了霸权主义、强权政治的存在始终是解决和平与发展问题的主要障碍。

其次，是加强我国安全环境的需要。国际局势总体趋向缓和，但被超级大国争霸所掩盖的某些国家或地区的民族矛盾、宗教纠纷和边界领土争端日益凸现出来，地区性的局部战争和武装冲突呈上升趋势。江泽民指出："当今世界正处在大变动的历史时期，两极格局已经终结，各种力量重新分化组合，世界正朝着多极化方向发展。"新格局的形成将是长期的、复杂的过程。在今后一个较长时期内，争取和平的国际环境，避免新的世界大战，是有可能的。同时也要看到，当前国际形势仍然动荡不安，世界各种矛盾的深入发展，不少国家和地区的民族矛盾、领土争端和宗教纷争凸现出来，甚至酿成武装冲突和局部战争。国际经济竞争日趋激烈，许多发展中国家经济环境更加恶化，南北差距进一步扩大，海湾战争、科索沃战争、阿富汗战争、巴以冲突、伊拉克战争等就是上述矛盾的一个缩影。另外，我国与周边少数国家的边界问题尚未解决，特别是南沙群岛和钓鱼岛及海域的争端，成为这些地区引人注目的一个问题。我国周边一些国家和地区，军备竞赛轮番上演，局势随时可能激化为严重的武力对抗。种种情况都表明，我们仍然生活在一个并不安宁的现实环境之中，诱发局部战争和武装冲突的危险依然存在。因此，居安思危，保持警惕，加强国防教育就成为一种必然。

再次，是提高民族素质的需要。实现国家现代化、国防现代化，固然要依赖发达的现代经济水平、先进的科学技术等物质因素，但这些物质因素的实现，最终离不开人的努力，取决于人的素质。现代的国际竞争，在军事、政治、经济和科学技术的背后，都伴随着国民素质的全面较量。强国必先强民，强民必先强心。在国际上，许多国家都把国防教育作为统一国民思想、振奋民族精神和提高竞争能力的战略性措施。无论大国还是小国，穷国还是富国，都把国防教育摆在重要位置上，我国要想在国际竞争中不落伍也必须通过国防教育，改造不良心理，增强国防观念和爱国主义精神，提高国民素质，大力培养和弘扬现代国防观念，自觉为中华的振兴、国家的繁荣昌盛竭智尽力，自强不息。

在进行国防教育中，必须全面落实江泽民关于"抓好全民国防教育，广泛深入持久地开展拥政爱民、拥军优属活动，发扬军政军民相互团结、相互支持的大好局面，做好民兵、预备役工作，不断加强国防后备力量建设"。树立常备不懈的观念，深入开展以爱国主义为核心的国防教育，建立国家、军队、社会、学校，家庭"五位一体"的国防教育系统工程网络，促进我国社会主义市场经济的健康发展，捍卫我国社会主义建设的伟大成果。

二、江泽民国防和军队建设思想的历史地位和指导作用

江泽民国防和军队建设思想，坚持和丰富地发展毛泽东军事思想、邓小平新时期军队建设思想，是新时期我军建设、国防建设的理论和行动指南，具有深远的历史意义和现实指导作用。

1. 坚持党对军队的绝对领导

江泽民反复强调：邓小平新时期军队建设思想继承和发展了毛泽东军事思想，是新的历史条件下搞好军队建设的根本依据和科学指南，坚持以毛泽东军事思想和邓小平新时期军队建设思想为指导，是我军革命化、现代化、正规化建设不断发展的根本保证。

始终坚持党对军队的绝对领导。江泽民再三强调，党对军队的绝对领导是我军的根本建军原则，是人民军队永远不变的“军魂”，党的旗帜就是军队的旗帜，党的方向就是军队的方向。全军各级干部，特别是高级干部，要旗帜鲜明地抵制“军队非党化”“军队非政治化”“军队国家化”的论调，保证军队在任何时候都坚决听从党中央、中央军委的指挥，保证枪杆子永远掌握在忠于党的人手中。

强调把思想政治建设摆在首位。江泽民指出，坚持党对军队的绝对领导，必须首先从思想上、政治上把握军队，在对外开放和发展社会主义市场经济的社会环境中，确保官兵政治上的坚定性和思想道德上的纯洁性，是新时期军队建设必须解决好的一个重大现实课题，要把思想政治建设摆到党、国家和军队的战略全局的高度来对待，要把思想政治建设摆在军队各项建设的首位。江泽民反复指出，对我们军队而言，讲政治是最重要的一条，是我军优良传统的精髓和军队建设的灵魂，领导干部一定要讲政治，在政治方向、政治立场、政治观点、政治纪律、政治鉴别、政治敏锐性等方面具有良好的素质。

2. 确立了新时期军队建设的总方针

为了全面加强我军革命化、现代化、正规化建设，江泽民根据新的历史条件，创造性地提出军队建设必须“五句话”的总体要求。“五句话”总要求的提出使我军建设总目标与全军上下经常性的实践活动有机结合起来，使总目标具体化为全军官兵的行动准则；“五句话”的总要求，使我军革命化、现代化、正规化建设的目标，贯彻到军队各项工作中去，把我军建设成为一支能够经得起任何风浪考验的、无论在什么情况下都能完成自身使命与任务的人民军队。加强军队质量建设，履行两个“根本性转变”，必须实施科技强军。江泽民强调了军队要实现现代化，走精兵之路，必须依靠科学技术的进步，提高军队的科学技术水平，适时提出了新时期军队建设必须贯彻“科技强军”的战略思想。与此同时，中央军委做出了“军队建设逐步由数量规模型向质量效能型、人力密集型向科技密集型转变”的重大决定，使我军建设从此走上了一条健康发展的道路。

3. 制定了新时期军事战略方针

江泽民科学论述现代战争形态，适时制定新时期军队战略方针，海湾战争结束后，中央军委及时地对现代科学技术、高技术局部战争和可能的对手进行了深入的研究，认为现代技术特别是高技术条件下局部战争将成为今后战争的主要形态，我军的建设、战略战术的研究、军事斗争的准备，其基点都应放在打赢现代技术特别是高技术条件下的局部战争上。根据这一判断和我国国情、军情，中央军委制定了新时期积极防御的军事战略方针，并要求全军建设的所有工作都必须在新时期军事战略方针的统揽下进行，所有的工作都必须紧紧围绕打赢现代技术特别是高技术条件下的局部战争进行。

4. 理顺了国防经济建设与国民经济建设的关系

江泽民主持中央军委工作后不久，就主持制定了国防建设与经济建设两头兼顾的方针，强调指出，经济建设与国防建设是我国社会主义现代化建设的两大战略任务，处理好两者关系，事关国家发展和安全大局。提出国防建设和经济建设要相互促进、协调发展，必须坚持以经济建设为中心，国防建设必须服从国家经济建设大局；必须在集中力量进行经济建设的同时，加强国防建设，使国防建设在国家财力增长的基础上不断有所发展；必须充分利用国家改革开放和现代化建设创造的有利条件，逐步形成国防建设与经济建设相互促进、协调发展的机制。

江泽民通过自己创造性的实践，坚持、继承和发展了毛泽东军事思想和邓小平新时期军队建设思想，极大地丰富了无产阶级军事思想宝库，在军事领域提出了与国家现代化建设进程相适应的发展目标和步骤，提出了新时期军队建设以政治为主要内容的具有崭新时代特征的理论。江泽民新时期国防与军队建设思想是我军新时期军队建设的指导思想和行动指南，是我军走有中国特色精兵之路的强大理论思想武器。

第六节 胡锦涛国防和军队建设重要论述

胡锦涛国防和军队建设重要论述，是胡锦涛关于新世纪、新阶段我国军事战略、军队建设和国防建设的思想理论体系；是以胡锦涛为总书记的党中央，根据新世纪新阶段的国际战略格局、国家安全形势和经济全球化趋势而制定的我国防建设和军队建设的纲领、路线、方针、政策；是继承、发展毛泽东军事思想、邓小平新时期军队建设思想和江泽民国防和军队建设思想的成果，是新的领导集体智慧的结晶。其主要内容有新世纪、新阶段军事战略思想、军队建设思想和国防建设思想。

一、胡锦涛国防和军队建设重要论述的主要内容

1. 新世纪、新阶段军事战略思想

坚持以人为本、全面协调可持续发展的科学发展观指导国家现代化建设，是以胡锦涛为总书记的党中央，以邓小平理论和“三个代表”重要思想为指导，从新世纪、新阶段党和国家事业发展全局出发提出的重大战略思想。科学发展观是指，用实事求是的原则，按照事物由小到大的成长规律，对待事物运动的态度和做法，科学发展观全面系统地回答了什么是发展、为什么发展、怎样发展的基本问题，充分反映了党对发展问题的新认识，是推动经济社会发展的指导思想。科学发展观坚持和应用了马克思主义的辩证唯物主义和历史唯物主义的基本原理，深化了对经济社会发展一般规律的认识。

（1）用科学发展观统领国防和军队建设。科学发展观既是国家发展的指导思想，也是国防和军队建设的指导思想。胡锦涛明确指出，要坚持把科学发展观作为加强国防和军队建设的重要指导方针。胡锦涛的重要指示，进一步指明了新世纪、新阶段我军的兴军之策、强军之道。对于用党的理论创新成果武装全军、统一思想、凝聚力量，积极推进国防和军队现代化建设的全面协调可持续发展，不断开创国防和军队建设的新局面，有效践行我军在新世纪、新阶段的历史使命，有着重大的现实意义和深远的历史意义。

用科学发展观指导国防和军队建设，坚持用党的科学理论指导军事实践，既是我军的光荣传统，也是我军不断创新发展、成长壮大的根本保证。历史实践证明，国防和军队建设各

个历史时期所取得的成就，都是毛泽东思想、邓小平理论和“三个代表”重要思想等党的创新理论指导的结果。党的十六大以来，提出以人为本、全面协调可持续发展的科学发展观，极大地丰富了马克思主义理论。在科学发展观的指导下，我国经济社会进入了一个健康发展的新阶段。国防和军队建设是社会主义现代化建设的重要组成部分。胡锦涛指出，实现国防建设和经济建设协调发展，就是要使国防和军队发展战略与国家发展战略相适应。要做到这一点，我们就必须依据科学发展观的要求，站在国家发展战略的高度来考虑和设计国防和军队发展战略，把国防和军队现代化建设融入国家现代化建设的战略全局之中，使国防和军队现代化进程与国家现代化进程相一致。

用科学发展观认识国防和军队建设规律的科学发展观是辩证唯物主义和历史唯物主义在新的历史条件下的运用，充分体现了尊重规律、认知规律、驾驭规律的科学精神，为把握国防和军队建设新的特点和规律开启了认知之门。军事领域是最具发展变化、最需要创新精神的领域。国防和军队建设的特点和规律，正在随着时代的发展变化而发展变化。新世纪、新阶段我军要加速推进中国特色的军事变革，实现军队由半机械化、机械化向信息化的跨越式发展，必须坚持科学发展观指导实践，不断探索国防和军队建设与发展的新规律、新特点，更加科学地把国防和军队建设推向前进。胡锦涛指出，我们要坚持以科学发展观为指导，全面、系统、深入地研究军队建设的阶段性特点，把军队建设的基础和现状搞清楚，把影响和制约军队建设的重难点问题搞清楚，把军队建设的发展方向和主要任务搞清楚，不断深化对军队建设规律的认识，正确解决军队建设发展中的深层次矛盾和问题，把军队建设切实转入科学发展轨道，使我军建设发展始终充满生机和活力。

用科学发展观凝聚官兵的智慧和力量，科学真理的巨大力量，在于说服、动员和凝聚群众为真理而奋斗。科学发展观作为党的理论创新成果，具有强大的真理号召力。用科学发展观武装广大官兵的头脑，就能够帮助官兵树立正确的世界观、人生观和价值观，培养科学的思维模式、工作思路和解决现实问题的科学方法。科学发展观体现了广大人民群众的根本利益，反映了广大官兵的愿望和要求，成为凝聚广大官兵意志力的重要思想基础。胡锦涛指出，科学发展观的本质是坚持以人为本。军队要把以人为本作为重要的建军理念，军队讲以人为本，最重要的是必须始终坚持人民军队的根本性质，坚持维护人民群众的根本利益。坚持以人为本，对军队建设来说就是要尊重官兵的主体地位，发挥他们在军队建设中的主体作用。军队讲以人为本，必须把推动部队建设与促进官兵全面发展结合起来。要坚定地相信和依靠广大官兵，增强他们的主人翁意识和使命感、责任感，把广大官兵中蕴藏的巨大积极性和创造性充分挖掘出来、调动起来，凝聚到军队现代化建设上来。

用科学发展观指导我军履行历史使命。用科学发展观指导国防和军队建设，就必须把握国防和军队现代化建设的时代要求，明确新世纪、新阶段我军肩负的使命。胡锦涛提出的“三个提供、一个发挥”的历史使命，深刻揭示了军队的职能任务必须与党的历史任务相一致，军队战略必须与国家发展战略相协调，军队建设和改革必须与世界军事发展趋势相符合的客观规律。

新世纪、新阶段我军的历史使命的确立，是科学发展观在军事领域的具体运用。认真学习、领悟科学发展观的内涵和精神实质，有助于加深对我军新时期、新阶段历史使命的理解和把握，提高履行历史使命的坚定性和自觉性。

（2）当前世界和平是主流，但安全形势严峻。和平、发展、合作是当今时代的主流，世界多极化和经济全球化的趋势深入发展，世界力量对比继续变化，各国利益相互交织，相互依存又相互矛盾，国际战略形势保持总体和平、稳定的基本态势。我国经济持续快速发展，政治安定、民族团结、社会和谐的局面得到巩固。目前，我国总体形势处于历史上较好时期之一。

胡锦涛指出，我们分析判断安全形势，不仅要看到有利的一面，还要看到不利的一面。随着国际形势的深刻变化和我国社会的深刻变革，我国对世界的影响力在增长，同时我国发展面临的外部制约因素也在增加，传统安全威胁和非传统安全威胁因素相互交织，影响我国安全的不稳定、不确定因素增多，国家安全问题的综合性、复杂性、多变性进一步增强。我国依然面临着军事安全威胁，同时政治安全、经济安全、信息安全、能源安全、海上通道安全等方面面临的威胁也不容忽视，西方敌对势力加紧对我国实行“西化”“分化”战略，千方百计从各个方面对我国加以牵制和遏制。美、日加强军事同盟关系，并企图联手军事干预台海冲突。目前，世界主要大国在我国周边的地缘战略竞争不断加剧，我国周边安全环境存在着许多隐患，有关邻国与我国之间的岛屿归属和海洋权益之争越来越突出，“台独”分裂势力及其活动也越来越嚣张，国内外分裂、敌对势力加紧勾结，不断对我国进行渗透和破坏，仍是我国面临的主要威胁。

国家安全问题的综合性、复杂性、多变性进一步增强的态势，对国防和军队建设提出了新的更高的要求。胡锦涛指出，我们根据时代发展和国家安全形势的变化，提出了新世纪、新阶段我军历史使命，进一步明确了我军在新的历史条件下的地位、作用，进一步拓展了我军职能，赋予了我军更加光荣而艰巨的任务。我们要从国际国内大局出发，用更加宽广的战略眼光来审视国防和军队建设问题、确立国防和军队建设的目标和任务，以增强打赢信息化条件下局部战争的能力为核心，不断提高应对多种安全威胁、完成多样化军事任务的能力，确保我军能够在各种复杂形势下有效应对危机、维护和平、遏制战争、打赢战争的目的。

（3）反对“台独”，做好打信息化战争的准备。“台独”就是想把台湾分裂出祖国的分裂分子。“台独”就意味着战争，制止“台独”势力分裂国家是国家武装力量的神圣职责。“台独”分裂势力及其活动已经成为国家安全面临的最大威胁，成为某些国家遏制我国发展的主要着力点之一。围绕台湾问题进行的斗争，既是为保证国家安全统一进行的反分裂斗争，也是为保障国家发展而进行的反遏制斗争。维护国家主权独立、领土完整的军事斗争准备是我军长期的主要战略任务，只要祖国统一问题没有解决，这一战略任务就一天也不能放松，在反对“台独”反对分裂、实现祖国统一大业的斗争中，要做好打赢信息化战争的准备。当前，我军最重要、最现实、最紧迫的战略任务是做好军事斗争各项准备。必须充分认清我国安全问题的综合性、复杂性、多变性进一步增强的态势，充分认清军事斗争准备在我国安全和发展战略中的重要地位，从而树立强烈的忧患意识、责任意识和使命意识；引导官兵克服和平麻痹思想，只争朝夕，聚精会神，全力以赴投入谋“打赢”、能“打赢”之中。引导官兵积极投身中国特色军事变革的伟大实践中去，高标准做好以军事斗争准备为龙头的各项工作，坚决履行好捍卫国家主权、统一、领土完整和安全的神圣职责。

当前，我军现代化水平与打赢信息化条件下局部战争的要求还不相适应，军事能力与履行新世纪、新阶段我军历史使命的要求也还不相适应。2006 年 3 月 11 日“两会”期间，胡锦涛在解放军代表团全体会议上强调，坚持把科学发展观作为加强国防和军队建设的重要指导方针，努力提高军队应对危机、维护和平、遏制战争、打赢战争的能力，他特别指出，要适应建设创新型国家的要求，围绕建设信息化军队、打赢信息化战争的目标，进一步实施科技强军战略。

2. 新世纪新阶段军队建设思想

（1）我军在新世纪、新阶段的历史使命。一支军队应该履行什么样的使命，从根本上说是由这支军队的性质决定的。我军是党绝对领导的人民军队，是执行党的政治任务的武装集团，是通过军事斗争为实现党的纲领和任务服务的。在新世纪、新阶段，党要团结和带领全国各族人民全面建设小康社会，实现继续推进现代化建设、完成祖国统一、维护世界和平与促进共同发展三大历史任务，在中国特色社会主义道路上实现中华民族的伟大复兴。我军也已经从革命战争时期在党领导下为夺取全国政权而进行武装斗争的重要力量，发展成为社会主义建设时期巩固人民民主专政的坚强柱石、保卫社会主义祖国的钢铁长城和建设社会主义的重要力量。在这一伟大历史进程中，我军应肩负什么样的历史使命？胡锦涛指出：

第一，为党巩固执政地位提供重要的力量保证。我们党成为执政党，是历史的选择、人民的选择，进入新世纪、新阶段，我们既面临难得的发展机遇，也面临严峻挑战。国际、国内敌对势力相互勾结、相互呼应，他们的最终目的，就是颠覆我们党的执政地位，颠覆人民民主专政的国家政权，推翻我国的社会主义制度。因此，必须把坚持党对军队绝对领导的根本原则和制度，加强军队的革命化、现代化、正规化建设作为党执政的一项重要战略任务抓紧抓好，确保我军能够经受住各种斗争任务和各种复杂环境的考验，始终成为党巩固执政地位的中坚力量。

第二，为维护国家发展的重要战略机遇期提供坚强的安全保障。抓住机遇促进发展，对全面建设小康社会、加快推进社会主义现代化至关重要。维护和用好战略机遇期就要维护国家安全、捍卫国家主权和领土完整，为我国发展创造和平的国际环境。当前，影响战略机遇期的因素仍然不少，陆地边界问题尚未完全解决、一半以上的领海和海洋权益存在争端，国内外的分裂主义和恐怖主义活动，给国家的安全带来了严重的威胁，给国家社会稳定造成的不利因素明显增多。国家主权面临的威胁、祖国统一面临的挑战和社会稳定面临的问题，哪一方面防范不好、斗争不力、处置不当，都有可能影响和冲击国家发展的重要战略机遇期。军队要把国家主权和安全放在第一位，履行好维护国家主权的神圣职责，为创造一个有利于全面建设小康社会、加快推进社会主义现代化的长期安全环境做出应有贡献。

第三，为国家利益的拓展提供有力的战略支持。时代的进步和我国的发展，使我们的国家安全利益逐渐超出传统的领土、领海、领空范围，不断向海洋、太空、电磁空间扩展和延伸，海洋安全、太空安全、电磁空间安全，已经成为国家安全的重要领域，我们必须拓展安全战略和军事战略视野，不仅要关注和维护国家生存权益，还要关注和维护国家发展利益；不仅要关注和维护领土安全、领海安全、领空安全，还要关注和维护海洋安全、太空安全、电磁空间安全及其他方面的国家安全。

第四，为维护世界和平与促进共同发展发挥重要作用。经济全球化趋势不断发展，使世界各国的经济联系空前紧密，任何国家都难以脱离世界经济而孤立地发展。现在，中国经济和世界经济总体上形成了一种你中有我、我中有你的局面。

中国的发展离不开世界，世界的发展也离不开中国。中国的发展强大是不可阻挡的，我们必须正确把握世界发展趋势，根据我们社会主义国家的性质，坚持走和平发展道路，高举和平发展与合作的旗帜，坚持依靠自身力量、独立自主地建设中国特色社会主义，同时积极通过合作共赢的方式充分利用国外资源和市场，争取和平环境来发展自己，又以自身发展来维护世界和平。但也要看到，我国要实现和平发展，要维护国家安全和利益，要维护世界和平与促进共同发展，必须要有强大的军事实力做后盾，以便更好地履行维护国家安全、捍卫国家主权和领土完整的职责，发挥维护世界和平的积极作用。

历史使命既是一个重大的理论问题，更是一个重大的实践问题。新世纪、新阶段的历史使命对我军现代化建设、军事斗争和军事力量应用提出了新的要求，只有努力实践科学发展观，用科学发展观统领国防和军队建设，建设一支革命化、现代化、正规化的军队，才能完成党中央所赋予的新的历史使命。

（2）推进我军“三化”建设。胡锦涛指出，加强我军全面建设，是贯彻落实科学发展观的基本要求。总结长期以来的历史经验，军队全面建设的基本内容是革命化、现代化，正规化。革命化是军队建设的政治方向；现代化是军队建设的中心任务；正规化是军队建设的重要基础。革命化、现代化、正规化建设相互联系、相互促进构成一个有机的统一整体。为了建设一支正规化、现代化的革命军队，三代领导人精心设计、不断创新，极力打造这支人民军队的战斗力水平。早在 20 世纪 50 年代，毛泽东就提出要建设一支现代化军队，并为此奋斗了一辈子。20 世纪 80 年代，邓小平提出了建设现代化、正规化的革命军队总目标，并进行了一系列的改革和创新。20 世纪 90 年代，江泽民在建设这支人民军队实践中、提出了“五句话”的总要求。胡锦涛指出，要遵循邓小平同志提出的建设一支强大的现代化、正规化的革命军队的总目标，落实江泽民同志提出的政治合格、军事过硬、作风优良、纪律严明、保障有力的总要求，紧紧围绕履行好新世纪、新阶段我军历史使命，紧紧围绕解决打得赢、不变质两大历史性课题，全面加强、协调推进革命化、现代化、正规化建设，推动军事、政治、后勤、装备等领域的工作密切配合、共同进步。

我军作为执政党的政治任务的武装集团，必须始终把革命化建设放在第一位，革命化是我军建设中长期的重大任务。胡锦涛指出，思想政治建设是革命化建设的核心，是军队最根本的建设，任何时候都不能放松。因此，要坚持不懈地用马克思主义科学理论特别是党的理论创新成果武装全军。深入开展思想政治教育，引导官兵树立坚定的理想信念和正确的世界观、人生观、价值观，保持旺盛的战斗精神。

推进国防和军队现代化建设，要从我国的国情和军情出发。胡锦涛指出，要按照国防和军队现代化建设“三步走”的战略构想，以建设信息化军队，打赢信息化战争为战略目标，坚持以机械化为基础，以信息化为主导，推进机械化和信息化的复合发展，实现部队火力、突击力、机动能力、防护能力和信息能力整体提高，增强我军信息化条件下的威慑和实战能力。

要加强我军正规化建设，必须要加深对新形势下治军特点和规律的认识，推动正规化建设向更高水平发展。胡锦涛指出，要把依法治军作为正规化建设的基本要求，加强军事法制建设，把革命化、现代化建设和部队管理中创造的成功治军经验及时用法规的形式确定下来，完善军事法规体系，依照条令条例和规章制度规范军队各项建设和工作，使军队建设进一步走上法制化轨道。

（3）坚持以人为本，加快转变战斗力生成模式。战斗力是军队履行根本职能的能力，是由物质因素和精神因素构成，按科学方法编组的、有一定数量和质量的人，能反映时代特定科技水平的、具有一定战术技术性能和数量的武器装备，是战斗力的物质因素。指战员的政治素质、军事素质、文化素质是主要的精神因素，坚持把科学发展观作为加强国防和军队建设的重要指导方针，必须依靠科技进步和自主创新，必须高度重视武器装备和国防科技的发展，加快战斗力生成模式的转变，这是贯彻落实科学发展观与推进中国特色军事变革有机结合的关键所在，也是建设信息化军队、打赢信息化战争的必然要求，在战斗力生成模式的诸要素中，人是最活跃、最具决定性的因素，随着现代科学技术大量应用于军事领域，人的因素在战斗力生成中的作用不但没有降低，反而更加突出，在未来信息化战场上，具备信息素质的新型军事人才将发挥越来越重要的决定性作用。

为此，一方面应增加军队院校信息化教育内容的比重，增大信息化专业建设人才和信息战专业人才的培训名额；另一方面应增加信息对抗训练的课题和内容，以信息知识的学习和信息技能的掌握作为主课，下大力气提高官兵的信息化素质，推动部队信息化建设的整体发展。同时，要从战略高度系统规划信息人才队伍建设，谋求其与部队建设的协调发展，以超前的发展的观念开启工作思路，提前培养未来所需的各类信息化军事人才。

胡锦涛指出，坚持以人力本，对军队自身建设来说，就是要尊重官兵的主体，发挥他们在军队建设中的主体作用。马克思主义战争观认为，人是战争中的决定性因素，最终决定战争胜负的是人而不是物。人是战争中武器装备的使用者、作战方法的创造者、军事行动的实践者，人的素质和精神状态，对战斗力的形成和发挥具有重要影响。只有坚持以人为本，充分尊重广大官兵的主体地位和创新精神，军队才能充满活力，不断增强战斗力。胡锦涛要求各部队，要坚定地相信和依靠广大官兵，不断提高官兵的思想政治素质、科学文化素质、军事专业素质和身体与心理素质，大力培育战斗精神，充分调动官兵练兵积极性，充分发挥官兵在军队建设中的主人翁作用。军队建设贯彻以人为本，要符合军队作为武装集团的特殊性，要适应履行作战任务的要求，要有利于提高战斗力。

（4）加强科学管理，落实从严治军，不断提高军队建设质量。在军队建设中要全面落实科学发展观，必须加强科学管理，不断提高国防和军队现代化建设的质量和效益。胡锦涛指出，我国正处于并将长期处于社会主义初级阶段，国家尚不富裕，要解决好军队建设需求和国防投资不足的矛盾，把有限的资源最大化地转换为国防实力和战斗力，必须加强科学管理，走一条投入少、效益高的国防和军队现代化建设之路，全军各级要强化质量效益观念，切实转变传统的人力密集型、数量规模型的管理模式，向科学、管理要效益、向科学管理要战斗力。世界军事变革不仅是一场军事技术和军队组织体制的革命，也是一场军事管理的革命。科学、高效的管理，对于降低军队建设成本，提高军事系统运行效率，增强部队战斗力，具有非常重要的作用。

如何加强科学管理，提高我军现代化建设的效益？胡锦涛指出，要加强战略筹划，统筹军队各方面建设，着眼全局和长远确定科学可行的发展目标和思路，有计划有步骤、快速高效地推进部队的建设和改革，要运用综合集成的方法对各种作战要素进行系统整合，防止和克服条块分割、重复建设的问题，提高部队信息化条件下整体作战能力，要充分发挥社会主义制度能够集中力量办大事的优势，抓住对全局具有重要影响的关键问题和建设项目进行重点突破，通过局部跃升带动整体发展。必须大力发扬艰苦奋斗精神，始终贯彻勤俭建军方针，坚持勤俭办一切事业，坚决反对大手大脚、铺张浪费、盲目攀比的风气，真正把有限的经费用在刀刃上、用出效益来。胡锦涛要求军队各级管理干部，要下功夫学理论、学科技、学管理。胡锦涛指出，国际国内形势在不断变化，国防和军队建设实践在不断发展，新情况新问题层出不穷，我们必须抓紧学习，否则就很难科学组织和领导军队建设。

加强军队建设的科学管理，首先，必须大兴求真务实之风，要充分认识求真务实的极端重要性，要把求真务实精神贯彻到军队建设的全过程，要坚持理论联系实际。军队是要打仗的，抓各项工作，任何时候都要硬、实打实，来不得半点虚假和漂浮，否则一旦打起仗来就要吃大亏，就会付出惨痛代价。其次，要坚决贯彻从严治军的方针，从严治军是军队建设的铁律，治军不严，祸患无穷。要把从严治军作为全局性、基础性、长期性工作紧抓不放，在军事、政治、后勤、装备工作的各个领域加大从严治军力度，各级领导干部要端正工作指导思想，要把对上级负责和对下级负责一致起来，要把工作重心放在基层，要克服形形色色的官僚主义和形式主义，把从严治军落到实处。再次，要树立正确的政绩观。要把树立和落实科学发展观与正确的政绩观紧密结合起来，科学发展观引导着正确的政绩观的树立，正确的政绩观保证着科学发展观的落实，各级领导干部要忠实履行与实践“三个代表”重要思想，坚持为民、务实、清廉，坚持按客观规律办事，兢兢业业地干好工作，实实在在地创造业绩。第四，要坚持科学决策、民主决策、依法决策，党委领导工作的主要内容之一就是做决策，各级党委必须高度重视决策工作，要树立现代决策理念，掌握和运用现代决策方法，努力提高科学决策、民主决策、依法决策的水平，准确理解和把握党的路线、方针、政策是科学决策的前提，只有把党中央、中央军委的精神吃透，才能保证决策的正确方向。第五，要努力学习现代科学技术知识。在世界科技革命和新军事变革推动下，军事领域已经成为科学技术高度密集的领域，如果不懂得现代科学技术特别是高新科学技术知识，就谈不上领导部队建设的科学发展，更谈不上对部队进行科学管理。因此，各级军队领导干部要进一步增强学习现代科学技术的紧迫感，抓紧更新知识储备，优化知识结构，提高信息化条件下组织部队建设、指挥部队作战、科学管理部队的水平。第六，必须始终坚持党对武装力量绝对领导的原则。军队是国家或政治集团实行其阶级统治和执行其意志的专政力量与暴力工具，只有坚持党的领导，才能保证军队的性质和任务的完成，才能保证军队永远执行党的意志和命令。

3. 新世纪新阶段国防建设思想

（1）国防与经济建设一定要协调发展。党的十六大提出的国防建设和国民经济建设协调发展的方针，是党对国防建设和经济建设内在规律的科学总结，既是强国之策，也是强军之道，集中精力把经济建设搞上去，不断增强经济实力，是解决包括国防和军队建设在内的所有问题的重要前提和物质基础。只有经济发展了，国防和军队现代化建设才能不断发展。同时，国防实力是综合国力的重要组成部分，强大、巩固的国防是国家安全和经济发展的重要保障，尤其是在当今世界形势复杂多变，各国之间综合国力竞争日趋激烈的情况下，国家的安全和发展必须有强大的军事实力做后盾。一定要统筹好国防建设和经济建设的关系。胡锦涛指出，要在经济发展的基础上，努力建设一支同我国地位相称、同我国安全和发展利益相适应的军事力量，有效维护国家安全统一，确保全面建设小康社会的顺利推进，这是落实科学发展观的必然要求，也是在新世纪新阶段抓住战略机遇期，全面推进社会主义经济建设、政治建设、文化建设和社会主义和谐社会建设，实现全面建设小康社会宏伟目标的需要。

要正确贯彻执行国防建设与经济建设协调发展的方针，就必须正确认识和把握国防和军队建设服从与服务于经济建设这个大局的辩证关系。从国家角度来讲，要在经济发展的基础上，逐步增加国防投入，保障和促进国防和军队现代化建设的顺利进行。从军队角度讲，要坚决服从与服务于国家经济社会发展的大局，为经济建设保驾护航。胡锦涛指出，我们要把国防和军队建设融入社会主义现代化建设的全局之中，依托国家经济社会发展，扎实推进国防和军队现代化建设，使国防建设与经济建设相互促进、协调发展。

全军要牢固树立社会主义经济建设的大局意识，坚决维护社会主义经济建设这个大局，有力保障社会主义经济建设这个大局，自觉在社会主义经济建设这个大局下行动。军队要模范地执行党的路线、方针、政策，坚决拥护和支持国家的各项改革，积极参加和支援国家现代化建设，努力做好促进和维护社会稳定的各项工作，为全面建设社会主义的和谐小康社会贡献力量。胡锦涛指出：经过改革开放二十多年的发展，我国的经济实力上了一个大台阶，国防和军队现代化建设的物质技术基础明显加强。新世纪、新阶段我国经济社会的不断发展，必将为国防和军队现代化建设创造更加有利的条件，可以说，21 世纪前二十年，既是国家经济社会加快发展的重要时机，也是国防和军队现代化建设加快发展的重要时机。我们应该也有可能把国防和军队现代化建设搞得更好，要依托国家经济社会发展，把国防建设融入现代化建设全局之中，统筹国防资源和经济资源，注重国防经济和社会经济、军用技术和民用技术、军队人才和地方人才的兼容发展，进一步形成国防建设和经济建设相互促进、协调发展的良好局面。

（2）军民结合、寓军于民。实现国防和军队现代化建设又快又好地发展，必须坚持军民结合、寓军于民的方针，把国防和军队现代化建设深深融入经济、社会发展体系之中。新中国成立以来，党在领导国防和军队建设中始终坚持人民战争的战略思想，致力于探索军民结合、寓军于民发展国防和军队建设路子，认识不断深化，实践不断拓展。当代科技革命、产业革命和新军事变革的发展，使国防经济与社会经济、军用技本与民用技术的结合越来越广，融合度越来越深。信息化战争呈现军民一体、前后方一体的趋势，信息化军队建设和作战，对经济、科技和社会的依赖性空前增强。新世纪、新阶段，我国高新技术产业和社会信息化的迅速发展，对中国特色军事变革的影响和支撑也不断深入，因此，对军民结合、寓军于民的发展国防和军队建设提出了新的更高的要求，也提供了更加有利的条件，利用国家经济社会资源加快国防和军队的建设和发展的前景也更加广阔。胡锦涛指出，我们要认真总结自己的成功经验，借鉴国外有益经验，积极探索新形势下军民结合、寓军于民的新途径、新方法，全面推进经济、科技、教育、人才等各个领域的军民融合。

军民结合、寓军于民，需要党和国家从经济社会发展全局通盘考虑，制定相应的法规政策和军民通用技术标准，要强化军民结合、寓军于民意识，建立军民结合、寓军于民的经济社会体系。胡锦涛指出，能利用民用资源的就不自己铺摊子，能纳入国家经济科技发展体系的就不另起炉灶，能依托社会保障资源办的事都要实行社会保障，要尽可能把国防科学技术研究纳入国家科学技术中长期发展规划，广泛吸纳成熟的民用技术、提高武器装备创新发展能力。胡锦涛特别强调，要加大依托国民教育培养军事人才和从社会引进专业技术人才工作力度，更好地满足军队建设日益增长的高素质人才需求。国防动员是实现军民结合、寓军于民的重要组织形式和桥梁，要通过国防动员推进军队后勤保障和其他社会保障的社会化，大力加强民兵和预备役部队建设，突出抓好高新技术武器装备动员和综合保障动员建设，巩固军政军民团结，切实增强打赢信息化条件下的人民战争的整体实力。

二、胡锦涛国防和军队建设重要论述的地位和意义

1. 拓展了三代领导人军事思想的内容

三代领导人的军事思想，是我国国防和军队建设各个时期取得重大成就的创新理论。新世纪、新阶段，国防和军队现代化建设应如何建设和发展，同样需要党的创新理论进行指导。胡

锦涛用科学发展观指导国防和军队建设重要论述，指明了新时期、新阶段国防和军队现代化建设的方向，确定了坚持以人为本的战斗力生成模式的有效途径，明确了我军新时期新阶段的历史使命，规范了国防和军队建设的基本要素，是实施军事变革、提高信息化作战能力、维护国家安全环境、加强国防和军队现代化建设的纲领，极大地丰富了三代领导人军事思想的内容。

2. 为国防和军队建设提供了理论指导

进入新世纪、新阶段，我国国防和军队建设所处环境和形势与任务发生了重大变化，既面临难得的发展机遇，也面临严峻的挑战，胡锦涛国防和军队建设重要论述，提出了要充分把握在我国经济实力、科技实力、国防实力和民族凝聚力不断增强的基础上，大力推进国防和军队建设，不断增强应对危机、维护和平、遏制战争、打赢战争的能力，切实把国防和军队建设转入全面协调和持续发展的轨道，做到国防建设和经济建设全面协调发展。

3. 为解决国防和军队建设与发展的现实问题和矛盾开辟了途径

新世纪、新阶段是我国国防和军队现代化建设的关键时期，中国特色军队变革和军事斗争准备面临的任务非常繁重和艰巨，国防和军队建设存在的规模、结构、效益等方面的问题迫切需要解决。胡锦涛国防和军队建设重要论述，为国防和军队建设转变发展观念、创新发展模式、提高发展质量提供了新思路、新方略，只有在国防和军队建设中。全面落实科学发展观，坚持面向未来、着眼全球、解放思想、更新观念，才能解决国防和军队建设中面临的现实问题和矛盾。保证国防和军队建设健康、有序、高效地发展。

4. 为我军履行新世纪、新阶段历史使命提供了重要保证

用科学发展观指导国防和军队建设，就要明确新世纪、新阶段我军肩负的历史使命。胡锦涛正是在深刻洞察国际战略形势与我国安全环境，科学判断国家发展和军队建设所处历史方位的基础上，提出了我军新世纪新阶段的历史使命。“三个提供，一个发挥”的历史使命，深刻揭示了军队任务必须与党的历史任务相一致、军事战略必须与国家战略相协调、军队建设和改革必须与世界军事发展趋势相符合的客观规律。胡锦涛国防和军队建设重要论述，进一步指明了国防和军队建设的发展方向，为我军履行历史使命提供了重要保证。

5. 为加快我军战斗力生成模式转变提供了强大的思想武器

新世纪、新阶段我军要加速推进中国特色军事变革，完成机械化和信息化双重任务，实现军队现代化的跨越式发展，不断探索国防和军队建设的发展特点与规律，更加科学地把国防和军队建设推向前进。胡锦涛国防和军队建设重要论述，深刻揭示了军队建设的主体和动力源泉，提出了一定要充分调动广大官兵的积极性、创造性，坚持以人为本，尊重官兵的主体地位，创新培养人才，增强官兵的科技素质、战略素质和思想政治素质，维护官兵的合法权益，不断改善官兵的物质文化生活，促进战斗力生成模式的转变，凝聚巨大的战斗力，为打赢信息化局部战争做准备。

胡锦涛国防和军队建设重要论述，对开创国防和军队建设的新局面，实现国防和军队现代化建设的全面协调可持续发展，全面落实科学发展观，指导国防和军队现代化建设具有重大的现实意义和历史习近平关于国防和军队建设的重要论述。

第七节　习近平关于全面推进国防和军队建设重要论述

习近平关于国防和军队建设的重要论述内容丰富，思想深刻，意蕴深远，涵盖军队建设

各个领域各个方面，形成了走中国特色强军之路的建军治军方针，达到了科学真理性、理论创新性、实践指导性的高度统一。根本目的就是要深刻把握贯彻其中的坚定信仰追求、历史担当意识、真挚为民情怀、务实思想作风和科学思想方法。

一、习近平关于国防和军队建设重要论述的主要内容

1. 牢牢把握党在新形势下的强军目标

建设强大的人民军队是我们党的不懈追求。在各个历史时期，我们党都提出明确目标要求，引领我军建设不断向前发展。党的十八大以来，习近平总书记鲜明提出党在新形势下的强军目标，就是建设一支听党指挥、能打胜仗、作风优良的人民军队，强调“全军要准确把握这一强军目标，用以统领军队建设、改革和军事斗争准备，努力把国防和军队建设提高到一个新水平。”从而阐明了我们党在新形势下建军治军的总方略，集中体现了我军的根本原则、根本职能、根本性质和宗旨，明确了加强军队建设的聚焦点和着力点，指明了新形势下建设强大人民军队的前进方向。

（1）把握听党指挥这个灵魂。习近平指出，听党指挥是灵魂，决定军队建设的政治方向。军队要像军队的样子，习近平总书记指出“‘军队的样子’就是要坚决听党指挥，要能打仗、打胜仗，要保持光荣传统和优良作风，”听党指挥是灵魂。我军作为执行党的政治任务的武装集团，必须把听党指挥作为军队建设的首要，确保部队绝对忠诚、绝对纯洁、绝对可靠。多年来我军之所以能始终保持强大的凝聚力、向心力、战斗力，经受住各种考验，不断从胜利走向胜利，最根本的就是靠党的坚强领导。

习近平把听党指挥作为强军目标的第一要素加以强调，体现了党对军队的最高政治要求。在思想上，要坚定对中国特色社会主义的道路自信、理论自信、制度自信，坚定对党的信赖，坚定党对军队的绝对领导的根本原则和制度，主要包括：军队的最高领导权和指挥权属于党中央、中央军委；部队各级党委坚持贯彻民主集中制的组织原则，实行党委统一的集体领导下的首长分工负责制；团以上单位设立政治委员和政治机关；党支部建在连上等，在行动中，要永远听党的话、跟党走，一切行动听从党中央、中央军委和习近平指挥。

（2）把握能打仗这个核心。习近平指出，能打仗是核心，反映军队的根本职能和军队建设的根本指向；文无第一，武无第二；必须扭住能打仗、打胜仗这个强军之要，强化官兵当兵打仗、带兵打仗、练兵打仗思想，牢固树立战斗力这个唯一的根本的标准，按照打仗的要求搞建设、抓准备，确保部队招之即来、来之能战、战之必胜；习近平把能打仗作为强军的核心，从根本上确立了军队建设的中心任务，提升了军队履行使命的标准要求，寓意深刻、影响深远，既有重大的军事意义，又有很深的政治考量。

（3）把握作风优良这个保证。习近平指出，作风优良是保证，关系军队的性质、宗旨、本色；作风优良才能塑造英雄部队，作风松散可以搞垮常胜之师。习近平把作风优良作为强军的保证，凸显了军队作风建设的极端重要性：要始终牢记，作风纯正能激发强大的认同感、归属感和向心力、感召力，作风顽强能产生看似无形却摄敌心魄的杀气、霸气，平时要弘扬传统，加强我党我军光荣传统和优良作风教育，大力弘扬艰苦奋斗精神，使人民军队的宝贵精神财富一代代传下去，不断鼓满强军之帆，助力强军之舰胜利远航。

2. 确保部队绝对忠诚、绝对纯洁、绝对可靠

政治建军是我军的守军之本。在长期实践中，实行革命的政治工作，保证了我军始终是党的绝对领导下的革命军队，为我军战胜强大敌人和艰难险阻提供了不竭力量，使我军始终

保持了人民军队的本色和作风。新形势下，我军政治工作只能加强不能削弱，只能前进不能停滞，只能积极作为不能被动应对。军队政治工作的时代主题是，紧紧围绕实现中华民族伟大复兴的中国梦，为实现党在新形势下的强军目标提供坚强政治保证。

（1）坚持不懈用党的创新理论武装官兵，坚实听党的话、跟党走的思想政治基础。习近平指出，要坚持从思想上政治上建设部队，坚持党对军队绝对领导的根本原则和制度，坚持不懈用中国特色社会主义理论体系武装官兵，持续培育当代革命军人核心价值观，弘扬我军光荣传统和优良作风，确保部队绝对忠诚、绝对纯洁、绝对可靠，永葆人民军队的性质和本色；要组织官兵认真研读党的十八大文件，深入搞好党的十八大精神宣讲活动，切实把官兵的思想和行动统一到党的十八大精神上来，切实在武装头脑、指导实践、推动工作上下功夫。要引导官兵认真学习贯彻邓小平理论、“三个代表”重要思想、科学发展观，深入掌握党的军事指导理论的科学内涵、精神实质、基本要求，以理论上的清醒保证政治上的坚定，要按照走在前列的要求，不断把学习贯彻党的十八大精神引向深入，真正把功夫用在武装头脑、指导实践、推动工作上。

（2）坚决贯彻执行党对军队绝对领导的根本制度，把党指挥枪的原则落到实处。习近平指出，坚持党对军队绝对领导的根本原则和人民军队的根本宗旨不动摇，贯彻执行党的理论和路线方针政策不动摇，始终忠于党、忠于社会主义、忠于祖国、忠于人民，做到一切行动听从党中央和中央军委指挥；我们要巩固党的执政地位，保证社会主义永不变色，在这个根本政治原则上不能有丝毫差错，否则就要犯历史性错误。当前，我们官兵成分结构发生了很大变化，一些同志对党指挥枪的极端重要性缺乏认识。要组织官兵认真学习党史军史，坚决抵制军队非党化，坚定党对军队绝对领导的政治自信和政治自觉，打牢官兵高举旗帜、听党指挥的思想政治基础。

3. 确保部队招之即来、来之能战、战之必胜

习近平指出，能打仗、打胜仗是军队的根本价值。必须坚持全部心思向打仗聚焦、各项工作项向打仗用劲，牢固树立战斗力这个唯一的根本的标准。这一重要指示揭示了我军的根本职能和战略任务，反映了对走中国特色强军之路的深邃思考，为在新的历史起点上加快推进国防和军队现代化指明了方向。

（1）坚持把拓展和深化军事斗争准备作为基本途径。习近平指出，军事斗争准备是军队的基本实践活动，是维护和平、遏制危机、打赢战争的重要保证；要坚持军事斗争准备龙头地位不动摇，立足应对复杂困难局面，统筹推进各方向各领域军事斗争准备，保持战略全局平衡和稳定；军事训练是未来战争的预演，要形成大抓军事训练的鲜明导向，从实战需要出发从难从严训练部队，着力提高军事训练实战化水平，使部队都练就过硬本领。

（2）牢固树立战斗力这个唯一的根本的标准。习近平指出，军队建设各项工作，如果离开战斗力标准，就失去了其根本意义和根本价值。战斗力标准，是有效履行我军根本职能的要求，也是提高军队建设质量和效益的要求；要始终坚持战斗力这个唯一的根本的标准，全部心思向打仗聚焦，各项工作项向打仗用劲；把战斗力标准贯穿到军队建设全过程和各方面。

4. 始终保持我军光荣传统和优良作风

习近平指出，要坚持依法治军、从严治军方针，加大纪律执行情况的监督和检查力度，下功夫解读“四风”方面的突出问题，重点解决发生在身边的不正之风，坚持严字当头、以上率下，持之以恒、锲而不舍，着力在纠治反映突出的问题上见到成效，在解决深层次矛盾

和问题上见到成效，在构建规范化、制度化的长效机制上见到成效，努力实现作风根本好转，指明了军队建设的紧迫课题，明确了推进各项工作的重要突破口。

（1）加大依法治军、从严治军力度。习近平指出，依法治军、从严治军是强军之基；要着力夯实强军之基，把依法治军、从严治军方针贯彻落实到部队建设的全过程和各方面；下大力气整肃军纪，认真解决管理松懈、作风松散、纪律松弛等问题，坚决克服有法不依、执法不严、违法不究现象。

（2）着力纠治官兵反映强烈的突出问题。习近平指出，认真贯彻整风精神，着力纠正官兵反映的突出问题；要扎实开展党的群众路线教育实践活动，贯彻整风精神，按照“照镜子、正衣冠、洗洗澡、治治病”的总要求，切实对作风之弊、行为之垢来一次大排查、大检修、大扫除，坚决反对形式主义、官僚主义、享乐主义和奢靡之风。强化强基固本思想，着力整治发生在士兵身边的不良行为，纯洁基层风气，纯洁内部关系，进一步调动广大官兵实现强军目标的积极性、主动性和创造性。

（3）着力构建规范化、制度化的长效机制。习近平指出，要注重从制度机制上解决问题，树立制度的严肃性和权威性，实现抓作风建设制度化、常态化；制度是管根本、管长远的；要建立一整套科学合理的法规制度，推动作风建设常态化、长效化。

5. 切实打牢实现强军目标的坚实基础

习近平指出，要强化强基固本思想，始终把工作重心放在基层，把党支部建设作为基层建设的重点来抓，加强经常性基础性工作，推动贯彻落实强军目标向基层拓展、向末端延伸。这明确了军队建设的基础和重心，为推动基层建设全面发展、全面进步指明了方向。

（1）要始终把工作重心放在基层。习近平指出，基层是部队全部工作和战斗力的基础，部队所有工作都要靠基层去落实，在第一线冲锋陷阵也全靠基层；要始终把工作重心放在基层，把部队建设和战斗力的基础打得更加牢固；要推动贯彻落实强军目标向基层拓展、向末端延伸，发挥广大官兵为实现强军目标而奋斗的积极性、主动性、创造性，切实打牢实现强军目标的坚实基础；各级要强化强基固本思想，牢固树立大抓基层的鲜明导向，扎实打基础，反复抓落实，推动基层建设全面进步、全面过硬。

（2）要强化基层党组织建设。习近平指出，要全面加强党组织建设，把党的政治优势和组织优势转化为推动部队建设的强大力量；要抓好基层党组织建设，配备基层党委、支部班子，强化组织功能，把基层党组织建设成为坚强战斗堡垒；要重视和加强基层干部队伍建设，着力提高他们的能力素质，关心他们的成长进步，主动为他们排忧解难，充分调动基层干部的积极性、主动性、创造性。

6. 为实现强军目标提供坚强思想和组织保证

习近平指出，搞好军队党的建设，关系到党的执政地位，关系到我军性质宗旨，关系到部队战斗力。必须始终坚持党对军队的绝对领导，始终坚持以能打仗、打胜仗为根本着眼点，始终坚持党要管党、从严治党方针，始终坚持以改革创新精神加强军队党的建设，不断提高军队党的建设和科学文化水平。这明确了军队建设发展的核心问题，为全面加强军队党的建设提供了根本遵循。

（1）坚持党要管党、从严治党。习近平指出，从严治军，关键是要从严治党。要坚持党要管党、从严治党，全面加强部队党的思想建设、组织建设、作风建设、反腐倡廉建设、制度建设，增强各级党组织的创造力、凝聚力和战斗力，把党的政治优势和组织优势转化为推动部队建设的强大力量。要坚持贯彻民主集中制，用好批评和自我批评这个有力武器，严格落实党内生活制度，着力巩固和加强党的团结。

（2）强化战斗队思想。习近平指出，军队党的建设必须紧紧围绕能打仗、打胜仗来展开，成为部队战斗力的增强剂和功放器；要强化战斗队思想，把战斗力标准贯彻到军队党的建设各个方面，加强各级党组织能力建设，造就高素质干部队伍，发挥党委领导核心作用、党支部堡垒作用、党员先锋模范作用，团结带领官兵坚决完成党和人民赋予的光荣使命。

（3）创新军队党的建设。习近平指出，现在，党的建设面临的社会条件、党员队伍成分结构都发生了深刻变化，要继承我军党建工作优良传统，也要推进新形势下军队党的建设创新发展；要深入研究新形势下军队党的建设特点和规律，推进制度创新，改进方式方法，不断增强军队党建工作的时代感和科学性，不断增强各级党组织的创造力、凝聚力、战斗力。现阶段，我们创新基层党组织建设，就要在提高马克思主义理论素养、领导军事斗争准备和指挥打仗能力、转变作风正气、强化党组织功能等四个方面求深化，突出抓好“三型”党组织创建。

7. 掌握科学的思想方法

习近平讲话中体现的共产党人所具有的政治立场、价值追求和思想风范，蕴含和贯穿其中的立场、观点和方法，对我们提高观察、分析和处理问题的能力，增强工作的原则性、系统性、预见性和创造性具有重要意义。

（1）高瞻远瞩、统揽全局——恢宏的战略视野。注重从全局上审视国际国内大势，针对中国未来走向，习近平重申“两个一百年”的奋斗目标，并提出实现中华民族伟大复兴的中国梦，成为激励全党全军和全国各族人民团结奋斗的精神旗帜和高昂旋律。针对我国发展面临的新形势新挑战，习近平做出“三个前所未有”的精辟概括，告诫我们安全发展形势更趋复杂，前进道路不会一帆风顺、注重用长远眼光认识和处理问题。习近平提出要有“功成不必在我”的宽阔胸襟，领导干部要多做有利于长远的大事，坚持一任接着一任干，一张蓝图干到底，习近平有“绿水青山也是金山银山”的远见卓识，反复强调要把发展的立足点放在提高发展的质量和效益上，推进经济社会持续健康发展。注重从整体上把握事物发展趋势。习近平深刻洞察事物的关联性和系统性，注重全面分析、通盘考虑问题，整体谋划、协调推进工作。

（2）洞察趋势、把握规律——唯物的辩证思维。坚持“两点论”，保持战略清醒。面对千变万化、纷繁复杂的形势，习近平始终辩证地看问题，坚持一分为二，既看有利条件和积极因素，也看各种困难和严峻挑战，做出客观准确的判断。比如，对当前国内外经济形势，习近平分析指出，既要看到我国经济社会发展基本面长期向好的态势，也要看到国际国内不利因素的长期性、复杂性、曲折性，不回避矛盾、不掩盖问题。这个判断客观辩证，体现了对经济格局的准确把握，坚持“重点论”，增强战略定力。抓主要矛盾和矛盾的主要方面，集中优势打歼灭战，是习近平一贯的思想方法和领导方法。在党的建设上，习近平紧紧抓住反“四风”，改作风这个重点，采取有力措施，取得明显成效，群众充分认同。在国防和军队建设上，提出党在新形势下的强军目标，一下子抓住了军队建设的关键要害，把军队建设全局统了起来，把军心士气提了起来。坚持“底线论”，争取战略主动。习近平多次强调，凡事要从坏处准备，努力争取最好的结果，做到有备无患、遇事不慌。坚持“创新论”，激发战略活力。推进理论创新、制度创新、实践创新，是最具关键性的辩证思维。习近平多次指出，创新是民族进步的灵魂，是一个国家兴旺发达的不竭源泉，要求全党一定要勇于实践、勇于变革、勇于创新。

（3）植根人民、服务人民——朴实的群众观点。坚持“一切为了群众、一切依靠群众”的鲜明立场。习近平在军队多个重要场合强调，“军队要与人民心心相印，与人民同甘共苦、与人民团结奋斗，军队党员干部要带头牢记和落实这个要求”。体现“把群众安危冷暖时刻放在心上”的爱民情怀。习近平十分关心百姓冷暖，强调“对人民群众的疾苦要有仁爱之心、关爱之心，对困难群众要格外关注、格外关爱、格外关心”。践行“从群众中来、到群众中去的根本工作路线”。习近平深刻指出，“领导不是百事通，不是万能的”“人民群众中有的是能者和智者”；要求党员干部“放下架子，甘当小学生，多同群众交朋友，多向群众请教”“从群众中寻找解决问题的方案和办法”。发扬“保持党同人民群众血肉联系”的优良作风。习近平指出，“人心向背关系党的生死存亡”“执政党的最大危险就是脱离群众”“加强和改进党的作风建设，核心问题是保持党同人民群众的血肉联系”。

二、习近平关于国防和军队建设论述的重要意义

1. 从发展战略看，确保了军队建设的正确方向

我军是执行党的政治任务的武装集团，必须始终以党的旗帜为旗帜、以党的方向为方向。政治决定军事，政略决定战略。习近平重要论述是从国家和民族最高利益出发做出的战略运筹，反映了党的执政使命对军队建设的迫切要求，是党的意志主张在军事领域的具体体现。学习好、贯彻好习近平重要论述，才能把国防和军队建设放在实现强军梦这个大目标下来认识和推进，自觉在党和国家事业大局下思考和行动，确保军事建设始终沿着党指引的方向前进。

强国强军，战略先行。军事战略是筹划和指导军事力量建设和运用的总方略，服从服务于国家战略目标。现在，党和国家的战略目标是实现“两个一百年”奋斗目标、实现中华民族伟大复兴的中国梦，要把战争问题放在这个大目标下来认识和筹划，从政治高度思考和处理军事问题，着眼国家利益全局筹划和指导军事行动，探索形成与时代发展同步伐、与国家安全需求相适应的军事战略指导。

有效履行新的历史时期军队的使命。要坚决维护中国共产党的领导和中国特色社会主义制度，坚决维护国家主权、安全、发展利益，坚决维护国家发展的重要战略机遇期，坚决维护地区与世界和平，为实现“两个一百年”奋斗目标、实现中华民族伟大复兴的中国梦提供坚强保障。必须担负以下战略任务：应对各种突发事件和军事威胁，有效维护国家领土、领空、领海主权和安全；坚决捍卫祖国统一；维护新型领域安全和利益；维护海外利益安全；保持战略威慑，组织核反击行动；参加地区和国际安全合作，维护地区和世界和平；加强反渗透、反分裂、反恐怖斗争，维护国家政治安全和社会稳定；担负抢险救灾、维护权益、安保警戒和支援国家经济社会建设等任务。

毫不动摇坚持积极防御战略思想，同时不断丰富和发展这一思想的内涵。根据国家安全和发展战略，适应新的历史时期形势任务要求，坚持实行积极防御军事战略方针，与时俱进加强军事战略指导，进一步拓宽战略视野、更新战略思维、前移指导重心，整体运筹备战与止战、维权与维稳、威慑与实战、战争行动与和平时期军事力量运用，注重深远经略，塑造有利态势，综合管控危机，坚决遏制和打赢战争。

实行新形势下积极防御军事战略方针，根据战争形态演变和国家安全形势，将军事斗争准备基点放在打赢信息化局部战争上，突出海上军事斗争和军事斗争准备，有效控制重大危

机，妥善应对连锁反应，坚决捍卫国家领土主权、统一和安全。根据各个方向安全威胁和军队能力建设实际，创新基本作战思想，坚持灵活机动、自主作战的原则，你打你的、我打我的，运用诸军兵种一体化作战力量，实施信息主导、精打要害、联合制胜的体系作战。根据我国地缘战略环境、面临安全威胁和军队战略任务，优化军事战略布局，构建全局统筹、分区负责，相互策应、互为一体的战略部署和军事部署，应对太空、网络空间等新区国际安全合作，维护海外利益安全。

习近平总书记指出："军事战略方针是统揽军事力量建设和运用的总纲，全军各项工作和建设都必须贯彻和体现新形势下军事战略方针的要求" 适应战争准备基点转变，拓展和深化军事斗争准备，加大军事创新力度，使全军各项建设和工作向实现建设信息化军队、打赢信息化战争的战略目标聚焦，向实施信息化条件下联合作战的要求聚焦，向形成基于信息系统的体系作战能力聚焦。推动军事战略方针在各领域细化具体化，完善军事战略体系，修订完善作战方案计划，健全军事战略方针贯彻落实督导问责机制，把军事战略方针各项要求落到实处。

2. 从发展实践看，实现了党在新形势下的强军目标

当前，发展仍处于可以大有作为的重要战略机遇期，但重要战略机遇期内涵和条件发生新的变化，国际形势和我国的安全环境更趋复杂，维护国家安全和发展利益任务艰巨繁重，迫切需求国防和军队建设有一个大的发展，习近平重要论述，准确把握世界大势和时代发展脉搏，科学阐明了为什么要强军、强军目标是什么、怎样走中国特色强军之路等重大问题，赋予党的军事指导理论新的时代内涵。学习好、贯彻好习近平重要论述，才能拎起军队建设的总纲，牢牢把握听党指挥这个强军之魂，能打仗、打胜仗这个强军之要，依法治军、从严治军这个强军之基，推动实现强军目标不断取得实质性进展。

围绕能打仗、打胜仗开展和深化军事斗争准备。军事斗争准备是维护和平、遏制危机、打赢战争的重要保证。习近平总书记指出："能战方能止战，准备打才可能不必打，越不能打越可能挨打，这就是战争与和平的辩证法。" 军事力量是维护国家安全的保底手段，必须坚持底线思维，强化随时准备打仗思想，更加坚定自觉地抓备战谋打赢，确保一旦有事上得去、打得赢。

牢固树立战斗力这个唯一的根本的标准。要把提高战斗力作为军队各项建设的出发点和落脚点，用是否有利于提高战斗力来衡量和检验各项工作，健全完善党委工作和领导干部考核评价体系，形成有利于提高战斗力的舆论导向、工作导向、用人导向、政策导向。

军事斗争准备是军队的基本实践活动，要牢牢扭住，须臾不能松懈。坚持把日常战备工作提到战略高度，强化官兵当兵打仗、带兵打仗、练兵打仗思想，保持部队箭在弦上、引而待发的高度戒备态势、抓备战必须通盘考虑，统筹推进维护国家主权和安全、海上维权、边境维权维稳等各方向各领域军事斗争准备，不能顾此失彼。打仗在某种意义上讲就是打保障，要围绕实现全面建设现代后勤总体目标，努力建设保障打赢现代化战争的后勤、服务部队现代化建设的后勤和向信息化转型的后勤。武器装备是军队现代化的重要标志，必须坚持信息主导、体系建设，坚持自主创新、持续发展，坚持统筹兼顾、突出重点，加快构建适应信息化战争和履行使命要求的武器装备体系。搞现代化建设、抓军事斗争准备，最核心的问题是人才。要大力实施人才战略工程，特别要把联合作战指挥人才、新型作战力量人才培养作为重中之重，培养造就能够担当强军重任的优秀军事人才。

打仗硬碰硬，训练必须实打实。军事训练水平上不去，部队战斗力就很难提高，战时必然吃大亏。坚持从实战需要出发从难从严训练部队，做到仗怎么打兵就怎么练，打仗需要什么就苦练什么，部队最缺什么就专攻精练什么。军事训练实际上是未来战争的预演，来不得半点飘浮和虚假，要从根本上端正训练指导思想，大胆训练、科学训练、安全训练，坚决纠正练为看、演为看和以牺牲战斗力为代价，消极保安全等不良现象，切实在实战化训练中增强实战化能力。

必须把反恐军事斗争准备摆到战略位置。从当前和今后一个时期国家安全需求看，恐怖主义已成为影响我国安全和发展的重大现实威胁。要保持严打高压态势，凡“恐”必打、露头就打，勇于当尖刀、担重任，坚决把暴力恐怖分子嚣张气焰打下去。

3. 从发展动力来看，深化了国防和军队改革

党的十八届三中全会对我国全面深化改革做出战略部署，深化国防和军队改革是紧跟国家全面深化改革步伐、顺应世界新军事革命发展潮流、解决军队建设面临的突出矛盾和问题的内在要求，是实现强军目标的必由之路。习近平重要论述，贯穿着勇于探索、大胆创新、开拓前进的理论勇气和政治智慧，提出了深化国防和军队改革的一系列战略举措和要求，为军队改革提供了科学指导。学习好、贯穿好习近平重要论述，才能牢固树立进取意识、机遇意识、责任意识，积极拥护改革、坚定支持改革、自觉投身改革，把国防和军队改革推向前进。

2015 年 11 月 24 日，习近平总书记在中央军委改革工作会议上指出：“全面实施改革强军战略，坚定不移走中国特色强军之路。”深化国防和军队改革，是实现中国梦强军梦的时代要求，是强军兴军的必由之路，也是决定军队未来的关键一招。

深化国防和军队改革是为了设计和塑造军队未来，关键是要牵住党在新形势下的强军目标这个“牛鼻子”。要坚持以强军目标为引领，贯彻新形势下军事战略方针，全面实施改革强军战略，着力解决制约国防和军队建设的体制性障碍、结构性矛盾、政策性问题，推进军队组织形态现代化，进一步解放和发展战斗力，进一步解放和增强军队活力，建设巩固国防和强大军队，为实现“两个一百年”奋斗目标、实现中华民族伟大复兴的中国梦提供坚强力最保证。

着眼于贯彻新形势下政治建军的要求，推进领导掌握部队和高效指挥部队有机统一，形成军委管总、战区主战、军种主建的格局。确立这一领导指挥体制改革的总原则，有利于在新形势下确保党对军队的绝对领导，确保军委高效指挥军队，确保军委科学谋划和加强部队建设管理。调整军委总部体制，由四总部改为 15 个职能部门，使军委机关成为军委的参谋机关、执行机关、服务机关。把七大军区调整划设为东部、南部、西部、北部、中部五大战区，组建战区联合作战指挥机构，健全军委联合作战指挥机构；组建陆军领导机构，成立火箭军，着力构建军委——战区——部队的作战指挥体系和军委——军种——部队的领导管理体系。

4. 从发展源泉看，汇聚了强军兴军强大的能量

在当今信息网络时代，战争过程日益科学化，军队建设、管理和作战行动更加强调标准化、规范化、精细化。这就要对军队各方面进行严格规范，建立一整套符合现代军事发展规律、体现我军特色的科学的组织模式、制度安排和运作方式，推动军队正规化建设向更高水平发展，坚持以纪律建设为核心，严格按条令条例管理部队，培养令行禁止、步调一致的严明纪律，始终保持部队正规的战备、训练、工作和生活秩序。加强部队科学管理，把关心关

爱官兵和从严治军统一起来，把严格管理和科学管理统一起来，向管理要效益、要战斗力。

实现强军梦是伟大而艰巨的事业，需要凝聚起全军官兵的意志和力量，坚持不懈地为之奋斗。习近平重要论述，反映了全党全军全国人民建设强大人民军队的共同愿望，阐明了中国梦、强军梦和每个官兵梦的有机统一，明确了当代革命军人应有的价值追求，具有巨大的感召力和凝聚力。学习好、贯彻好习近平重要论述，才能引导官兵自觉把个人理想抱负融入强军梦，强化使命担当，激发奋斗精神，矢志建功军营，形成同心聚力实现强军梦的生动局面。

习近平关于国防和军队建设重要论述，深刻阐明了新形势下国防和军队建设的一系列重大理论和现实问题，把我们党对军事力量建设和运用规律的认识提升到新高度。深入学习贯彻习近平重要论述，对加快推进部队建设具有重大而深远的意义。

复习思考题

1．如何理解军事思想的含义、特点和作用？
2．怎样理解军事思想的地位和作用？
3．如何理解毛泽东军事思想的科学含义及本质特征？
4．为什么研究和指导战争必须着眼其特点和发展？
5．毛泽东人民战争思想的基本理论观点是什么？
6．如何理解毛泽东积极防御战略思想的基本精神？
7．如何理解毛泽东军事思想的历史地位？
8．如何理解邓小平新时期军队建设思想的科学含义？
9．如何理解江泽民国防和军队建设思想的科学含义？
10．胡锦涛国防和军队建设思想的科学含义和主要内容是什么？
11．习近平关于国防和军队建设重要论述的主要内容是什么？
12．如何理解习近平关于国防和军队建设重要论述的重要意义？

第三章 世界军事战略

教学目的

了解国际战略格局的现状、特点和发展趋势。知道中国周边安全环境的演变及现状。

教学重点

（1）战略环境与战略的关系。

（2）中国周边的安全环境。

教学难点

（1）国际战略格局的发展脉络、特点和今后的发展趋势。

（2）中国周边安全环境热点问题的分析。

第一节 战略环境概述

一、战略的基本概念

1. 战略的含义

（1）含义。战略通常是指决定全局发展方向或长远目标的策略。“战略”一词起源于军事，原意为“筹划和指导战争全局的方略”。即根据对国际形势和敌对双方政治、军事、经济、科学技术、地理等诸因素的分析和判断，科学地预测战争的发生与发展，制定战略方针、战略原则和战略计划，筹划战争准备，指导战争实施所遵循的原则和方法。现广泛应用于政治、经济、科技、教育等社会领域，其含义也相应地具有广泛地适应性了。

战略在军事斗争的实践中产生，并随着军事斗争实践的不断发展、深化而丰富和完善。古代早期的战争，进行的方式是两军对阵，在战场上角力斗勇，胜负主要取决于兵员的数量、勇气和体力，作战方法简单，往往一次交战就能决定胜负，无战略战术之分。随着战争的发展和长期实战经验的积累，人们逐渐懂得了在战争中使用谋略，并总结出指导战争的方法，于是便产生了战略。应当说，早在“战略”这个概念出现之前，人们就已具有了一定的战略思维与战略意识，只是没有直接使用“战略”这个词语来表述。即使在“战略”这个概念出现后的相当长时间里，人们也没有对它的内涵和外延做出确切的界定。随着社会的演变、环境的变化及军事斗争的不断发展，在人们运用和驾驭战略的能力不断提高的同时，对战略的认识也不断深化和完善。战略产生于战争实践，长期根植于军事领域，本义即军事战略。战略具有重要的地位和作用。战略是国家根本性的军事政策，是军事活动的主要依据，是运用军事力量支持和配合国家进行政治、经济、外交斗争的重要保障。它既指导战时，也指导平时；既指导军事力量的使用，也指导军事力量的建设；既指导准备和实行战争，赢得战争的胜利，也指导遏制战争、维护和平。战略正确与否，决定战争的胜负，事关国家和民族的荣辱兴衰。

（2）分类。战略可按不同的标准划分成不同的类型。按社会历史时期划分，有古代战略、近代战略、现代战略；按作战性质划分，有进攻战略和防御战略；按使用武器的类型划分，有常规战争战略和核战争战略；按军种划分，有陆军战略、海军战略和空军战略；按作战持续时间划分，有速决战略和持久战略等。

（3）构成要素。战略的构成要素是战略本质属性的集中反映，也是战略内容和形式的具体展现。

1）战略目的。战略目的是战略行动所要达到的预期结果，是制定和实施战略的出发点与归宿点。战略目的是根据战略形势和国家利益的需要确定的。不同性质的国家和军队，其战略的目的不同。不同的战略目的往往反映战略的不同性质。自卫的防御性的战略是与维护领土主权完整等合法利益相联系的，而外向型的进攻性战略往往把别国的领土划归为自己的战略边疆，把别国的利益纳入自己的利益圈，把在本国疆界之外获取政治、经济利益作为自己的战略目的。确定战略目的时，必须强调需要与可能相结合、科学性与可行性相结合，要符合国家的路线、方针、政策，要与国家的总目标和综合国力相适应，满足国家在一定时期内对维护国家利益的基本要求。

2）战略方针。战略方针是指导战争全局的方针，是指导军事行动的纲领和制定战略计划的基本依据。它是在分析国际战略形势和敌对双方战争诸因素基础上制定的，具有很强的针对性。对不同的对象、不同的条件，应采取不同的战略方针。每个时期或每次行动除了总的战略方针外，还需要制定具体的更有针对性的战略方针，以确定战略任务、战略重点、战略方向和战略力量的部署与使用等问题。

3）战略力量。战略力量是战略的物质基础和支柱。它以国家综合国力为后盾，以军事力量为核心，战略筹划指导的对象是军事斗争，而军事斗争是由军事力量来承担和实施的。因此，对军事斗争的筹划和指导活动，集中体现在对军事力量的建设和运用上。战略指导者一方面要根据敌我军事力量的实际状况制定战略；另一方面又要根据战略目的的需求，指导军事力量的建设与运用，以夺取军事斗争的胜利。军事力量与战略有着密不可分的联系，是战略的基本要素。军事力量既是确立战略的重要物质基础，又是实行战略的主要工具；战略既决定着军事力量建设与运用的性质和方向，又主要依靠军事力量得到具体的贯彻和落实。因此，必须在发展经济和科学技术的基础上，根据战略目的和战略方针的要求，确定其建设的规模、发展方向和重点，并与国家的总体力量协调发展。

4）战略措施。战略措施也称战略手段，是为准备和进行战争而实行的具有全局意义的战略保障措施，是战略决策机构根据战争的需要，在政治、军事、外交、经济、科学技术和战略领导与指挥等方面，所采取的各种全局性的、切实可行的方法和步骤。战略目的和战略方针是战略行动的方向、目标、纲领与准则，但还不是行动本身，只有通过战略措施，才能将其付诸实施，使其得以贯彻落实。因此，战略措施是任何一个具体战略都不可缺少的重要组成部分。

2. 制约战略的基本因素

战争和客观物质条件决定战争的规律，同时也决定战争的指导规律。战争虽然表现为战争指导者的主观指导活动，但绝不是战争指导者个人意志的任意发挥，而是以一定的客观物质条件为基础，受一定社会生产方式和一定社会历史条件的严格制约。决定战略的要素主要有以下六个。

（1）国家利益。国家利益是一个国家赖以生存与发展的客观物质需求与精神需求的总和。国家利益是决定一个国家军事战略走向的基本因素，是国家军事战略的出发点和归宿点。国家利益的构成要素主要有国家领土、国家安全、国家主权、国家发展、国家稳定和国家尊严。在实践中，国家利益的重点和位次是不断变化的，不同的国家有不同的要求，同一个国家在不同时期也有着不同的需求，其利益结构排列也会有所差别，所以制定战略时需要在动态中灵活把握。国家利益对国家军事战略起决定性的作用。

（2）政治因素。战争是政治通过暴力手段的继续，战争手段和战争形态无论如何发展，都没有也不可能改变战争是政治的继续的本质。政治对战略具有统率和支配作用，将决定战略的性质和目的，赋予其任务和要求，影响战略的制定、实施和调整。战略服从和服务于政治，满足政治的需求，完成政治赋予的任务。因此，制定和实施战略，必须注重政治，充分考虑国际和国内的政治状况，敌对双方的政治因素、战略的政治目的和政策要求，同时要善于应用政治手段达到战略目的。国际政治包括时代特征、国际政治格局、国际联盟与组织、主要国家的政治意图与力量对比等。国内政治要考虑的是国家的政治制度、政治力量结构、占主导地位的观念形态和政治形势等。

（3）战争力量。战争力量指的是战争实力和战争潜力。战争实力即能够立即用于战争的军事、政治、经济与精神力量的总和。战争潜力是指上述各要素中平时处于潜在状态而在战争前夕或战时通过动员挖掘出来以增强战争实力的能力。战争实力与战争潜力共同构成一个国家或政治、军事集团总体的战争力量，对战争战略的影响是基础的、全过程的和决定性的。对战争的规模、持续时间、活动方式及其结局有重大影响，对能否完成战略任务，达成战略目的，起直接的作用。战争实力与战争潜力包括地理条件、人口状况、科技经济发展水平、军事力量状况、国家的社会状况和民族精神等。

（4）地缘战略关系。地缘战略关系是指地缘关系和国家间的地缘战略关系。地缘关系，通常是指在地理环境基础之上，人类在一定的共同地域内从事居住、生活、生产等社会活动而形成的“社会—地理”空间关系。

国家间的地缘战略关系是指相关国家间在自然地理和地缘环境的基础上形成的利益相关的诸种战略关系，如地缘政治关系、地缘经济关系、地缘文化关系、地缘军事关系等。这些关系对于国家的安全与发展具有基础性作用，是影响和制约战争、战略的重要因素。地缘战略关系包括地理位置、国土大小、国土形状、自然资源、国都、边疆国界、国家间的相对距离和战略空间等。

地缘战略关系在制定战略时的影响主要表现在，大国关系形成的地缘战略格局将决定本国的战略定位；现实或潜在威胁的地缘分布，将决定自己的战略威胁方向；地缘战略空间的不同特点，决定本国合理建构和部署战略力量；国家间地缘战略利益，确定相互间战略的性质等。

（5）战略文化传统。战略文化传统是一个国家在战略行为上所表现出来的持久性和相对稳定的文化特征。它是一个民族与文明的历史经验、民族特性、价值追求及文化心理在战略领域的集中反映。一个国家的战略行为，既反映了它在此时此地的现实需要，同时也深深地扎根于历史的、前期形成的战略文化之中。战略文化的基本特征是历史的延续性、文明的关联性和价值观的主导性。

文化不等于行为，传统不等于现实，但是文化传统却深深地影响着现实中行为的选择。战略文化传统对现实战略行为的影响主要表现在，第一，对战略环境的认识与判断上。第二，在战略目标的确定上。第三，在战略手段和战争样式的选择上。

（6）国际法。国际法是各国公认的、在国际关系上对国家有法律约束力的行为规则。国家与国家间的关系不仅存在于和平状态，而且在特定情况下也存在于敌对的战争状态。国际法既调整和平时期国家之间的关系，也调整敌对状态下国家之间的相互关系。国际法是调节武装冲突的重要法律依据，是影响战略决策和战争战略指导的重要因素。国际法在现代战争中的作用主要表现在：第一，是揭露敌人，争取国际社会的同情与支持，争取战略主动地位的有力武器；第二，是衡量和区分战争正义性与非正义性的重要尺度；第三，是确定和惩治战争罪犯的主要法律依据。

3. 战略的基本特征

（1）全局性。战略的全局性表现在空间和时间两个方面。在空间上是指战略统筹军事斗争的各个方面和各个部分。整个世界、一个国家、一个战区、一个独立的战略方向，都可以是战略的全局。战略是国家关于军事问题的最高决策，处于军事领域的最高层次。因此，作为国家的军事战略，客观上要求把整个国家的整个军事斗争作为全局。在战争条件下，各项战争准备工作的落实，各种战争力量的运用，各种作战活动的指挥与协调，及各项作战保障工作的组织与实施等，都要在战略的指导下进行。在和平条件下，各种军事力量的建设、各种方式军事斗争的开展、未来作战的准备与运筹、军队各项改革工作的进行及对未来发展的预测等，也都要以战略为基本依据。因此，军事领域的工作必须把战略作为统揽全局的总纲领。

在时间上是指战略指导贯穿于军事斗争的各个阶段和全部过程。在一定历史条件下的战略，应对该时期军事斗争的全过程进行整体筹划，确定其总的战略目的和任务、战略指导的基本思想、原则和战略方针等。在总揽全局的基础上，立足现实、着眼未来，对军事斗争的发展趋势进行预测，恰当区分战略阶段，明确各阶段的具体战略方针和战略任务，并根据客观情况的发展变化，适时进行调整，使战略指导始终符合发展着的客观实际。

战略对军事斗争全局的指导，往往是通过对全局具有决定性影响的关键问题的筹划和解决来实现的。因此，战略的决策者和指挥者最要紧的，就是要把注意力放在关照全局上面，胸怀全局、通观全局、把握全局，处理好全局中的各种关系；同时注意了解局部、关心局部，特别是注意解决好对全局有决定意义的局部问题，抓住主要矛盾、解决关键问题，以推动军事斗争全局朝着有利于实现战略目的的方向发展。

（2）对抗性。军事斗争，尤其是战争，是一种有组织、有计划的暴力行为，是敌对双方以军队或其他武装组织为骨干而展开的激烈较量。战略对军事斗争的筹划和指导，是伴随这种较量进行的，因此，对抗性是它的一个显著特点。很显然，在实践中，制定和实施战略都要针对一定对象。而战略谋划的基本内容，就是通过对一定对象各方面的情况进行分析判断，确定适当的战略目的，有针对性地建设和使用好进行斗争的力量，掌握斗争的特点和规律，采取多种斗争形式和方法，对敌抑长击短，对己扬长避短，以取得预期的斗争效果。

战略的对抗性，在实践中主要表现为针对国家安全所面临的威胁，全面筹划和运用国家的军事力量去夺取军事斗争的胜利。战略必须根据国家所面临的安全环境和斗争对象的特点，建设一支规模适度、战斗力强、能卓有成效地维护国家利益的军事力量，以便一旦斗争形势需要，能以这支力量战胜对手。战略的这一特点，要求它的决策者和执行者，不仅要有高敌一筹的谋略和卓越的组织指挥才能，而且要有不屈不挠、团结奋斗的勇敢精神，只有这样，才能在敌对双方激烈的对抗中灵活运用和充分发挥军事力量的最大效能，夺取军事斗争的胜利。

战略的对抗性具有整体性和连续性的特点。从整体性上说，战略的对抗性主要表现在对整个国家军事斗争全局的整体运筹上，具有广阔的空间和时间范围。它既包括对军事力量建设的全面筹划，也包括对军事力量使用的全面筹划；既包括战争时期对战争全局的整体运筹，也包括和平时期对各种军事斗争方式的整体运筹。在高技术条件下，战略的对抗性更加具有谋局造势和综合威慑的特点，突出强调策略艺术和技术手段的有机结合，以及军事斗争与其他斗争的整体配合。从连续性上讲，不论是和平还是战时，不论是采用战争方式还是采用非战争方式，战略的对抗性都是始终存在的，这与战役和战术的对抗性有着显著的区别。

（3）谋略性。战略是基于客观情况而提出的克敌制胜的斗争策略。战略，从实践的意义上讲，是手段的选择，有高度的灵活性。战略重点和枢纽的把握、战略方针的确定、军事力量和斗争方式的运用、战略的调整和转变等，都是计谋、策略与艺术的结合，是智与谋的生动表现。它是在一定的客观条件下，变被动为主动，化劣势为优势，以少胜多，以弱制强，乃至“不战而屈人之兵”的重要方法。

运用谋略，重在对战争全局的谋划。谋略的着眼点不是单纯的“伐兵”“攻城”，而是将军事斗争与政治、经济、外交、思想文化等斗争紧密相连，多种手段并用，注重斗争全过程中谋略的一致性和连贯性及战略行动与战役、战斗行动在谋略上的整体协调。制定战略，强调深谋远虑。要把谋略的重心放在对全局有决定意义的斗争重点和枢纽上，不计较暂时的局部得失，从长计议，着眼发展，把夺取全面胜利、长远胜利作为谋略的目标，做到“运筹于帷幄之中，决胜于千里之外”。多谋善断，料敌定谋。要尊重战争的特点和规律，全面、系统地分析敌我双方的各种情况，审时度势，权衡利弊，善择时机，及时、果断地做出正确的决策。灵活多变，高敌一筹，以智谋取胜。要因情措法，灵活应变，应付不同的情况有不同的谋略，应付复杂局面有多种计谋和多套应变方案，善于巧妙利用社会、自然及心理上的各种制约因素和矛盾，把握事物发展的必然性与偶然性的内在联系，出奇制胜。

（4）预见性。预见性是谋略的前提，是决策的基础。因此，在广泛调查研究的基础上，全面分析、正确判断、科学预测国际国内战略环境和敌友关系，以及敌对双方战争诸因素等可能的发展变化，把握时代的特征，明确现实的和潜在的斗争对象，判明面临威胁的性质、方向和程度，科学预测未来战争可能爆发的时机、样式、方向、规模、进程和结局，揭示未来战争的特点和规律，是制定、调整和实施战略的客观依据。

二、战略环境的基本含义

战略环境是制定战略的客观基础。正确认识和分析战略环境，是正确制定战略的先决条件。

1. 战略环境的含义

战略环境是指影响国家安全或战争全局的客观情况和条件。主要包括国际和国内的政治、经济、军事、外交、科技、地理等方面综合形成的客观情况和条件，以及由此而形成的战略态势，特别是战争与和平的总态势。战略环境是动态的和客观存在的，随着国内外形势的变化而不断变化。

2. 战略环境研究的基本内容

（1）国际战略环境。国际战略环境是一个时期内世界各主要国家（集团）在矛盾、斗争或合作、共处中的全局状况和总体趋势。它是国际政治、经济、军事形势的综合体现，主要包括有关各方力量消长、利益得失、矛盾升降、斗争起伏等方面的总状况和总趋势。国际战略环境关系到国家的生存与发展、安危与兴衰，影响一个国家（集团）军事斗争的对象、性质、目标、敌友关系及军事力量建设与运用的基本方向，因而是各个国家（集团）制定战略必须首先研究和关注的外部条件。国际战略环境的范围虽然极其广泛，但对于某一国家（集团）的战略指导者来说，最值得注意的是以下几个方面。

第一，时代特征。时代特征反映了世界发展总进程中的矛盾领域和斗争状况。时代特征是世界性的、阶段性的，它所反映的是世界的总貌，是整个世界在一定历史阶段的总体标志。正确认识时代特征，有助于战略指导者从宏观上把握当代世界的主要矛盾和总的发展趋势，从而对国际战略环境做出正确的判断，避免战略指导的重大失误。

第二，世界战略格局。世界战略格局反映了一定时期内国际力量对比、利益矛盾和需求，以及基本的战略关系。对世界战略格局进行分析与研究，有助于从总体上了解世界各主要国家在世界全局中的地位及战略利益方面的矛盾和需求，有助于对世界形势及其可能的发展趋势做出基本的估计。

第三，世界主要国家的战略动向。世界各国之间由于战略利益和政策的异同，既可能是对手，也可能是朋友。各国的战略动向，既互为条件、相互依存，又相互影响和制约。其中，一些实力较强的世界性和地区性大国，特别是超级大国所推行的战略，对地区乃至世界的安全与稳定具有重大的影响，对其他国家的战略也有程度不同的影响。因此，一定时期内各主要国家的战略及其发展趋势，是国际战略环境的重要部分。了解主要国家的战略动向，有助于从世界各国特别是大国之间关系上具体地研究国际战略环境，进而对世界形势做出正确判断。

第四，当代世界战争与和平的趋势。战争是解决阶级和阶级、民族和民族、国家和国家、政治集团和政治集团之间利益矛盾和冲突的最激烈的手段。只要战争根源还存在，战争与和平始终是国际安全面临的两大问题。对于一个国家的主权和安全来说，来自外部的战争威胁是最严重的威胁。因此，当代世界战争与和平的趋势在国际战略环境中最引人注目，也是世界各国研究和制定军事战略时关注的中心。

第五，周边安全形势。周边安全形势是指周边国家（集团）直接、间接影响本国安全的条件和因素。周边安全形势中最值得注意的是周边国家与本国的利益矛盾、对本国的政策企图、与本国密切相关的军事力量及其部署等直接影响本国安全的情况和因素。

（2）国内战略环境。国内战略环境是指具有重大影响的国内政治环境、社会环境与自然环境。它反映了国家军事力量建设与运用的可能条件和制约因素，决定着战略的基本性质和方向，是制定战略的依据。国内战略环境主要包括国家的政治、经济、军事、地理等方面的基本状况，其中，对战略具有直接影响的是国家的地理环境、政治环境和综合国力状况，因此，研究国内战略环境应重点把握以下情况。

第一，地理环境。地理环境主要包括国家（战区）的地理位置、幅员、人口、资源、地形、气候及行政区划、交通、要地等状况。军队的集结、机动、作战、训练、后勤补给等一切军事活动都离不开一定的地理空间，都要受到地理环境的影响和制约。地理环境不仅是制定战略的重要客观依据，而且是影响战争胜负的重要因素。加强对地理环境的研究与认识，是使战略指导符合客观实际的一个重要环节。

第二，政治环境。国内政治环境，涉及的范围较广，但对战略影响最大的有两个方面：一方面是国家的政治法律制度与基本国策，另一方面政治安全形势，国家的政治、法律制度和基本国策是国内政治环境的本质和核心，对军事斗争全局的筹划指导具有决定性的影响。例如，依照《中华人民共和国宪法》的规定，中国是“工人阶级领导的、以工农联盟为基础的人民民主专政的社会主义国家”，“社会主义制度”是中国的“根本制度”，马克思列宁主义、毛泽东思想、邓小平理论、“三个代表”“科学发展观”重要思想是中国社会主义建设事业的根本指导思想。国家的根本任务是进行“社会主义现代化建设”，“完成统一祖国的大业”，维护“国家的独立和安全”。中国奉行“独立自主的外交政策”，坚持“和平共处的五项原则”，“反对帝国主义、霸权主义、殖民主义”，“维护世界和平与促进人类进步事业”。这些经过国家最高权力机关立法规定，并在国家政治生活中得以贯彻和体现的关于中国国体、政体和大政方针的根本法律制度与基本国策，充分反映了中国各族人民的根本利益和共同的政治需要，具有最高的法律地位和法律效力。这些是战略必须服从并为之服务的最高政治准则，是确定军事斗争的目的、性质、任务、基本方针、政策和战略指导原则的政治依据。同时，也是保证战略得以贯彻实施的政治基础。国内政治安全形势，主要包括一定时期内国内的阶级、民族、宗教（教派）、政治集团之间相互关系的基本状况及其对政局和国家安全的影响。其中，敌对势力分裂、颠覆国家和发生武装冲突或国内战争的情况，是直接影响国家统一和稳定的国内因素，是筹划、指导军事斗争必须关注的重要问题。

第三，综合国力状况。综合国力是一个国家全部物质力量和精神力量、实力和潜力的总和，它包括国家的人力、物力、财力、军力、科技与生产能力、社会保障与服务能力及组织动员能力等。综合国力是军事斗争特别是战争的物质基础，也是军事理论和作战方法发展进步的重要条件。一切军事斗争和军事活动，归根结底都要依靠综合国力，特别是经济、科技和军事实力的支撑，并受其制约。战略指导者必须立足于国家综合国力的实际状况，本着勤俭节约、讲究效益的原则，筹划、指导军事力量的建设与运用，使之与国家建设和社会发展的总体水平相适应。

三、战略环境与战略

1. 战略环境与战略是客观实际与主观指导的关系

战略环境是独立于战略指导者意识之外的客观存在，战略则是军事斗争规律在人们头脑中的反映。因此，战略环境是制定战略的客观基础。任何国家（集团）的战略，无不受一定战略环境的制约和影响。例如，第二次世界大战期间，一些战略利益并不完全一致甚至对立的国家结成了国际反法西斯同盟，共同反对德、意、日法西斯的侵略战争，从而使有关各国的战略具有战争时期联合对敌的基本特征。二战结束后，战略环境发生了变化，战时的反法西斯同盟发生破裂。美苏两国由盟友关系演变为敌对关系，各自逐步形成和制定了互为主要对手、争夺世界霸权的战略。这表明，各个国家（集团）的战略都是随着战略环境的变化而变化的，都是基于特定的战略环境而谋求各自发展的战略利益。中华人民共和国成立后，曾多次进行战略调整。每一次调整，都与战略环境的变化紧密相关，都是为了适应战略环境的变化和军事斗争的需要，使主观指导更加符合客观实际。由此可见，任何战略都是一定战略环境的产物，从来就没有脱离一定的战略环境而凭空产生的战略。

2. 正确认识和分析战略环境是正确制定战略的先决条件

战略环境是影响战略的客观因素，是客观因素在战略指导者头脑中的反映，战略指导者只有实事求是地了解它、熟悉它，并且认识其中各种因素的相互联系、相互作用及其影响，才有可能找出其中的特点和规律，并根据这些规律制定出正确的战略。制定战略的过程，是战略指导者认识和分析战略环境的过程。对战略环境的认识和分析越客观、越准确，所制定的战略也就越符合实际，也就越有成功的把握。而能否正确认识和分析战略环境，则取决于战略指导者所采取的立场、观点、方法和思维能力。只有坚持辩证唯物主义和历史唯物主义的世界观和方法论，对战略环境进行客观的、全面的、系统的分析，才能把战略建立在对战略环境正确认识的基础之上，进而实现正确的战略指导。

3. 战略对战略环境的发展变化具有能动作用

战略作为对军事斗争全局的筹划与指导，不论其正确与否，都对维持或改变战略环境有重大影响。实践证明，在一定的物质条件下，正确的战略可以改变险恶、不利的战略环境，化险为夷，转危为安。中国工农红军在土地革命战争中，第一次至第四次反“围剿”的胜利即是如此。错误的、不符合客观实际的战略，则会使环境恶化或使困境加剧，导致斗争严重受挫，甚至招致全局失败。红军第五次反“围剿”的失败便是例证。因此，战略指导者的责任，就在于制定符合客观实际和斗争发展规律的战略，实施正确的战略指导，创造克服、改变不利战略环境或维护、争取有利战略环境所必需的条件，审时度势，趋利避害，把军事斗争引向胜利。

从军事斗争的历史和现状看，任何国家（集团），不论其政治目的和决策者的素质如何，都力图通过制定和推行自己的战略，促使战略环境朝着有利于己方的方向发展。然而，从属不同政治目的的战略，对战略环境所起的作用是截然不同的。以推行霸权主义和侵略扩张为目的的战略，对国际战略环境起着破坏和恶化的作用，会给国际社会带来灾难。而以反抗侵略和维护和平为目的的战略，则起着改善战略环境的作用，为维护世界和平和促进人类进步事业创造有利条件。因此，一切爱好和平的国家，对于霸权主义国家以侵略扩张为目的的战略及其可能对国际战略环境造成的严重影响，应保持高度警惕，并进行针锋相对的斗争，为争取和维护和平稳定的国际战略环境做出积极贡献。

当今世界，各种斗争错综复杂，风云变幻莫测，情况日新月异。这就要求战略指导者必须密切注视战略环境的发展变化，并根据这种变化的特点和规律，以及主客观条件的实际可能，适时调整自己的战略，以争取和维护有利于和平与发展的战略环境。

第二节　国际战略格局

国际战略格局，是指对国际社会具有重要战略影响的力量在一定历史时期内相互联系、相互作用而形成的较为稳定的一种关系和结构。它主要表现为世界很多有影响国家之间对抗与竞争的战略态势，决定着世界军事形势的基本走向，并随着世界形势的发展而发展。

一、国际战略格局的发展趋势

国际战略格局是人类社会发展到一定历史阶段而产生的一种社会形态。15 世纪后，随着地理大发现和工业革命的进程，世界由各个相对孤立、封闭、分散的存在状态逐渐向交流、开放、整体发展，人类才有了世界的概念和意识，国际战略格局开始登上历史舞台。从 18

世纪末到20世纪末近两百年的时间，国际战略格局大体上经历了四次大的调整和演变。

1. 维也纳格局

18世纪末到19世纪初，当时的法国皇帝拿破仑凭借着强大的军事力量，发动了一系列横扫欧洲的侵略战争，打破了18世纪欧洲群雄并立的局面。法国发动战争企图称雄欧洲，但俄、奥、普结成了联盟，该联盟取得了最后胜利。三国在维也纳召开会议，发表了在任何情况下都要互相援助的共同宣言。后来，几乎所有的欧洲国家都加入了这个同盟。在这个同盟中，起决定和主导作用的是英、法、普、奥、俄五个强国，他们无论在欧洲，还是在世界上，都是最活跃、最有发言权和最有影响力的国家。由于这一格局的形成是以维也纳会议为标志的，所以称这一国际关系为“维也纳格局”。由于奥地利总理梅特涅在建立这一体系中起着十分重要的主导作用，这一体系又称为“梅特涅体系”。这一格局大体维持了40～50年的时间。

2. 法兰克福格局

在维也纳格局的发展过程中，欧洲工业的进步促使各国资产阶级反对封建制度及其残余的革命斗争迅猛发展。1830年法国“七月革命”推翻波旁王朝之后，法国、奥地利、德国、意大利等国先后爆发了起义，“维也纳体系”宣告解体。1862年，俾斯麦出任普鲁士王国首相兼外交大臣，通过战争形成了以普鲁士为首的莱茵河以北22个德意志国家和3个自由市组成的北德意志联邦，成为法国在欧洲的劲敌。在俾斯麦的挑动下，1870年，拿破仑三世对普宣战，即普法战争。普法战争以法国战败而告终，法国被迫与德国签署了《法兰克福和约》，割让阿尔萨斯和洛林给德国，并赔款50亿法郎。同时，德意志实现了统一，欧洲中心出现了一个强大而富有侵略性的德意志帝国，使欧洲的均势开始动摇，英、法、德、奥、俄成为左右欧洲乃至世界的主要强国。战后，俾斯麦组成了新的反法联盟，建立了德、奥、俄“三皇同盟”，共同遏制法国。于是，在欧洲大陆上形成了新的以《法兰克福和约》和“三皇同盟”为基础的新的战略格局。这一状态被称之为“法兰克福格局”。由于俾斯麦在其中起着主导作用，这一格局也称为“俾斯麦体系”，大约维持了40年。

3. 凡尔赛—华盛顿格局

在“法兰克福格局”形成之后，法国复仇主义和遏制法国的德、奥、俄之间的矛盾不断。19世纪70年代以后，电力的发明和广泛使用，工业技术从“蒸汽时代”跃进到“电气时代”，资本主义世界迎来了第二次工业革命。到19世纪末和20世纪初，德国的工业生产总值超过英国，跃居世界第一位。与此同时，美洲的美国和亚洲的日本相继发展起来。后起的帝国主义国家要求重新瓜分世界，而老牌帝国主义又力图保住既得利益和他们经营多年的殖民地，他们之间的矛盾日益突出，从而形成了英、法、俄三国组成“三国协约”联合对抗德国、奥地利、意大利“三国同盟”的局面。1914年6月，奥匈皇储在萨拉热窝遇刺，引发了第一次世界大战。历时4年3个月的大战于1918年11月以同盟国（意大利后来转协约国）失败而告终。1919年的巴黎和会于6月28日签署了《凡尔赛和约》，以重新确定德国边界、限制德国军备、瓜分德国殖民地和从德国榨取巨额赔款为基础，在欧洲形成了新的均势，确立了一战后欧洲国际关系的新秩序，即“凡尔赛体系”。另外，第一次世界大战使欧洲列强精疲力竭，而在战争期间才加入协约国的美国和日本则在战争中发了横财。美国海军力量迅速发展起来，动摇了英国的海上霸主地位。战后，美国俨然以协约国领袖自居，企图通过巴黎举行的分赃会议乘机建立世界霸权，但由于英、法的抵制未能如愿，美国十分不满。为确立美国在远东和太平洋地区的支配地位，1921年底，在美国操纵下，召开了华盛顿会议，炮制了《四国条约》《五国海军条约》和关于中国问题的《九国公约》，划分了战后帝国主义在远东和太平洋地区的势力范围。最后，战胜国又建立了一个与"凡尔赛体系"相平行的"华盛顿体系"，两个平行的体系形成了"凡尔赛—华盛顿格局"。这一格局的产生，突破了以欧洲为中心的多极格局现状，显示出北美和亚太地区在国际战略格局中地位的上升，形成了第一次世界大战后的新的战略格局。

4. 雅尔塔格局

第一次世界大战结束后，世界政治、经济、军事形势发生了深刻的变化。俄国十月革命的成功，诞生了世界上第一个社会主义国家——苏联，沉重地打击了帝国主义，动摇了其殖民统治，在资本主义阵营中引起了极大的震撼。1927～1937 年爆发了两次世界经济危机，加剧了各国政治、经济发展的不平衡性。为摆脱危机，帝国主义各国之间矛盾进一步激化。在经济较量中，为扭转不利地位，德国、意大利和日本相继走上法西斯专制体制的道路。日本发动了侵华战争，德国吞并了奥地利和捷克斯洛伐克，并伙同意大利武装干涉西班牙内战。意大利则侵占了埃塞俄比亚和阿尔巴尼亚。法西斯国家的这些侵略行径，激起了被侵略国家人民的坚决抵抗和反对，同时，也加剧了帝国主义国家之间的矛盾。1939 年 9 月 1 日，德国进攻波兰，9 月 3 日，英、法对德宣战，第二次世界大战爆发，战火迅速燃遍西欧、北欧、东南欧和非洲。1941 年 6 月 22 日，德国入侵苏联。随着战争的发展，先后有 60 多个国家和地区、20 亿以上的人口和 1.1 亿的军队卷入了这场战争。战争中有 50 多个国家结成了反法西斯统一战线，迫使意大利、德国和日本先后投降。第二次世界大战在经历了 6 年多的征战之后，于 1945 年 9 月 2 日日本正式签订投降书后宣告结束。

1945 年 2 月 4～11 日，美、苏、英三国首脑在苏联克里米亚半岛的雅尔塔举行了会晤，就德国的占领与管制、德国的赔偿、改组波兰政府及波兰疆界的确定、南斯拉夫新政府的建立、苏联对日作战问题达成了一系列协定，秘密签订了《雅尔塔协定》等文件。这次会议是第二次世界大战期间非常重要的国际首脑会议，会议所达成的协议和谅解，除协调了同盟国对德、日法西斯的作战计划和行动，加速了反法西斯世界大战的结束外，更主要的是确定了美、苏两国在欧洲和远东的势力范围，同时对安排战后世界秩序等问题达成了谅解和一致，为形成二战后稳定的"雅尔塔两极格局"奠定了基础。

第二次世界大战使帝国主义受到极大削弱，德、意、日法西斯彻底覆灭，英、法也疲惫不堪。数百年来以欧洲为中心主宰世界事务的局面一去不复返了。美国在战争中发了横财，经济和军事力量急剧膨胀，成为世界上最强大的经济和军事强国，一跃成为资本主义世界的霸主。苏联虽然在二战中付出了巨大的代价，但在赢得战争胜利的过程中，扩大了自己在东南欧及东北亚的势力，占领了千岛群岛和库页岛南部及南千岛群岛（日本称"北方四岛"），变鄂霍次克海为内海，获得了自由出入太平洋的制海权，成为横跨欧亚大陆的军事强国。由于反法西斯联盟的共同敌人德、意、日法西斯已消灭，美苏联盟的基础不复存在，明显带有大国强权政治色彩和两种意识形态、两种社会制度的两极格局的态势，随着战争的结束开始发展起来。

第二次世界大战后，美、英相继提出了反苏政策和纲领，开始了"冷战"行动。1949 年 4 月，美国同英、法、意、加等欧美 12 个国家在华盛顿签订了《北大西洋公约》，建立起了在美国控制下的欧洲防务体系。"北约组织"的建立标志着资本主义世界各国实现了军事上的战略同盟，是美国推行遏制苏联称霸世界战略的一个重要步骤。面对以美国为首的帝国主义阵营咄咄逼人的攻势，苏联采取了一系列相应的措施，把欧亚各人民民主国家组织起来，逐步形成了以苏联为首的社会主义阵营，同以美国为首的帝国主义阵营对抗。1955 年 5 月，苏联和东欧社会主义国家针对北大西洋公约组织的建立，在华沙签订了友好合作条约，并通过了建立武装部队联合司令部的决议。至此，形成了以美国为首的帝国主义阵营和以苏联为首的社会主义阵营全面对抗的两极战略格局，即“雅尔塔格局”，世界从此进入了一个新的历史时期——冷战对抗时期。随后，两极格局形成了长期的冷战局面。1991 年，苏联解体，两极格局宣告崩溃。

二、当前国际战略的态势

两极格局崩溃瓦解后，国际各种战略力量重新定位和组合，国际战略格局进行重新构建。目前，世界正处于由两极格局向多极格局转变的过渡时期。

1. 美国以超强的军事实力称雄全球

冷战以后，是美国军事实力上升的“战略机遇期”。美国在冷战中取得了对苏联的“不战而胜”，成为世界上唯一的超级大国。20 世纪 90 年代以来经济全球化和社会信息化的发展，更使美国经济、科技实力获得了持续增长。美国“一超”地位的确立和经济实力的增长，使冷战后的国际力量对比出现了严重失衡的局面。用美国人自己的话说：美国对手的垮台使美国处于一种独一无二的地位，它成为第一个也是唯一的一个真正的全球性大国。之所以如此，是因为美国在全球力量四个具有决定性作用的方面，居于首屈一指的地位。第一是军事方面，它有无可匹敌的在全球发挥作用的能力；第二是经济方面，它仍然是全球经济增长的火车头，即使它在有些方面已受到日本和德国的挑战（日本和德国都不具有全球力量的其他属性）；第三是技术方面，美国在开创性的尖端领域保持着全面领先地位；第四是文化方面，美国文化虽然有些粗俗，却有无比的吸引力，特别是在世界的青年中。所有这些使美国具有一种任何其他国家都望尘莫及的政治影响。这四个方面加在一起，使美国成为一个唯一的、全面的“全球性超级大国”。这正是美国竭力奉行“单边主义”，企图建立“单极世界”的内在动因。

2. 俄罗斯仍是左右世界形势的军事强国

虽然军事大国苏联已经不复存在，但它的主要继承者俄罗斯，仍是当今世界足以和西方特别是美国进行军事较量的一支强劲的军事力量，对世界军事斗争仍具有举足轻重的影响力。俄罗斯横跨欧亚大陆，拥有 1707.54 万平方千米国土和 14410 万人口，加上它具有丰富的自然资源、雄厚的经济潜力和相当先进的科学技术力量，俄罗斯仍是一个泱泱大国。而且，俄罗斯仍拥有十分强大的军事力量，苏联在俄罗斯的军队有 216 万余人，占苏军人数的 66.3%。其中陆军 77 万，空军 19 万，海军 35 万，防空军 23 万，战略火箭部队 28 万，总部机关及铁道部队、建筑部队共约 34 万。另外，苏联陆军战略机动力量大都部署在俄罗斯境内，苏联军队的北海舰队、波罗的海舰队、太平洋舰队已属俄罗斯，而黑海舰队的相当一部分也属于俄罗斯，苏联的 28000 多枚核弹头（包括战略和战役战术核弹头）中，有 19000 多枚在俄罗斯境内，约占 67.6%。11000 多个战略核弹头中约 8250 枚在俄罗斯境内，占总数的 75.5%。正因为如此，苏联解体后，西方政治家由于担心核武器失去控制而频繁访问苏联各国，以便寻求控制这支庞大军事力量的方法。值得指出的是，即使俄罗斯和苏联的其他国家愿意并立即开始销毁其核武器，技术上和经济上也是相当困难的。据估计，大约需要 10～30 年的时间、170 亿美元以上的经费，而且销毁核武器的费用正在逐年增长。可以肯定地说，俄罗斯作为苏联的主要继承者，虽然近期内由于经济和政治问题使其难以更多地参与国际事务，但它仍将作为一个军事强国，在今后一段时间内对世界事务起着重要的制约和影响作用。当然，由于一系列综合因素的影响，俄罗斯不再把美国看作是潜在的敌人，同时在俄罗斯领土上的洲际导弹不再以美国城市为目标，今后美俄之间的关系将继续向伙伴关系方向发展，不会像冷战时期那样时刻威胁着世界的和平与发展。

3. “三驾马车”的经济格局主导着世界经济形势

经济实力，美国高居冠首，其国民生产总值占世界国民生产总值的24%，拥有世界黄金储备量的70%。但与此同时，日本和德国的崛起，使得日、德在世界经济中的地位明显提高。日本经济在战后特别是20世纪50年代中期以来，获得了奇迹般的发展，其国民生产总值已由20世纪60年代占世界国民生产总值的4.5%上升到目前的14%以上，日本已成为经济大国、金融大国和债权大国。联邦德国本来就是西欧一个经济和科技强国，东、西德统一后，德国人口达7800多万人，其国力相当于英国和法国的总和，它的国民生产总值接近日本，正在变成欧洲中部日趋上升的超级强国。随着欧洲货币的统一，世界经济形势的发展由此形成了以美元、日元和欧元三大货币体系为主的三个经济中心。这三个中心包括了地球各大洲的主要地区，这就是以美国、加拿大和墨西哥为主的美洲大陆经济区，亚太经济圈及已经形成的欧洲经济圈。这三大经济区的形成和发展，必将极大地影响和制约着整个世界的经济形势。

4. 东西关系趋于缓和，南北矛盾问题突出

东西问题是政治问题，也是战争与和平问题。在冷战对峙阶段，东西关系是尖锐对立而又十分紧张的。随着苏联、东欧形势的剧变，特别是苏联的解体，东西方的矛盾大为缓和，但由于中国及其他社会主义国家的存在与发展，东西方的斗争将更多地表现在颠覆与反颠覆、和平演变与反和平演变的斗争上。另外，以东西方对立为特征的两极体制的解体，使得原来被掩盖起来的矛盾暴露出来，从而引起局部地区的动荡和不安，但这只是由局部不稳定因素引起的，不具有东西方对抗的性质。南北问题即发达国家同发展中国家之间的矛盾和斗争。这个问题并没有因东西方缓和而改善，相反，正是由于东西方从对抗向缓和方向发展，它们都在集中力量发展各自的经济，因此，发达国家便加紧向发展中国家推行经济扩张，从而使南北差距继续扩大，贫富差距更加悬殊。发达的西方各国继续推行低进高出、高利盘剥和贸易保护主义政策，向发展中国家转嫁危机。目前，饥荒、债务、贸易保护主义影响，仍然是发展中国家所面临的突出问题，这也使得南北矛盾更加突出。

5. “五极”将是世界综合国力的基本力量

从综合国力上看，当今世界呈现以美国、欧（德）、中、俄、日为基本力量中心的多极格局的雏形。苏联解体和冷战终结，对国际力量对比的发展变化及各种国际战略关系的调整产生的重要影响，首先表现在它为世界上各种力量的发展提供了新的契机，为世界战略格局向多极化发展开辟了道路。冷战后国际关系演变的现实也表明，多极化趋势在全球或地区范围内，在政治、经济等领域都有新的发展。虽然新的世界战略格局的最终确立还需相当长一段时期，但以美国、俄罗斯、欧盟、日本、中国五大力量及一些地区性大国或国家集团为基本框架的多极化格局日益明显。上述各种力量除美国一家外，均不赞成所谓“单极”世界的主张。就美国本身而言，尽管它目前处于“一超独强”的地位，但其控制和影响世界局势的能力逐渐受到挑战。俄罗斯当前虽仍处在相对困难与恢复阶段，但它仍是一个能与美国抗衡的军事大国，并在政治上推行以重振大国地位为战略目标的全方位外交，其发展潜力不可低估。欧洲联盟成立以来，有力地推动了欧洲政治和经济一体化的进程，一个强大的欧洲联盟真正崛起后，必将对地区事务以至国际事务产生日益重大的影响。日本是一个世界级经济大国，

总体经济实力仅次于美国、欧盟，科技实力也相当雄厚。日本近年来把加速走向政治大国作为国家的基本战略，并不断增强军事力量，使其走向政治大国的战略带有明显的军事色彩。中国实行改革开放以来，综合国力显著增长，国际地位显著提高，始终致力于推动建立公正、合理的国际政治经济新秩序，成了维护世界和平与地区稳定的坚定力量，也是促进世界经济共同繁荣的积极因素。从发展趋势看，未来世界战略格局的演变将在上述五个层次的格局演变框架内，并以经济上的三极和综合国力上的五极为基础，构成未来相对稳定的多极化战略格局。

三、国际战略格局的特点

美国处于国际战略格局的中心地位，其全球霸权战略将继续影响大国关系的发展，美国不可避免地要成为大国关系矛盾的焦点和中心，但是各大国联手制衡美国，反对其霸权主义、强权政治和单边主义。在单极与多极的矛盾之外，世界还存在恐怖与反恐、核扩散与反扩散、萧条与反萧条、环保等全球性问题，美国与诸强在这些方面的共同利益远大于矛盾与分歧，大国间将主要采取经济、外交等手段解决相互间的问题，对抗与妥协、斗争与合作将贯穿多强制衡一超的全过程，分分合合、有和有斗、斗而不破。“9·11”恐怖袭击后全球反恐斗争的实践又一次表明，单靠一国的力量和能力无法解决世界所面临的重大问题，多极化仍是世界发展的长期趋势。展望新世纪之初，正在形成的多极化格局将呈现以下的一些明显的特征。

第一，复杂性。一方面，未来的多极格局仍将是一种多层次的复合力量架构，其中美国仍具有“超强”实力，居于第一层次；“多强”的实力仍逊于美国，居于第二层次；其他一些地区性大国或地区集团的力量短期内难于与上述大国比肩，位居第三层次。另一方面，由于这是在和平发展时代潮流下的多极化，是经济全球化和社会信息化、相互依存不断加深条件下的多极化，因而，各战略力量关系的性质和结构并不十分清晰，大国关系错综复杂，既有“一超”与“多强”之争，也有“强强”之争；既有东西方之争，也有西西之争；既有大国之争，也有大国与新兴力量之争。力量的差异性和关系的复杂性相互联系、交互作用，导致各大力量之间关系，尤其是大国关系始终处于波动、调整之中，在未来相当长时期内恐怕都难以最终定位。

第二，斗争性。某些超级大国竭力阻止多极化的发展进程。而世界上绝大多数国家，均主张建立和推动世界政治的多极化。“一超”与“多强”、称霸与反霸、单极化与多极化之间的较量和斗争必将是一个复杂、激烈的过程，并将构成未来一段时间世界政治中最高层次的斗争。但是，斗争并不排斥合作，抗衡并不排除妥协，在今后一个较长时期内，协调、合作与摩擦、竞争将并行不悖，“有斗有和、斗而不破”仍将是大国关系的基本特点。

第三，曲折性。目前正在经历的世界格局的过渡，并不是一场世界大战胜负立判、新旧扬弃的结果，新格局的形成须通过各种力量之间反复的较量、斗争、妥协、对话、合作，通过综合国力竞赛和渐进演变的方式最终完成。这就决定了新格局形成的渐进性和曲折性。在今后一段时间内，尽管多极化的趋势不可逆转，但不会一帆风顺。多极化所必需的多种战略力量相对均衡、相互制约，各种力量在国际事务中相对独立，相互之间不存在隶属关系的多极化格局在短时间内还难以真正形成。

第三节　中国周边安全环境

周边安全环境是指在一定时期内，国家周边地区对国家安全产生影响的外部及内部条件的总和。周边安全环境是周边地区各种力量长期作用的产物。周边安全环境对国防建设具有直接的影响，同时，国防建设对周边安全环境具有反作用。

中国周边安全环境，是指中国在其国土周围面临的安全条件和所处的安全状态，也即是中国周边的地区安全形势以及中国与周边国家在安全领域的利害关系。

一、判断安全环境的理论分析

（一）威胁的要素

1. 实力

实力就是能力，是构成威胁的客观要素。力量强大的国家相对有较多的条件对弱国构成威胁，而弱国一般没有能力对强国构成威胁，因此，国家的强弱是能否构成威胁的实力要素。

2. 企图

企图就是图谋与打算，是构成威胁的主观要素，也是不可忽视的重要因素。一个国家对另一个国家能否构成威胁，一看力量，二看企图。

3. 环境、时机和方式

任何威胁行为总是在一定的环境下，抓住一定的时机，以一定的方式表现出来。

一个国家的威胁行为，是在一定的国际环境下表现出来的。

一个国家的威胁行为，是在一定的时间条件下反映出来的。

一个国家的威胁行为，总有特定的表现方式。

（二）威胁的类型

现实威胁、潜在威胁、全面威胁、局部威胁、主要威胁、次要威胁、核威胁、常规威胁、军事威胁、综合威胁。

（三）威胁的转化

威胁不是一成不变的，在一定条件下它是可以转化的。威胁的转化是有条件的。如果构成威胁的原因淡化了，威胁就可能转化为缓和；如果构成威胁的原因激化了，威胁就可能转化为战争。

二、我国地缘环境的基本情况

（一）边界线长相邻国家多

中国国土面积约为 960 万 km^2，仅次于俄罗斯、加拿大，居世界第三位。与我国有共同边界的国家有 14 个，共有陆地边界线约 2.2 万 km。我国有海疆线约 3.2 万 km，其中大陆海岸线长约 1.8 万 km，有海岛约 7100 个，与我国相邻的 3 个边缘海的总面积为 468 万 km^2。

（二）大国集中经济水平差异大

印度人口为 9.82 亿，印度尼西亚为 2.06 亿，俄罗斯为 1.47 亿，日本为 1.26 亿，巴基斯坦为 1.48 亿，孟加拉国为 1.25 亿。还有越南、菲律宾、泰国、韩国和缅甸等国，其人口在 4000 万～7000 万，也是人口相对较多的国家。这些国家和我国的人口之和达 30 多亿，占世界人口的一半以上。

我国的周边国家也是政治制度差别很大的地区，既有社会主义国家，也有资本主义国家；既有发达国家，也有发展中国家；既有富国，也有穷国；既有老牌的经济强国，也有崛起的新兴国家。

（三）地缘战略位置重要

目前，世界可划分为两大地缘战略区，即海洋地缘战略区和欧亚大陆地缘战略区。美国属于海洋地缘战略区，而且是世界超级海洋强国，具有全球性影响。而世界上其他强国大都集中在欧亚大陆地缘战略区，俄罗斯则位于该战略区的心脏地带。我国属于欧亚大陆地缘战略区，背靠欧亚大陆，面向浩瀚的太平洋，是连接东北亚、东南亚、南亚和中亚的枢纽，处于两大战略区的交接处。这种特殊的地缘关系，使得我国在历史上曾经遭到两大战略区强国的侵略和压迫，也使得今天的我国成为能够对两大战略区关系产生重要影响和作用的国家。

三、我国安全环境的主要问题

进入 21 世纪，中国周边安全环境发生深刻而复杂的变化。现阶段影响我国周边安全的主要因素有恐怖主义、宗教极端势力、民族分裂势力、领土纠纷、海洋权益、霸权主义和强权政治。

（一）中亚五国与中国安全

在苏联解体后，已经独立的吉尔吉斯斯坦、乌兹别克斯坦、塔吉克斯坦和土库曼斯坦的领导人在塔什干举行会议，宣布中亚地区应当包括哈萨克斯坦在内。从此之后，中亚五国成了中亚最为普遍接受的界定。

中亚地区位于亚欧大陆的腹地，处于亚洲通往欧洲的要道上，而且因为有着丰富的能源资源，历来是各种政治力量竞相角逐的战略要地。中亚地区的安全与稳定形势复杂多变，对新疆地区乃至整个中国都有着较大影响。就中亚自身来讲，一方面政局不稳，内部冲突不断，对我西部边境安全构成威胁。2010 年吉尔吉斯斯坦国内爆发的大规模的骚乱，就有向周边地区蔓延之势。另一方面，民族分裂主义、宗教极端势力和恐怖主义的泛滥以及对我国边疆少数民族地区的渗透都是国家的安全隐患。

此外，美国与中亚五国的军事安全合作是随着冷战的结束而开始的。从 1997 年美国推行哈、吉、乌三国建立中亚维和营起，到 2002 年 2 月塔吉克斯坦加入“和平伙伴关系计划”，中亚五国均已成为北约“和平伙伴关系国”，合作的层次和质量不断提高。为了顺利达成与中亚各国的军事合作，美国不惜许以巨额军事援助。2002 年 4 月，美国国防部秘密制定了 2004～2009 年对吉尔吉斯斯坦援助 15 亿美元的计划，准备扩建玛纳斯空军基地，并使吉军具备与美军共同行动的能力。同年，美国向乌兹别克斯坦提供 1.6 亿美元，帮助其加强边防建设、改善武器装备。2003 年，美国向吉军提供了 120 万美元的财政援助。向塔吉克斯坦提供价值约 135 万美元的军服，向哈萨克斯坦提供军事教育和训练费用 100 万美元，同时签订了 5 年军事合作协议。根据 2004 年联邦预算草案，美国将向除俄罗斯、白俄罗斯和哈萨克斯坦之外的独联体国家提供总值为3640万美元的军事援助和975万美元的国际军事培训与教学计划资金，主要用于支持各国军队职业化改革和购买美国武器，增加各国现役军人工资和在美国军事院校培训各国军官等。美国在中亚的军事存在，也是对中国西部安全的严重威胁。

（二）朝鲜半岛与中国安全

朝鲜半岛问题是当前国际政治中的一个热点问题，与中国的战略关联度很高。由于其独特的地缘政治地位，一直是中国周边安全环境中的一个危险因素，对中国的周边安全环境产生重要影响。

朝鲜半岛问题，主要涉及两个方面：一个是朝核问题，一个是朝鲜半岛统一问题。二者相互交织，不可分割。朝核危机严重影响朝鲜半岛乃至东北亚地区安全。朝鲜半岛问题重重迷雾背后更深层地凸显出大国的战略博弈。朝鲜半岛特殊的地缘环境使其成为美国、中国、俄罗斯、日本等大国的国家利益和国家安全的交汇点和东北亚国际纷争的矛盾焦点。美国把朝鲜半岛看作是其亚太战略中遏制中国和防范与压制俄罗斯崛起，助其维持世界霸权的重要战略据点，日本把扩大朝鲜半岛影响力当作其实现政治大国梦想的阶梯，俄罗斯把参与朝鲜半岛问题看作其恢复昔日大国雄威的重要环节，中国把朝鲜半岛看作制衡美国霸权主义的战略前沿。

朝鲜半岛作为边缘地带一直是我国东北部安全的战略缓冲，正是因为朝鲜半岛地理位置独特，使得它与我们国家的周边安全密切相关，是我国国家安全中的重点防范地区。中国希望朝鲜半岛问题能和平解决，力图通过和平对话的方式解决朝核危机，在朝鲜和韩国推行平衡政策，推动朝鲜半岛实现和平统一。但是如果朝鲜半岛局势持续紧张或者恶化，东北亚地区的国际力量对比就会发生变化，届时中国不得不面对美日韩三国的统一战线。另外一旦爆发冲突会有大量难民涌入中国境内，将对我国东北的社会安全产生不利影响。

朝鲜半岛问题对我国的政治安全有着举足轻重的影响。朝鲜半岛是美国对中朝推行和平演变战略的重要阵地，朝鲜和中国一样，都是社会主义国家，美国以“共产主义威胁论”为由，一意孤行地对中国、朝鲜等社会主义国家推行和平演变战略。在半岛方向，企图把朝鲜作为突破口，而后将其战略推向中国。中国和朝鲜在反对美国强权政治方面具有共同利益。朝鲜保持政治稳定、主权独立，不受外部大国势力的渗透、控制、颠覆，半岛一旦统一，美国就会失去在韩国驻军的理由，更会失去美日军事同盟的依据，有利于中国的政治安全。还有，朝鲜拥有核武器严重威胁中国的政治安全。朝鲜拥有核武器严重挑战东北亚安全格局，如东北亚其他国家纷纷走上发展核武器之路，届时中国将处于被核国家包围之中，中国的国家安全将无从谈起。朝鲜半岛是我们在东北亚地区制衡美国的重要砝码，所以，我国要继续维护朝鲜半岛的和平稳定，要坚定不移地支持朝鲜半岛的和平统一政策。

（三）日本与中国安全

日本当局不顾国际社会、特别是周边国家的强烈抗议，在领土扩张、修改宪法、扩充军备、核武器等多个敏感问题上一意孤行，否定二战成果，甚至叫嚣要准备以战争解决争端。安倍晋三最近多次在不同场合声称，要不惜做出最大的民族牺牲来维护“神圣国土”。

日本否定二战侵略历史及国际反法西斯战争成果，甚至不承认国际社会通过的《波茨坦公告》和《雅尔塔协定》。一是为侵略行径狡辩，日本当局在公众场合多次为侵略行为狡辩，甚至不承认发动过侵略战争；二是否认有过南京大屠杀，否认曾经有过慰安妇事件；三是多次参拜供奉着多名甲级战犯的靖国神社，日本首相及多数内阁成员多次向这些战犯的幽魂膜拜。日本这些向受害国家的公然挑衅行为，表明了其不愿意认识历史战争罪行，企图漂白其军国主义对外侵略和殖民统治的历史。

日本当局否定《波茨坦公告》和《雅尔塔协定》划定的领土主权归属，对于北方四岛，日本国会于 2009 年 7 月 3 日通过了《促进北方领土等问题解决特别措施法》修正案，将该岛纳入日本版图；对于韩国的独岛，日本一再宣称对其拥有领土主权，还于 2005 年规定了“竹岛日”作为纪念日；对于中国的钓鱼岛，近年来日本当局相继制造了购岛、警察厅登岛、中日撞船等一系列闹剧，还在 2014 年 4 月 5 日公布的《外交蓝皮书》中称，要加强对中国钓鱼岛（尖阁列岛）的有效控制。

和平宪法既是国际社会对日本的法理约束，也是其国会通过的对军国主义束缚的防护闸。战后日本多届政府都曾企图修改这部和平宪法，2007 年日本的防卫厅改名为防卫省，2011 年自卫队改为了自卫军。安倍重新执政后，全面加速了军国主义复活步伐，并制定了日本修宪的三个步骤，第一是获得自民党对参议院的控制权，这个目标已在 2013 年 7 月实现；第二是修改和平宪法中不太敏感的第 96 条，从而降低了修宪门槛；第三是完成对和平宪法第 9 条的修改，也是修宪的关键内容，即解禁集体自卫权。修宪一旦彻底完成，就使日本军国主义的复活彻底摆脱了束缚，可以在世界范围内部署军队和发起军事行动。

出于企图称霸亚太的野心，日本近二十年来一直扩军备战。一是制定扩军规划，日本 2013 年的《防卫计划大纲》，明确在现有 27 万军力数量规模的基础上，继续增加编制员额；二是发展新型武器装备，2013 年制定的《中期防卫力量发展计划》，确定引进和研制用于夺岛、海上和空中作战的先进武器装备（含可搭载导弹拦截系统的"宙斯盾"驱逐舰，预警机，F-35A 战斗机，P-1 巡逻机，可用于大型水面舰艇的"鱼鹰"运输机、C-2 运输机，空中加油机，"全球鹰"无人机，陆基中程导弹，太空感知及通信装备等）；三是提升实战能力，发展海空投送手段，提升侦察预警、联合作战指挥、战略投送、反潜反舰、防空反导及岛屿夺控能力。不顾国家前途及国民命运，安倍政府持续"向右转"日本为什么热衷复活军国主义，其原因除了源于安倍骨子里根深蒂固的军国主义理念和国内右翼势力的煽动外，还有着深层次的社会原因和民族因素。

日本国内的右翼势力是军国主义的社会基础，为了摆脱连续发生的短命内阁之厄运，得到更多的选票，安倍不顾国家的前途及国民的命运，以多种形式迎合国内右翼势力。一是高调参拜靖国神社。二是纵容右翼势力的极端行径，对他们为战犯招魂、宣称"重振大日本"的做法，采取了默认的立场。三是支持右翼势力叫嚣的"中国威胁论"，编写了《中国入门》等反华教材等。

随着中国等亚太国家经济的发展，日本的国家地位及话语权受到影响，他们企图重振"昔日辉煌"。一是支持与中国存在领土主权之争的国家，如向印度、越南、菲律宾在政治、经济和军事上都给予了前所未有的援助，支持他们与中国抗衡；二是拉拢美国更深入地参与亚太事务，美国近几年提出的"重返亚洲"及"空海一体战"理论，其中都有日本作祟的因素；三是主动参与亚太国家的各项活动，积极参加相关经济组织和重要论坛，竭力谋取有利于发展军力的战略资源。

二战结束后，日本一些军国主义分子竭力伪造历史、逃脱罪责，甚至其中有人居然后来又重新登上了政治舞台。安倍的外祖父岸信介是二战甲级战犯。日本的总务相新藤义孝的外祖父栗林忠道，也是一名在二战中犯下累累罪行的日军将领，在美日硫黄岛之战中战死，新藤义孝在所有领土争议上的强硬立场和军国主义思想也是来源于其外祖父。安倍在 2012 年底参加首相竞选的演说中，就大肆宣扬军国主义思想，主张修改和平宪法以及将自卫队升级为"国防军"。当选后他加紧推进军国主义进程，并在 2013 年 7 月的两院选举中，使自民党基本控制了参议院和众议院，并得到了 70%以上的支持率，使自民党执政地位得到强化。

日本国土面积现为世界第 66 位，由于资源匮乏，历史上对邻国发动过多次以领土扩张和资源掠夺为动力的侵略战争。如果按照日本当前的企图，把与周边国家有争议的领土据为己有，可使本国的国土面积上升到世界第 6 位，并可彻底解决战略能源匮乏问题。当前日本企图全面突破和平宪法的束缚，彻底解禁自卫队军事权限，就是为今后扩张领土、进一步解决能源匮乏困境制造法理依据、提升扩张能力。

日本经济二十多年来一直处于低迷状态，国民对此极度不满，安倍政府企图通过发展军力来刺激和改变这种状况。一是加大军事装备的研发和采购，从而带动军工企业和国防工业的发展。二是扩大武器装备出口，最近日本国会通过了武器出口“三原则”法案，企图以此刺激和拉动国家工业发展。三是通过发展军事工业，力图以此减少失业人口，缓解社会的不满。

日本多年来一直致力于进入联合国安理会，但由于多国的反对、本国的许多政策和做法不为国际社会所接受，加之自身存在的诸多历史问题尚未得到一些国家的谅解，而未能如愿。日本当局错误地认为，只有彻底摆脱二战后国际社会形成的法律束缚和本国宪法的约束，拥有了强大的军事力量，才有可能进一步提升国际地位，为进入联合国安理会创造条件。

（四）印度与中国安全

印度位于中国的西南部，领土与我国接壤，作为世界上最具发展潜力的国家之一，印度不断加强自身军事实力，以实现其地区大国乃至世界大国的梦想，并把中国作为其实现大国梦的最大威胁。近年来，中印关系虽然已有相当程度的改善，但仍然存在很大障碍。主要是三个方面。

一是印中关系之间存在领土争端和潜存的历史恩怨。中印之间边界问题至今仍然悬而未决，成为影响两国关系发展的不稳定因素。中印边界全长约 2000km，分为东、中、西三段。双方争议地区面积共约 125 000km^2，其中东段约 90 000km^2，中段约 2 000km^2，西段约 33 000km^2。目前，整个东段和中段争议地区为印度所控制。中印边界问题是历史遗留下来的。1914 年，英国殖民者炮制了非法的“麦克马洪线”，中国历届中央政府都不予承认。1947 年印度独立后，不仅继承了英国对中国部分领土的侵占，而且进一步侵占中国大片领土，于 1953 年扩展到“麦线”。1954 年，印方按其侵占和无理主张单方面在地图上将中印“未定界”改画为“已定界”。1959 年，印方根据其改画过的地图线正式对中国新疆阿克赛钦地区提出领土要求。1962 年 10 月，印在边境向中国发动全面武装进攻，企图用武力攫取更多中国领土，中国被迫进行自卫还击。为此，印度一直引以为耻。并且占领我国边界领土使边界问题一直未解决。近几年由于印度的国力增长很快，又助长了印度的嚣张气焰，企图成为亚洲霸主，就又拿麦克马洪线说事，并向实际控制线附近增兵，所以造成了现在中印边境的紧张局势。

二是印度是影响我国西藏安全的关键因素。西藏的地位以及印度对西藏地位的看法一直是中印关系中不稳定的因素。印度政府有关中国西藏的政策成为影响西藏地区安全的关键因素。印度独立后，尼赫鲁雄心勃勃，梦想以大印度“联邦”的形式全盘继承英帝国留下的“遗产”，实现对包括西藏地区在内的一系列地区的控制。在以后多年中，中国与印度也曾多次发生斗争，印度支持包庇达赖集团分裂中国的活动。印度一直反对克什米尔问题国际化，却希望西藏问题国际化。使西藏问题迅速国际化而不是与中国发生正面和全面冲突，在主权概念上用迂回（比如达赖所谓“高度自治”）的方式而不是向中国主权概念直接挑战，这很可能是未来达赖集团、印度及国际反华势力，达到实际分离中国西藏目的的基本策略。中印边界问题本身就与所谓的“西藏问题”扯在一起，因此，从我国西南方向看，未来使西藏问题进一步向“国际化”方向升级的政治导火线之一，可能就是由印方挑起的中印边界冲突。与此同时还应该看到，冷战后西方反华敌对势力正采用迂回策略向西藏逼近，并企图通过发展与印度的关系来牵制中国，而这恰巧又与印度分离西藏、提升其大国地位的图谋相合拍，这两股势力将把西藏这一中国国防安全的“底线”进一步推向“前线”。西藏是我国非常广阔的地缘战略纵深，仅就其极为丰富的水资源来说，在中国东部地区水问题日益严重的情况下，西藏地区安全就对中国未来发展具有生死攸关的意义。鉴于西藏在中国未来崛起中所具有的特殊战略地位，“东急西重”将可能是未来中国安全环境面临的新形势。

三是“中国威胁论”是中印关系进一步发展的主要障碍。印度是鼓吹“中国威胁论”的主要国家之一。不少印度人认为，中国是一大潜在对手，中国的强大是对印度的威胁。因此，印度不断加强其军事实力，这使得中国的西部面临着潜在的安全隐患。近年迅速崛起的印度经济，为印度人民党上台后全力推行大国战略奠定了良好的经济基础。印度加速实现军事现代化，获取高精尖武器是政府的优先考虑。费尔南德斯曾在全国军校联合会成立52周年纪念会上说：印度将在下个世纪成为世界领袖之一，在这个过程中，中国是印度的最大竞争对手。2001年3月5日印度内政部长阿德瓦尼在安达曼群岛首府布莱尔港视察时称：“20世纪属于西方，中国在21世纪想成为世界的领导，但20世纪未来的岁月属于我们印度。”并且多年来，印度一直抱怨缅甸与中国关系密切，指责中国以缅甸为进入印度洋的基地。1998年印度核试验前后，曾指责中国在缅甸设有监听印度的基地，2000年起印度改变以往在印缅关系上所持的消极态度，采取实用主义和现实主义的外交攻势。印度外长贾斯万持·辛格也公开表明：“发展与缅甸的关系关乎印度的国家利益。”

（五）海洋权益

1. 南海问题

南海自古以来就是中国的领土。可是自20世纪70年代以来，南海周边国家却无视这些事实，频频挑起争端。尤其是近年来随着亚太“再平衡战略”的部署与实施，南海周边国家借助美国的暗中支持，不断地在南海地区挑起事端，严重影响了我国周边环境的稳定。南海问题涉及多方面因素，已逐步升级为全世界关注的焦点。

南海是世界著名的热带大陆边缘海之一，几乎完全被大陆、半岛和岛屿所包围。南沙群岛地处我国广阔浩瀚的南海南端，是我国南海四大群岛中分布最广，位置最南的群岛，有230多个岛屿、礁滩和沙洲，南北长500多海里，东西宽400多海里，总面积24.47万平方海里，现属海南省辖区。南沙群岛地处热带，渔业资源特别丰富，富含海藻、海带等热带资源，以及非常可观的海洋能源和盐业资源。此外，还蕴含极为丰富的石油天然气资源，是亚洲大陆架3个最大的储油地区之一。

20世纪六七十年代，科学家发现南沙地区拥有丰富的石油资源，保守估计总储量将近二百亿吨，是世界上尚待开发的大型油藏之一，其中有一半以上储量分布在中国海域。此后又发现了南海蕴藏着数量可观、价值连城的“可燃冰”。此项消息传出，立即引起了菲律宾及越南武力侵占南沙地区岛屿的动机。真正的南海问题是从七十年代，越南、马来西亚、菲律宾利用军事手段强行占领或企图占领南海部分群岛开始的。进入21世纪以后，其侵略强占的企图越发明显，军事活动日益频繁，甚至公然宣布对于南海部分群岛的主权，南海问题被真正摆到了必须解决的地步。那么，所谓的“南海问题”则可以基本界定为中国与东南亚地区的越南、菲律宾、马来西亚、文莱等国围绕南沙群岛的岛屿和领海、大陆架和专属经济区的主权划分而引起的国家间的主权争端,包括领土和海洋划界所有权两个内容。其实质就是东南亚某些国家否认我国在南海U形断续线内的主权,从而非法占据并大肆掠夺资源。

2010年以来，南海问题持续升温，成为影响中国与周边邻国的主要矛盾。美、日、印等国与南海其他争端方积极互动，频繁在中国周边海域举行军演，不仅加剧地区紧张局势，也损害中国建设和谐周边的外交努力，中国安全与发展所受的冲击、影响明显增大。南海及其周边东盟地区是中国和平发展的重要战略依托，国家外交的重点区域，海上安全的重要战略方向，海上战略通道的重点关注海域。从总体上讲，南海海上安全形势基本处于可控状态，但仍然存在较为严峻的挑战。岛礁被侵占、海域被蚕食、资源被掠夺的局面没有得到根本改善。域外大国插手南海争端的态势愈演愈烈，中国建设和谐周边的外交努力面临巨大的挑战。

从 20 世纪 70 年代开始，南海周边国家大肆侵占中国南沙岛礁。在南沙群岛已露出水面的 40 余个岛礁中，越南占 29 个，菲律宾占 9 个，马来西亚占 5 个，文莱占 1 个。进入 21 世纪以来，随着《联合国海洋法公约》中有关专属经济区、大陆架划界问题条款的深入实施，南海周边国家掀起了海域“划界”热潮。目前，中国与多个海洋相邻国、海洋相向国存在潜在或现实争议，范围涉及东海、黄海和南海三大海区 200 多万 km^2，占中国所辖海域一半以上。菲律宾为染指黄岩岛，抓扣中国渔民，企图扩大事态。中国从维护东亚稳定的大局出发，致力于和平解决争端，并始终采取克制态度，然而，菲律宾、越南不断向南海近海海域扩展，企图混淆视听，扩大事态。2012 年 4 月 10 日，菲律宾巡逻机在黄岩岛海域发现了 12 艘作业的中国渔船，菲海军随后出动了该国最大的“德尔毕拉号”军舰，持枪军人企图抓扣手无寸铁的中国渔民。中国国家海洋局派正在附近执行南海定期巡航任务的“中国海监 75 号”和“中国海监 84 号”编队赶赴黄岩岛海域，对我渔船和渔民实施现场保护。中国执法船停靠在中国渔船和菲律宾军舰之间，从而阻止了菲方逮捕中国渔民的企图。随后，中国外交部举行例行记者会对菲律宾军舰袭扰中国渔船渔民做出回应。近些年，菲律宾侵袭中国黄岩岛不止一次。早在 1997 年 5 月，菲律宾就有个别国会议员登上黄岩岛，竖起菲国旗，宣称所谓的“主权”。1998 年 11 月，菲海军非法逮捕 20 名中国渔民，扣留 6 艘中国渔船，指称中国渔民在南沙群岛一个菲律宾声称拥有主权的小岛周边捕鱼，随后正式起诉这些中国渔民。2000 年 5 月，菲律宾海岸警卫队枪杀中国渔民，中方就此向菲律宾提出严正交涉，菲律宾迫于压力释放中国船员，但拒绝赔偿受害人家属。

由此可见，南海问题涉及了国家主权、历史、法律及敏感的现状，同时牵涉到了诸多国家的经济利益和政治利益。而近年来，随着南海争端逐步国际化，南海海域被分割，资源被掠夺，我国在南海的合法权益屡遭破坏。在大国插手干预与群国集体发难的同时,南海问题产生矛盾频率和爆发冲突的概率越来越大，昭示着南海问题有不断升级的趋势。

2. 钓鱼岛问题

钓鱼岛及其附属岛屿位于我国台湾省基隆市东北约 92 海里的东海海域，主要由钓鱼岛、黄尾屿、赤尾屿、南小岛和北小岛及一些礁石组成。

1895 年，日本在甲午战争末期，趁清政府败局已定，非法窃取钓鱼岛及其附属岛屿。随后，日本强迫清政府签订不平等的《马关条约》，割让“台湾全岛及所有附属各岛屿”。第二次世界大战结束后，根据《开罗宣言》和《波茨坦公告》，中国收回日本侵占的台湾、澎湖列岛等领土，钓鱼岛及其附属岛屿在国际法上业已回归中国。历史不容翻案。

1951 年，日本同美国等国家签订片面的“旧金山和约”，将琉球群岛（即现在的冲绳）交由美国管理。1953 年，美国琉球政府擅自扩大管辖范围，将中国领土钓鱼岛及其附属岛屿裹挟其中。1971 年，日、美两国在“归还冲绳协定”中又擅自把钓鱼岛等岛屿列入“归还区域”。中国政府对日、美这种私相授受中国领土的做法从一开始就坚决反对，不予承认。日本政府所谓钓鱼岛是日本的固有领土，日中之间不存在需要解决的领土争端，完全是罔顾史实和法理，是完全站不住脚的。

1972 年中日邦交正常化和 1978 年缔结和平友好条约谈判过程中，两国老一辈领导人着眼大局，就“钓鱼岛问题放一放，留待以后解决”达成重要谅解和共识。近年来，日本政府在钓鱼岛问题上不断挑起事端，特别是 2012 年以来姑息纵容右翼势力掀起“购岛”风波，2012 年 9 月 11 日，日本政府不顾中方一再严正交涉，宣布“购买”钓鱼岛及其附属的南小岛和北小岛，实施所谓“国有化”。

针对日本悍然宣布“收购”钓鱼岛的举动，中国政府陆续采取了一连串反制措施。一是公布领海基线。2012 年 9 月 10 日，中国政府公布中华人民共和国钓鱼岛及其附属岛屿的领海基线。领海基线的公布标志中国政府对钓鱼岛问题的“重大立场调整”——即不再承认这些岛屿存在主权争议，而是明确中国对其拥有绝对、不容谈判的主权。二是中国海监到钓鱼岛海域维权。2012 年 9 月 14 日 6 时许，由中国海监 50、15、26、27 船和中国海监 51、66 船组成的两个维权巡航编队抵达钓鱼岛及其附属岛屿海域，对附近海域进行维权巡航执法。这是我国政府宣布中华人民共和国关于钓鱼岛海域领海基线的声明之后，首次对该海域进行维权巡航执法，宣示了我国对该岛屿及海域的所有权和管辖权。三是向联合国提交中国钓鱼岛及其附属岛屿领海基点基线坐标表和海图。美国东部时间 2012 年 9 月 13 日，中国常驻联合国代表李保东大使约见联合国秘书长潘基文，提交了中国钓鱼岛及其附属岛屿领海基点基线坐标表和海图。至此，我国已履行了《联合国海洋法公约》所规定的义务，完成了公布钓鱼岛及其附属岛屿领海基点基线的所有法律手续。四是其他一系列反制措施。如果钓鱼岛局势继续僵持甚至出现恶化趋势，中国还会继续采取一系列反制措施，其中有“硬牌”，也有“软牌”。“硬牌”包括经济施压、军事打击等。“软牌”则包括舆论牌、外交牌等。总的来说，中国政府已经针对钓鱼岛问题做好了全面准备，若到摊牌时间，不仅“主权在我”，也将“主动在我”。

（六）祖国统一问题

台湾岛是我国第一大岛，战略要地。台湾岛南北长 394km，东西最宽处约为 144km，面积 3.58km^2。人口 2260 万，其中汉族占 97%以上，高山族约占 2%。

1. 台湾历来是中国不可分割的领土，这是不容争辩的史实

在远古时代，台湾岛与大陆相连，是大陆的沿海地区。后来，由于地球自转向心力作用和地壳运动，相连接的部分沉陷，海水侵入，成为海峡，而海峡东部未沉陷的地区被海水包围，成为今天的台湾岛。

自元朝以来，除荷兰侵略者与日本侵略者短暂霸占过中国台湾外，中国政府一直行使台湾的管辖权，享有台湾的领土主权。

有文字记载以来的若干史籍，都证明台湾自古以来与祖国大陆密不可分。远在 2000 多年前，大陆上的人民就知道在东海滨有一个美丽的岛屿叫“夷州”。元朝政府为了加强对台湾的管理，元始祖忽必烈派海船副万户杨祥、礼部员外郎阮临到台湾“宣抚”。1335 年，元朝正式在澎湖设“巡检司”，管辖澎湖、台湾民政，隶属福建泉州同安县（厦门）。明朝政府继承元朝的旧制，继续行使对台湾的管辖权，并于 1604 年在台湾设立“游兵”，在“鸡笼”（今基隆）、淡水二港屯兵，以防倭寇侵扰。1662 年，民族英雄郑成功打败了荷兰侵略者收复了台湾，并在台湾重新建制，对台湾实行全面治理。

二次大战结束和中华人民共和国成立后，国际政治格局完成了新条件下的重组，有亲华的，有亲台的，但从来没有对“台湾属于中国”这一点有过非议。1943 年 12 月 1 日，由中

国、美国、英国共同签署的《开罗宣言》指出："在使日本所窃取于中国之领土，例如满洲、台湾、澎湖群岛等"归还中国。1945 年 7 月 26 日，由苏、美、中、英等签署的《波茨坦公告》再次明确宣布"开罗宣言之条件，必将实施"。

1949 年 12 月 23 日，美国表示，"台湾在政治上、地理上和战略上都是中国的一分，……虽然它被日本当作'台湾'统治了五十年，然而从历史上来看，它是中国的。在政治上和军事上，它是一种严格的中国的责任"。台湾属于中国，这是不可改变的历史事实。

2. 祖国统一事业面临着更加复杂的形势

一是台湾有政体向"台独"方向转化。二是台湾岛内"台独"活动日益嚣张。三是台湾当局加紧推行"务实外交"。四是台湾当局加强了"以武拒统"的军事准备。五是国际敌对势力阻挠和破坏。

总之，近年来中国台湾当局在政治、外交、军事等方面都采取了一些重大行动，其目的在于谋求"独立的政治实体"地位，搞事实上的"两个中国"。台湾岛内的分离倾向和美国等西方国家插手台湾问题的趋势都在发展，祖国统一面临严峻形势。

此外，新疆"东突"恐怖分子，西藏有些分裂分子仍在从事分裂祖国的活动，破坏国家稳定的安全环境。

在影响中国周边环境的所有因素中，最主导的因素就是美国。美国并不是真正意义上的我们的周边国家，但它是在亚洲有着广泛和深刻影响的一个大国。我们周边国家所有的这些事都有美国人插手，都有美国的影子。美国不插手，这些事闹不起来。影响中国周边形势的主要是美国因素，中国目前的周边环境相对复杂化，主要是美国插手中国周边造成的。美国是影响中国周边安全环境的主要变数和最大变数，美国对中国的心态不改变，中国的周边环境安静不了，我们要有思想准备。为什么说美国是影响中国周边安全的最大变数、最大的消极因素，有这么几条值得关注：第一，美国高调重返亚洲，插手中国周边国家历史遗留的争议问题，使中国周边国家的关系复杂化。全球霸权与地区纷争相结合，是全世界所有地方不得安宁的根源。要全球称霸，必然利用地区矛盾，不然进不来，不然没有立足点。利用地区矛盾，插手地区纷争，这是美国的惯用手法。你看美国在二战以后在哪里不是这样，包括中东，包括西亚，包括中亚，包括美洲的所有地方，哪个地方有什么事，只要它插进去了，这个事情肯定好不了。第二，美国在中国周边地区不但继续强化旧的冷战同盟，比如美日同盟、美韩同盟，与此同时，还极力构建新的围堵与牵制中国的阵线。旧同盟再加上构建中的新阵线，冷战的阴云挥之不去。第三，伴随美国全球军事战略部署东移，对中国的军事侦察、军事演习等军事威慑行动与军事骚扰行动明显增多。为什么美国军事战略部署要东移？很简单，一是它的全球利益重心在东移，美国跟亚太地区的经济联系日益紧密，美国与亚洲的贸易额与日俱增。二是随着中国的快速发展，美对维持自己的绝对霸权地位越来越不自信起来。三是科索沃战争后，"西线无战事"，美国着手军事战略部署重心转移就水到渠成了。第四个表现就是在中国周边利用或者制造突发事件，有的是利用，有的是制造，试图动摇我国周边地区的和平与稳定，破坏我有利的发展环境。

中国周边的安全环境，总体上讲，和以往相比，消极面上升，这是第一句话。第二句话，矛盾趋于复杂，或矛盾更加复杂。第三个是，动荡加剧。就是说，消极面上升，矛盾复杂、动荡加剧。这是不是说我们整个形势就不好了呢？中国周边的安全环境尽管有这么多问题，复杂化了，消极面上升了，动荡加剧了，但没有根本改变或者根本颠覆中国周边的基本态势，因为我们的基本态势还是相对稳定的，不是说绝对稳定。具体理由是：第一，我们国家快速发展的势头强劲，维护国家安全与周边稳定的能力增强了。比如我们有更大的经济能力打破某些国家的围堵。第二，地区和平发展的基本态势并没有改变，还没有到发展不下去、全局动荡的情况，只是有些矛盾、有些问题激化了。第三，周边国家对华友好合作仍然是主流，尽管扯皮时有发生。第四，周边国家对中国和平发展的道路虽然有所疑虑，但是认同仍大于疑虑。第五，发展周边国家友好合作关系的机会仍大于挑战，虽然挑战比过去增多。第六，巩固、发展和周边国家友好合作关系的主动权还是掌握在我们手里，不是掌握在其他国家手里。基于这几点，我们还是有信心、有能力，推动周边形势向有利于和平与稳定的方向发展，但是艰巨程度比过去增加了，困难增加了，阻力增加了，复杂因素增加了，但是和平与稳定的基本面现在还没有变。

复习思考题

1. 战略与战略环境的关系如何？
2. 中国周边的安全环境现状如何？举例说明。

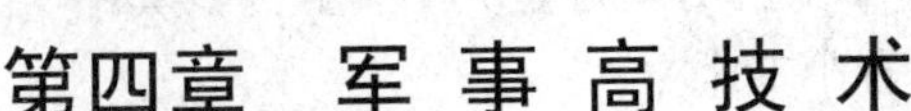

第四章 军事高技术

教学目的

了解军事高技术的内涵、分类、发展趋势及对现代战争的影响，熟悉高技术在军事上的应用范围，掌握高技术与新军事变革的关系，激发学习科学技术的热情。

教学重点

（1）掌握高技术和军事高技术的含义。

（2）了解高技术在军事上的应用原理。

教学难点

（1）科技与战争的辩证关系。

（2）高技术对新军事变革的推动力。

第一节 军事高技术概述

一、高技术的基本概念

1. 高技术的基本含义

高技术（high technology，Hi-tech）的概念源于美国，是一个历史的、动态的、发展的概念。目前，国际上对高技术比较权威的定义是，高技术是建立在现代自然科学理论和最新的工艺技术基础上的，处于当代科学技术前沿，能够为当代社会带来巨大经济、社会和环境效益的知识密集、技术密集技术。

20 世纪 70 年代以来一批新技术的涌现，使得科学与技术之间原有界限不再明显，到 80 年代这批技术被称为高技术，由于它们与科学技术融为一体，所以在汉语中又常常被称为“高科技”。其实这是错误的说法，科学没有高低之分，只能说正确与错误，唯有技术才能说高低。与新兴技术、尖端技术不同，高技术并不是指技术本身，而是对产业和产品中技术的含量及水平的评价。某些产业或产品，其中技术所占的比例超过一定标准时，就称为高技术产业或高技术产品。因此，高技术实际上是高技术产业或高技术产品的代称，它存在于新兴和传统的所有产业和产品领域。

由于高技术具有不定型性和发展变化快等特点，人们“在什么是高技术”的问题上往往会有不同的看法。有的人认为，高技术是指那些在科学和工程的技艺、能力同其他工业技术相比，高于平均水平，而且具有发展速度快的特点的工业技术。有人认为，高技术就是“尖端技术”“先导技术”“未来技术”等，以这类技术形成的产业具有五高的特点：高成长率（发展速度快），高利润（附加价值高），高风险率（淘汰率高，如计算机硬件设计淘汰率为 97%，软件成活率只有 12.5%～17%），高变化率（更新换代期限短），高知识水平（指职工知识水平高，领导者组织管理能力高。仅从这点出发，有人把知识密集型产业称为高技术产业。他们认为，高技术产业要求有 1/3 的劳动力是大学毕业的，其中一半以上应是工科毕业生，另外还要求有 1/3 的劳动力具有中专水平）。

2. 高技术的主要特征

第一，高技术是技术复杂程度高的技术，即高技术本身的技术等级高、攻克难度大，是现阶段的先进技术和尖端技术，其主要原理建立在人类最新科学技术成就的基础上。

第二，高技术是新兴的技术，即指近几十年来才兴起并得到实际应用的技术，如电子计算机从发明到现在只有 60 多年的历史，但经历了三次飞跃，已发展到了第四代，即超大规模集成电路计算机和微型计算机时代。

第三，高技术是实在的技术，即指那些可以直接利用并能够在现在或将来转化为商品、形成产业、创造巨大经济效益的技术，因此，高技术紧密地与市场联系在一起。

第四，高技术是一个具有时间性的动态概念，不同的时代会有不同的高技术，某一项技术只在一定时间内属于高技术范畴。例如，蒸汽机、电力、汽车都曾是高技术，而现在却成了传统产业。

二、高技术的主要领域

“高技术”是随着 20 世纪 50 年代开始孕育、70 年代加速发展的一场新的技术革命的来临而出现的一个术语。虽然不同的国家和不同的学者对高技术一词的理解不完全一致，但大体上都包括以下几方面内容：电子计算机技术和微电子技术，光通信和传感技术，机器人和人工智能技术，生物工程（或称遗传工程，生物技术），航天技术，海洋工程，新能源技术，新材料开发等。随着高技术的出现，产生了一批知识密集的新型行业，如各种决策咨询机构、基因公司、系统开发公司、数据通信网和联机情报检索系统等信息服务业（日本称为信息处理产业，美国称为计算机和信息处理服务业）。高技术对整个国民经济的发展以至社会生活方式的演化都有重大影响，所以各国（尤其是发达国家）都极为重视发展高技术。西欧 18 国为发展高技术于 1985 年 11 月制定了“尤里卡计划”，美国为夺取战略优势，制定了“星球大战计划”。这些计划的实施都对促进高技术的发展有重要影响。

1. 电子信息技术领域

信息技术是六大高技术的前导，主要指信息的获取、传递、处理等技术。信息技术以电子技术为基础，包括通信技术、自动化技术、微电子技术、光电子技术、光导技术、计算机技术和人工智能技术等。当前信息技术主要表现在以下几个方面。

（1）集成电路。目前世界上 1 兆位和 4 兆位的动态随机存储器芯片已得到广泛应用，16 兆位的芯片也已产生。此外，光子集成电路和生物集成电路的研制开发也已获得重大进展。

（2）电子计算机。目前世界上计算机的装机台数超过一亿台，超巨型计算机速度已超过 100 亿次。计算机类似人的左脑进行逻辑思维方面的工作，而形象思维方面的工作则要通过人的右脑完成。为解决形象思维问题，人们正在研制神经计算机和模糊计算机。神经计算机从微观上以自底到顶的方式接近人脑，而模糊计算机则是从宏观上，以从顶到底的方式接近人脑。

（3）软件技术。信息技术主要由两部分技术组成，即计算机硬件技术和计算机软件技术。知识和信息的收集、存储、整理、创新、传播和应用等环节的运行，将以计算机软件技术的开发与利用为前提。软件技术是各类计算机应用程序设计或编辑技术的总称。目前软件技术主要包括四大类：①根据计算机自身的结构和功能，为计算机设计或编辑指令性语言程序的软件技术；②为计算机操作、管理人员或编辑操作、编辑、检索、调试、诊断、维护等程序的软件技术；③为满足用户的特殊需求而设计或编辑计算机应用、专项程控、系统管理等程序的软件技术；④为各类用户计划或编辑知识信息资料、网上操作和电子读物程序的软件技术。

（4）通信技术。20 世纪 70 年代以来，相继出现了光纤通信、卫星通信、程控数字交换机和综合业务数字网技术。

（5）激光技术。激光器是 20 世纪与原子能、半导体、计算机齐名的四项重大发明之一。以激光器为基础的激光技术得到了迅速发展，现在已广泛应用于工农业生产、能源动力、通信及信息处理、医疗卫生、军事、文化艺术及科学技术研究等各个领域，激光技术是正在走向实用化的高技术。

2. 新材料技术领域

材料是工业的基础，也是技术的基础。同时新材料又是技术发展的产物。材料大体可分为金属材料、无机非金属材料、高分子材料、复合材料、半导体材料、光电子材料、磁性和超导材料、生物医学材料、核材料。按性能可分为结构材料、功能材料、智能材料、设计材料等。新材料加工技术包括近无余量成形加工、快速凝固加工、电子束加工及激光硬化等。新材料又称高技术先进材料，类型很多，基本上分为四大类：新金属材料（如先进高温合金、金属化合物及形状记忆合金等），先进无机非金属材料（如高温结构陶瓷、玻璃光导纤维、人工金刚石薄膜等），有机高分子材料（如高性能工程材料、高效气体分离膜、导电高分子材料等），先进复合材料（如碳纤维增强树脂基复合材料、碳-碳复合材料、梯度功能材料等）。

3. 交通运输及航天技术领域

现代交通运输技术包括海上、空中、陆地等各个方面的交通运输技术，人们熟知的轮船、飞机、汽车、火车、火箭、飞船等，都是现代交通技术的集中体现，其中最尖端的是航天技术。现代航天技术又称空间技术或宇航技术。它是一门解决人类如何飞出大气层，进入宇宙空间，并在那里航行的技术。这项技术是在相关高技术支撑下的多学科高度综合性技术。1957 年 10 月 4 日，苏联终于成功地发射了世界上第一颗人造地球卫星。这一天被科学家们公认为是现代航天新纪元的开始。从此以后，人类才算真正踏上了通向宇宙的“金桥”。2003 年 10 月 15 日上午 9 时，长征 2 号 F 火箭托举着“神舟五号”载人飞船，飞上太空。飞船在太空中飞行了 21h、围绕地球 14 圈，在圆满完成了预定的科学实验后，返回舱于 16 日 6 时 23 分，在内蒙古主着陆场成功着陆。这是我国载人航天史上的处女飞行。从此，中国成为世界上第三个独立掌握载人航天技术的国家。

4. 生物技术领域

科学家们预计，在 21 世纪，继电子和信息技术之后，生物技术将引起一场新的技术和产业革命，再一次改变人类。生物技术包括了传统的发酵工程、细胞工程及现代的遗传工程或 DNA 技术。其中，遗传工程最为引人注目。1997 年 2 月 23 日，科学家运用克隆技术，培育出第一只克隆羊。克隆技术为人类带来了无限的机遇。目前，生物技术更多地用于医药，而生物技术更美好的前景是农业方面。例如，福建省福清人陈章良就是通过改变水稻的基因，从而大大地提高水稻的产量受到全世界刮目相看的。

5. 新能源技术领域

能源是人类生存和发展的基本保障。现代的新能源技术按照其创新性和是否能够再生或连续使用的性质可划分为新能源技术和可再生能源技术。新能源与可再生能源技术主要包括核能、太阳能、水能、地热能等。核能技术与太阳能技术是新能源技术的主要标志，通过对核能、太阳能的开发利用，打破了以石油、煤炭为主体的传统能源观念，开创了能源的新时代。

6. 海洋技术领域

海洋作为地球上最大的一个地理单元，以它的广博和富饶影响和滋养着一代又一代地球人类。在对海洋不断探索、研究和认知的同时，海洋的资源和资源价值逐步被人们认识和重视，随之而来的海洋权益之争也愈演愈烈。进入新世纪以来，随着共同面临的人口、资源和环境问题的不断加重，人类对海洋的青睐和倚重更加凸显。沿海各国纷纷调整和制定新的海洋战略和政策，一个以权益为核心，资源和环境为载体的全球范围的“蓝色圈地”运动正在深入、广泛地展开。海洋技术是21世纪技术的内向拓展，其标志技术是深海挖掘和海水淡化。

三、军事高技术

1. 军事高技术的内涵

军事高技术，是指应用于军事领域的高技术，是高技术的重要组成部分。一般认为，军事高技术是建立在现代科学技术成就的基础上，处于当代科学技术前沿，以信息技术为核心，在军事领域发展和应用的，对国防科技和武器装备发展起巨大推动作用的那部分高技术的总称。所谓军事高技术，就是应用于军事领域的现代高新科学技术。即已经应用或即将应用于军事领域中，并对现代军事和现代战争产生重大影响的高新科学技术群。按照科学分类方法，科学技术的体系结构通常划分为基础科学、技术科学和工程技术三个层次。军事高技术的体系结构是由科学体系中面向军事应用的那部分技术科学和工程技术所组成的。它包括两个层次，即军事基础高技术和军事应用高技术。

2. 军事高技术的发展

目前学术界普遍认为，现代军用高技术自从20世纪中叶产生以来大致经历了三个发展阶段。

第一个阶段是从20世纪50年代至70年代中期的初始阶段。

第二个阶段是从20世纪70年代中期到80年代末期的大发展阶段。

从20世纪80年代至今是第三阶段，而且这一阶段还要持续很长时间。

3. 军事高技术的特点

（1）高智力。高技术是知识密集型技术，它的发展必须依靠创造性的智力劳动，依靠富有创新意识、创新能力的高素质人才，体现了高智力的特性。如半导体集成电路，从成本上讲，原料及能源仅占其总成本的2%，而其余98%都是其智力含量。

（2）高投资。高技术的研究开发需要昂贵的设备和较长的研制周期，因而研制过程需要耗费巨额资金。据统计，目前，一般高技术企业用于研究开发的经费占其产品销售额的比例高达10%～30%，而科研成果产业化的投资又比研究开发投资高出5～20倍，形成高技术产业后的设备更新投资还会越来越大。如制造集成电路的设备，十年之中关键设备就更新了三代，每更新一代，设备投资就要增加一个数量级。

（3）高竞争。高技术的时效性决定了谁先掌握技术、谁先开发出产品并抢先投放市场或用于战场，谁就能获得优势，占据主动。为此，世界军事强国和大国都制定了高技术发展计划，试图在世界高技术发展的竞争中占有一席之地。

（4）高风险。高技术竞争的失败，对企业而言，就意味着投资的失败；对国家而言，意味着国家利益将要受到损害。此外，高技术研究本身也蕴含着巨大的风险，甚至要以生命作为代价。以航天技术的发展为例，40 多年来，航天技术取得了神话般的巨大成就，但其风险也高得惊人。1961 年 3 月 23 日，苏联的邦达连科就成为为航天事业献身的第一人。另据英国《新科学家》杂志数据分析，目前正在组装的国际空间站，在组装过程中，发生至少一次重大失误的可能性为 73.6%。

（5）高效益。高技术产品是高附加值产品，其形态是知识的物化形式，所以其价值远远超过所消耗的原材料和能源的价值。实践证明，高技术成果一旦转化为市场化的产品，就能获得巨大的经济收益，一旦得到实际应用，就能产生广泛的社会影响。如航天技术，其投资效益比高达 1∶14，充分体现了高效益的特点。

（6）高渗透。高技术本身具有极强的综合性和技术辐射性或渗透性，隐含着巨大的技术潜力，不仅可以用于新兴产业的创立，而且可以用于传统产业的改造，成为经济、国防、科学、技术、政治、外交和社会生活等各个领域发展变化的驱动力。

（7）高速度。高技术产业是目前发达国家经济中最活跃也是增长最快的经济部门。美国经济在“9·11”事件前已连续十多年呈现高增长、低通胀趋势，而且美国 GNP 占世界总值的比例也由 20 世纪 90 年代初的 24.2%增加到 2000 年的 30%。这些都是以信息技术为龙头的高技术产业带来的结果。高技术产业的成功不仅表现在产值、产量的发展高速度上，而且还突出表现在产品性能更新的高速度上，如计算机芯片的处理速度，30 多年来，几乎每 18 个月就翻一番。现在普遍使用的高性能计算机，其运算速度已可达每秒十几万亿次，微机处理速度也已可达每秒 10 亿次。

4. 高技术在军事上的应用

（1）军用微电子技术。微电子技术，听起来似乎是一个极高深且难以理解的概念，其实不然。所谓微电子技术，通俗地讲，就是使电子元器件及由它组成的电子设备微型化的技术。它是在晶体管技术的基础上发展起来的，其核心是集成电路技术。

随着微电子技术发展水平的不断提高，其应用范围也将越来越广，影响也将越来越大。从目前情况看，随着高性能集成电路芯片的广泛应用，将会给人类社会的各个领域带来翻天覆地的变化。特别是在军事领域的广泛应用，将使武器装备的性能发生巨大变化。首先是武器系统的体积、质量和功耗大大减小，可靠性大大提高。其次是武器系统自身的信息处理能力得到质的飞跃，使一些原来作为设想的高技术兵器如今成为现实。第三是传统后勤装备的信息化水平不断提高，保障手段逐步走向多样化和智能化。

（2）光电子技术。光电子技术是电子技术同光学技术相结合而形成的一门新型综合性技术。它主要研究光波与物质中的电子相互作用及其能量相互转换。它利用光进行信息的发送、探测、传输、变换、存储、处理和重现。它包括的主要技术有：激光技术、红外技术、光纤技术、集成光学技术、光计算和显示技术等。

目前，光电子技术已经渗透到武器系统的各个领域，广泛用于侦察、预警、通信、导航、武器制导和火控，以及定向能武器等。

总之，光电子技术在军事领域的应用极大提高了军队的作战效能，使各级 C^4ISR 系统的功能得以充分发挥，各类探测设备和制导武器的精度得到极大提高。但是，光电子技术在探测距离及全天候作战方面还存在着缺点和不足，还需进一步的完善和提高。在未来，光电子技术与电子技术的紧密配合，取长补短，将成为高技术兵器发展的主要支撑。

（3）计算机技术。计算机是由电子器件及相关设备和系统软件组成的自动计算系统。它具有极强的数据处理能力，即能计算、能分析、能判断，并且具有较强的记忆能力和一定的思维能力，而且上述能力在不需人为干预的情况下可自动完成。计算机的发展方向将朝着高性能和应用的广度与深度发展。

第一，计算机的性能越来越高。从第 35 届世界超级计算机排行榜看，世界上排名第一的超级计算机美洲豹“Jaguar”，以 1.75PFlop/s（每秒 1750 万亿次）的计算能力傲视群雄。来自中国的曙光“星云”高性能计算机 1.271PFlop/s 的 Linpack 成绩（每秒 1271 万亿次）成为全世界第二快的超级计算机。

第二，计算机的网络化与大众化使计算机渗透到人类生活的各个方面。美国哈佛大学的研究人员于 2005 年 4 月 27 日宣布，他们利用低温技术研制成功纳米导线集成电路，使用这种技术制成的时钟振荡电路频率可达 11.7MHz，是目前用有机半导体材料制造的时钟振荡电路的 20 倍，制成的芯片可以大大促进计算设备在生活中的应用，“使高效的电子设备进入我们生活的每个方面”。

第三，计算机将越来越善解人意，人们将通过口语、书写、文字、手势等非常自然的方式与计算机打交道。计算机将会以更加便捷的方式为人类提供智能化的服务。

随着计算机技术的发展，尤其是超级计算机的发展，计算机在武器系统中的应用还将会更加强烈。

（4）军用新材料技术。“材料是发明之母”。新型材料是军事高技术发展的物质基础和突破口，谁能更快地开发和应用具有特定功能的材料，谁就拥有更强大的技术潜力。正因为如此，各国的军用高技术计划，无不把新材料的研究与开发作为重要内容之一。

目前，世界各国主攻的军用新型材料主要集中在高温材料、功能材料和复合材料等方面。

功能材料是指具有各种各样特殊功能的材料，如电光材料、电声材料、隐身材料、“记忆合金”材料等。这些材料在军事上的应用效果，令人叹为观止。

所谓复合材料是指把两种或两种以上不同性质的材料经过加工，复合形成一种材料，从而克服单一材料所存在的某些弱点，发挥各个组成材料各自的优点，提高材料的综合性能，可谓取长补短、相得益彰。军用新材料是高技术武器装备的命根子，世界各国控制得都非常严格。在军火市场上，可以买到火炮、坦克、飞机、军舰，可能买到导弹、雷达、电子设备，却很难买到制造这些装备的新材料。如果想得到制造这些新材料的高技术，那就更是难上加难。要想独立自主地发展本国的国防科技和武器装备，就必须下功夫，自力更生解决各种新型材料。

第二节　精确制导武器和技术

一、精确制导武器

1. 精确制导武器概述

精确制导武器是采用高精度制导系统，直接命中率很高的导弹、制导炮弹和制导炸弹等武器的统称，用于打击坦克、装甲车、飞机、舰艇、雷达、指挥控制通信中心、桥梁和武器库等点目标。

精确制导武器（Precision Guide Weapon）这一术语起源于20世纪70年代中期时，美国在越南战争中大量使用了精确制导炸弹。由于它具有精确的制导装置，在战场上取得了惊人的作战效果，因而引起人们的极大注意。我军对精确制导武器的定义：采用精确制导技术，直接命中率在50%以上的武器。主要包括精确制导导弹、制导炮弹、制导地雷等。直接命中制导武器的圆概率误差，也叫圆公算偏差（Circular Error Probable，CEP），小于该武器弹头的杀伤半径。

1972年，美国在越南战争中大量使用激光和电视制导炸弹，作战效能约比无制导武器高百倍，西方称之为“灵巧炸弹”。在1973年第四次中东战争中，埃及使用的苏制雷达制导SA-6地空导弹（见图4-1）和有线制导AT-3反坦克导弹，以色列使用的美制电视制导的“小牛”空地导弹（见图4-2）和有线制导“陶”式反坦克导弹，作战效果引人注目。自1974年以后，西方军事界把这些导弹和制导炸弹统称为“精确制导武器”或“精确制导弹药”，西方国家为抵消苏联在坦克、装甲车、飞机等武器装备上的数量优势，非常重视发展精确制导武器。美国装备的电视和激光制导炸弹，命中目标的圆公算偏差均已减小到约2m。1981年装备的“铜斑蛇”激光制导反坦克炮弹，由155mm口径榴弹炮发射，最大射程17km，直接命中率达80%以上。

图4-1 SA-6地空导弹

图4-2 “小牛”地空导弹

随着光电器件、微波半导体器件、集成电路和信息处理等技术的迅速发展，相继制成了各种小型化、高精度、低成本的制导系统。它们可装在弹体很小的导弹、炮弹和炸弹上，使打击面目标的无制导弹药变为能攻击点目标的精确制导武器。已采用的制导方式有：有线指令制导、电视制导、红外制导、激光制导和微波雷达制导等。射程较远的则通常采用复合制导，先用精度较低的制导系统把武器引导到目标附近，后用高精度制导系统引向目标。20世纪80年代初使用的精确制导系统，在全天候、自主寻的制导、抗干扰能力和制导精度等方面，还存在一些缺陷，今后将在改进现有制导系统的同时，发展综合性能较完善的由红外成像、毫米波和合成孔径雷达探测器等构成的制导系统。精确制导武器的发展，对未来战争的战略、战术运用，武器系统的发展和装备体制均将产生深远的影响。

2. 精确制导武器特点

（1）直接命中率高。目前，一些有代表性的精确制导武器的命中率可达80%以上，激光制导炸弹和电视制导炸弹的圆概率偏差约在 2m 以内。如海湾战争中，美国空军在 100km 外向伊拉克的一个水电站发射了两枚“斯拉姆”空对地导弹，结果是两枚导弹先后从同一个洞穿入发电厂，彻底摧毁了目标。现在已经出现了完全依靠弹体的动能直接撞毁目标而根本不需要装药战斗部的精确制导武器。例如，英国宇航公司研制的高速防空导弹，其飞行速度可达 4 马赫，导弹没有爆破战斗部，它靠弹体高速飞行的动能来击毁目标。

（2）具有自主制导能力。随着电子技术的发展，高性能的毫米波制导系统、红外探测器及人工智能计算机的采用，精确制导武器不仅具有较高的直接命中率，而且还通常具有“发射后不用管”的自主制导能力，它可完全依靠弹上的制导系统独立自主地捕捉、跟踪和击中目标，不需要人工或其他辅助设备进行干预。例如，美国的“黄蜂”空对地导弹，由于采用了人工智能技术和先进的信号处理技术，已经具有了初步的智能化特征。它可在复杂的地物背景中鉴别出是否是要攻击的目标。如果不是，则继续搜索目标；如果是，则作进一步信号分析，鉴别和判断所探测目标是真实目标还是背景或假目标。如果不是真目标，弹上探测器便重新进行目标搜索；如果确认是真目标，则进一步判断目标是否处在战斗部杀伤范围内。如果是在杀伤范围之内，则自动估算出最佳爆炸高度，将战斗部引爆，从坦克顶部将其击毁；如果不在杀伤范围之内，则继续对目标进行锁定跟踪，直到进入有效杀伤范围为止。如果发现有两枚以上导弹则同时跟踪同一个目标，后面跟踪的导弹就立即自动离开，探测器重新进行目标搜索、捕获、跟踪和攻击新的目标。

（3）作战效能好。精确制导武器虽然技术较一般武器复杂，制造成本高，但由于精确制导武器具有较高的直接命中率，因而它的作战效能好、经济效益高。同无制导的武器相比，精确制导武器在完成同一作战任务时，其弹药消耗量小，所需作战费用远远低于常规弹药。在英阿马岛战争中，阿根廷空军仅用一枚价值 25 万美元的“飞鱼”导弹，就击沉英国海军一艘造价近 2 亿美元的“谢菲尔德”号驱逐舰。此仗阿军不仅取得军事上的胜利，而且在经济上的效益也十分可观。

3. 精确制导武器对作战的影响

据资料统计，在北约对南联盟的空袭中，所使用的武器有 98%是精确制导武器，并且显示出优异的作战效能。西方专家认为，精确制导武器是一种能够代替战术核武器，对战争胜负具有决定性意义的新型武器，它为不首先使用核武器或不使用核武器打一场具有核战争威力的战争提供了新的手段。精确制导武器给战争行动带来的影响主要表现在以下几个方面。

（1）使超视距、多模式、多目标精确打击成为可能。巡航导弹的打击距离达万米以上，可从陆地、空中、海上多方式发射，自行打击各种重要战略目标。如美国“爱国者”地空导弹就配备了相控阵雷达和 100 万次/秒的计算机，可同时跟踪 50～100 个目标，或同时控制 9 枚导弹攻击不同方向、不同高度的目标。

（2）旷日持久的局部战争将被速战速决取代。精确制导武器最本质的作战特点是快速、敏捷、高效，具有速战速决的能力。在过去发生的局部战争中，据统计，战争持续的时间与精确制导武器的投入量成反比，例如，1986 年 4 月，美国空军从英国本土出动机群绕过欧洲数个国家偷袭非洲国家——利比亚，倾泻了大批激光制导炸弹和带“眼睛”的集束炸弹，摧毁了利比亚首都的黎波里的阿齐齐耶兵营和利军总参谋部、恐怖活动总指挥部（美国认定的重点目标）、亚迪比拉勒港海军突击队训练基地、的黎波里军用机场及班加西的军用机场和卡扎菲备用指挥部民众国兵营等六个地方的重点目标。有趣的是美国的飞机已经空袭完毕返航时，利军才组织火力还击，且正当利比亚炮火打得异常热闹的时候，美国白宫发言人已在记者招待会上宣告空袭成功，空袭时间仅为30min，一场战斗就结束了。

（3）远程火力袭击的突然性空前增大。精确制导武器由于不断采用高技术，可在远距离上发现和识别目标，并实施准确攻击。远程精确制导武器和远距离立体侦察定位系统的结合使用，将使在后方集结的预备队、指挥控制中心和后方基地，处于远程精确制导武器的直接威胁之下，远程火力袭击的突然性将空前增大。由于精确制导武器具有准确的远程作战能力、牵连损伤（也称附带杀伤）有限、作战持续时间短和军事行动的国际影响度也相对降低，使得某些大国敢于“说出手时就出手”，对远离国界的敌对势力的要害目标实施“外科手术”。阿富汗的军事训练基地、苏丹的“化学工厂”和波黑的弹药库被毁就是最好的例证。这一新情况，就连美国自己也担心：如果核武器或远程精确制导武器一旦落入不负责任的国家或恐怖分子手中，“情况将是十分严重的”。

（4）传统重型兵器受到严重威胁。坦克、飞机、军舰等大型武器将成为精确制导武器打击的首选目标。

二、精确制导技术

精确制导技术是指按照一定规律控制武器的飞行方向、姿态、高度和速度，引导其战斗部准确攻击目标的军用技术。任何一种精确制导武器都需要通过某种制导技术手段随时测定它与目标之间的相比位置和相对运动，根据偏差的大小和运动的状态形成控制信号，控制制导武器的运动轨道，使之最终命中目标。随着高新技术的发展，精确制导武器系统的制导技术有多种类型。按照不同控制导引方式可概括为自主式、寻的式、遥控式和复合式等四种制导。

1. 自主制导

自主制导就是指导弹的控制完全自主，在飞行中不依赖于目标和制导站，由导弹的制导装置按预定过程控制其飞行轨迹，保证导弹命中目标。属于自主式制导的有惯性制导、方案制导、地形匹配制导和星光制导等。

如惯性制导系统，它的惯性测量装置是由陀螺仪和加速度计所组成的，惯性制导系统就是利用惯性测量装置测量导弹运动的加速度，通过解算装置，计算出导弹的运动加速度及运动速度，经过与原设定的参数进行比较，形成制导指令，由执行机构控制导弹飞向目标。自主制导的特点：把飞行方案，也即飞行程序储存于弹上，不与目标和制导站发生联系，因此隐蔽性好，抗干扰能力强，射程远。但是它的缺点是：发射后无法改变弹道，而且制导精度随飞行时间（或距离）的增加而降低。

2. 寻的制导

寻的制导就是依靠弹上设备，接受目标辐射或反射的能量（红外辐射、光辐射、无线电波、声波等)，确定目标位置和运动特性，自动控制导弹飞向目标。通常按有无照射目标的能源，可分为主动寻的、半主动寻的、被动寻的三种。

（1）主动寻的。导弹上的能源照射目标，接收机根据回波信号，完成对目标的捕捉、跟踪和攻击。

（2）半主动寻的。能量照射来自指令站，导弹接收回波信号，自动跟踪并攻击目标。

（3）被动寻的。导弹依靠感受目标的能量（如飞机发动机的热辐射），自动跟踪并攻击目标。寻的制导的最大特点是精度非常高，但是它的作用距离较近，识别敌我能力差。

3. 遥控制导

遥控制导是以设在地面、水面或飞机上的指令站来测定目标和导弹的相对位置，并向导弹发出制导指令进行的制导。

如目视瞄准、手控有线指令制导，在导弹发射后，通过瞄准镜跟踪目标和导弹，测量它们的运动参量，并形成制导指令，通过操纵控制盒，把制导指令通过导线传送到弹上，弹上接收设备以收到的制导指令为依据，在弹上经过信号变换和功率放大等环节处理后，操纵执行机构改变导弹的飞行弹道，使其飞向目标。

遥控制导的特点是，导弹受控于指令站，因此弹道可以随目标的运动而改变，适合攻击运动目标。但是这种制导方式比较容易受干扰，且有线制导受导线长度和强度的限制，作用距离近。

4. 复合制导

复合制导是指采用两种以上制导方式的制导。它可以综合利用几种制导方式的优点，弥补弱点，提高命中精度，如以下几种复合制导的导弹。

（1）美“斯拉姆”远程空地导弹：惯性制导+红外成像自动寻的末制导。

（2）法“飞鱼”反舰导弹：惯性制导+主动雷达寻的末制导。

（3）俄 SA-12（斗士）地空导弹：无线电指令遥控制导+主动雷达寻的末制导。

（4）美“先进巡航导弹”：惯性导航+地形匹配+主动寻的末制导。

复合制导可以综合利用几种制导方式的优点，但是它的缺点是系统复杂、体积大、设备比较昂贵。

三、精确制导武器分类

精确制导武器从总体上可以分为导弹和弹药两大类。

导弹可进一步细分：①按作战任务分为战略导弹、战术导弹；②按射程分为近程导弹、中程导弹、远程导弹、洲际导弹；③按弹道特性分为弹道导弹、飞航式导弹；④按发射点和目标位置分：通常发射点和目标的位置有地面、空中、舰艇（水面）、潜艇（水下）四种，因此，又可分为地对地、地对空、岸对舰、空对地、空对空、空对舰导弹等。

精确制导弹药可分为末制导弹药和末敏弹药。末制导弹药通常分为制导炸弹、制导炮弹、制导鱼雷三种。末敏弹药主要包括制导地雷等。

20 世纪 50 年代以后，精确制导武器发展十分迅速。从总体上讲，精确制导武器多数已发展到第三代，个别品种已发展到第四代。

1. 精确制导导弹

（1）巡航导弹。如图 4-3 所示，巡航导弹又称飞航式导弹。世界上第一枚巡航导弹是纳粹德国在第二次世界大战中研制成功的 V-1 型导弹。第二次世界大战后，美、苏、英、瑞士等国，在 20 世纪 50 年代相继研制成功第一代巡航导弹，如“天星狮”“沙道克”等；20 世纪 70 年代诞生了以“战斧”巡航导弹为代表的第二代巡航导弹。目前世界上先进的战略巡航导弹有美 AGM-86B、“先进巡航导弹”、俄 AS-15 等。

1991 年的海湾战争就是以一枚“战斧”巡航导弹击中伊拉克的通信指挥大楼而拉开战幕的。海湾战争也是美第一次使用“战斧”巡航导弹的战争，共发射 288 枚，第一天就发射 100 多枚，其中，首次突击使用了 52 枚，命中率高达 98%，初次显示了远程精确制导武器的威力。

1995 年 9 月 10 日，为打击波黑塞族机场，美国海军夜间从“诺曼底”号巡洋舰上发射

13 枚“战斧”布罗克Ⅲ型巡航导弹，也全部命中了目标。

（2）防空导弹。如图 4-4 所示，防空导弹包括地空和舰空导弹。最早研制的也是纳粹德国，其在第二次世界大战期间研制的“龙胆草”“莱因女儿”等，但未投入实战。现在有 14 个国家研制了超过 100 种防空导弹，迄今已发展到第四代。防空导弹按射高可以分为四种，较先进的分别如下。

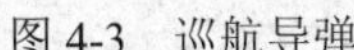
图 4-3 巡航导弹

图 4-4 防空导弹

1）高空：美“爱国者”、俄 S-300 等。

2）中空：美“霍克”、俄 SA-6、法 SA-90 等。

3）中低空：美“小槲树”“复仇者”，俄 SA-13，英“长剑”“星条”，法德“罗兰”等；便携：美“红眼睛”“毒刺”，俄 SA-7、SA-18，英“吹管”“标枪”，法“西北风”，瑞典的“RBS-70”等。

4）舰空导弹：美“宙斯盾”“标准”，英“海标枪”“海狼”，法“海响尾蛇”等。1959 年 10 月 7 日，我中国人民解放军空军用苏制 SA-2 导弹击落了国民党的美制 RB-57D 高空侦察机，成为世界上第一次使用防空导弹击落飞机的实例。1960 年 5 月 1 日，苏联防空部队使用 SA-2 导弹击落一架从巴基斯坦起飞，飞越苏联上空进行侦察的美军 U-2 高空侦察机。

在阿富汗战争后期，阿富汗使用美制“毒刺”防空导弹，击落苏联飞机近 300 架。第四次中东战争阿拉伯使用苏制 SA-6 导弹击落了以色列飞机 47 架，而以色列发射 22 枚美制“霍克”地空导弹竟打掉阿拉伯 25 架飞机，可以说是创下了一个奇迹。

海湾战争中，美国“爱国者”导弹多次成功拦截伊拉克“飞毛腿”导弹。“爱国者”导弹是如何拦截“飞毛腿”的呢？当伊拉克的“飞毛腿”导弹发射升空 90～120s 以后，美国部署在太空的预警卫星就可以测出其发射点的位置、射向和落点的范围，并向空中的雷达预警飞机发出警告，由雷达预警飞机将情报传送给地面的指挥中心，指挥中心在接到雷达预警飞机的情报后迅速向“爱国者”导弹系统下达指令，在“飞毛腿”导弹飞至距落点约 90s 的位置时，“爱国者”导弹系统的雷达开始搜索、跟踪目标，当发现目标后“爱国者”导弹发射升空，“爱国者”导弹初段采用自主式制导进入一定的高度，这样可以快速反应，争取时间，中段则采用遥控式制导接近目标，而末段采用寻的制导捕捉、跟踪、攻击目标，将“飞毛腿”导弹击毁在空中。

（3）反坦克导弹。如图 4-5 所示，反坦克导弹被称为坦克的“克星”。法国于 1955 年研制成功 SS-10，成为第一个装备反坦克导弹的国家。迄今反坦克导弹已发展到第三代，共有

30 多个型号，总数量突破 200 万枚大关。目前性能较好的第二代反坦克导弹成为许多国家主要的反坦克武器。如美“龙式”“陶式”，法 SS-12，俄 AT-4、AT-5，德法共同研制的“米兰”“霍特”“小羚羊”，日“超马特”、瑞典“比尔”（RBS-56）、“卡尔库斯塔夫”等。

第三代“打出去不用管”的反坦克导弹现在正在发展，它可以对付 20 世纪 90 年代的多种装甲目标，如美“海尔法”、法“阿拉克”、俄 AT-6（螺旋）、AT-7（混血儿或萨克斯管）、“短号”，法德英“崔格特”等。美、瑞士共同研制的“阿达茨”既可对付低空飞机，又可打坦克。

第四次中东战争中，以色列损失坦克 800 辆，有 80%是被反坦克导弹击毁的。其中，190 装甲旅的 120 辆 M-60 坦克，全部被埃军的反坦克导弹击毁。最后的 85 辆在与反坦克导弹的对阵中仅仅 3min 就全部化为焦铁。

在海湾战争 100h 的地面战斗中，多国部队使用反坦克导弹共击毁伊军前线部署的 4000 辆坦克中的 3000 辆、2870 辆装甲车中的 1900 辆和 3110 门火炮中的 2100 门。其中美军一个“阿帕奇”武装直升机营的 36 架直升机曾一举击毁伊拉克共和国卫队一个坦克纵队的 84 辆坦克和装甲车辆、4 个防空系统、8 门火炮和 38 辆轮式车辆。

（4）空空导弹。如图 4-6 所示，空空导弹被誉为现代空战的“撒手锏”，迄今世界各国已研制成 60 种左右，已经发展到第四代。空空导弹在发展过程中命中率提高较快，20 世纪 50 年代仅为 10%，60 年代为 30%，70 年代达到 50%，80 年代提高到 88%，到了 90 年代已经达到了 95%。空空导弹分为拦射导弹和格斗导弹。

1）拦射导弹是指射程在 20km 以上的导弹，它又可以分为远程拦射和中程拦射。远程拦射导弹的射程在 100km 以上，如美国的“不死鸟”（AIM-54C）空空导弹，射程可以达到 150km，俄 AA-9（毒辣 or 阿摩斯），中程拦射导弹的射程为 20～100km，比如美国的“麻雀”，俄 AA-7（尖顶）、AA-10（时髦）、AA-12、英“空中闪光”，AIM-120 先进中距空空导弹（阿姆拉姆）。

图 4-5 反坦克导弹

图 4-6 空空导弹

2）格斗导弹是指射程在 20km 以内的导弹，如美国“响尾蛇”的 12 种型号，英德 AIM-132 先进近距空空导弹（阿斯拉姆），俄 AA-8（蚜虫），AA-11（击箭手），法“玛特拉”（R-530），以色列“怪蛇”（声称是世界上第一种“瞄准即可击中”空空导弹）。在第四次中东战争中，以色列空军使用空空导弹击落叙利亚等国飞机 220 架，占击落总数的 60%，命中率为 50%。

在 1982 年的黎巴嫩空战中，叙利亚两天损失战斗机 81 架，其中 94%是被以色列空军使用空空导弹击落的，而以色列的飞机则无一损伤。

在海湾战争，多国部队使用空空导弹，击落伊拉克固定翼飞机 35 架、直升机 4 架，占击落伊飞机总数 41 架的 95%。

（5）反舰导弹（见图 4-7）。反舰导弹最主要的包括舰舰导弹和空舰导弹（另外还有少量的岸舰和潜舰导弹）。舰舰导弹最早是由苏联在 20 世纪 50 年代针对西方国家海上优势研制的 SS-N-1 型。空舰导弹最早是由德国在 1943 年 7 月研制成功的 HS-293A-1 型导弹。1967 年 10 月 21 日第三次中东战争中，埃及用“蚊子”级导弹艇发射苏制“冥河”式第一代反舰导弹，一举击沉了以色列“艾拉特”号驱逐舰，创下小艇击沉大舰的范例，也引起西方国家的警觉，促使其加快研制步伐。先后研制出的有法国“飞鱼”、美国的“鱼叉（捕鲸叉）”，以色列的“迦伯列”等。20 世纪 80 年代各国又发展第二代舰舰导弹，如法国和德国共同研制的“安斯”、美国的“先进反舰导弹”、英国的“海鹰”、意大利的“奥托马特”、俄 AS-17 近程超音速空舰导弹等。1973 年 10 月进行的第四次中东战争，双方损失的 59 艘军舰全部是被导弹击沉的。

在马岛海战中，阿根廷发射法制“飞鱼”导弹，击沉了英国的“谢菲尔德”号驱逐舰、“大西洋运送者”号运输船，击伤了“考文垂”号驱逐舰。

（6）反辐射导弹。如图 4-8 所示，反辐射导弹又称反雷达导弹，迄今已发展到第三代。世界上第一种反辐射导弹是美国研制的“百舌鸟”空地导弹，它在越战中有突出的战绩。1968 年美国又研制成功了“标准”第二代反辐射导弹，20 世纪 70 年代中后期反辐射导弹发展到第三代，如美国的“哈姆”“默虹”，俄罗斯的 AS-12，英国的“阿拉姆”，法国的“阿玛特”等。

图 4-7　反舰导弹

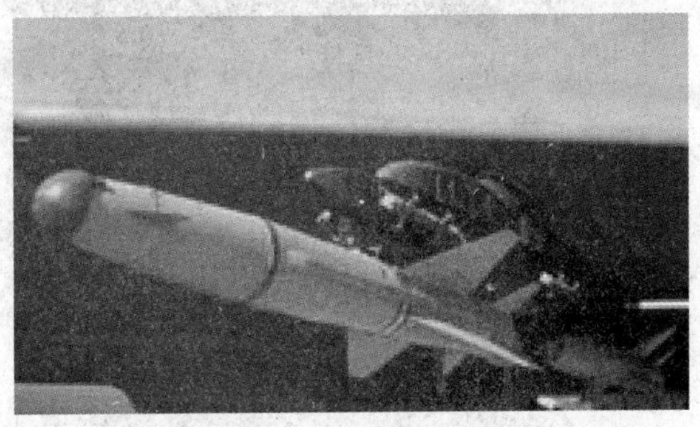

图 4-8　反辐射导弹

海湾战争中，机载的“哈姆”和“阿拉姆”反辐射导弹充当了空袭的先锋，为摧毁伊军预警雷达和火控雷达发挥了十分突出的作用。

（7）空地导弹。如图 4-9 所示，空地导弹分为战略和战术两类，共 90 余种，现已发展到第三代。如美“斯拉姆”远程空地导弹、“小牛（幼畜）”空地导弹、AGM-130 防区外空地导弹、俄 AS-13（kh-59M）中程空地导弹、以“突眼 1”中程防区外对陆攻击导弹等。

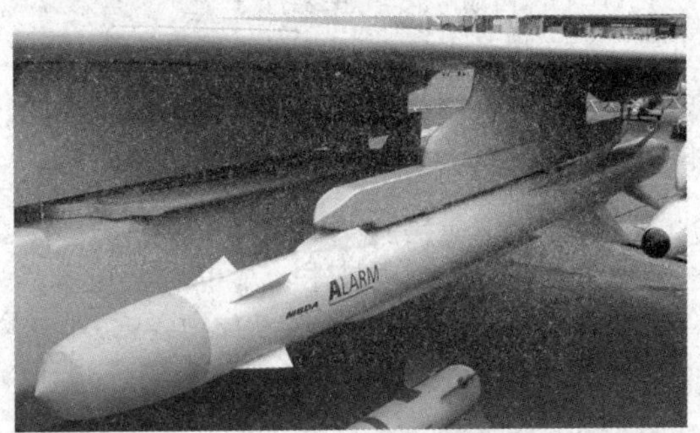

图 4-9　空地导弹

海湾战争中，美国两架飞机从“肯尼迪”号航母上起飞，奉命去轰炸伊拉克一座水电站。A-6E 攻击机飞到距目标 100km 处，发射了一枚“斯拉姆”导弹，这枚导弹由 A-7E 控制，命中水电站的保护外层，炸开了一个直径近

10m 的洞；2min 后，A-6E 又发射第二枚导弹，这枚导弹竟然从第一枚导弹炸开的洞中飞进去，彻底摧毁了水电站的内部设施，令人叫绝。

2. 精确制导弹药

（1）制导炸弹。又被誉为“灵巧炸弹”，如图 4-10 所示。世界上最早的制导炸弹是德国于 20 世纪 30 年代末 40 年代初研制成功的 HS-293，其在第二次世界大战中取得一定的战绩。20 世纪 60 年代相继出现了电视、红外、雷达波束制导的炸弹。1965 年美国研制成功“宝石路”激光制导炸弹，并于 1967 年用于越南战场，首次使用就取得了惊人的战果。美国为了轰炸河内附近的一座清化大桥，曾出动 600 多架次飞机，投下数千吨普通炸弹，损失飞机 18 架，仍未能将桥炸毁。而改用刚刚研制成功的“宝石路”激光制导炸弹后，仅出动了 12 架次飞机，而且无一损伤，就炸毁了该桥。据统计美国在越战中共投下制导炸弹约 25 000 颗，摧毁坚固目标 1800 个。在海湾战争中，多国部队共投下制导炸弹 10 300 枚，命中率高达 90%。

（2）制导炮弹。制导炮弹是指利用自身制导装置，发射后能在弹道末段实施控制、引导的炮弹，主要对付坦克、装甲车辆、舰艇等目标，如图 4-11 所示。制导炮弹主要包括三种类型：激光制导炮弹，如美国“铜班蛇”制导炮弹；毫米波制导炮弹，如法国研制的“灰背隼”81 迫击炮弹、美“萨达姆”系统；红外制导炮弹，如瑞典的“斯特勒克斯”制导炮弹。

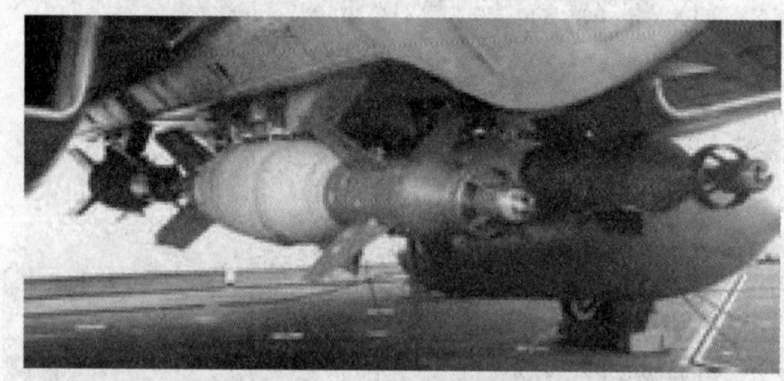

图 4-10 制导炸弹

图 4-11 制导炮弹

第三节 军事航天技术

一、航天技术概述

中国古代的大军事家孙子说：“善攻者，动于九天之上，善守者，藏于九地之下”。在现代，谁控制了太空，谁就控制了地球。可以说，天空带给人们无穷无尽的想象和向往，留下了许多如飞天壁画、嫦娥奔月这样动人的传说。

1. 航天技术基本概念

航天技术是指将航天器送入太空，以探索、开发和利用太空及地球以外天体的综合性工程技术，它又称空间技术。军事航天技术是一项用来借以完成军事侦察、通信、预警、监测、导航、定位、测绘、和气象测报乃至反卫星、反导弹等各种军事任务的一种现代军事高技术。

2. 航天技术的组成

航天技术是一项复杂、庞大的系统工程，它由航天运输系统、航天器和航天测控系统三大技术部分组成。

（1）航天运输。航天运输是把有效载荷从地面运送到太空预定位置（轨道）、从太空某位置运回地面或运送到太空另一位置的过程。

航天运输是空间探索和空间应用的基础。航天运输的有效载荷包括人员、航天器及完成航天任务所需的设备、器材和物资。

1）运载火箭。运载火箭是由多级火箭组成的航天运输工具，如图 4-12 所示。其用途是把人造地球卫星、载人飞船、空间站、空间探测器等有效载荷送入预定轨道。运载火箭是在导弹的基础上发展的，一般由 2～4 级组成，每一级都包括箭体结构、推进系统和飞行控制系统。末级有仪器舱，内装制导与控制系统、遥测系统和发射场安全系统。级与级之间靠级间段连接。有效载荷装在仪器舱的上面，外面套有整流罩。

运载火箭是第二次世界大战后在导弹的基础上开始发展的。第一枚成功发射卫星的运载火箭是苏联用洲际导弹改装的卫星号运载火箭。到 20 世纪 80 年代，苏联、美国、法国、日本、中国、英国、印度和欧洲空间局已研制成功 20 多种大、中、小运载能力的火箭。最小的仅重 10.2t，推力 125kN（约 12.7t 力），只能将 1.48kg 重的人造卫星送入近地轨道；最大的重 2900 多 t，推力 33 350kN（3400t 力），能将 120 多吨重的载荷送入近地轨道。主要的运载火箭有“大力神”号运载火箭、“德尔塔”号运载火箭、“土星”号运载火箭、“东方”号运载火箭、“宇宙”号运载火箭、“阿里安”号运载火箭、N 号运载火箭、“长征”号运载火箭等。

2）航天飞机。航天飞机（太空梭或太空穿梭机）是可重复使用的、往返于太空和地面之间的航天器，如图 4-13 所示。它结合了飞机与航天器的性质，既能代表运载火箭把人造卫星等航天器送入太空，也能像载人飞船那样在轨道上运行，还能像飞机那样在大气层中滑翔着陆。航天飞机为人类自由进出太空提供了很好的工具，它大大降低航天活动的费用，是航天史上的一个重要里程碑。

图 4-12 运载火箭

图 4-13 航天飞机

1969 年 4 月，美国宇航局提出建造一种可重复使用的航天运载工具的计划。1972 年 1 月，美国正式把研制航天飞机空间运输系统列入计划，确定了航天飞机的设计方案，即由可回收重复使用的固体火箭助推器，不回收的两个外挂燃料贮箱和可多次使用的轨道器三个部分组成。经过 5 年时间，1977 年 2 月研制出一架创业号航天飞机轨道器，由波音 747 飞机驮着进行了机载试验。1977 年 6 月 18 日，首次载人用飞机上天空试飞，参加试飞的是宇航员海斯和富勒顿两人。8 月 12 日，载人在飞机上飞行试验圆满完成。又经过 4 年，第一架载人航天飞机终于出现在太空舞台，这是航天技术发展史上的又一个里程碑。

虽然世界上也有许多国家都陆续进行过航天飞机的开发，但只有美国与苏联实际成功发射并回收过这种交通工具。但由于苏联瓦解，相关的设备由哈萨克接收后，受限于没有足够经费维持运作使得整个太空计划停摆，因此全世界仅有美国的航天飞机机队可以实际使用并执行任务。

（2）航天器。航天器（spacecraft）又称空间飞行器、太空飞行器，是指按照天体力学的规律在太空运行，执行探索、开发、利用太空和天体等特定任务的各类飞行器。世界上第一个航天器是苏联1957年10月4日发射的“人造地球卫星1号”，第一个载人航天器是苏联航天员加加林乘坐的“东方号”飞船，第一个把人送到月球上的航天器是美国“阿波罗11号”飞船，第一个兼有运载火箭、航天器和飞机特征的飞行器是美国“哥伦比亚号”航天飞机。航天器为了完成航天任务，必须与航天运载器、航天器发射场和回收设施、航天测控和数据采集网与用户台站（网）等互相配合、协调工作，共同组成航天系统。航天器是执行航天任务的主体，是航天系统的主要组成部分。

航天器分为军用航天器、民用航天器和军民两用航天器，这三种航天器都可以分为无人航天器和载人航天器。无人航天器分为人造地球卫星、空间探测器和货运飞船。载人航天器分为载人飞船、空间站和航天飞机、空天飞机。

人造地球卫星分为科学卫星、技术试验卫星和应用卫星。科学卫星分为空间物理探测卫星和天文卫星。应用卫星分为通信卫星、气象卫星、导航卫星、测地卫星、地球资源卫星、侦察卫星、预警卫星、海洋监视卫星、截击卫星和多用途卫星等。空间探测器分为月球探测器、行星及其卫星探测器、行星际探测器和小行星探测器。

（3）航天测控系统。航天测控系统是指对运行中的航天器（运载火箭、人造地球卫星、宇宙飞船和其他空间飞行器）进行跟踪、测量和控制的大型电子系统，如图4-14所示。

图4-14 航天测控系统

航天测控系统包括以下各种系统：

1）跟踪测量系统。跟踪航天器，测定其弹道或轨道。

2）遥测系统。测量和传送航天器内部的工程参数和用敏感器测得的空间物理参数。

3）遥控系统。通过无线电对航天器的姿态、轨道和其他状态进行控制。

4）计算系统。用于弹道、轨道和姿态的确定和实时控制中的计算。

5）时间统一系统。为整个测控系统提供标准时刻和时标。

6）显示记录系统。显示航天器遥测、弹道、轨道和其他参数及其变化情况，必要时予以打印记录。

7）通信、数据传输系统。作为各种电子设备和通信网络的中间设备，沟通各个系统之间的信息，以实现指挥调度。

随着应用卫星的发展，特别是导航卫星、高分辨率遥感卫星、载人飞船的会合和对接、航天飞机及行星际和更远距离的航行，对航天测控系统提出了更高的要求。

二、用于军事领域的航天器

在地球大气层以外，基本上按照天体力学的规律，沿一定轨道运行的是应用于军事领域的各类飞行器。其中，环绕地球运行的航天器有人造地球卫星、卫星式载人飞船、航天站和航天飞机；环绕月球和在行星际空间运行的航天器有月球探测器、月球载人飞船和行星际探测器。航天飞机是可往返于地球表面与近地轨道之间，并能重复使用的一种航天器。军用航天器是指专门用于军事目的的航天器。截至 2001 年 12 月底，世界各国已发射的 5400 多个航天器中，直接为军事服务的约占 70%，航天技术已成为世界经济发达国家军事技术特别是军事高技术不可缺少的重要组成部分。

1. 军用卫星

军用卫星是指专门用于各种军事目的的人造地球卫星的统称，如图 4-15 所示。军用卫星按用途可分为侦察卫星、通信卫星、导航卫星、测地卫星、气象卫星和反卫星卫星六种。

图 4-15 军用卫星

（1）侦察卫星。侦察卫星是指用于获取军事情报的人造地球卫星，它利用光电遥感器、照相设备和无线电接收机等侦察设备，从轨道上对目标实施侦察、监视或跟踪，以收集地面、海洋或空中目标的情报。根据不同的侦察手段和侦察任务，侦察卫星可以分为照相侦察卫星、电子侦察卫星、海洋监视卫星和导弹预警卫星四种。

1）照相侦察卫星。照相侦察卫星主要通过可见光遥感器收集目标反射的光来获取图像，用于侦察机场、海港、导弹基地、交通枢纽、城市设防、工业布局、兵力集结及军事部署等情报。这种卫星一般运行于高度为 150～200km 的近地轨道上。

2）电子侦察卫星。电子侦察卫星装有电子侦察设备（包括天线和无线电接收机），用来侦察防空雷达和反导弹雷达的位置和分辨率特性，窃听国外遥测和通信等机密信息以获取情报。这种卫星一般运行在高度为300～500km的近圆形轨道上。

3）海洋监视卫星。海洋监视卫星用来监视海洋上的舰船和潜航中的潜艇等活动目标，装有能实时传输信息的侦察设备。这种卫星为了能对广阔的海洋进行连续监视，一般要由多颗卫星组成监视卫星网。

4）导弹预警卫星。导弹预警卫星是监视和发现敌方发射战略导弹并发出警报的卫星。这种卫星通常运行在地球同步轨道或周期约12h的大椭圆轨道上，一般要由几颗卫星组成预警卫星网。

（2）通信卫星。以卫星作为中继站而进行的无线电通信称为卫星通信，用作微波中继站的卫星称为通信卫星。卫星通信具有覆盖范围大、通信距离远、通信容量大、传输质量高、机动性好和生存能力强等优点，因而在军事通信中有着举足轻重的作用。军事通信卫星通常可分为战略通信卫星和战术通信卫星两大类。战略通信卫星通常在地球同步轨道上运行，为远程直至全球范围的战略通信服务。战术通信卫星一般在以12h为周期的椭圆轨道上运行，主要为军用飞机和水面舰艇的机动通信服务。

（3）导航卫星。导航卫星是为航天、航空、航海、巡航导弹和洲际导弹等提供导航信号与数据的卫星。至今，导航卫星系统已经发展了两代，第一代以美国“子午仪”卫星导航系统为代表；第二代以美国“导航星”全球定位系统为代表。

1）“子午仪”导航卫星系统。早在20世纪60年代初，美国成功地发射了第一颗导航卫星“子午仪－1B”，于1964年交付美海军使用。该系统由均匀分布在6个近圆形近极地轨道上的6颗“子午仪”导航卫星组成，轨道高度1100km，周期107～108min，在飞行过程中卫星每隔2min同时以两个非常稳定的频率向地面发送导航信号。地面用户可逐次利用不同的卫星来导航定位，平均每次定位时间为8～10min。用于军事导航的定位精度为6m左右，通过多次定位可达2m以内。但是，“子午仪”导航卫星只能提供经度和纬度，不能定出高度，也不能连续导航，平均定位间隔时间达1.5h，不能满足飞机和导弹的三维空间定位要求。1972年开始执行“子午仪”导航卫星改进计划。1996年底，该卫星终止了导航任务。

2）“导航星”全球定位系统（GPS）。该系统可为地面车辆、人员及航空、航海、航天等领域的飞机、舰船、潜艇、卫星等进行导航和定位；可为洲际导弹的中段制导，作为惯性制导系统的补充，提高导弹的精度；还可用于大地测量、空中加油、空运、航空交通控制和指挥等。它由分布在6个轨道面内的21颗工作卫星和3颗备用卫星组成。卫星轨道高度约为20000km，轨道倾角55°，全球各地的所有用户在任何时候至少可以同时收到4颗导航卫星的信号。所以“导航星”全球定位系统能24h连续不间断地提供三维位置、三维速度和精确的时间信息，定位精度可达10m，测速精度小于0.1m/s，授时精度可达100ns。

此外，苏联也于1982年开始建立全球导航卫星系统（GLONASS），目前已有18颗导航卫星在太空工作。该系统的定位精度30～100m，测速精度0.15m/s，授时精度1μs。

（4）测地卫星。用来测定地球形状、地球重力场及地面上任何一点位置的卫星称为测地卫星。由于地球重力场分布不均匀和测量误差等原因，原有地图上标明的各种地理位置常与实地不符。这对导弹弹道的计算、飞机和导弹的惯性制导及巡航导弹的地图匹配制导都会造成很大影响。如果不用测地卫星准确测定有关数据，就会产生相当大的误差，降低命中精度，影响战略武器的效能。目前，美国和苏联发射了一系列测地卫星，完成了一系列的军事测地任务。

（5）气象卫星。气象卫星就是一个无人高空气象站，是从外层空间对地球及其大气层进行气象观测的人造地球卫星。卫星上装有各种扫描辐射仪、可见光和红外电视摄影机、温度和湿度探测器及自动图像传输设备。这些设备将收集到的各种气象数据，通过计算机处理后变成感光图像或转换成电信号记录在磁带上，然后发回地面。地面气象人员把通过卫星获得的气象资料同其他方法获得的气象资料一起进行综合分析后，就可以准确地预报天气。

（6）反卫星卫星。反卫星卫星是一种对敌方的卫星实施摧毁或使其失效的人造地球卫星，也称拦截卫星。这种卫星上装有跟踪识别装置和杀伤武器，并使其具有一定的机动变轨能力，以识别、接近并摧毁敌方卫星。反卫星卫星包括两种类型：一种是携带有常规炸药的卫星，当它在轨道上接近目标卫星时，以地面遥控或自动引爆的自毁方式与目标卫星同归于尽；另一种是装备有导弹或速射炮的卫星平台，当目标进入武器的射程之内时便进行发射并摧毁之。

2. 天基武器

天基作战武器系统是在空间进行反卫星、反导、反航天器作战和从空间对陆海空作战的武器系统，按“美国航天司令部2020构想”的设想，天基作战武器系统包括天基干扰系统、天基激光器、天基平台、天战飞行器。美国在2015～2030年间将装备天基干扰系统（SBJ）、天基激光器（SBL）、天基平台（SBP）、天战飞行器（SOV），2020年左右将获得按需求在几分钟内就可对全球目标形成空间打击力量的能力。

（1）天基激光器。天基激光器（SBL）用精确定向的高强度相干光束干扰、毁伤空间目标，可以达到灵活的软杀伤作战效果，组成的星座可形成覆盖全球的攻击能力，将成为21世纪天战中最重要的武器之一。

目前，美国已经开展了第二代激光器的基础研究工作，如用于天基系统的气相化学氧碘激光器（Coil）、自由电子激光器、短波长半导体固体激光器等。

（2）天战飞行器。天战飞行器或天基平台，如图4-16所示，可携带不同的精确打击有效载荷或空间投掷弹药，可以实施软杀伤和硬杀伤，是实现空间打击的重要天基系统。由于二者装载的武器载荷相同，因此美国很可能重点选择发展天战飞行器。

图4-16 天战飞行器

美国是目前在经济和技术上有能力并已提出开展天战飞行器（SOV）技术研究的唯一国家，其在可重复使用航天运载器特别是单级入轨重复使用航天运载器验证机（如X－33）的技术研制方面已经开展了多年的研究，积累了丰富的经验，为未来天战飞行器的研制奠定了技术基础。天基指的是外层空间的基地，如卫星或空间站。

（3）天基干扰系统。天基干扰系统采用高功率微波作为武器。高功率微波可以中断、毁伤、摧毁通信和信息系统中的电子部件，破坏或扰乱地面－空间通信链路，从而能够打击空间系统或信息系统。

3. 载人航天器

（1）载人飞船。载人飞船是一种承载航天员较少（3 人以下）、能在太空短期运行（几天至十几天）、并可以使航天员返回舱（见图 4-17）沿弹道式或升力弹道式路径返回地面垂直着陆的一次性使用无翼航天器。在三种载人航天器中，宇宙飞船规模最小、技术简单、费用较低，因此被首先用于突破载人航天的基本技术。世界上第一个载人航天器是苏联 1961 年发射的“东方”号载人飞船。

（2）空间站。空间站是一种体积大，具备一定试验或生产能力，并可以供多名航天员巡访、长期工作和生活的航天器，它在轨道运行期间由飞船或航天飞机接送航天员、运送物资和设备，如图 4-18 所示。空间站可分为单舱段空间站和多舱段空间站两大类。前者是指用运载火箭一次就能送入太空轨道运行的空间站，后者则是由多个舱段在轨道上组装而成的空间站。

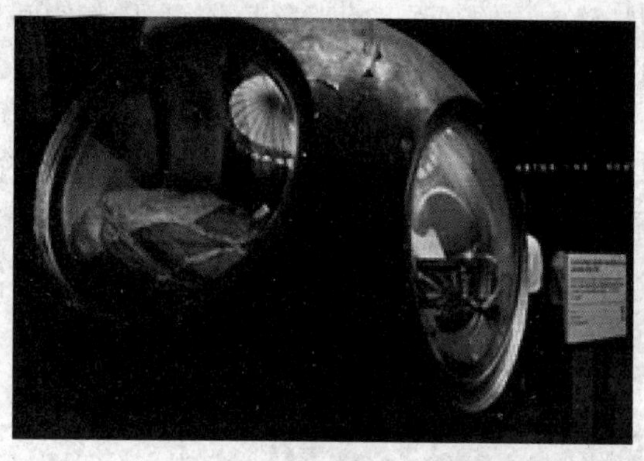

图 4-17　载人飞船返回舱

图 4-18　空间站

俄罗斯“和平”号空间站就是一个典型的多舱段空间站，它于 1986 年 2 月 20 日发射，由一个多功能对接舱、一个工作舱和一个推进舱组成，一直工作了 15 年。

目前由美俄等 16 国共同建造的“国际空间站”是一种更先进的多舱段空间站，它代表了当代空间站技术的最高水平。国际空间站的设想是 1983 年由美国总统里根首先提出的，经过近十余年的探索和多次重新设计，直到苏联解体、俄罗斯加盟，国际空间站才于 1993 年完成设计，开始实施。2012 年 5 月，美国首次向国际空间站发射商业飞船。

（3）航天飞机。航天飞机是一种兼有飞船与运载双重功能的载人航天器。它可起飞、升空进入轨道运行，任务结束后返回地面，在机场上水平着陆，经过整修后可以再次发射上天。航天飞机是当前唯一可以部分重复使用的航天器/运载器。目前，只有美国的航天飞机投入了实用。

这三种载人航天器的用途各有侧重，相互补充，供人类在太空生存。就技术难度而言，航天飞机技术复杂，而功能齐全，代表着当代航天技术的领先水平。

第四节 伪装和隐身技术

随着电子信息技术高速发展及其在军事领域中的广泛应用，战场军事侦察的技术手段已经实现了高技术化。精确制导武器的广泛应用，意味着战场目标“发现即可命中”，这就促使了反侦察技术的发展。现代战争中，伪装和隐身技术作为高技术反侦察手段已成为战场的重要组成部分。

一、伪装技术

1. 伪装概述

伪装技术是指为了隐蔽自己和欺骗、迷惑敌人所采取的各种隐真示假的技术措施，是军队战斗保障的一项重要内容。

伪装自古就为兵家所重视。《孙子兵法》中就指出：“兵者，诡道也。故能而示之不能，用而示之不用，近而示之远，远而示之近。”这是关于在战争中如何运用伪装的最早论述。在古代战争中，曾有许多实施伪装的成功战例，如我国春秋时期的平阴之战、战国时期的即墨之战。

到了近现代，伪装得到进一步的广泛运用，成为保障军队作战必不可少的战斗措施。在第二次世界大战的诺曼底登陆战、朝鲜战争、第四次中东战争、马岛战争、海湾战争、科索沃战争等高技术战争中，伪装在新的技术基础上得到广泛运用，所采用的隐蔽、佯动、设置假目标、施放烟幕和兵器隐身等技术措施，发挥了很大作用。

军事伪装技术有很强的综合性，所涉及的学科包括光学、电学、声学、热学、化学、植物学、仿生学、流体力学、材料学等。针对高技术侦察的特点，现代伪装技术主要是为减少目标和背景在光学、热红外、无线电波等方面的反射或辐射能量差异而采取的各种工程技术措施。

2. 伪装的基本原理

伪装是与敌侦察做斗争的基本手段。

侦察的目的是要探测和识别各种军事目标，而伪装则是尽量保护这些军事目标的暴露征候，使其不被对方的侦察所发现。

防光学侦察的原理是消除和降低目标与背景之间的色彩和亮度上的差别，达到伪装目的。

防红外侦察的原理是消除和降低目标与背景之间的反射红外线的差别，达到伪装目的。

防雷达侦察的原理是消除和降低目标与背景之间的反射雷达波的差别，达到伪装目的。

3. 现代伪装方法

现代伪装技术主要包括遮蔽、融合、示假、规避四种。

（1）遮蔽技术。遮蔽技术又称遮蔽隐真技术，是把真目标遮蔽起来，不让敌人发现和识别的技术。遮蔽技术在高技术局部战争中是反侦察和对付精确制导武器最有效的方法之一。

遮蔽技术可分为以下两类。

1）迷彩伪装遮蔽。迷彩遮蔽是用涂料、染料和其他材料改变目标和背景的颜色、图案所实施的伪装。

2）人工遮障。人工遮障又叫人工遮蔽，是利用各种制式伪装器材对目标进行伪装的一种方法。人工遮障通常由遮障面和支撑构件组成。支撑构件由竹木或金属支架、控制绳等组成。

人工遮障按其用途和外形不同分为伪装网遮障和烟雾遮障。

（2）融合技术。融合技术指减小和消除目标与背景的差别，使目标融合于背景中的技术。例如，单个士兵可用油彩涂抹皮肤的暴露部位，在钢盔和衣服上披上麻皮，抹上涂料和编插新鲜植物，以求得与周围背景近似或相融合。融合技术主要分为以下几种。

1）防光学侦察融合技术。该技术的实质就是要降低或消除目标与背景的对比度，其途径是将传感器所要接收目标信号的强度降低或使背景的信号强度增强，以便使目标和背景的反射或辐射强度相接近。

2）防雷达侦察融合技术。防雷达侦察融合技术包括如下几种方法：①采用角反射器；②运用龙伯透镜反射器；③采用偶极子反射体。

3）防红外侦察融合技术。防红外侦察的融合技术是通过适当的方式把热红外目标乔装打扮，使其与背景具有相似的表面特征，也就是使伪装后的红外目标与背景的反射特性、热辐射特性和表面结构相一致，使热红外目标完全融合在背景当中的技术。如在海湾战争中，伊拉克采用烟火剂燃烧发出红外辐射的诱饵弹，来模拟飞机、舰艇、坦克、战斗车辆等红外目标。红外诱饵弹发出的红外辐射，能以假乱真并吸引、迷惑、干扰敌人的红外侦察和红外寻的制导导弹，从而削弱或破坏这些装备的工作效能并使导弹攻击失误，使真目标免遭攻击。

（3）示假技术。在海湾战争中，伊拉克用塑料、硬纸板、木板和铝板制造大量的假飞机、假火炮、假导弹和假坦克等目标，涂上与真目标一致的涂料，并在内部安装了与真目标反射频率相一致的频率发射器，使其真假难辨，从而使多国部队“很快将伊拉克摧毁”的速战速决战略计划化为泡影。

高技术条件下的示假技术主要包括：光、声、热、电模拟示假技术。它是利用侦察器材只识别各种“源”的弱点，用“源”模拟各种目标在特定的背景上所产生的暴露征候，以达到蒙蔽和欺骗侦察器材的目的。

（4）规避技术。虽然现代侦察技术能多谱段、全方位、全天候、高分辨地收集情报，但并未达到“天网恢恢，疏而不漏”的境界。可以根据侦察的盲点，来对目标进行规避，方法有如下。

第一，掌握侦察卫星的运动规律，利用不良天气或敌侦察卫星的过境时间，使军队行动避开敌卫星的侦察。

第二，选择合理的行动路线，能有效地对付雷达等侦察。

4. 现代伪装器材

目前各国装备部队的伪装器材一般都是配套的遮蔽伪装器材，包括遮障面和支撑系统。其中遮障面（伪装网、伪装盖布）是进行遮障伪装的主体，可单独使用。针对现代侦察技术和手段，世界各国所使用的遮障面都具有防可见光、红外线和雷达侦察的综合性能。其中美军伪装装备在性能上较为优越。

我军现装备的人工遮障制式器材包括成套遮障、各种伪装网、角反射器等。

外军列装的气溶胶即烟幕伪装器材有 40 多种，包括发烟手榴弹、发烟火箭、发烟炮弹、发烟炸弹、烟幕施放器、飞机布撒器和航空发烟器等。

二、隐身技术

隐身技术又称隐形技术或低可探测技术，是改变武器装备等目标的可探测信息特征，使敌方探测系统不易发现或发现距离缩短的综合性技术。

隐身技术是传统伪装技术的一种应用和延伸，是现代内装式伪装的典型代表。隐身技术的出现已使伪装技术由消极被动变为积极主动，不仅可以由于“隐真”而保存自己，也可以因“示假”而迷惑对方。

1. 隐身技术途径

（1）隐身外形技术。外形是目标暴露的主要特征，现代兵器对外表形状处理得如何，将直接影响到防可见光和雷达侦察效果。目前对武器装备的外形设计是以防雷达侦察为主的，兼顾对付可见光侦察。

1）反雷达探测隐身外形技术。目标的雷达反射截面积与雷达探测距离的 4 次方成正比，它直接决定着雷达的探测能力。因此，要想缩短雷达的探测距离，防雷达探测的外形设计也必须把减小雷达反射截面积作为武器系统隐身的重要措施。在外形设计时，避免出现任何边缘、棱角、尖端、缺口等垂直相交的面，将这些部位设计成锐缘或弯曲缘，以抑制强天线型反射和谐振反射。

2）反可见光探测隐身外形技术。在可见光侦察条件下，目标的可见性除与目标与背景间的颜色差别、目标与背景间的距离、照明条件、大气透明状况等一系列因素有关外，目标的可见尺寸越小越难辨认，目标的外表形状越不规则，外形轮廓也越不清楚。因此，隐身兵器的外形设计必须考虑到尽量减小目标的外形尺寸。

（2）隐身结构技术。兵器结构的隐身，是以整体结构和局部结构为对象，探索其组合规律和合理形式，达到减小目标暴露特征的目的的。现代兵器的结构非常复杂，反光、声、电、热、磁探测的隐身结构技术则与之相匹配发展。

1）反雷达隐身结构技术主要包括：合理设计发动机进气和排气系统；减小辐射源数量，尽量消除外露突起部分；采用遮挡结构；为缩小兵器尺寸，采用高密度燃油及适应这种燃油的发动机等。

2）反红外隐身结构技术主要是通过改造红外辐射源来抑制目标的红外辐射。其技术措施包括：采用散发热量较小的发动机；改进发动机结构，改进发动机喷管的设计；采用闭合环路冷却的环境控制系统，用以降低载荷设备的工作温度等。

3）反电子隐身结构技术包括：减少无线电设备；采用低截获概率技术改进的电子设备；减小电缆的电磁辐射；避免电子设备天线的被动反射等。

4）反可见光隐身结构技术内容包括；控制目标的亮度和颜色；控制目标发动机喷口的火焰和烟迹信号；控制目标照明和信标灯火；控制目标运动构件的闪光信号等。

5）反声波隐身结构技术主要包括：改进发动机和辅助机的设计；采用减振和隔声装置；减小螺旋桨运动对介质的扰动噪声；合理进行目标整体设计等。

（3）隐身材料技术。在兵器隐身化的发展过程中，隐身材料占有极为重要的地位。它是隐身兵器不可缺少的物质基础。隐身材料技术是隐身技术的关键技术。

1）吸波、透波材料。当目标体或其蒙皮采用吸波、透波材料制造时，则照射其上的雷达波会有部分被吸收或被透过，从而减小雷达回波强度，达到目标隐身目的。

2）吸热、隔热材料。吸热材料是指那些热容量较大或能将热能转换成其他能量的材料。用于隐身兵器的吸热材料，由于热容量大、升高温度所需吸收的热量就较多，目标向外辐射红外线就少；材料又能将部分热量转换成其他形式的能量，使目标向外辐射红外的强度减弱。

3）吸声、阻尼声材料。声音来源于物体的振动。为了降低被声呐等探测设备发现的可能性，提高其隐蔽性，兵器在设计、制造时都必须采用高性能的吸声、阻尼声材料。

2. 隐身兵器

隐身兵器是把隐身技术应用于武器装备上而形成的新式武器，它可以是对原来不具隐身能力的武器装备的改进，也可以是新设计、研制的武器。

（1）隐身飞机。隐身飞机是研制最早、发展最快、隐身技术含量最高的隐身兵器。它的发展经历了利用单一技术对飞机进行局部隐身和运用综合技术对飞机进行全面隐身两个阶段。已研制成功的隐身飞机主要包括 SR-71 隐身战略轰炸机、F-117A 隐身战斗轰炸机、B1-B 隐身战略轰炸机、B-2 隐身战略轰炸机等。其中 F-117A 和 B-2 两种飞机隐身性能最好。

（2）隐身导弹。目前已研制成功的导弹只有美国的隐身战略巡航导弹和隐身战术导弹。隐身战略巡航导弹即 AGM-86B 和 AGM-139 两种型号。隐身战术导弹也有两个型号，分别是空中发射的 AGM137 型和地面发射的 MGM-137 型。

（3）隐形舰船。隐身舰船的概念是近年来提出的。这个概念的提出也是由于各种侦察系统、红外寻的反舰导弹、新一代鱼雷和水雷迅速发展，要求降低舰船可探测概率的结果。

隐身舰艇采用的隐形措施主要包括：为减小雷达反射截面，改进舰体及上层建筑形状，使用吸波、透波材料，采用尾流隐蔽技术，千方百计地降低噪声辐射，抑制红外辐射，控制电磁特征。

近年来，研制比较成熟的有英国的 23 型护卫舰，美国的“阿利·伯克”级导弹驱逐舰等。而高隐身性能的舰船用于战场已为时不远，如美国海军正在研制 SSN-21“海狼”隐身潜艇和掠海航行的非金属双船体的隐身舰船等。

三、伪装与隐身技术对作战的影响

1. 伪装技术对作战的影响

（1）伪装是造成敌人获取错误情报的重要方法。敌对双方的作战企图和行动是建立在所获取情报基础上的。尽管现代光电侦察技术具有全天候、实时化、高分辨率和准确的定位识别能力，但由于伪装技术的运用，能造成敌人的错觉，以致获取错误情报。

（2）伪装是提高作战部队生存能力的重要措施。战场上，作战双方都将面临如何保存自己的问题。通过伪装，既可增加敌人侦察的困难，使其不易发现真目标，又可诱骗敌人实施攻击，分散敌人火力，可使敌人真假难辨，无所适从。从而减少敌人武器的命中率和杀伤率，提高部队生存能力。

（3）伪装使作战任务和作战方法发生了变化。从提高部队的打击能力和提高部队的生存能力出发，未来战场将有更多的部队担负战略伪装任务，伪装也将成为战场所有部队的任务之一。伪装技术的发展，将使人们重新认识近战、夜战和步兵的作用，高技术条件下作战缺少伪装技术必将失去战场的主动权。

2. 隐身兵器对作战的影响

（1）隐身飞机的使用，增大了对空防御难度。部分隐身飞机和隐身导弹的研制成功并用于战场，使空袭武器的结构发生了变化。随着其他隐身飞行器的不断出现，空袭武器装备将发生根本性的飞跃。这必定给反空袭作战带来很大的困难。普通预警系统将失去预警功能，无法实施有效的对空防御。隐身飞机由于其目标信息特征小，一般的雷达系统无法发现，使得已有的防空兵器无法发挥作用。

（2）地面隐身兵器的出现，使战场生存能力明显提高。地面兵器隐身性能的提高，将极大地增强其隐蔽性和防护力。如研制中的新一代坦克和其他装甲车辆，广泛地采用了隐身材料、外形设计、结构设计和部件设计技术，使目标的暴露特征信息明显降低。

（3）指挥系统面临生存威胁。现代战争是诸兵种协同作战，对指挥系统的依赖极大，交战双方都把打击对方的指挥系统作为打击的重点目标和首要任务。而武器系统的隐身攻击能力提高，使得指挥系统面临生存威胁。

（4）使电子对抗、侦察和反侦察的斗争更加剧烈。大量用于战场的隐身兵器，由于采用电子对抗隐身技术，将使电子对抗的均势被打破，伪装由消极的反侦察向积极的反侦察方向发展。这必将刺激电子支援技术和侦察技术的发展，从而形成更高层次的电子对抗和侦察反侦察的斗争。

第五节 电子对抗技术

20 世纪初期，无线电技术开始应用于军事领域，电子对抗随之诞生。第二次世界大战中，无线电电子对抗设备在军事上已开始大量使用。到 50、60 年代，电子战飞机、电子战舰艇和电子侦察卫星的相继出现，使电子对抗成了战争中不可忽视的措施和手段。有人称电子对抗为“第四维战争”。今天，电子技术已深入到几乎一切作战部门，各种现代化武器系统能否有效地运用，很大程度上取决于电子对抗的成败。

一、电子对抗概述

1. 定义

电子对抗是指作战双方利用电子设备进行的电磁斗争，也称电子战，主要包括侦察对抗、干扰对抗等。

电子对抗可分为电子进攻和电子防御两方面，电子进攻包括电子侦察和电子干扰，电子防御包括反电子侦察和反电子干扰。电子侦察与反电子侦察就是侦察对抗，电子干扰和反电子干扰就是干扰对抗。以上关系如图 4-19 所示。

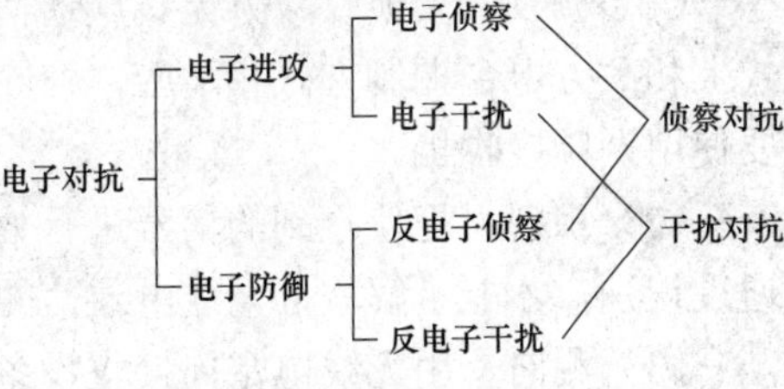

图 4-19　电子对抗各关系图

2. 电子对抗的发展

电子战产生于 20 世纪初，但在相当长的一个时期内，它一直是被作为战斗保障措施来运用的。直到 60 年代以后，才逐渐演变成为一种作战手段和作战形式，以致最终冲出原有的战术战役范畴而上升到战略层次，成为战争的先导并贯穿战争的全过程。自从无线电通信在战争中使用之后，电子战便应运而生。但在第二次世界大战以前，电子战仅限于“战斗范围的零散的”无线电通信对抗，其主要形式包括电子干扰、电子侦听、电子诱骗等。尽管当时电子设备及其使用范围很有限，但效果已十分明显。

从 20 世纪 40 年代开始，随着航空兵、雷达的出现和大量使用，电子对抗在原有通信对抗的基础上，又产生雷达对抗，使电子对抗在军事领域的运用更加广泛，其范围也由战斗扩大到战役，电子对抗开始成为战斗和战役保障的重要内容，其对抗手段进一步增多。在第二次世界大战中，电子对抗大显身手，对作战的胜负起着举足轻重的作用。

20 世纪 60 年代中期，随着通信、导航、雷达技术的进一步成熟，电子战在无线电通信和雷达对抗方面又有了长足的发展，并出现了专门执行电子战任务的部队和装备，使反制导、反雷达、反预警等新的对抗内容在电子战中的地位日渐突出，对抗手段更加丰富。

进入 20 世纪 80 年代以来，随着微电子、激光、计算机、精确制导及航天技术的飞速发展，使战争的现代化水平空前提高，为电子战的实施开辟了更加广阔的天地。电子战已渗透到战争的各个领域和各个方面，成为现代战争中一种基本的作战模式。

3. 电子对抗在现代战争的主要作用

（1）获取军事情报。通过电子侦察，可以获取敌方无线电通信的内容，查明敌方电子设备的有关技术参数及兵器属性、类别、数量和配置位置等情报，从而可以判断敌军兵力部署和行动企图。

（2）破坏敌方作战指挥。无线电通信是军队作战指挥的主要手段。在陆、海、空军协同作战、坦克集群突防、飞机或舰艇编队行动、空降作战、海上登陆作战及军队被围时无线电通信是唯一的通信手段。有效地干扰、欺骗或摧毁敌人的无线电通信设备，可使其联络中断、指挥瘫痪，严重削弱敌军战斗力。

（3）保卫重要目标。在机场、桥梁、指挥所等重要目标附近部署雷达干扰设备，干扰敌轰炸机轰炸瞄准雷达，可以使其导弹失控。使用伪装器材对重要目标进行伪装，可以减少被敌人打击摧毁的机会。

（4）保护自己的电子设备正常工作。战时，对己方电子设备和系统，采取多种行之有效的反侦察、反干扰、反摧毁等防御措施，对于保障作战任务的顺利完成具有重要意义。

二、侦察与反侦察对抗

和平时期的电子对抗集中表现在电子侦察与反侦察方面，电子侦察不仅为战争所直接需要，而且所获情报是制定电子对抗作战计划、研究电子对抗战术技术对策、发展电子对抗装备乃至整个武器系统电子设备的依据。

1. 无线电通信侦察对抗

无线电通信侦察包括四项内容：侦收、识别、测向、定位。

（1）侦收。要侦收敌方无线电通信，己方接收必须在工作频率上和敌方相同，在解调方式上和敌方电台调制方式相适应。侦收敌方短波电台要使用短波接收机，侦收敌方调频电台要使用调频接收机。

（2）识别。把侦收到的信号进行分析、解密、破译称为对无线电通信信号的识别，只有通过识别，才能了解敌方无线电通信的内容。

（3）测向。用无线电定向接收设备来测定正在工作的无线电发射台的方向，称为测向，其接收设备为无线电测向机。当无线电测向机的定向天线对准发射电台时，天线的接收信号最强，从而可以确定无线电发射台的发射方向。

（4）定位。通常一部测向机只能测定发射台的方向，要确定发射台位置，需用两部以上测向机同时进行测向，通过交会才能确定发射台位置。

2. 无线电通信反侦察

（1）使用异常通信手段或其他通信手段，向更高或更低的频率发展，使敌方无法侦收或改变频段进行通信。

（2）采用保密通信设备或进行无线电台伪装，实施佯动和欺骗。保密通信是通过附加在通信设备上的加密装置，把通信内容经过处理变为加密信号发送出去并使敌方难以破译的。电台伪装的手段有变换呼号频率和联络时间，以及实行无线电静默等。

（3）使用定向天线，适当控制发射功率。在保障通信的前提下，尽可能使用小型天线和降低发射功率，增加敌方的侦收困难。

（4）使用新的调制方式，如使用伪装机码通信等。对于这些特殊调制方式，一般调幅、调频侦收机只能听到一片噪声。

三、雷达侦察对抗

1. 雷达的工作原理

雷达所起的作用和眼睛相似，它的信息载体是无线电波。事实上，不论是可见光还是无线电波，在本质上都是电磁波，传播的速度都是光速 c，差别在于它们各自占据的波段不同。其原理是雷达设备的发射机通过天线把电磁波能量射向空间某一方向，处在此方向上的物体反射碰到的电磁波，雷达天线接收此反射波，送至接收设备进行处理，提取有关该物体的某些信息（目标物体至雷达的距离，距离变化率或径向速度、方位、高度等）。

2. 雷达侦察的作用

（1）发现敌方带雷达的目标。雷达侦收机要发现雷达的存在必须同时满足三个条件：①双方波束在方向上重合；②双方波束在频率上相同；③信号强度足以被接收到。

（2）测定敌方雷达的主要参数，确定雷达的目标和性质。雷达的主参数包括工作频率、信号波形、信号调制参数、信号极化方向和强度等。在雷达侦察中，侦测敌方雷达的参数具有重要意义。

（3）引导干扰机和杀伤性武器干扰雷达和摧毁雷达。

3. 雷达的反侦察

为了防止己方雷达被敌方侦测，必须严格控制雷达的工作时间和工作频率。在保证雷达完成任务的前提下，雷达开机工作时间越短越好。雷达的开机时间和顺序要不规律地改变。由于干扰是针对雷达工作频率进行的，因此，雷达工作频率不被对方侦知是反侦察的关键。

第六节 军队指挥自动化系统

一、指挥自动化系统的基本概述

军队指挥自动化系统（C^{4}ISR）是指在军队指挥机构中，采用自动化的硬设备及相应的软设备等现代化工具，实施指挥与控制的“人—机”系统，它是军队实现指挥自动化的手段和工具。目前西方发达国家称之为 C^{4}ISR 系统，即指挥（command）、控制（control）、通信（communication）、计算机（computer）和情报（intelligence）、监视（surveillance）、侦察（reconnaissance）的简称。

指挥自动化系统从不同的角度划分出的种类多种多样，常见的可按以下三种方式划分：按作战任务的性质和规模的大小可分为战略 C^{4}ISR 系统、战役（战区）C^{4}ISR 系统和战术 C^{4}ISR 系统；按使用系统的军兵种划分为陆、海、空军、海军陆战队和兵种 C^{4}ISR 系统；按不同的指挥控制对象可分为士兵自动化指挥系统、信息自动化指挥系统、武器自动化指挥系统。

二、指挥自动化系统的构成

指挥自动化系统通常可分成若干个分系统，从不同的角度看，各分系统的组成也各不相同。从信息在 C^{4}ISR 系统中的流程角度来看，C^{4}ISR 系统通常可看成由信息获取、信息传输、信息处理、信息显示、决策监控和执行等分系统组成。

1. 信息收集分系统

信息收集分系统也称情报获取系统，主要由各种自动化侦察探测设备，如侦察卫星、侦察飞机、雷达、声呐、遥感器等组成，它能及时收集敌我双方的兵力部署、作战行动及战场地形、气象等情况，为指挥员确定作战方案提供实时准确的情报。

2. 信息传递分系统

信息传递分系统主要由通信信道、交换设备和通信终端设备三部分组成。通信信道主要包括短波、超短波、有线载波、微波接力、散射、卫星通信及光纤通信等；交换设备主要包括电话自动交换机；电报和数据自动交换机等；通信终端设备主要包括电传机、传真机、汉字终端机和数字式电话机等。通常由这些设备组成具有各种功能的通信网，从而迅速、准确、保密和不间断地自动传输各种信息。

3. 信息处理分系统

信息处理分系统主要包含用来进行信息处理的电子计算机及其输入/输出设备。电子计算机是自动化指挥系统各种技术设备的核心，用来进行文字、图形和数据处理；输入/输出设备除通用的磁盘机、磁带机、光电输入机、鼠标、触摸屏、键盘、打印机等外，还包括多媒体系统中的视频、音频输入/输出设备，如扫描仪、CD-ROM 光盘、数字录像机、话筒、激光唱盘等。

该系统能对输入计算机的各种格式化信息自动进行综合、分类、存储、更新、检索、复制和计算等，并能进行军事运筹，协助指挥人员拟制作战方案，对各种方案进行模拟、比较、选优等。

4. 信息显示分系统

信息显示分系统主要由各类显示设备如大屏幕显示器、信号显示板、光学投影仪等组成。以文字、符号、表格及图形图像等多种形式，为指挥员提供形象、直观、清晰的态势情报和战场实况，供指挥员直观了解情况。

5. 决策监控分系统

由辅助决策设备和监控设备组成，包括协助指挥员定下决心的人工智能电子计算机、各种功能的监控工作台及地面、海上、空中、空间的监视系统等，有些系统则需指挥员或操作员进行决策监控，如作战指挥系统。

6. 执行分系统

执行分系统主要由自动把指令信息变成行动的执行设备和人员组成，如导弹武器系统的发射控制和制导装置、火炮的发射控制装置及各种遥控设备和执行机构等。执行分系统与信息获取分系统具有反馈关系，执行分系统的当前情况可由信息获取分系统反馈给指挥员，从而进一步修订计划，更加有效地指导执行分系统的动作和行动。以上六个分系统有机结合，形成一个统一的整体，组成完整的 C^4ISR 系统。

三、指挥自动化系统在现代战争中的运用

指挥自动化系统在现代战争中的运用主要体现在作战指挥方面，即指挥和控制过程中，包括收集情报、传递情报、处理情报、显示情报、定下决心和实施指挥几个阶段。

1. 收集情报

情报获取是系统工作的首要步骤，及时可靠的情报是指挥员定下决心的依据。由于指挥自动化系统便于和现代化的各种探测、侦察设备相连接，或者使其作为一个终端，故能使无论采用何种途径、何种手段获取的情报直接、及时地汇集。如将声呐和计算机联在一起，不仅能测出目标的方位、距离，而且还能测出目标的类型，甚至能立即指出是敌人的哪一艘舰艇。因为计算机的数据库里可存储敌人所有舰船的噪声资料供鉴别使用。

2. 传递情报

迅速、准确、保密和不间断地传递情报，是保证适时、连续和隐蔽指挥的前提。军队指挥自动化系统除了拥有高质量的通信网和各种功能的终端设备，为迅速、准确传递信息创造有利条件外，更重要的是它采用数字通信方式，运用计算机等自动化设备，使多种通信业务高速自动完成。通信交换中心的电子计算机不仅能记住各用户的直达线路和迂回线路，而且能对所有线路不间断地进行监测，掌握每条线路的性能及其工作状况。当每条直达线路发生故障或者占线时，它能按最好、次好的顺序自动选择和接通迂回线路，保证信息不间断地传递。由于交换中心的计算机具有存储信息的功能，所以可对信息进行分组交换，即先将信息存储起来，然后自动分成若干组，通过多手段、多渠道传到对方，再按原来顺序予以还原，因而大大提高了通信的保密性。

3. 处理情报

处理情报是指对原始情报进行分类、研究、分析和综合。为了全面及时地了解战场情况，指挥员及司令部总是希望增加收集情报的手段，加快情报处理的速度。但大量情报涌来，如果处理不及时，势必造成积压，不能发挥应有的作用。据美军统计，美集团军司令部用常规手段只能处理所获情报的30%。利用电子计算机处理情报，不但自动化，而且简单化。对于数字情报，如雷达、声呐、传感器及其他数据获取设备传来的数字信号，无须任何交换，直接输入计算机即可进行处理或存储。对于已经格式化或较易格式化的情报，如电报、图表、报告等，通过预先规范化并予以编码后变成数字信号，再利用计算机处理。

4. 显示情报

情报信息只有显示出来才便于了解和使用。军队指挥自动化系统的情报显示系统可以采用多种形式，可在大屏幕或显示器上显示出文字、图形、图像，可以用快速打印设备打印出文字、图表、符号。除了对情报实时显示外，当指挥员判断情况，定下决心需要从积累的大量情报资料中寻找有关情报并加以显示时，借助计算机检索，可以很快从大量资料中找出所需要的情报。如存有数十万条情报资料的信息系统，指挥人员利用身边的信息指令设备，便可以向数据库或缩微系统检索情报，从键盘查找信息到显示所需的情报只需要一分钟左右。

5. 定下决心

通过上述各个环节，指挥员获得了大量的情报，为及时定下决心创造了有利条件。在定下决心时，仍然要靠指挥员精心运筹施谋定计，对此指挥自动化系统不能代替。但是系统可以帮助指挥员选择方案，通过计算机可以对各个方案进行逼真的推演，进行优劣对比，从而权衡各个方案的利与弊，从中选出最佳方案。

6. 实施指挥

实施指挥是指挥员的决心付诸实施的过程，是指挥周期中的最后一个环节。在过去的战争中，指挥员的谋略虽然很高明，但由于指挥渠道不畅，常常不能很好地贯彻执行。而以电子计算机为核心的指挥自动化系统，可以使指挥员的决心及时准确地下达，而且十分保密。这对下级及时了解上级意图，更好地遂行作战任务，具有非常重要的意义。同时，指挥自动化系统及时监督决心的执行情况，并准确、及时地反馈给指挥员，确保指挥员决心的落实，以实施不间断的作战指挥。

第七节 核、生、化武器及防护

随着禁止核武器、化学武器、生物武器公约的相继实施，发生大规模核化生战争的可能性减小，但这类武器却有可能被恐怖分子利用。美国《科学》杂志指出，假若恐怖分子掌握了核武器、化学武器和生物武器，人类将随时面临大规模屠杀的威胁。此外，核泄漏、化学物质外泄、传染病并没有完全消除。因此，在化学教学中结合教学内容渗透核武器、化学武器、生物武器的基本知识，使学生了解其特点和危害，学会基本的防护知识，有助于提高学生的自我防护能力。

一、核武器及防护

核武器是利用原子核裂变或聚变反应瞬间释放的能量，产生爆炸作用并有巨大杀伤破坏力武器的总称，包括原子弹、氢弹及以中子弹为代表的第三代核武器。

1. 核武器的基本原理

（1）原子弹。利用 ^{235}U 或 ^{239}Pu 等原子核的链式或裂变反应原理制成的武器叫裂变武器，通常称为原子弹，如图 4-20 所示。原子弹在爆炸前，将高浓缩（90%以上）^{235}U 或 ^{239}Pu 装在弹体内分成几小块，每块质量都小于临界质量。这里所谓的临界质量是指裂变物质能实行自持链式反应所需的裂变物质的最小质量。爆炸时，控制机构首先引爆普通烈性炸药，产生高温高压，使两块或几小块 ^{235}U 或 ^{239}Pu 燃料迅速聚合而超过临界质量，中子源产生的中子诱发 ^{235}U 或 ^{239}Pu 裂变，释放出裂变能，同时还放出 2～3 个中子。这些中子以可继续轰击新的 ^{235}U 或 ^{239}Pu 引发更多的新一代的核裂变，释放更大的裂变能。这样铀核裂变一代接一代的持续下去，形成裂变链式反应。每一代裂变的时间极短（8～10s），而且裂变中子的增殖和裂变能的增长都非常快，因而在瞬间释放巨大能量而产生核爆炸。

（2）氢弹。利用 ^{2}H（D）、^{3}H（T）等轻核原子核的热核聚变反应制成的核武器，叫聚变武器或热核武器，通常称为氢弹，如图 4-21 所示。D、T 为两个原子核，必须克服它们之间的静电排斥力才能发生聚变反应。这要求核燃料达到几千万度甚至几亿度的高温并处于高压状态，从而发生大量的聚变反应（称热核反应）而释放出巨大能量。氢弹中热核反应所必需的高温、高压等条件，是由原子弹爆炸来提供的。氢弹必须包含两个部分，分别为创造自持热核反应条件而专门设计的用于引爆的原子弹（通常称之为“扳机”）和热核聚变装料。现在实用的热核装料是固态的 ^{6}LiD，氢弹的巨大威力主要来自热核聚变释放的能量。首先引爆其

图 4-20 原子弹

图 4-21 氢弹

中的原子弹，核裂变释放出的能量使热核装料加热达到高温，而且裂变释放的中子轰击 ^{6}LiD 中的Li产生T，然后产生的T与D发生热核聚变反应，释放出巨大能量。在氢弹中烧掉1kg^{6}LiD 释放的能量可达4万～5万吨 TNT 当量。在热核装料外还有一层 ^{238}U，聚变产生的快中子打到 ^{238}U 上，可引起裂变，以增强热核爆炸的威力和辐射强度。

（3）中子弹。中子弹又称增强辐射武器，它是以高能中子辐射为主要杀伤因素的小当量氢弹。研制中子弹的目的是尽量减小对建筑物等的破坏，而尽可能提高对人员的杀伤力。核武器释放的能量包括三部分：冲击波、光辐射与核辐射（主要是中子与 γ 射线）。对建筑物造成破坏的主要因素是冲击波，而对人员杀伤的主要是核辐射。中子弹就是利用 D、T 核聚变反应释放的高能中子来提高中子的辐射效应，从而增强对人员的杀伤力。根据裂变和聚变反应的能量分配分析，一个铀核裂变放出2～3个中子和约170MeV 裂变碎片的核动能（总裂变能约 200MeV），如以释放 2.5 个中子计算，裂变反应每放出 1 个中子，平均释放约 68MeV 的核动能，而 D、T 核聚变除放出 1 个 14.1MeV 高能中子外，只有 3.5MeV ^{4}He 核的核动能。这表明，相同核爆炸威力，聚变比裂变放出的中子多，因此中子弹特点是爆炸当量小而高能中子辐射强，同时由于裂变成分占的比例小，放射性污染也相对较少。

2. 核武器的防护

核爆炸时，要尽量利用各种有利地形进行防护，如隐蔽在土坎、土丘背向爆心的地方，或侧向爆心的沟渠、桥洞等可以减轻伤害。如果是坚固的建筑物，则室外的人员可以利用墙的拐弯处或紧靠墙根卧倒；室内人员应尽量利用屋角或床、桌下卧倒蹲下。此时应注意不要利用不坚固或易倒塌的建筑物，还应避开门窗和易爆易燃的物品。如果是在乘车途中发现了核袭击，则驾驶员应立即停车，将身体弯伏或卧伏于驾驶室内，乘车人员也应尽量卧倒。卧倒时要采取正确的姿势，应同时闭眼，以免引起闪光盲；收腹，将双手交叉垫于胸下，两肘前伸，头自然下压于两臂之间，两腿伸直并拢，以防震伤内脏；半张开口，以防震伤鼓膜；当感到周围空气很热时，还应憋一口气，以防吸入灼热的空气烧伤呼吸道；对暴露的皮肤，可利用衣物遮盖，衣物的颜色越浅，防护效果越好。

核爆炸后，处于沾染区内的人员应立即转移到安全地带，用水进行全身冲洗。若缺乏水源，可用纤维物擦拭。对受沾染的服装，可用清水洗涤，也可用拍打法或抖拂法。实施时要注意戴上口罩和胶皮手套，要站在上风或侧风方向，按照从上到下、先里后外的顺序进行。从沾染区撤离的人员，如果已食用过放射性物质，则可以采用引吐、腹泻和喝茶水等方法，以使体内的放射性物质加速排出。对受沾染的粮食、蔬菜、水果等可采用水洗的方法。对受沾染的饮用水，可采取土壤净化法或过滤法。

二、生物武器及其防护

在战争中用于使人、畜致病，农作物毁伤的微生物及其毒素，叫生物战剂。生物战剂及其施放器材总称生物武器，也叫细菌武器。

生物战剂通过施放撒播，能分散成微小的粒子悬浮在空气中，与空气混合成气溶胶，随风飘移，污染空气、地面、水源和食物，并能渗入无密闭设施的人防工程内。人、畜吸食或接触带毒菌物品，或者遭带毒菌的昆虫叮咬均能致病。

1. 生物武器的基本分类

（1）根据生物战剂对人的危害程度，可分为致死性战剂和失能性战剂。

1）致死性战剂。致死性战剂的病死率在10%以上，甚至达到50%～90%。致死性战剂包括炭疽杆菌、霍乱弧菌、野兔热杆菌、伤寒杆菌、天花病毒、黄热病毒、东方马脑炎病毒、西方马脑炎病毒、斑疹伤寒立克次体、肉毒杆菌毒素等。

2）失能性战剂。病死率在10%以下，如布鲁氏杆菌、Q热立克次体、委内瑞拉马脑炎病毒等。

（2）根据生物战剂的形态和病理可分为以下几种。

1）细菌类生物战剂。主要包括炭疽杆菌、鼠疫杆菌、霍乱狐菌、野兔热杆菌、布氏杆菌等。

2）病毒类生物战剂。主要包括黄热病毒、委内瑞拉马脑炎病毒、天花病毒等。

3）立克次体类生物战剂。主要包括流行性斑疹伤寒立克次体、Q热立克次体等。

4）衣原体类生物战剂。主要包括鸟疫衣原体等。

5）毒素类生物战剂。主要包括肉毒杆菌毒素、葡萄球菌肠毒素等。

6）真菌类生物战剂。主要包括球孢子菌、组织胞菌等。

（3）根据生物战剂有无传染性可分为以下两种。

1）传染性生物战剂。如天花病毒、流感病毒、鼠疫杆菌和霍乱弧菌等。

2）非传染性生物战剂。如土拉杆菌、肉毒杆菌毒素等。

过去主要利用飞机投弹施放带菌昆虫动物。在科技发达的现代社会，主要利用飞机、舰艇携带喷雾装置在空中、海上施放生物战剂气溶胶；或将生物战剂装入炮弹、炸弹、导弹内施放，爆炸后形成生物战剂气溶胶。传统的生物武器以细菌为主，主要包括鼠疫杆菌、炭疽杆菌、霍乱弧菌、兔热、Q热、肉毒等。这些细菌都可感染人体，炭疽杆菌感染者死亡率为80%；鼠疫的受害者在1～3大发病，死亡率达90%；杀伤力弱一些的兔热和霍乱，至多在10天内可对感染者产生影响，死亡率为5%～50%不等。

Q热是一种全身性感染细菌，其发病较急，症状为寒战高热并伴有头痛、肌痛，不经治疗时，死亡率低于1%，可经呼吸道、消化道、皮肤、蚊虫叮咬传染，其传染性强。Q热病虽然死亡率低，但恢复较慢，可使病人长时间丧失活动能力，是失能性战剂。

2. 生物武器的基本特点

（1）致病性强。传染性大生物战剂多为烈性传染性致病微生物，少量使用即可使人患病。在缺乏防护、人员密集、平时卫生条件差的地区，因其所致的疾病极易传播、蔓延。

（2）污染面积大。危害时间长，直接喷洒的生物气溶胶，可随风飘到较远的地区，杀伤范围可达数百至数平方千米。在适当条件下，有些生物战剂存活时间长，不易被侦察发现。例如炭疽芽孢具有很强的生命力，可数十年不死，即使已经死亡多年的朽尸，也可成为传染源。

（3）传染途径多。生物战剂可通过多种途径使人感染发病，如经口食入、经呼吸道吸入、昆虫叮咬、伤口污染、皮肤接触、黏膜感染等都可造成传染。

（4）成本低。生物武器形容为“廉价原子弹”。据有关资料显示，以1969年联合国化学生物战专家组统计的数据，以当时每平方千米导致50%死亡率的成本，传统武器为2000美元，核武器为800美元，化学武器为600美元，而生物武器仅为1美元。

3. 生物武器的防护措施

生物武器有较强的致病性和传染性，前方和后方、军队和居民、人员和牲畜都可能受到袭击，发病后又可能互相传播。因此在组织防护时，要做到军队、地方结合，军民兼顾；军队与防化、工程等有关勤务部门密切配合。主要防护措施包括以下几点。

（1）做好经常性的防疫工作。如进行防疫、防护的宣传教育，开展群众性卫生运动，贯彻各种防疫制度，有计划地接种各种疫苗等。

（2）组织观察、侦察和检验，及时发现敌生物武器袭击。各种观察哨均兼有观察生物武器袭击的任务，发现袭击征象应及时通知部队进行一般防护。专业防护人员进行现场侦察，采集标本进行检验，确定生物战剂种类，通报部队采取针对性的防护措施，并从政治上揭露敌人。

（3）做好个人防护和集体防护。发现敌人进行袭击，接到防护指令后，立即戴上防毒或防菌口罩，扎紧裤脚、袖口，上衣塞入裤腰，颈部围上毛巾，战斗情况允许时，可进入工事，减少受染。受染后要抓紧时间，利用个人消毒包擦拭暴露的皮肤；利用战斗间隙，消灭服装、武器和车辆上的生物战剂；服用预防药物，补充接种疫苗，并定期接受医学观察。

生物武器气溶胶主要是经呼吸道侵入人体，因此，保护好呼吸道非常重要。防护的方法主要有如下几种。

1）戴防毒面具。防毒面具的式样很多，但主要由滤毒罐和面罩两部分组成。滤毒罐包括装填层和滤烟层。装填层内装防毒炭，用于吸附毒剂蒸汽，但对气溶胶作用很小。滤烟层是用棉纤维、石棉纤维或超细玻璃纤维等做的滤烟纸制成的。为了增加过滤效果，滤烟纸折叠成数十折，它的作用是过滤放射性尘埃、生物战剂和化学毒剂气溶胶，滤效可达99.99%以上。

2）使用防护口罩。如使用那种用过氯乙烯超细纤维制成的防护口罩。这种口罩对气溶胶滤效在 99.9%以上。在紧急情况下，如果没有防毒面具或特殊型的防护口罩，也可采用容易得到的材料制造简便的呼吸道防护用具，如脱脂棉口罩、毛巾口罩、三角巾口罩、棉纱口罩及防尘口罩等。此外，还需要保护好皮肤，以防有害微生物通过皮肤侵入身体。通常采用的办法有穿隔绝式防毒衣或防疫衣及戴防护眼镜等。

（4）对污染区要及时标示范围，监视疫情，控制人员通行。发动广大军民对工事、住房、仓库和交通要道进行消毒、杀虫和灭鼠。

（5）加强疫区管理，控制传染病向外传播。发现鼠疫、霍乱、天花等烈性传染病人时，要尽快封锁疫区，组织好检疫工作，检疫时间根据传染病潜伏期确定。传染病人原则上应就地隔离治疗，不作远距离运送，以防传播。

为了更有效地防止生物武器的危害，在可能发生生物战的时候，可以有针对性地打预防针。对于清除生物战剂来说，可以采用的办法有以下几种。

1）烈火烧煮。烈火烧煮是消灭生物战剂最彻底的办法之一。

2）药液浸喷。药液浸喷是对付生物战剂的主要办法之一。喷洒药液可利用农用喷药机械或飞机等。用作杀灭微生物的浸喷药物主要包括漂白粉、三合二、优氯净（二氯异氰尿酸钠）、氯胺、过氧乙酸、福尔马林等。对于施放的战剂微生物，由于它们可能附在一些物品上，既不能烧，又不能煮，也不能浸、不能喷，对付的办法就是用烟雾熏杀。此外，皂水擦洗和阳光照射及泥土掩埋等也是可以采用的办法。

4.《禁止生物武器公约》

生物武器素有“瘟神”之称，生物武器是利用细菌、病毒等致病微生物及各种毒素和其他生物活性物质来杀伤人、畜和毁坏农作物，以达成战争目的的一类武器。它传染性强，传播途径多，杀伤范围大，作用持续时间长且难防难治。因此，制止生物武器在全球的扩散是国际社会面临的重大挑战之一。

《禁止生物武器公约》[全称《禁止细菌（生物）及毒素武器的发展、生产及储存以及销毁这类武器的公约》]草案于1971年9月28日由美国、英国、苏联等12个国家向第26届联大联合提出，经联大通过决议，决定推荐此公约。1972年4月10日分别在华盛顿、伦敦和莫斯科签署。1975年3月26日公约生效。各国在自愿的基础上遵守该公约。截止到2011年，已有165个缔约国。公约审议大会5年举行一次，公约签字国曾于1980年、1986年、1991年、1996年、2001年和2006年就该公约举行过六次审议会议。

《禁止生物武器公约》共15条，主要内容是，缔约国在任何情况下不发展、不生产、不储存、不取得除和平用途外的微生物制剂、毒素及其武器；也不协助、鼓励或引导他国取得这类制剂、毒素及其武器；缔约国在公约生效后9个月内销毁一切这类制剂、毒素及其武器；缔约国可向联合国安理会控诉其他国家违反该公约的行为。《禁止生物武器公约》成员国在1994 年的特别会议上决定成立特别工作组，制定一份对于成员国具有法律约束力的协议草案。但是在2001年12月的第五次审议会议因美国要求会议“明确终止”特殊工作组的使命，反对就进一步加强《公约》的措施进行谈判而被迫休会。2002年11月11日，《禁止生物武器公约》第五次审议会议在日内瓦复会。

1984年9月20日，中国决定加入该公约。中国台湾曾于1972年4月以中国名义在华盛顿签署了公约，并于1973年2月9日批准。中国在加入公约时声明中国台湾的签署和批准是非法的、无效的。1984年11月15日，中国政府分别向英、美、苏政府交存加入书，该公约于同日对中国生效。

三、化学武器及其防护

化学武器也是一种大规模杀伤破坏性武器。它自问世以来，由于其灭绝人寰的杀伤效应，立即遭到世人的强烈谴责和反对，国际上虽早就签订了禁止在战争中使用化学武器的公约和协议，但未被真正完全履行。化学武器的扩散局面日益加剧，且有越来越常规化的趋势。

1. 军用毒剂的分类

军用毒剂的分类方法很多，根据不同作战目的，通常包括以下几种。

（1）按毒理作用分类可把毒剂分为五大类，外加刺激剂，具体如下。

1）神经性毒剂。以神经系统作用为主要毒害特征的毒剂。现特指破坏胆碱能神经冲动传导的有机磷毒剂。主要包括梭曼（学名甲机基氟磷酸特异酯）、沙林（学名甲基氟磷酸异丙酯）和VX［学名S–（2–二异丙基氨乙基-甲基硫代膦酸乙酯）］，它可以通过呼吸道吸入或皮肤吸收进入机体而引起中毒。主要中毒症状是瞳孔缩小、胸闷、流泪、多汗、肌颤、全身痉挛等。

2）糜烂性毒剂。破坏肌体细胞，以皮肤或黏膜为主要毒害特征的毒剂。主要包括芥子气（学名2，2′–二氯二乙硫醚）、路易氏气，人员主要通过接触毒剂液滴被皮肤吸收而中毒，也能以蒸汽（气、雾）经呼吸道、消化道、皮肤吸收杀伤人员，中毒作用比较缓慢，主要中毒症状是皮肤炎症、起泡、溃烂等。

3）全身中毒性毒剂。抑制组织细胞内的呼吸酶系统，致使全身不能利用氧气而引起组织细胞内窒息的毒剂，又称血液中毒性毒剂或含氰毒剂。主要包括氢氰酸、氯化氰。人员可通过吸入引起中毒，毒害作用迅速。主要中毒症状是口舌麻木、呼吸困难、皮肤鲜红、痉挛等。

4）失能性毒剂。能造成人员暂时失去正常的精神、躯体功能，从而丧失战斗能力的毒剂，简称失能剂。其致死剂量远大于失能剂量，通常不会引起死亡或永久性伤害。主要作用是改变或破坏中枢神经系统功能，作用时间较长。主要包括BZ（学名二苯羟乙酸—3—喹咛环酯），人员可通过吸入引起中毒，毒害作用迅速。主要中毒症状是精神错乱、幻觉、嗜睡、身体瘫痪、体温或血压失调等。

5）窒息性毒剂。主要损害肺组织、引起肺水肿、导致呼吸功能破坏的毒剂，又名伤肺性毒剂。人员可通过呼吸道吸入引起中毒，毒害作用缓慢。主要有光气（学名二氯碳酰），中毒症状是咳嗽、呼吸困难，皮肤从青紫发展到苍白，咳出粉红色泡沫状痰等。

6）战争、控暴两用刺激剂。主要作用为刺激眼、鼻、喉及皮肤感觉神经末梢的化学物质，能使人员迅速出现流泪、眼痛、喷嚏、咳嗽、恶心、呕吐、胸痛、头痛及皮肤灼痛等症状。主要包括苯氯乙酮、亚当氏气（学名氯化二苯胺胂）、CS（学名邻—苯甲基丙二腈）等，人员可通过接触、吸入中毒，毒害作用迅速。

（2）按杀伤作用持续时间分类，可分为以下两类。

1）暂时性毒剂。是指主要造成空气染毒的毒剂，其杀伤作用持续时间比较短，只有几分钟至十几分钟，如沙林、氢氰酸、光气、BZ等。

2）持久性毒剂。是指主要以毒剂液滴造成人员、地面、物体、水源等染毒的毒剂，其杀伤作用可长达数小时、数天或数十天，如芥子气、路易氏气、VX。

（3）按杀伤作用的速度分类，可分为以下两类。

1）速效性毒剂。这类毒剂能使人很快出现中毒症状，战斗中能使对方人员迅速致死或暂时失能而丧失战斗力，如沙林、氢氰酸、CS。

2）非速效性（延缓性）毒剂。这类毒剂中毒症状通常在一小时至数小时后才能出现，经过一定的潜伏期，才能影响对方人员的战斗力，如芥子气、路易氏气。

（4）按杀伤作用后果分类，可分为以下两类。

1）致死性毒剂。此类毒剂毒性强，主要用于杀伤对方有生力量，削弱战斗力，如沙林、梭曼、氢氰酸。

2）非致死性毒剂。此类毒剂使用后，一般不会造成死亡，但能使对方迅速出现暂时降低战斗力的现象，如BZ、CS。

2. 化学武器的杀伤特点

化学武器不同于常规兵器，它具有以下特点。

（1）以毒性杀伤人畜，不损坏设备器材。常规兵器靠弹丸、弹片的撞击作用杀伤人员，而化学武器是通过毒剂的毒害作用，即与生命体中的重要生命物质发生作用而引起杀伤，对设备器材不造成损害。

（2）伤害形式、中毒途径和毒害作用多。不同种类的毒剂可造成空气、地面、物体、水源、食物等染毒，人员吸入染毒空气、皮肤或伤口接触毒剂液滴、误食染毒的水或食物时，都可引起不同的中毒症状，受到不同的毒害和杀伤。

（3）杀伤范围广。化学武器能使较大范围的空气和地面染毒，同时毒剂云团随风可扩散到一定地域。此外毒剂云团还能渗入无防护设施和不密闭的工事、车辆、建筑物内，从而造成染毒，伤害隐蔽于其中的有生力量。

（4）持续时间长。常规兵器在爆炸瞬间起杀伤作用，而化学武器使用后，能对地面、空气、物体等造成较长时间的染毒，杀伤作用时间延长。毒剂的杀伤作用时间，短的为几分钟，长的可达数小时、数天或数周。

（5）受气象、地形条件影响大。风向、风速、温度、湿度、雨、雪等气象条件对化学武器的使用影响极大。条件有利时，能充分发挥其杀伤作用和扩大其杀伤范围，反之，则使其杀伤作用大大降低甚至无法使用。如风向不对，不便使用；风速过大会将毒剂云团迅速吹散，达不到杀伤浓度；气温高，毒剂挥发快；严寒时，某些毒剂会被冻结；降雨能冲掉毒剂液滴或使某些毒剂水解；降雪能使毒剂液滴暂时掩盖等。

地形条件对化学武器的使用也有一定影响。如在山谷湿地、居民区和丛林中，毒剂云团不易传播和扩散，杀伤范围将缩小，但滞留时间长；高地、开阔地、水面等毒剂云团扩散快，杀伤范围大，但持续时间短；湖泊、稻地可使毒剂水解而降低毒性；土质疏松多孔的沙地能吸收液态毒剂而使蒸发速度减慢等。

3. 化学武器的防护

对化学武器的防护是为了避免和减少遭受化学武器袭击的人员伤害，因此，在人防部门领导下，加强平时的防护准备，做好防护、消毒、急救等工作，对保护人民、提高城市的整体防护能力有着重要作用。

（1）观察与侦察。及时发现敌人使用化学武器，迅速采取防护措施就能避免受毒剂伤害。除使用专业装备、器材进行侦察报知外，还可从下述种种迹象来判断化学袭击。

用飞机布洒毒剂的特征是飞机低飞，机翼下方喷出烟雾，就像飞机布洒农药一样，在飞机经过的地面或植物上可发现液滴或粉末；若用毒剂弹，爆炸时声音低沉、弹坑浅而小，弹坑附近可能有液滴斑点或粉末，有时有异味。动物、植物、昆虫同时大范围出现异常现象。如鸟、鸡、兔、狗等出现站立不稳、呼吸困难、瞳孔缩小或散大、抽筋等中毒反应症状，蜂、蝶、蝇等抖动翅膀、飞行困难，植物叶子、花朵卷缩、枯萎，出现异常变色斑点等。若上述现象在一定地域内同时发生，可作为发现染毒的一种特征。

人员有异常感觉。当空气中出现某种气味或有刺激感觉时，或人员出现视力模糊、流泪呼吸困难、胸闷、皮肤有灼烧感觉时，可能是空气或地面染毒，应立即采取防护措施，并进一步观察、侦察。

此外，敌方施放毒剂还会考虑天气的气象条件和时间因素，如风向、风速适合，拂晓、黄昏时间适宜等。

（2）对化学武器的防护。在判明敌人可能进行化学袭击后，要积极做好防护准备，不失时机地采取防护措施。

1）敌化学袭击时的防护。人员对化学武器防护的基本方法，一是利用有密闭、滤毒通风等防护设施的工事进行集体防护，另一个是利用个人防护器材进行个人防护。

利用防护工事进行防护时，应根据指挥人员的命令有组织地进入，不得随意进出，以防带入毒剂，降低防护效能。为了减少工事内氧气的消耗，工事内人员要尽可能减少各种活动，各就各位。

当接到化学袭击警报时，个人应迅速戴上防毒面具或其他简易防护器材进行防护，尤其是做好对呼吸道和眼睛的防护。当敌人使用持久性毒剂时，还应进行全身防护，披上防毒斗篷或雨衣、塑料布等，穿好防毒靴套或用就便材料包裹腿脚，戴好防毒手套。

2）通过染毒地域的防护。通过染毒地域前要做好各项防护准备，按规定要求穿戴好个人防护器材如防毒面具、防毒衣、防毒斗篷、靴套、手套、雨衣或用自制器材、就便材料等。通过染毒区时，应选择地质坚硬、植物层低矮且少的道路，尽量避开弹坑和有明显液滴的地方，人员之间拉开距离快速通过。通过染毒区后，应背向爆心而立，将器材物品放置下风方向2～4步处，先脱去防毒衣、斗篷或雨衣，将染毒面向内折叠放好在器材物品一侧，然后脱去一只手套，取出消毒液，再戴好手套，对被染毒服装、器材物品、手套进行消毒，接着脱去防毒靴套，解除包裹腿脚的材料及防毒手套，最后取下防毒面具。但应注意将已消毒物品放在上风位置。

3）在染毒地域内的防护。当需要在染毒地域内停留时，必须严格按规定戴好防护器材，尽量避免与染毒物品接触。条件允许时，应对人员经常活动的区域进行消毒。在染毒区域内，个人不得随意行动，不得随便坐、卧，不准在毒气容易滞留的房屋背风处、绿化地带、低洼处停留。严禁在染毒地域内进食、饮水和吸烟，有条件时，可在有防护设施的工事内进行，但进食、饮水前必须对双手进行消毒和清洗。

（3）消毒。对毒剂的消毒就是采用某种方法使毒剂失去毒性或从染毒的人或物上除去毒剂而免受伤害的措施。由于毒剂性质和施放方法不同，染毒程度和持续时间也不一样，因而采用的消毒方法也不相同。

消毒基本方法和常用消毒剂如下：

1）消毒方法。常用消毒方法有自然消毒法、物理消毒法和化学消毒法三种。自然消毒法：对暂时性毒剂染毒的物资、服装等放在通风处，利用风吹、日晒、雨淋等自然因素，使毒剂自然蒸发随风散去或让雨水将毒剂冲去等。物理消毒法：包括吸附、清洗、掩盖、铲除等方法去除或隔离毒剂。化学消毒法：利用化学物质与毒剂作用，使毒剂转变为无毒物质或毒性很小的物质。此种方法与自然消毒法和物理消毒法有本质上的不同，它是彻底的消毒方法。

2）常用消毒剂。化学消毒剂就是利用化学反应破坏毒剂毒性的物质。主要包括以下几类。含有效氯化合物：它们具有很强的氧化、氯化能力，可用来对糜烂性毒剂和V类毒剂消毒。其中次氯酸盐类包括次氯酸钙、漂白粉、三合二（三份次氯酸钙和两份氢氧化钙的混合物）等；氯胺类包括氯胺、二氯胺等。

碱性化合物：主要用于对沙林、梭曼类毒剂消毒。强碱还能破坏路易氏气。强碱类包括氢氧化钠、氢氧化钙等；弱碱包括氨水；碱性盐类包括碳酸钠、碳酸氢钠等；有机碱类包括乙醇胺等。

氧化剂：重铬酸钾、高锰酸钾、过氧化氢等。

对人员和染毒物品的消毒方法如下。

1）对人员的消毒方法如下。局部紧急消毒：迅速用纱布、棉花、纸片等吸去可见毒剂液滴，再用消毒剂或肥皂、洗衣粉等碱性溶液洗涤局部，然后用净水冲洗。

全身洗消：当皮肤染毒面积较大时，经局部消毒后应再进行全身洗消，一般要在离开毒区后进行。

2）对服装的消毒。服装染毒后，根据染毒面积的大小进行消毒。严重时，将衣服脱下进行消毒或把染毒服装自然消毒后，用弱碱性溶液浸泡、煮沸，再用水清洗。对带菌服装、物品的消毒方法如下。

①对染毒食品的消毒。食品染毒后，一般不能食用，局部或表面染毒可采取铲除、通风、洗涤处理。粮食和食物被毒剂蒸气染毒时将表层铲除后，再通风日晒2～3天。若被毒剂液滴染毒，先将表层铲除4～6cm，其余部分再通风日晒。

鱼、肉、蔬菜、瓜果等染有毒剂蒸气时，可先用2%小苏打水反复洗涤后，再用温水或清水冲洗、浸泡后切去表面部分或去皮，若被毒剂液滴染毒，一般应销毁。中毒死亡的动物绝对不能食用。

②对染毒水的消毒。染毒水一般不能饮用，确实需要时采用煮沸法和过滤法消毒。煮沸法可将少量溶于水中的毒剂在煮沸时利用加速水解而失去毒性。煮沸时必须注意通风，最好在露天进行。煮沸前水中可加少量烧碱，再加明矾作沉淀剂，煮沸过的水，必须经检验后方可饮用。

过滤法是根据水中毒剂的含量，在水中加入调制好的漂白粉浆及凝聚剂，经充分搅拌、静置、过滤。过滤水经检验后方可饮用。

③对地面、工事、建筑物的消毒。地面、工事、建筑物的消毒通常用化学法，即利用专门装置均匀喷洒消毒液，也可用铲除、掩盖、火烧等方法。

（4）急救。当遭到化学武器袭击并发现有人员中毒时，一方面要给中毒人员戴好防护器材；另一方面，按先重后轻的原则快速准确地进行急救，并移出毒区。

1）神经性毒剂中毒的急救。神经性毒剂中毒人员应立即肌肉注射神经性急救针（解磷针），迅速清洗染毒部位。眼睛中毒可用2%碳酸氢钠溶液或1∶2000高锰酸钾溶液冲洗半分钟。皮肤染毒可用个人防护包内的消毒液进行清洗，也可用10%～15%氨水、5%～10%苏打水溶液。若误服染毒水或食物应洗胃。

2）糜烂性毒剂中毒的急救。对糜烂性毒剂中毒的急救主要是消毒，具体方法同对人员消毒。

3）全身中毒性毒剂中毒的急救。对全身中毒性毒剂中毒者应迅速鼻吸亚硝酸异戊酯安瓿（戴面具者，则将捏破的安瓿塞入面罩内），如症状不见消失，可每隔4～5min再次使用，但连续使用不得超过5支。对呼吸困难者还应进行人工呼吸。

4）对窒息性毒剂中毒的急救。窒息性毒剂中毒人员将引起肺水肿而使人窒息致死，一般无特殊治疗方法。但要注意保持安静、保温，呼吸困难时，严禁压胸式人工呼吸，应及早送医院治疗。

5）对失能性毒剂中毒的急救。中毒者一般不需要急救，只要离开毒区或采取了防护措施，不再吸入毒剂，过一定时间后症状会自行消失。

6）对刺激剂和植物杀伤剂中毒的急救。中毒轻者一般不需要急救。中毒严重时，可用2%小苏打水或净水洗眼、漱口、洗鼻，吸入抗烟混合剂解除呼吸道刺激症状，用肥皂水和净水冲洗皮肤。

复习思考题

1．高技术、军事高技术的含义。

2．军事高技术的主要特点。

3．精确制导武器对作战的影响。

4．精确制导武器的制导方式有哪些？

第五章　信息化战争

教学目的

了解信息化战争的形成、发展趋势和与国防建设的关系，熟悉信息化战争的特征，树立打赢信息化战争的决心。

教学重点

（1）掌握信息化战争的含义。

（2）了解信息化战争的特点。

（3）领会做好打赢信息化战争的准备。

教学难点

信息化战争的特点及其发展趋势。

第一节　信息化战争概述

一、信息化战争的基本含义

1. 信息化战争的概念

中国学术界认为信息化战争是一种战争形态，是指在信息时代核威慑条件下，交战双方以信息化军队为主要作战力量，在陆、海、空、天、电等全维空间展开的多军兵种一体化的战争。

2. 界定信息化战争的因素

（1）战争的时代性。

（2）交战双方或者至少有一方的军队是信息化军队。

（3）必须在五维战略空间，特别是在外层空间、信息空间展开主要较量，不能只是把外层空间作为一种支援平台来使用。

（4）在物质、能量、信息构成作战力量的诸要素中，信息起主导作用，信息能够严格控制物质和能量的应用与释放。

（5）精确打击成为战争中的主要打击手段，而附带性破坏降到了最低限度，或者趋于零。要实现信息化战争，必须首先实现武器装备的信息化、军队的信息化和战场的信息化，三者缺一不可。

二、信息化作战

1. 信息作战是信息化战争的核心

信息作战是信息化战争的核心作战样式和基本作战行动，是以信息化武器装备和信息化军队为主要作战力量，会同电子和计算机网络空间构成的电子信息空间战略、战役或战术性作战。信息作战亦称信息对抗，是战争中的具体信息行动，是未来作战的重要组成部分。信息作战的主要样式是电子战和计算机网络战，此为正面作战；其基本手段是电子攻防、计算机网络攻防和以反辐射、电磁脉冲等武器对电子设备的硬摧毁及对这种硬摧毁的防护；而且是破坏这些有生力量和军事设施赖以发挥作用的基础，包括对敌信息探测、信息传递、信息处理和信息控制在内的军事信息系统。信息作战的辅助样式是情报战、精确战、心理战和道义战，此为奇面作战，其基本手段是利用间谍获取科技手段无法异地得到的战场信息，已达到精确攻击敌方要害的目的，或通过信息舆论和法律公正在道义上获得民意支持，对敌军心理造成压力并提升我军士气。信息化战争的目的不是传统意义上的攻城略地，消灭有生力量，而在于争夺信息优势、占领信息高地、夺取制信息权。以达到不战而屈人之兵，从而达到政治、经济等目的。可以说信息化战争都是围绕这个中心来展开的，是为了这个目的而进行的。

2. 信息作战是战争与时代信息化的合成体现

21 世纪是信息数字时代，是信息量爆炸的时代，从作战手段上看信息作战只是信息化时代战争特点的具体体现。战争是一种集体和有组织地互相使用暴力的行为，是人类历史上一种特殊的社会现象，它随着社会历史的变迁和发展，并始终以一种具体的作战形式表现自己。任何一种作战形式都是由一定的作战形式予以表现的，任何一种作战形式都是社会生产力的时代表现。恩格斯指出："一旦技术上的进步可以用于军事目的，并且已经用于军事目的，它们便立刻几乎强制地，而且往往是违背指挥官的意志而引起作战方式上的改变，甚至变革。"所以，根据时代生产力的不同战争的具体作战形式也发生着变化。

3. 信息作战是信息对作战人的高级服务

从作战性质上看，信息作战是人类冲突性交往在信息时代条件下的最高表现，战争是社会矛盾激化后的终极形态。作战是人类特殊交往的形式，信息为人类在这种特殊交往——作战服务。所以，人是作战的根本，是信息作战的根本。在利用信息作战的形式中战胜敌军，还要为信息作战的形式中注入人的信息作战思想，让信息作战的方式在人的操纵下更好地为战争的胜利服务。信息作战的指挥人要利用灵活巧妙的战法，谋求信息作战的优势。信息作战指挥员及其指挥机构，在信息作战中为夺取和保持信息权而筹划的以最小代价取得最大胜利的策略，要求作战的人要有主人意识，不能完全依赖信息化装备。要有思想有谋略。在未来高技术条件下的信息作战中，谋略运用的范围将更加广阔、手段将更加先进和多样，对抗双方的谋略较量也将更为激烈，因此，对信息作战中谋略运用的研究至关重要。

三、信息化战争的发展进程

一种新战争形态的出现依赖于一定的环境和条件。信息化战争的形成和发展，是 20 世纪中后期国际政治、经济、科技、军事等因素相互作用的必然结果。

1. 信息化战争孕育阶段

20 世纪 60 年代以来，集成电路、电子计算机、基因工程、激光等大批高新技术迅猛发展，为军事技术的发展与应用开辟了广阔的前景，目标侦察、监视技术与先进的制导弹药紧密结合，为机械化战争向信息化战争演变起到了极大的推动作用。

20 世纪 60～70 年代，美军在越南战争中先后投放了 25000 余枚激光制导炸弹和电视制导炸弹，命中率达 60%以上，圆概率误差提高到了 5m，作战效能比传统的普通炸弹提高了上百倍。

1967 年 10 月，埃及海军的导弹快艇发射苏制"冥河"反舰导弹，一举击沉以色列海军 1700t 的"埃拉特"号驱逐舰，创造了用导弹击沉大型军舰的首例，揭开了海上导弹战时代的序幕。

1973 年 10 月 6 日爆发的第四次中东战争，交战双方大量使用导弹，埃及使用的是苏制 SA-6 地空导弹和 AT-3 反坦克导弹，以色列使用的是美制“小牛”空地导弹和“陶”式反坦克导弹，作战效果空前显著。

高新技术的发展，推动了世界范围内的军事变革。美国是较早对以往机械化战争进行研究，并顺应军事技术发展的需要，大胆创新军事理论的国家之一。1976 年，美国提出了高技术局部战争的理念：第一，核武器威力巨大，仍然具有不可替代的威慑效能，但难于用于实战，因此，武器装备发展重点应逐渐转向精确制导武器，加大巡航导弹、战术导弹、灵巧炸弹等的研制和发展。第二，机械化武器装备的技术潜力基本发展到了物理极限，而以信息技术为核心的一大批军用高技术正处在萌芽状态，应加速发展和尽快物化为武器装备，抢占军事制高点，因此，要侧重发展侦察卫星、通信卫星、导航卫星、预警机、侦察机、C^3I 系统、电子战装备和隐身飞机等。第三，在核威胁及东西方冷战的阴影下，要尽量避免诱发大规模战争，尽量利用高技术武器装备进行一些能够控制的小型战争，来实现既定的战略目标，因此，美国“发现—打击—摧毁”“技术融合”“低强度冲突”等新的军事理论应运而生。

1982 年以色列与叙利亚在贝卡谷地的速战速决，使人们第一次认识到了 C^3I 系统和电子战在战争中的巨大威力，也促使前苏军开始考虑军事技术革命的进一步深化与发展，而美军则更加坚定了大力推进军事变革的决心。

1982 年 5 月，英阿马岛战争是一场典型的高技术局部战争。交战双方大规模使用精确制导武器，种类多达 17 种以上。战后统计，两军损失战机的 84%是被导弹击落的，尤其是阿军用一枚价值 20 万美元的法制“飞鱼”空舰导弹，击沉了英军价值 2 亿美元的“谢菲尔德”号驱逐舰，建立了精确制导武器将成为战场主宰的理念。

美军分别在 1983 年 10 月、1986 年 3 月和 4 月先后对格林纳达、利比亚发动了三次“外科手术式”打击，充分发挥了精确制导武器的威力，取得了显著的作战效果。这种高技术、低强度、快速交战、快速撤离的作战样式，对信息化战争的产生与发展起到了巨大推动作用。

2. 信息化战争萌芽阶段

军事理论创新和科学技术推动为高技术局部战争的发展奠定了良好基础。1991 年爆发的海湾战争，虽然战争基本形态仍以机械化战争为主，但以精确制导武器和电子信息装备为代表的信息化武器装备的广泛使用，使人类看到了信息化战争的端倪。应该说，海湾战争是机械化战争向信息化战争过渡的一个重要转折点。

海湾战争验证了美国的高技术局部战争理论，促使战争形态从机械化战争向信息化战争转型。在战争中，美国的 C^3I 系统、电子战装备系统及巡航导弹、F-117 隐身飞机、“爱国者导弹”等高新技术武器发挥了关键性的作用；战争中，尽管精确制导弹药只占总弹药量的 8%，却摧毁了 80%以上的目标。美国的“空地一体战”理论及其远距离精确打击、非线式作战、空地一体联合作战、大规模电子战、全球战略机动等一系列新的作战理论和战法也得到了实战检验；把火力毁伤与电子信息有机地结合起来，显露了信息战的雏形。

海湾战争结束后，美军确定了以国家信息基础设施为核心的信息化建设目标、建设信息化军队的长远目标及打赢信息化战争的战略目标。在新的战略指导下，美军全力推进军事变革，大力加速军队信息化建设。第一，结合未来战争的需要，创立新的军事理论，提出了信息战争、联合作战、非接触作战、非线式作战、精确作战、网络中心战、系统集成、横向一体等许多创新的军事理论和观点。第二，是以未来作战为牵引，大力加强信息化武器装备建设，美军投资4000亿美元建设国家信息高速公路，各军种全面启动自动化指挥系统建设，同时合力打造相互贯通、相互兼容、高度集成、互通性和互操作性良好的“勇士C^4I”系统。第三，是着眼未来，夯实军事发展的技术基础，在武器装备发展战略上，首次确立了信息技术的主导地位，提出了全球监视与通信、精确打击、空中优势和防御、水面控制和水下优势、先进的地面战、模拟环境、降低费用等七大军事需求技术。

1998年12月，美英联军对伊拉克发动了代号为“沙漠之狐”的空袭作战，这是美国精心策划的一场战争，也是历史上第一次信息化战争的预演。在这次战争中，美国抛开了联合国，侵犯一个主权国家，助长了单边主义，巩固了其“一超独霸”的地位；验证了新军事变革的阶段性成果，成功地进行了跨军种联合作战；试验了信息高速公路的作战效能，尤其是全球网络化、信息化和一体化能力，并对一大批信息化武器装备进行了实战鉴定。

3. 信息化战争发展阶段

1999年爆发的科索沃战争，2001年爆发的阿富汗战争，标志着战场信息战初具规模，信息化战争形态逐渐显现。2003年伊拉克战争的爆发，使人们认识了联合作战的巨大威力，看到了C^4ISR系统在作战指挥中的巨大效能，见识了陆、海、空、天、电磁一体化的作战模式，信息化战争特征更加明显。

1999年3月，以美国为首的北约抛开联合国授权，打着“人权高于主权”的旗号对一个主权国家发动战争。在战争中，夺取信息优势、控制机动、精确打击成为战争的主导，战争形态开始向信息化转变。在整个战争中，美军信息化建设成果得到了综合运用，C^4ISR系统实现了全球网络化、一体化；各军种通过C^4ISR实现了无缝隙链接；最高指挥官通过C^4ISR对单兵实施实时、远程控制。同时，北约还首次使用了微波炸弹、计算机病毒、石墨炸弹等信息战装备，综合验证了大规模信息战和联合作战理论，创新了全纵深精确打击理论和不对称作战理论等；首次使用了“联合直接攻击弹药”等新武器，精确制导弹药占全部弹药的比例达35%。

2001年10月7日，美国发动了阿富汗战争。这场战争规模不大，强度也不高，但信息化程度和联合作战水平却超过了以往任何一次战争。其主要表现是：首次使用了无人侦察攻击机、单兵数字化装备等新型信息化武器装备，验证了网络中心战理论，创新了信息化战争中无人作战、特种作战等新战法，试验了传感器引爆武器、风力修正子母弹等一批新型信息化武器装备。

2003年的伊拉克战争，是美军建设初步完成信息化转型后发动的第一场具有明信息化特征的战争。战争中，美国成功地验证了“先发制人”战略和“震慑”理论，创新了夺取信息优势、实施全频谱控制、联合对地攻击、网络中心战、精确闪击作战和快速决定性作战等新的作战理论。创新了接触与非接触相结合、空地一体与地面快速推进相结合的战法，为信息化战争发展奠定了坚实的理论和实践基础。

四、信息化战争的基本作战样式

任何战争状态都有其特定的作战样式，与以往的战争状态一样，信息化战争也有其特定的基本作战样式。最能体现信息化战争特征的作战样式主要包括信息战、网络中心战、电子战、舆论战、心理战、精确战、特种战、太空战等，其中信息战包含了网络中心战、电子战、舆论战、心理战等子作战样式。

1. 信息战

我军 1997 年版《军语》对信息战的定义："敌对双方在信息领域的对抗活动。主要是通过争夺信息资源，掌握信息的生产、传递、处理等的主动权，破坏敌方信息传输，为遏制或打赢战争创造有利的条件。"信息战的要点是一个前提、两个手段、一个目标。"一个前提"是指利用现代信息技术；"两个手段"是指保护己方的信息和信息系统，攻击敌方的信息和信息系统；"一个目标"是夺取与保持信息优势。

信息战是人类文明由工业时代向信息时代的转型期，随着社会信息化和军事信息化而出现的一种崭新的作战样式。

信息战包括信息进攻和信息防御。信息进攻就是充分利用各种信息技术手段，通过信息封锁、信息欺骗、信息干扰、信息污染、信息摧毁等方式，影响和削弱对方的信息作战能力。信息防御是采用信息保密、信息防护等方法，保护己方的信息、信息系统、信息作战能力不受对方信息进攻的影响。

军事发达国家正在大力发展信息战进攻与防御装备和手段，主要包括计算机病毒武器、高能电磁脉冲武器、微米/纳米机器人、网络嗅探和信息攻击技术及信息战黑客组织等。

2. 网络中心战

"网络中心战"的概念是美国防部于 2001 年 7 月提出的。美军把发展网络中心战能力作为《2020 联合设想》提出的夺取信息优势和决策优势、实现军队转型、提高联合作战能力的主要手段。

网络中心战是利用通信系统和计算机系统组成信息栅网，把地理上分散部署在陆海空天的各种侦察探测系统、指挥控制系统和打击武器系统有机地、一体化地连接起来，形成快速反应的、统一高效的作战体系，通过信息优势达成先敌行动，作战行动近乎实时，联合作战效能极大提高。从结构模块来说，它是以计算机系统为核心的高度智能化的综合网络，由"信息栅网""传感器网"和"交战网"三部分组成。"信息栅网"是由各种通信渠道、计算机和信息自我管理设备等组成的永久型物理网络，是实施"网络中心战"的核心基础设施；"传感器网"由分布在陆、海、空、天的各类专用侦察设备和各种武器平台上的嵌入式侦察设备及情报中心等构成，是依托于信息栅网的动态组合的网络；"交战网"是由分布在陆、海、空、天的各类火力打击武器与电子战、病毒战等软杀伤武器等组成的。依托"信息栅网"，可实现"传感器网"与"交战网"的互联互通，传感器、决策者和打击武器的有机结合，使分散配置的部队共同感知战场态势，实时决策、实时行动，对预定的目标达成集中、精确的火力打击和信息攻击效果，从而发挥最大的作战效能。

3. 电子战

电子战是指为削弱、破坏敌方电子设备的使用效能和保护己方电子设备正常发挥效能而采取的措施和行动，主要包括电子侦察、电子进攻和电子防御三部分，又称"电子对抗"或"电子斗争"。

电子战的主要特点是：①电子战主要是"软杀伤"手段，其实质是敌对双方争夺对电磁频谱的有效使用权，即制电磁权的斗争；②电子战在作战过程中时间性强，几乎影响到所有作战行动；③电子战手段的重复有效性低，一种干扰往往只对某一种电子设备有效，一种反干扰措施往往只对抗某一种干扰；④连续性，电子对抗不仅在战时，而且在平时也在激烈地进行着，其平时的主要形式是电子对抗侦察和反电子侦察；⑤广泛性，电子战已渗透到陆战、空战、海战的各个领域，并向外层空间扩展。

4. 舆论战

2004年颁布的《中国人民解放军政治工作条例》明确提出，要“开展舆论战、心理战、法律战”。在人类战争史上，新闻舆论的地位作用早被人们所认识。拿破仑曾说：“报纸一张，犹联军一队。”美国前总统艾森豪威尔也说过：“在宣传上花1美元等于在国防上花5美元。”

舆论战有广义与狭义之分。广义的舆论战，是指围绕国家发展战略、安全战略，以综合国力为基础，通过系统运用传播学、舆论学、心理学等学科原理，利用各种传媒，进行有针对性的信息渗透，从而影响公众信念、意见、情绪和态度，有效控制舆论态势，争取舆论强势的政治战样式。狭义的舆论战，一般是指战时新闻舆论战，即交战各方综合运用报纸、广播、电视、网络等新闻传媒，有计划、有针对性地向受众传输有利于己方作战的信息，达到鼓舞己方军民的战斗热情、瓦解敌方的战斗意志、引导国际舆论、争取广泛支持之目的。

舆论战具有三个特征。首先，舆论战是为实现一定的政治、军事、经济利益服务的。其次，舆论战是通过信息作用于人的认知系统而实现作战功能的。最后，舆论战是大众传媒，大众传媒的公开性、辐射面的广泛性、强渗透力、强负载力，以及高度的大众可信程度，为舆论战的展开提供了空前广阔的平台。

舆论战具有瓦解敌对国家军民的意志，有效打击敌方士气的作用。伊拉克战争中，美国国防部官员曾明确表示，真刀真枪的战斗只占25%，其余75%的任务是争取伊拉克人民的合作，而要完成这项不同寻常的任务，必须靠新闻舆论。伊拉克战争中，交战双方依托新闻媒体展开的一幕幕精彩纷呈的攻心伐谋，使人们清晰地看到了新闻舆论战的“杀伤力”。

5. 心理战

所谓心理战，是指在战争中应用心理学原理，通过多种手段对人的心理（情绪、情感、意志、观念和信仰）施加刺激和影响，促使战争向着有利我方而不利于敌方发展的作战样式。

6. 精确战

精确战是指使用精确制导武器打击敌方目标的作战行动。精确战的目的是充分发挥精确制导武器的威力，突然、准确地毁伤敌方目标，增强作战效果。精确战具有机动灵活、隐蔽突然、毁伤力强、效费比高和附带杀伤小等优点。美军在海湾战争中使用的精确制导弹药只占8%，科索沃战争中上升为35%，阿富汗战争中则高达60%，伊拉克战争则达到了68%。

随着精确制导武器种类的增多和性能的提高，精确战将在超视距、全天候、多模式、智能化等方面得到进一步发展，既能对敌重要目标实施“外科手术式”打击，也能对战场全空间威胁己方的各种目标予以多点、同时、连续的打击。

7. 特种战

特种战是相对常规作战而言的，是由特种部队或临时赋予任务的部队担负，为达成特定目标的作战。特种作战在机械化战争中就已出现，但其往往独立进行，对主要作战行动的配合作用有限。随着信息技术的发展，特别是C^4ISR系统及战场信息网络的建立，主要在敌方纵深进行的特种作战越来越成为整体作战行动的有机组成部分，并发挥着越来越重要的作用，这一点在近期几场局部战争中体现非常明显。阿富汗战争中，美军的特种部队同阿富汗当地的反塔利班武装势力联合作战，向空中的轰炸机及战斗机指示塔利班阵地及部队的位置，用全球定位系统制导炸弹及激光制导炸弹一个个准确击毁了目标。伊拉克战争中，美军更是大量使用特种部队，执行多种作战任务，特别是对敌方纵深战略目标的情报搜集、目标指示、毁伤评估等行动，发挥了重要作用。

随着武器装备的发展，特种部队的独立作战能力、与常规部队的一体化联合作战能力、投送和快速部署能力都将得到迅速提高，其在战争中的地位将日益突出。在某些情况下，特种作战甚至能达到战略目的，成为战争的主要作战行动。

8. 太空战

太空战是以火力硬摧毁和电磁干扰压制为主要手段，以敌方太空武器装备为主要攻击目标，主要在外层空间进行的作战行动，其目的是夺取制太空权。

根据所使用的武器及作战行动的特征，预计未来天战的样式大致可分为以下几种：①卫星攻防战，如用空间雷设伏，用天基平台、空基平台、地基平台发射激光或动能武器，用航天飞机或空间站的机械臂摘星等；②空间反导战，如用天基激光或动能武器，摧毁敌导弹或导弹系统；③空间作战平台攻防战，如在航天飞机上配备武器进行交战等；④天基对地攻击战，如向地面发射激光、粒子束、动能武器等。

五、信息化战争的基本特征

信息化战争除了包括信息战之外，还包括精确战、网络中心战、特种战、太空战等作战样式。这些作战行动在信息化战争中交织出现，使信息化战争呈现出许多特征。

1. 信息主导

信息化战争作为 21 世纪的战争，战争较量主要是知识和智能的较量。

2. 系统作战

战争力量主要表现在两个方面。第一，直接用于战争的现实力量，包括常备军、后备力量、武器装备、战略物资等，它将直接关系到战争的进程和结局，是对时局产生重大影响的物质基础。第二，通过动员和开发才能用于战争的潜在力量，主要包括人力、物力和财力。机械化战争中，战争力量主要表现为物资力量即由物质转换成能量。信息化战争中，智能和知识处于力量集聚的核心和主导地位，战争力量的集聚是靠信息控制来达到的。在信息化战争中，作为主要武器装备的 C^4ISR 系统、信息战装备、精确制导武器、信息化作战平台，将通过全球信息栅格进行无缝隙链接，形成全维度、全天时、全天候的一体化、实时化作战体系，系统集成和横向一体化成为关键要素。

3. 五维作战

任何战争都有其特定的作战时空。信息化战争也同样在其特定的时空进行作战，但是，信息化战争在时间上要求更快捷，在空间上要求把有形的物理空间和无形的信息空间连为一体，形成作战空间的广阔化。

信息化战争完全是在地面、海洋、空中、太空、水下、电磁和信息空间进行，各军兵种仍然继续主宰各自传统的作战空间，但是，他们不能也不可能各自为战，他们必须把时间、空间和力量等要素实现互联、互通、互操作，最终形成一个相互融合的体系才能作战。

信息化战争是全时空的信息对抗，凡是电子计算机通信网络能涉足的地方，无论是地面、海上、空中乃至太空都是信息化战争潜在的战场，在这难以划定边界线的非线性战场上，一切信息目标都是交战双方角逐的对象。

4. 精确控制

精确控制指的是对目标实施精确的侦察与定位，对力量实施精确的投放，对部队实施精确的支援，对目标实施精确的打击，对作战效果实施精确的判定，从而以最低的风险和代价，对达成最佳的作战效果的作战全过程实施有效的控制。

信息化战争中，由于信息优势、精确打击、联合作战，使得战争实施的精确和控制程度明显提高，精确控制将成为信息化战争的精髓，军事家的渴望将成为现实。

精确控制的核心是目标打击精确化。发现即被消灭，精确打击进入了实时精确打击。

5. 联勤保障

保障是确保战争胜利的重要基础。战争保障是指在战争全局的谋划上，根据战争任务、目的、进程和结局从总体上策划对保障的要求，并通过必要的手段和方式进行保障实施。

在信息化战争中，战争的主要力量是计算机、网络、通信、人工智能等信息技术和软件系统等。因此，信息化战争保障侧重于智力、知识、信息、网络的综合保障。由于信息化武器装备与机械化武器装备相融合，所以机械化战争中保障的要素大部分将继续存在下去，但是，必须用信息化理念、网络和软件加以改造，使所有保障要素融入作战体系中。信息化战争中的保障，已经由单维平面战场转向陆、海、空、天、电磁多维一体化作战空间，这些多维空间相互结合，依托信息网络融合为一个完整的体系。

联勤保障是指在联勤体制下军种、兵种间联合组织的后勤保障。实施联勤保障，对合理调节人力、物力和财力，发挥整体保障效能，保障军队建设，联合作战及其他联合行动的顺利进行具有重要作用。

6. 人机结合

传统战争中，制胜的要素是物质力量和精神力量的结合，经济因素是决定战争胜负的基础，政治是决定因素，军事力量是决定战争胜负的直接力量，科学技术是渗透到各种战争制胜的要素当中发挥作用和影响。其中，人是关键性要素，战斗力主要是通过人、武器及人与武器的结合来实现的。

第二节 信息化战争的发展趋势

一、武器装备和作战指挥的智能化程度将更高

1. 武器装备信息化

工业时代的战争，以机械化武器装备为物质基础；而信息时代的战争，则是以信息化武器装备系统为物质基础。信息化的武器装备系统，又是以计算机技术为核心、以信息技术为基础的一体化的武器装备系统，其构成主要包括信息武器、单兵数字化装备和 C^4KISR 系统。

信息武器系统，包括软杀伤型信息武器和硬杀伤型信息武器。软杀伤型信息武器，是指以计算机病毒武器为代表的网络攻击型信息武器和以电子战武器为代表的电子攻击型信息武器。这类武器已在海湾战争中开始使用。硬杀伤型信息武器，主要是指精确制导武器和各种信息化作战平台。

信息化作战平台装有大量的电子信息传感设备，并与 C^4KISR 系统联网，它们集侦察、干扰、欺骗和打击功能于一体，既可实施战场探测，为精确打击和各种战场行动提供目标信息，还可实施信息攻防作战，是信息化战争的重要物质基础。信息化武器装备，通常情况下，一辆主战坦克装有 30 片 CPU、一架飞机装有 20 片 CPU、一艘航母装有 200 片 CPU、一架预警机装有 154 片 CPU、单兵数字化装备有 15 片 CPU。

单兵数字化装备，是指士兵在数字化战场上使用的个人装备，也称信息士兵系统（它由单兵计算机和无线电分系统、综合头盔分系统、武器分系统、综合人体防护分系统和电源分系统五个部分组成）。美军数字化单兵武器系统，包括综合式头盔、探测器、计算机和电台、武器系统、多用途服装、微气候及动力装置等。功能包括指挥、控制、通信、侦察和情报、生存防护功能等。法国"个人理想武器系统"，包括核生化防护服、微气候及防弹防火系统、火控装备、全天候视觉系统、威胁感知与监视系统、通信系统、目标定位与识别系统、武器系统可发射动能弹片和破片弹药。

信息化的士兵装备，既是战场网络系统的一个终端，也是基本的作战单元，具有人机一体化的远程传感能力、攻击和生存能力，能够实时实地为炮兵和执行空地作战任务的飞机提供数字化的目标信息。阿富汗战争中，美空军准确无误地对地面目标实施攻击，就是得益于特种作战部队装备的信息士兵系统，将整个战场数字化网络连为一体，为其提供了及时准确的目标数据。单兵数字化装备的出现和运用，意味着陆军作战效能将出现革命性变化。

2. 作战指挥将高度智能化

信息化发展的高级阶段是智能化，因此信息化战争的发展趋势之一就是实现指挥平台与作战手段的高度智能化。随着纳米技术的发展，军用微型机器人将大量地投放于战场，执行侦察探测、信息传递、破袭敌电子设备和武器系统及杀伤敌作战人员等任务。

第一，指挥控制手段的高度自动化和智能化，其标志是 C^4KISR 系统的高度成熟与发展。未来的 C^4KISR 系统将真正实现侦察监视、情报搜集、通信联络、火力打击和指挥控制的无缝链接，成为作战指挥与控制的信息高速公路，可以高度自动化地确保指挥员近实时地感知战场，定下决心，协调、控制部队和武器平台的作战与打击行动。C^4KISR 系统的高度发展，将使军队指挥员观察战场和指挥作战的能力大幅度提高。计算机是自动化指挥控制系统的核心，是实现智能化作战指挥的基础。随着高技术群体的不断发展，未来将相继出现智能计算机、神经网络计算机、光计算机、高速超导计算机、生物计算机等新概念计算机，将使人工智能技术迈上新的台阶。实现由运算、存储、传递、执行命令转向思维和推理；由信息处理转向知识处理；由代替和延伸人的手功能转向代替和延伸人的脑功能。从而为作战指挥控制提供更加先进的智能化手段，使作战指挥与控制进入自动化、智能化时代。

第二，大量智能化的武器系统和平台将装备军队，投入作战。在未来信息化战争中，精确制导武器系统、对空防御系统、勤务支援系统、物流分配保障系统和具有发射后不用管和自动寻的功能的智能化弹药将得到更加广泛的运用，无人驾驶的智能化坦克、飞机和舰船也将规模化投入战场。无人机在阿富汗战争中已经发挥了重要的作用。尤其值得关注的是，众多类型不同、功能各异的纳米机器人，可能在战争中大规模地投放于战场，执行侦察探测、信息传递、破袭敌电子设备和武器系统及杀伤敌作战人员等任务。

第三，许多作战行动将发生在智能化领域。在传统的机械化战争中，虽然在智能化领域也存在着敌我对抗活动，如敌我之间的谋略对抗就是一种思维对抗，但这种对抗是间接的，需要用部队真实的作战行动才能表现出来。然而，在未来的信息化战争中，由于信息战的广泛运用，智能化领域将会发生激烈的对抗。认知、信息和心理这些智能化的范畴，既有可能是作战所使用的手段，也有可能是作战所要打击的目标，因此在智能化领域将会发生大量的直接对抗的作战行动。为了阻止敌方及时制定出正确的作战决心，不仅需要采用谋略行动欺骗敌方，而且更需要采取信息攻击手段，直接打击敌方的 C^4KISR 系统，破坏敌方的决策程序。

二、信息化作战平台将成为战场的主要支撑

信息化作战平台是指信息化弹药所依托的作战平台。电子信息技术广泛渗透到武器系统的各个领域，为作战平台的信息化提供了空前的机遇。未来的作战飞机、舰艇、坦克，直至外层空间的卫星等都将装备大量先进的电子信息系统与电子战系统，使每一个信息化作战平台都成为 C^4ISR 系统的一个节点，具备电子战能力，并向隐形化、遥控化、小型化和全智能化方向发展，使作战平台的纵深突防能力、攻击能力和生存能力大大增强。特别是隐形飞行器、隐形舰船及无人机等将成为未来信息化战场上新型的信息化作战平台，这些信息化作战平台将与有人驾驶飞机和舰船相辅相成，形成一支互为依存的强大空中、海上打击力量，从而成为信息化战场的主要支撑。

1. 电子战将贯穿始终

未来信息化战争中的电子装备种类将更加繁多，部署密度更大，电磁信号更加密集，电子战频谱更宽，信号特征更复杂，为夺取制电磁权而展开的电子战将渗透到各个作战领域，贯穿于战争的始终。

2. 机动战将广泛实施

未来信息化战争中的机动战不仅包括兵力、兵器机动，而且包括火力机动和软杀伤力机动，尤其是软杀伤力机动将成为兵力机动和火力机动的前提而大量运用。

3. 计算机病毒战将普遍展开

计算机病毒是一种价格低廉使用方便的软杀伤性武器，它将随着计算机的广泛使用而普遍展开。

4. 非接触作战将成为主要作战方式

随着武器装备远程打击能力的提高和信息化侦察控制系统的完善，非接触作战将越来越多地成为未来信息化战争的主要作战方式。

5. 隐形战将充满战场空间

隐形技术的飞速发展，为隐形战的运用提供了机遇。未来信息化战争中，隐形飞机、隐形导弹、隐形舰船、隐形战车将在战场上大量出现，在看不见的战场上进行隐形较量将是未来信息化战争的一个突出特征。

6. 太空战将大大进展

随着航天技术的发展和军用卫星、航天飞机、载人飞船、太空站的增多，将把众多的军用航天器部署在太空，从而将促进天军的组建和太空战的展开。

7. 虚拟战场欺骗战将悄然兴起

信息网络虚拟（欺骗）战是以计算机成像、电子显示、话音识别和合成、传感等技术为基础实施的信息欺骗。它通过信息网络某一节点，把己方计算机与对方联网，或战前通过各种途径将虚拟现实技术植入敌方的指挥控制信息系统中，把己方的虚拟信息即假情报、假决心、假部署传输给敌方，迷惑敌人，诱敌判断失误，向敌指挥官和士兵发布假命令，使敌听命是从，改变敌方指挥官的作战意图，使敌军事行动陷入混乱。这种战法能使敌方在三维声像环境中，看到酷似实物的立体交战图像，使敌方产生错觉，增大了欺骗的真实性。由于虚拟现实技术在军事上能把接受者投放到一种逼真的、为作战而设置的现实中，可以模拟未来战场各种复杂情况，从而使敌改变决心和部署。

三、作战形式将发生质的变化

1. 争夺制信息权成为联合作战重心

在信息化战场上，信息战贯穿作战全过程，渗透于战争各领域，争夺信息优势成为战争的焦点，制信息权是争夺制空权、制海权和其他作战空间控制权的关键，夺取制信息权将成为联合作战的主导行动。未来作战，在信息领域的争夺越来越激烈，信息作战与夺取制空、制海权于一体，作战行动将自始至终围绕夺取和保持制信息权激烈对抗。值得注意的是，美军不仅明确提出了战役战斗层次的“信息作战”要求，而且提出了“战略信息战”的任务。

2. “打得准”有了全新的内涵

俄罗斯军事专家施普里琴科认为，非接触作战将成为未来主要作战形式，并称之为“第六代战争”。应该看到，信息化武器装备所带来的远程精确打击能力能够超越敌方的防御地带和自然地理屏障，直接对纵深目标实施中远程精确打击。这种非接触作战，不再是从前沿突破，然后向纵深推进，而是从一开始就进行全纵深作战。非接触作战的前提和关键是“打得准”。军事上从来都要求“打得准”。过去有一首歌中唱“一颗子弹消灭一个敌人”。实际根据二战的统计数据，大致是一万发子弹消灭一个敌人。在信息化军事中，“打得准”有了新的含义，美军有一个说法：飞机轰炸一个长 30m、宽 18m 的目标，越战时期需投掷百余枚航弹，科索沃战争仅需 1 枚导弹即可。

3. 体系对抗成为战场对抗的基本特征

通过信息技术，各军兵种的作战平台、武器系统、情报侦察和指挥控制系统及后勤保障系统，可以形成一体化的作战体系。信息化战争不再是各个作战单元之间的对抗，而是建立在各种作战单元、作战要素综合集成基础上的体系和体系的对抗，诸军兵种联合作战成为基本作战形式。

具体地说，体系对抗表现出以下特点：传统的平台中心战将发展成为网络中心战；作战方式由顺序作战发展成为并行作战（并行作战依赖主宰性信息战空间感知能力和共享信息的实时协同能力两种能力）；集中兵力让位于系统集成基础上的集中火力；陆、海、空、天、电五位一体的联合作战具有全新的意义。

目前比较明显的是，作战研究和军事训练更加重视应用计算机技术、网络技术、作战模拟技术等信息技术；军队建设更加重视信息技术基础上的工程化管理和商业化开发；各种军事活动都高度重视信息含量，信息化成为一切军事活动的努力方向。

4. 太空成为军事竞争新的战略制高点

近期局部战争的实践表明，太空日益成为重要的作战空间，对战争进程和结局具有决定性影响。有资料统计，美国在海湾战争中动用卫星 70 余颗，科索沃战争和阿富汗战争也多达 50 余颗，为空中、海上和地面突击系统提供全方位的信息支援和保障。太空已经成为新的战略制高点，一场争夺太空军事优势的竞争已经开始。

目前，美俄等军事大国大力发展军用航天航空技术和空间战武器系统，加强太空战场建设，推动太空军事力量向空天一体、攻防兼备的方向发展。据军事专家预测，未来的非接触战争将很可能以航天系统为核心，组建能够在空天领域有效遂行任务的战略性全球侦察——打击作战系统，以引导陆、海、空军各种作战平台实施远距离精确打击，运用天基武器系统对地面、海上、空中目标直接实施打击，还可以利用反卫星武器和空间作战飞行器来干扰、破坏、摧毁敌方天基系统，争夺制天权，限制敌方在太空的行动自由。

第三节　信息化战争与国防建设

一、创新先导性的国防与军队建设理论

1. 国防建设的指导思想要转到立足于遏制或打赢信息化战争上来

国防建设的指导思想应该反映国防活动的规律、针对现代战争的特点、具有时代的特点。能否根据战略形势的变化及时调整国防建设的指导思想，关系到国防建设的方向和成败。新中国成立以后的很长一段时期内，根据美苏争霸的战略格局和我国周边的安全形势，以毛泽东为代表的党中央和国家领导核心确定了“准备早打、大打、打核大战”的国防建设的指导思想。进入新时期以后，邓小平同志在对国际政治、经济形势科学分析的基础上，果断地作出了国防和军队建设思想实行战略性转变的决策，指出国防和军队建设指导思想要从准备早打、大打、打核大战转到和平时期建设上来。江泽民同志主持军委工作后，根据冷战结束、东欧剧变等国际局势和海湾战争的情况，提出了要立足于打赢现代战争条件下特别是高技术战争条件下反侵略的局部战争。1999 年的科索沃战争爆发以后，江泽民同志又明确指出未来人类的战争将主要是信息化战争。胡锦涛同志担任军委主席后指出要将国防建设的指导思想转到立足于遏制或打赢信息化局部战争上来，并确定了我国于 20 世纪中叶实现军队信息化并具备打赢信息化战争能力的国防建设发展的目标。可以从以下三个方面理解我国国防建设的指导思想：

（1）主要着眼于应付信息化战争，而不是机械化战争或其他形态的战争。信息化战争已经成为信息化时代主要形态的战争，信息化战争与机械化战争有明显的区别，信息化战争对国防建设提出了崭新的要求，我国对进行信息化战争还没有做好充分的准备。据此，只有将国防建设的着眼点放到应付信息化战争上来，不失时机地作好信息化战争的准备，才能在敌人将侵略战争强加给我们的时候，奋起反击，抵御侵略，战胜敌人，保卫国家的安全和发展。这是关系到民族生存和发展的重大问题。因此，必须围绕信息化战争进行国防建设，全面推进信息化社会，把信息资源作为首要的战略资源，完善信息化战争体系，做好打赢信息化战争的准备。

（2）着眼于应付可能发生的局部战争，而不是迫在眉睫的世界大战。在和平与发展的时代，和平力量超过了战争的力量，世界大战在可预见的时期内不会发生，我国安全的主要威胁是局部战争。因此，应做好应付局部战争的准备。而且，也只有将国防建设的指导思想从准备早打、大打转到准备打可能发生的局部战争上来，才可能抓住历史机遇，集中精力搞好经济建设，并在经济发展的基础上协调发展国防力量。

（3）既着眼于打赢战争，又着眼于遏制战争。国防建设的目的是国家的安全，这既可以通过打赢反侵略战争来实现，也可以通过遏制战争的爆发来实现。当前我国正处于难得的重要战略机遇期，争得和平的发展环境至关重要。而且，只要战略得当，信息化战争的准备充分，遏制战争、争得和平也是完全可能的。因此，国防建设的指导思想既要着眼于打赢信息化战争，又要着眼于遏制战争的爆发。

2. 国防教育要适应信息化战争条件

国防教育是统一全民的国防建设思想、国防观念和增强公民国防意识的重要途径。因此，必须使国防教育适应信息化战争条件。可通过对信息化战争的形成发展过程及现代信息化战

争的典型案例的分析研究，了解信息化战争的特征、特点，把握其基本规律和发展趋势，研究信息化战争条件下进行人民战争的新方法。从而使全国人民明确我国国防建设的方向，正确理解国防政策和战略，增强国防意识，激发建设社会主义的信息化社会的积极性，自觉地投入到信息化人民军队和国防建设之中。

3. 树立打赢信息化战争的信心

统一全民的国防建设思想，进行深入的国防教育，其中一个重要的目标就是要增强全国人民打赢信息化战争的信心。战胜侵略者的信心是民族精神的重要标志，一个缺乏打赢反侵略战争信心的民族是没有希望的。中华民族具有战胜一切敌人、保卫美好家园、顽强生存和积极发展的光荣传统。同样，在人类进入信息化社会以后，如果有人胆敢以信息化的局部战争侵犯我国，我国人民一定会众志成城、同仇敌忾地奋起反抗，战胜敌人。

进入新时期后，我国经济科技快速发展，政治开明、社会稳定、国防巩固，综合国力不断提升。正确的安全政策有利于形成一个和平的发展环境，我国将能抓住历史机遇继续协调发展。人民军队的信息化作战能力不断提高，新军事革命不断推进，已经为进行信息化战争打下了坚实的基础。历史经验和战争规律都告诉我们，战争的胜负不是取决于一两件新式武器，而是取决于人民，是由敌我双方的政治、经济、军事、自然及主观指导等所有战争要素的相互作用和发展变化决定的。可以预见，我国的反侵略的正义的人民战争必定胜利。

二、加快军队信息化步伐

工业时代的机械化军队正在转变为信息化军队，推进中国特色的军事变革，必须按照打赢信息化战争要求建设信息化军队。这为新世纪新阶段我军的现代化建设提出了新的更高的要求。我军必须紧紧围绕信息化这个核心和方向，按照打赢信息化战争的根本要求，准确把握信息化军队的本质特征，在积极推进中国特色军事变革的进程中，加快我军信息化建设步伐，努力完成建设信息化军队的战略性历史任务。

1. 着眼军队人员知识化特征，加快高素质知识型军事人才的培养

人才为政事之本，也是建军治军之本。不同的时代，对军队人员素质的要求也不同。信息时代，知识就是力量，知识就是战斗力，与之相适应的就是知识型军人，用知识武装官兵、武装军队成为建设信息化军队之大计。当前，世界上许多军队，都把“渊博的知识”作为当今信息时代军人形象和军队战斗力的基本标志。美国军官几乎都具有大学本科学历，其中拥有硕士和博士学位的军官高达近 50%；在伊拉克战争中，美国陆军参战的第 3 机步师、第 4 机步师、第 82 空降师和第 101 空中突击师四个主力师师长，有 3 个是硕士，1 个是博士，操纵“爱国者”防空导弹、“捕食者”无人驾驶飞机、“阿帕奇”武装直升机等高技术兵器的军人有三分之一是技术专家。俄罗斯 98%的军官都受过高等教育，指挥军官全部是大学本科毕业，并有相当数量的博士和副博士。日军和以色列军队要求军官必须全部达到大学以上文化水平，以色列军队还要求少校以上军官必须获得硕士学位。印度为适应新军事变革的需要，也规定军官在任命前必须获得学士学位，晋升营以上军官必须有硕士学位。军队人员的知识化，已经成为世界各国军队适应新军事变革需要、加快信息化建设的共同做法。

2. 着眼武器装备的智能化特征，加快信息化武器装备体系建设

所谓武器装备的智能化，就是指武器装备在信息化的基础上，具备了某些类似人的功能，能够自动搜集、传输、处理信息并实施自主识别目标、精确攻击目标。随着信息技术在武器装备中的全面渗透，武器装备的信息含量不断增大，信息化程度不断提高，越来越多的信息

化武器装备呈现出精确制导、自主控制、无人操纵等智能化特征。美军的“战斧”式巡航导弹和精确制导炸弹，能按事先安装的指令进行自主式攻击，打击精度可达到 1m 以内；以色列的“箭 2”式反导系统，能自动搜索、侦测和识别来袭的弹道导弹，其拦截弹头能自动跟踪、自主攻击目标；西方发达国家军队现装备的无人驾驶飞机、军用机器人、无人潜航器等无人装备，能够代替士兵执行排雷、布雷、清障、侦察甚至直接作战的任务，功能正在从有人遥控、半自主向全自主的高度智能化方向发展。在阿富汗战争中，美军首次使用“捕食者”无人机对塔利班和“基地”组织进行侦察和打击，创造了战争中运用智能化无人装备直接实施自主作战的新模式。可以说武器装备的信息化含量，已经成为决定战争胜负的重要因素；武器装备的智能化，已经成为当今世界军事发展的一个重要趋势。

按照未来信息化战争的要求建设信息化军队，必须认清武器装备的智能化趋势，采取研制、改造、整合等多种手段，广泛运用最新的信息技术成果，加快信息化武器装备体系建设。第一，要加强新型信息化装备的研制开发。研制新型的信息化武器装备，是建立我军信息化武器装备体系的重要支撑，是加快化武器装备体系建设的主要手段。第二，要重视老式装备的信息化改造。研制开发新型智能化武器装备，周期长、投入大，难以完全满足现实军事斗争装备需要，必须重视对现役的老式装备进行信息化改造，以提高其信息化和智能化程度。目前美军使用的许多装备，都是在老式装备的基础上进行信息化改造的。

3. 着眼作战编成合成一体化特征，加快力量结构合成一体化的发展步伐

根据信息化战争需要，整合优化军队内部的组织结构，是建设信息化军队的重要内容。未来的信息化战争，战场空间多维一体，陆、海、空、天、电、网等各个战场空间的联系十分紧密，任何一支作战力量都不可能像以往在机械化战争时代那样只在某一个空间独立作战，而要能够具备在多个战场空间遂行多种作战任务的能力。这就要求作战力量的编成必须打破军兵种界线，遵循“系统集成、合成一体”的原则，按任务需求进行诸军兵种合成一体化编组。目前，美军的陆军师、海军联合特遣部队和陆战远征部队都具有很强的合成一体性，还计划组建四种高度合成的一体化部队：①由装甲兵、炮兵、机械化步兵、导弹兵、攻击与运输直升机分队组成的一体化地面部队；②由侦察机、攻击机、战斗机等多机种组成的空天远征部队；③由编有“飞行坦克”的陆空机械化部队；④由一个陆军旅特遣队、一个空军战斗机中队、一支海军舰艇部队和一个陆战队分队编成的陆海空联合特遣部队。俄军组建的机动部队横跨三个军种和一个独立兵种，包括陆军的摩步师、坦克师、特种师、火箭师，空军的战斗机、强击机、轰炸机团，海军的陆战队营和空降兵师。法军的快速反应部队由五个军兵种的不同类型师组成，可以执行多种作战任务。这些诸军兵种一体化作战部力量，组织结构更加紧密，作战单元更加集成，遂行任务更加多样，更加有利于信息化装备作战效能的充分发挥，具有很强的系统对抗能力。

着眼信息化战争对军队作战编成合成一体化的要求，结合我军体制编制的实际情况，按照合成一体的原则对所属兵种力量进行重新编组整合，使之具备在多个空间遂行多种作战任务的能力。在信息化武器大量装备、信息技术充分运用和各军兵种具备信息互通共享能力的基础上，可以打破各军兵种的界限，根据作战任务需要，组建新型的联合部队。这种一体化联合部队，具备在陆、海、空、电等多维化战场上独立遂行任务的能力，是诸军兵种一体化的高级编组形式，是未来信息化军队作战力量编成的重要特征。

4. 着眼指挥体系扁平网络化特征，加快指挥自动化系统建设进程

指挥体系趋向扁平网络化，是工业时代的机械化军队向信息时代的信息化军队转变的重

要特征。当前，发达国家军队为适应未来信息化战争信息流动快、时效性高的特点，正努力克服传统指挥体系信息流程长、横向沟通差、抗毁能力弱的缺点，加快发展指挥自动化系统，以求减少指挥层次，简化指挥环节，提高军兵种联合指挥水平，把树状纵长结构的传统指挥体系转变为“更有利于信息流动和使用”的网状扁平结构。美军早在 20 世纪 50 年代就建成了世界上最早的指挥自动化系统——C^2 系统，随后经历了 C^3 系统、C^3I 系统、C^4I 系统，如今已发展成为集指挥、控制、通信、计算机、情报、监视与侦察为一体，陆军、海军、空军和海军陆战队诸军兵种互联互通的 C^4ISR 系统，基本形成了及时获取信息、及时共享信息、及时决策指挥的扁平网络化指挥体系。伊拉克战争中，美军中央司令部司令弗兰克斯可以从位于超过 1000km 的卡塔尔联合指挥中心，运用 C^4ISR 系统随时监视伊拉克战场情况，指挥各军兵种所有作战单位，甚至还能及时准确地掌握每辆 M1 坦克、每架“阿帕奇”武装直升机的战场位置和动态，指挥控制功能已经开始向基层作战单元甚至单兵延伸。目前，美军指挥自动化建设正致力于把火力打击系统纳入其中，并逐步发展成为“全球信息栅格”，以求完全实现情报获取实时化、信息传输网络化、作战单元一体化，这一目标实现后，美军的信息化水平将达到一个新的高度，彻底完成由传统的“平台中心战”向高度一体化的“网络中心战”转变。

我军的指挥自动化系统建设目前还存在着一体化程度较低、信息化水平不高等问题，指挥体系结构仍然具有明显的纵长横短、军种独立分割、不便于信息快速流动和实时使用的缺点，制约了我军联合作战能力的形成和提高。对此，我们要注意借鉴外军经验。美军在 20 世纪 80 年代着手解决各军兵种信息系统相互割裂的问题时，采取了成立权威机构、统一集成整合的办法，取得了明显的成效；近期，美国防部提出的建设“全球信息栅格”构想，也是希望通过顶层设计、自上而下的方法，从根本上解决目前各军兵种 128 个信息系统的互联互通问题。美军的实践证明，成立权威性的组织领导机构，实施统一领导、筹划和管理，是确保指挥自动化系统健康、协调发展的根本保证。

三、培养新型高素质的人才队伍

能驾驭信息化战争人才是关键。江泽民同志提出培养高素质新型军事人才的战略决策，并明确指出高素质新型军事人才必须“具备良好的全面素质，具有复合的知识结构和综合能力，具有创新精神和创新能力。”这就是说高素质、复合型、创造力是对新型军事人才培养目标的科学定位。

1. 要树立新型军事人才制胜的观念

据新国防白皮书介绍，实施人才战略工程的目标是“五支人才队伍的建设”，即要培养大批具有良好的全面素质的指挥军官队伍、参谋队伍、科学家队伍、技术创新专家队伍和士官队伍，因为信息技术和知识已成为战斗力，作战要靠信息化人才来谋划。美陆军上将沙利文指出：“即使在信息时代，主导战争行动的仍然是人。”可见拥有先进武器装备的西方发达国家更加重视人的因素，强调人才制胜。我国在武器装备不如人的情况，既要加速发展信息化武器装备，更要注意提高人的素质和能力，充分激发人的谋略智慧和战斗精神，强调人才制胜的发展战略。

2. 确立新型军事人才素质指标要求

军事人才应当具备哪样的素质才能驾驭信息化作战部队和掌控综合集成的武器装备？这是信息化战争发展趋势对当代军事人才指出的严峻问题，由此可见，信息化战争对人才的要求不同于以往任何形式的战争较量，要求更高、更全面的高素质人才。因此，必须把信息化战争的发展趋势确立为新型军事人才的素质标准。可以把它归纳为优秀的政治思想素质、深厚的军事理论素质、灵活的战略思想素质、先进的军事技术素质、高超的军事指挥等五种素质和深邃的洞察能力、准确的预测能力、果断的决策能力、灵活协调能力、及时应变能力、大胆创新等六种能力。

总之，要培养新型军事高素质人才必须善于运用新的科技成果、科技手段和先进国家的成功经验，追踪高技术前沿、执着追求、敢为人先、打破常规、突破定势、抓住机遇、迎接新挑战、找到新办法。

3. 改进新型军事人才的培养模式

众所周知，信息化战争具有智能化、一体化的特征。这就要求各级指挥员要具备雄厚的知识、高超的智慧、多种的能力。然而，目前我军各级领导干部，特别是中、高级指挥干部仍然是处在经验型、管理型居多，熟悉高技术和军兵种知识、军工文兼通、指技合一的复合型人才比较欠缺，这已经成为制约我军现代化的“瓶颈”。面对严峻的形势挑战，我军要采取超常的措施和创新型培养模式，才能尽快使我军新型人才迅速成长。

第一，要充分发挥院校的主渠道作用。开拓国民教育培养军事人才的路子：①教育资源应以粗放型向集约型转变，走出一条投入少、产出多，以质量效益为核心的集约化培养模式；②培养内容应以单一性向综合性转变，使新型军事人才知识结构，朝着军政兼容、指技合一、文理渗透的综合兼通型转变；③实现培训方法由封闭型向开放型转变，打破专业限制、院校界限，实现教育教学信息资源共享，借助地方院校科研和生产单位教育雄厚的优势、集中各方面优势共同培养特殊人才。

第二，要充分发挥重大演习的实战平台作用。在没有战争硝烟的年代，单纯通过院校学习，难以培养适应战场需要的军事人才，而演习场则是通考核、检验、评估指挥员素质的最佳平台。作为一名指挥员，要想在瞬息万变的信息化战争中应对自如，就必须在一次次演练中磨砺、摔打、培育、提高，让他们在实践中锻炼成长。

第三，要尽力开拓多元化培养途径。在改革开放的大潮下，要充分利用国内外的教育资源，采取多种渠道并进的培养模式，特别是扩大与外军的军事交往，增派军事留学、考察技术人员数量，使他们“百闻不如一见”，达到“知彼知己”，使各种人才，尤其是技术型人才增强综合素质，达到培养众多的军事技术新型人才的目的。

四、提高国防后备力量的信息化水平

加强国防后备力量信息化建设，是打赢未来信息化战争的客观要求，是后备力量自身建设发展的必然选择。近年来，国防后备力量战线认真贯彻新时期军事战略方针，紧紧围绕“战场”和“市场”的要求调整、改革，压缩了总体规模，优化了布局结构，提高了训练层次，武器装备也有一定程度的改善，后备力量参战支前能力有了新的提高。但是，要清醒地看到，后备力量装备和训练的科技含量较低的状况还没有得到根本改变，科技参战、科技支前、科技保障的能力还亟待进一步提高。后备力量建设要真正实现由数量规模型向质量效能型、由人力密集型向技术密集型转变，实现跨越式发展，就必须紧紧围绕“打赢”目标，依托地方信息技术、信息人才和信息装备，加快信息化建设水平。

1. 以“一体化”建设为目标，科学确定发展思路

未来信息化战争中，后备力量参战支前将不限于一般技术条件下的兵员补充、配合作战、

伴随保障，而是可能在某个战争阶段同现役作战部队在信息战场并肩战斗，共同完成诸如信息侦察、网络攻防、重要战略目标的防护与修复等任务，弥补现役部队信息作战力量的不足。因此，后备力量信息化建设，必须在一个较高的起点上展开，要从宏观上搞好整体设计，从源头上建立统一的领导体制、建设标准、法规制度。负责总体设计的主管机构要按照“一体化”建设的思路，与作战、兵种等主管部门共同确定后备力量信息化建设的战时定位、总体规模、发展方向及力量构成等，从而保证在科学的发展思路指导下，努力建设一支与信息化战争要求相适应，与现役部队同步建设和发展，结构优化、编组合理、人装配套、训练有素、反应灵便的专业化的国防后备信息力量。

2. 以调查认证为重点，认真搞好建设准备

地方信息技术学科门类复杂，专业分工精细，信息技术力量、设备资源分布广泛，哪些信息人才在未来作战中很需要，哪些技术可直接在军事上应用，哪些技术通过一定条件转化后可使用于战场等，所有这些问题都需要通过搞好信息潜力调查来加以回答。各级国防动员部门要把信息潜力调查作为国防动员潜力调查的首要内容，细致、准确地对地方信息技术人才、设备及信息科研成果进行登记统计，并借助军队和地方信息网络，建立信息动员数据库，实现信息化传输和资源共享，为战时迅速征集动员信息技术、人才、装备奠定坚实的基础。军地信息主管部门要加强合作，抽调信息技术人员成立专门机构，从军事需求出发，做好信息技术认证、转化和开发工作，以尽可能提高地方信息技术在军事上的利用率，为扎实有效地推进后备力量信息化建设创造条件。

3. 以军事需求为牵引，大力加强组织建设

加强后备力量信息化建设，组织建设是基础。为此，在后备力量信息化建设中，应注意以下几点。第一，要合理确定布局结构。各级作战主管部门要提供战略、战役、战术各层次的信息力量需求数据，省军区系统要按照需求结合战区及本地区未来作战可能担负的主要任务和信息力量潜力，合理确定组织布局、组建规模和力量种类等。例如，可在各级军事指挥机构附近组建自动化指挥、网络攻防、信息装备救援分队；可按照现役电子对抗部队作战需求组建机动通信、电子干扰、电子技术抢修分队。第二，要认真落实人员编组。后备信息力量应主要在地方信息人才潜力集中的电信行业系统、信息产业部门、信息人才密集的大专院校和科研院所及部队转业退伍的信息技术人员中编组。在明确力量隶属关系、有利于形成和发挥战斗力的前提下，编组形式应灵活多样，可按属地原则编组，也可按行业系统编组。对于特殊信息人才还可实行跨行业编组，年龄、性别等入队条件可适当放宽；建制不强求统一，从当地技术力量潜力和未来作战任务的实际出发，可组建传统的专业技术分队，也可组建适应未来信息作战需要的信息力量集群、信息力量单元。第三，要严格进行入队审查。针对未来信息作战的特殊要求，对预编人员进行严格审查，既要了解其专业技术水平，又要全面掌握其政治表现、家庭和社会关系，确保把政治上绝对可靠、专业技术过硬的人员编入队伍。

4. 以力量转换为目的，努力提高训练质量

后备力量信息参战支前能力的生成与提高的过程，就是民用信息力量转换为军事信息力量的过程。针对这一特点和规律，后备信息力量训练应在“转化”上下功夫，有针对性地搞好训练。第一，要安排适用的训练内容。在研究信息作战基本样式、特点和我军、外军信息装备的战术、技术性能的基础上，要把如何运用军民通用信息装备完成未来信息化战争中后备信息力量可能担负的任务，如开展信息侦察、组织信息防御、实施信息攻击、进行信息装

备维修等作为重点训练内容。第二，要探索科学的训练方法。可采取“补差”“接口”“挂钩”等训练方法，缩短“民”与“军”之间的差距，提高执行信息作战任务的基本素质，掌握作战部队对参战支前保障的需求、程序和方法，提高民用信息技术与军事信息技术衔接的能力和向现实战斗力转化的水平。第三，要发展先进的训练手段。可依托地方信息技术装备集中的系统或单位开展训练，也可借助现役部队信息技术专业训练中心进行训练。在社会综合条件成熟后，还可通过开发或改造地方信息系统、信息技术装备功能，使之既可用于商业服务，又可用于平时训练。

5. 以信息装备为基础，逐步构建平战一体信息平台

要从后备力量依托地方信息装备参加未来信息化战争的实际出发，坚持军民兼容、平战一体的原则，逐步构建后备力量信息作战平台。第一，要加强信息装备储备。要以信息潜力调查认证为基础，以军事需求为标准，有计划、有重点地加强未来信息作战所需的诸如信息采集、信息传输等信息技术器材储备，以供战时使用。第二，要提高信息装备的军民兼容程度。地方信息器材、设备的生产开发，应充分考虑军事需求，在条件许可的情况下，应将有关技术标准与军事信息装备的标准统一起来；地方进行信息工程建设时，应预留军用接口，提高军民兼容程度，确保一旦遇有战事，能够迅速发挥信息作战平台的功能。第三，要解决好战时征用问题。在信息潜力调查认证的基础上，确定征用装备，制订相应方案，明确具体数量，并预编到相关单位。省军区系统要定期与被征用单位交流信息，加强对信息装备使用和管理的指导，确保战时顺利征用。

6. 以快速动员为标准，科学制定动员预案

信息动员预案是战时实施信息动员的依据。各级动员部门要根据未来战争特点，着眼军事斗争准备需要，紧密结合本地区实际，以地方信息技术人才和装备动员为重点，以通信、电子行业和科研院所、高等院校为主要动员对象，科学制定应急动员预案，明确信息动员的原则、任务、方法和要求，对动员内容、范围、集结地域和交接、输送方式、完成任务时限、组织实施程序和有关保障等进行规范，切实提高信息快速动员的能力。地方各级信息主管部门，也要拟制与应急动员预案相配套的动员方案及各种保障计划，形成上下衔接配套的信息动员预案体系，确保战时能够快速、有效地实施动员，真正做到动员令一旦下达，即可在规定时限内完成各方面的平战转换，及时投入战场参战支前。

复习思考题

1．什么是信息化战争？
2．信息化战争有哪些基本特征？
3．信息化战争的发展趋势是什么？
4．谈谈如何加强国防和军队信息化建设？

第六章　共同条令教育与队列训练

教学目的

了解中国人民解放军三大条令的主要内容；掌握队列动作的基本要领，学习良好的军人作风；增强组织纪律观念；培养顽强拼搏和集体主义精神。

教学重点

（1）三大条令教育。
（2）单个军人队列动作训练。

教学难点

（1）单个军人队列动作练习。
（2）分队队列动作练习。

共同条令是《内务条令》《纪律条令》《队列条令》《警备条令》的总称，是军队建设的基本法规。我军从创建之日起就十分重视条令建设。不同的时期，其种类和内容也不尽相同，并在实践中不断地充实和完善，成为我军建设的重要依据。在新的历史时期，用条令规范军队的一切行动，使之适应军队建设新形势的要求显得更加重要。治军先治典，共同条令的修改施行，是适应新时期我军革命化、现代化、正规化建设和军事斗争的准则。

只有全面认真地贯彻执行条令，才能维护良好的上下级关系、军内外关系和正规的内务制度；才能严格履行职责搞好行政管理；才能培养优良作风，增强纪律性，巩固和提高战斗力。

第一节　共同条令的意义

新的共同条令，深入贯彻毛泽东军事思想、邓小平新时期军队建设思想、江泽民国防和军队建设思想、胡锦涛关于新形势下国防和军队建设重要论述，着眼更加牢固地确立科学发展观在国防和军队建设中的重要指导方针地位，紧贴新世纪新阶段我军使命任务，坚持依法治军、从严治军，坚持以人为本，加强科学管理，继承和发扬我军优良传统，反映了信息化条件下和社会主义市场经济环境中治军带兵的特点规律，吸纳了部队近年来总结的成功经验，创新发展了我军内务建设、纪律建设和队列生活的若干制度规定，增强了时代性、科学性和规范性，是深入学习实践科学发展观活动取得的重要成果，是新的历史条件下军队建设的基本法规和全体军人的共同准则。

中央军事委员会以简明条文形式发布给全军的命令，是军队（预备役部队）战斗、训练、工作、生活的法规和准则。现行的共同条令是 2010 年 5 月 4 日经中央军委常务会议通过的，由中华人民共和国中央军事委员会主席胡锦涛于同年 6 月 3 日签署命令，将重新修订的中国人民解放军《内务条令》《纪律条令》和《队列条令》发布全军部队贯彻施行。共同条令就是用法规形式，把统一的、行之有效的管理制度和方法固定下来，作为军队的行为准则。

一、《内务条令》内容与作用

1.《内务条令》内容介绍

为了规范中国人民解放军的内务制度，加强内务建设，根据有关法律和军队建设的实际，制定《内务条令》。

《内务条令》是中国人民解放军内务建设的基本依据，适用于中国人民解放军现役军人和单位，以及参训的预备役人员。

《内务条令》是规定军人基本职责、军队内部关系和日常生活制度的法规，是军队生活的准则、行政管理的依据，由军队最高领导人或领导机关颁发全军执行。目的在于建立和维护团结统一的内部关系、紧张有序的生活秩序、严整的军容、优良的作风和严格的组织纪律，以巩固和提高战斗力，保证作战及其他任务顺利进行。

中国人民解放军历来重视内务管理。1936 年，颁布了第一部《中国工农红军暂行内务条令》，这是我军最早的《内务条令》。1942—2002 年，中央军委对内务条令先后进行了 10 次修订。

2002 年颁行的《内务条令》内容包括总则、军人誓词、军人职责、内部关系、礼节、军容风纪、对外交往、作息、日常制度、值班、警卫、人员管理、日常战备和紧急集合、装备管理、财务和伙食、农副业生产管理、卫生、营区、营产管理、野营管理、安全工作、国旗、军旗、军徽的使用和国歌、军歌的奏唱、附则等，共 21 章 326 条。该条令根据我军新时期质量建军的总任务，从加速建设现代化、正规化革命军队的需要出发，按照江泽民“政治合格，军事过硬，作风优良，纪律严明，保障有力”的总要求，认真贯彻“三个代表”的重要思想，进一步强调了坚持党对军队的绝对领导，保证党的路线、方针、政策的贯彻执行，使部队在思想上、政治上、行动上同党中央保持高度一致；充分体现了从严治军的基本特点和规律；突出了以军事训练为中心，以管理工作为重点，以正规化建设为目标的各项工作；贯彻了建立正规的内务制度和良好的战备、训练、工作、生活秩序，加强装备物资和军事设施的管理，努力提高军队打赢高技术条件下局部战争能力的内务建设原则。它是我军在新的历史条件下，建立维护良好内外关系和正规内务制度、履行职责、进行管理教育、培养优良作风的依据，是军队生活的准则。

2. 作用

《内务条令》的贯彻执行，对于建立和维护良好的内部关系，正规的工作、生活、训练和战备秩序，培养严整的军容、自觉而严格的组织纪律，巩固和提高部队的战斗力，都具有十分重要的作用。

二、《纪律条令》内容作用

1.《纪律条令》内容介绍

为了维护和巩固中国人民解放军的纪律，正确实施奖惩，保证军队的高度集中统一，加强革命化、现代化、正规化建设，巩固和提高战斗力，根据有关法律的规定，结合军队实际，制定《纪律条令》。

《纪律条令》是中国人民解放军维护纪律、实施奖惩的基本依据，适用于中国人民解放军现役军人和单位，以及参战、支前的预备役人员。

《纪律条令》是规定军队纪律的法规。其目的在于培养军人高度的组织性、纪律性，执行命令，服从指挥，令行禁止，协调一致，以巩固和提高部队战斗力，保证部队训练、战备、作战等任务的顺利进行。中国人民解放军在创建初期就制定了“三大纪律，六项注意”，后发展为“三大纪律、八项注意”。1930 年 10 月，颁布《中国工农红军纪律条令草案》。2002 年 3 月由中央军委颁布实施的《纪律条令》是我军的第 15 部纪律条令，内容包括总则、奖励、处分、特殊措施、控告和申斥、首长责任、纪律监察和附则，共 7 章 96 条。

该条令继承了我军维护和巩固纪律的优良传统，指出“中国人民解放军的纪律，是建立在政治自觉基础上的严格的纪律，是军队战斗力的重要因素，是坚持人民军队性质、宗旨，团结自己，消灭敌人和完成一切任务的保证”“军队在任何情况下，都必须严格遵守和自觉维护纪律”。条令通篇贯穿了依法治军的思想，规定了中国人民解放军的纪律的基本内容和要求，反映了人民军队的本质，既体现了赏罚严明，以教育为主，惩处为辅的原则，又体现了党的十一届三中全会以来的路线、方针、政策和国家宪法、法律的有关精神，完全符合新时期部队建设的新要求。

2.《纪律条令》的作用

《纪律条令》的贯彻执行，对于培养军人高度的组织纪律观念、自觉服从命令、听从指挥、令行禁止、协调一致、团结自己、战胜敌人、巩固和提高部队战斗力、保证各项任务的完成，具有十分重要的作用。

三、《队列条令》内容和作用

1.《队列条令》内容介绍

为了规范中国人民解放军的队列动作、队列队形和队列指挥，保持整齐划一和严格正规的队列生活，制定《队列条令》。

《队列条令》适用于中国人民解放军现役军人和单位，以及参训的预备役人员，是规定军队列动作、队列队形和队列指挥的法规，是全军队列训练和队列生活的依据。

队列条令由操典演变而来，约于 16 世纪末，欧洲尼德兰联省共和国军队统帅莫里茨编写了近代第一部操典。19 世纪，普鲁士、法国、日本等国军队也制定了操典，俄国军队制定了队列条令。20 世纪中国清朝末期和民国初期，军队先后出版了《步兵暂行草法》和《步兵操典》，其中基本教练部分的主要内容与队列条令相似。中国人民解放军在革命战争时期曾颁发过《步兵操典》。中华人民共和国成立后，于 1951 年颁发了第一部《中国人民解放军队列条令（草案）》。自 1953—2002 年对队列条令作了 8 次修订。

现行的《队列条令》是 2002 年 3 月由中央军委发布施行的。该条令共包括总则、队列、指挥、队列队形、队列动作、分队乘坐汽车、敬礼、国旗的掌持、升降和军旗的掌持、授予与迎送、阅兵、附则等 9 章 65 条内容。这些规定反映了部队队列生活的特点，是加强部队正规化建设的必要形式。

《队列条令》从适应我军优良作风的培养和技术、战术训练的需要出发，对于军队的队列训练和队列生活作了具体规范。条令指出“本条令是中国人民解放军队列生活的准则和队列训练的基本依据。全体军人必须严格执行本条令，加强队列训练，培养良好军姿、严整军容、过硬作风、严格纪律和协调一致的动作，促进我军正规化建设，巩固和提高战斗力。”条令要求全体军人必须参加队列训练，并在日常生活中，自觉地严格执行条令的规定，做到队列动作标准化、生活队列正规化。

2.《队列条令》的作用

保持正确的军人姿态和严整的军容，养成整齐划一、令行禁止和严守纪律的习惯，培养迅速准确、协调一致行动的作风，为训练、作战打下良好基础。

四、执行共同条令应注意的问题

1. 思想上重视，树立法规意识

要自觉地执行法规，必须具有很强的法规意识。法规意识，说到底就是一种法律意识，是每个军人对法规的精神及具体规定的自觉接受，并能用法规的规定去评价某种行为是否正确的思想方法和观念。法规意识的树立，来源于对法规的深刻了解。要教育广大官兵增强法律意识，增强依法办事的意识，不仅认识到管理法规是每个军人行为的基本准则，认识到“条令条令，条条是令”，而且要从深层次上认识到“条条是法”，认识到条令具有法律的效力和极大的权威性，执行不执行条令、条例等法规制度，是守法不守法的大问题。

2. 采取多种方法，确保法规教育落到实处

在教育过程中，要把条令、条例等法规作为训练的主课、必修课，并纳入普法教育，列入教育训练计划。要统筹安排工作，确保时间、人员、内容、效果的落实。既要进行全面系统的教育，又要结合基层实际，围绕官兵职责、行为规范、日常制度、装备管理、遵纪守法、安全预防事故等基本课题，搞好系统的专题教育。要把条令、条例等法规教育与法制教育有机地结合起来，增强官兵的法律意识。

3. 强化训练和养成，培养官兵自觉按法规办事的良好习惯

“玉不琢，不成器”。条令、条例等法规的贯彻落实，最重要的条件是官兵具有自觉按条令、条例办事的良好习惯。这种习惯的形成来源于养成。养成就是在日常活动中通过长期的教育，严格的训练和培养，使官兵具备符合条令、条例规范的行为习惯。一个军人只有经过严格的养成教育，千锤百炼，才能革除不良习惯，养成军人应有的行为规范，塑造英姿勃勃、威武文明的军人形象。可见，养成是把条令、条例等法规、制度转化为全体军人自觉行为的重要条件，是落实条令、条例的基本途径。它伴随着军人的一举一动，渗透于部队的一切领域，它没有固定的课堂，但课堂最大；不用专门的时间，但时间最多；不要专职教员，但人人都是教员，是条令、条例教育的最好“学校”。因此，贯彻落实条令、条例等法规制度，必须重视抓好部队的养成训练，从大处着眼、小处着手，一点一滴抓起，持之以恒，常抓不懈，严格要求，切实把条令、条例等法规制度落到实处。

4. 克服薄弱环节，保证法规全面落实

贯彻落实条令、条例等法规是一项系统工程，涉及部队所有单位和成员，渗透于部队各项工作和日常生活的方方面面，贯穿于军人活动的每时每刻，具有全员额、全时制、全方位、全过程的特点，不能漏一人、虚一时、隙一处、遗一事。这就是说，对于规范全体军人行为的条令、条例，必须是全面落实，任何人不能搞特殊、不能有例外。如果把条令、条例仅仅限于基层执行，限于战士执行，重基层轻机关、重战士轻干部、重建制分队轻直属分散单位、重营区内轻营区外、重课堂时间轻课余时间；对己有利就执行，不利就不执行；有人监督就执行，无人监督就不执行，那么就不可能达到全员额、全过程、全时制、全方位的贯彻落实，也就不可避免地会出现一些空挡和漏洞。因此，贯彻落实条令、条例，必须着眼于解决部队的重点、难点问题，在大力克服薄弱环节上下功夫。

5. 防止偏向，走出落实法规的“误区”

从基层贯彻落实法规的实践看，一些单位和干部常常容易出现一些偏向，致使法规的落实走入了“误区”。为了保证法规的贯彻落实，必须要注意防止和纠正这些偏向，走出落实法规的“误区”。

第二节　单个军人队列动作

一、立正、跨立、稍息、停止间转法

1. 立正

立正是军人的基本姿势，是队列动作的基础。军人在宣誓、接受命令、晋见首长和向首长报告、回答首长问话、升降国旗、迎送军旗、奏唱国歌和军歌等严肃庄重的时机和场合，均应当立正。

口令：立正。

要 领　如图 6-1 所示，两脚跟靠拢并齐，两脚尖向外分开约 60°；两腿挺直；小腹微收，自然挺胸；上体正直，微向前倾；两肩要平，稍向后张；两臂下垂自然伸直，手指并拢自然微曲，拇指尖贴于食指第二节，中指贴于裤缝；头要正，颈要直，口要闭，下颌微收，两眼向前平视。

2. 跨立（跨步站立）

跨立主要用于军体操、执勤和舰艇上分区列队等场合，可以与立正互换。

口令：跨立。

要 领　如图 6-2 所示，左脚向左跨出约一脚之长，两腿挺直，上体保持立正姿势，身体重心落于两脚之间；两手后背，左手握右手腕，拇指根部与外腰带下沿（内腰带上沿）同高，右手手指并拢自然弯曲，手心向后。携枪时不背手。

图 6-1　立正

图 6-2　跨立

3. 稍息

口令：稍息。

要 领　如图 6-3 所示，左脚顺脚尖方向伸出约全脚的三分之二，两腿自然伸直，上体保持立正姿势，身体重心大部分落于右脚。携枪（筒）时，携带的方法不变，其余动作同徒手。稍息过久，可以自行换脚。

4. 停止间转法

（1）向右（左）转。

口令：向右（左）——转。

要 领 如图 6-3 所示，以右（左）脚跟为轴，右（左）脚跟和左（右）脚掌前部同时用力，使身体协调一致向右（左）转 90°，体重落在右（左）脚，左（右）脚取捷径迅速靠拢右（左）脚，成立正姿势。转动和靠脚时，两腿挺直，上体保持立正姿势。

半面向右（左）转，按照向右（左）转的要领转 45°。

（2）半面向右（左）——转。

要 领 听到“半面向右（左）——转”的口令后，按照向右（左）转的要领转 45°。掌握好转动的角度，不要过大或过小。

（3）向后转（见图 6-4）。

要 领 听到“向后——转”的口令后，按照向右转的要领向后转 180°。转动和靠脚时，两腿挺直，上体保持正立姿势。

图 6-3 稍息

图 6-4 向后转

（4）持枪转动时，除按照徒手动作要领外，听到预令，将枪稍提起，拇指贴于右胯，使枪随身体平稳转向新方向，托前踵（95 式班用机枪托底）轻轻着地，成持枪立正姿势。

二、行进与立定

1. 齐步

口令：齐步——走。

要 领 如图 6-5 所示，左脚向正前方迈出约 75cm，按照先脚跟后脚掌的顺序着地，同时身体重心前移，右脚照此法动作；上体正直，微向前倾；手指轻轻握拢，拇指贴于食指第二节；两臂前后自然摆动，向前摆臂时，肘部弯曲，小臂自然向里合，手心向内稍向下，拇指根部对正衣扣线，并高于春秋常服最下方衣扣约 5cm（穿着夏装服、水兵服时，高于内腰带扣中央约 5cm；穿着训练服时，与外腰带扣中央同高），离身体约 30cm；向后摆臂时，手臂自然伸直，手腕前侧距裤缝线约 30cm。行进速度为 116 ~ 122 步/min。

2. 正步

口令：正步——走。

要　领　如图 6-6 所示，左脚向正前方踢出约 75cm（腿要绷直，脚尖下压，脚掌与地面平行，离地面约 25cm），适当用力使全脚掌着地，同时身体重心前移，右脚照此法动作；上体正直，微向前倾；手指轻轻握拢，拇指伸直贴于食指第二节；向前摆臂时，肘部弯曲，小臂略成水平，手心向内稍向下，手腕下沿摆到高于春秋常服最下方衣扣约 15cm 处（穿着夏装服、水兵服时，高于内腰带扣中央约 15cm 处；穿着训练服时，高于外腰带扣中央约 10cm 处），离身体约 10cm；向后摆臂时（左手心向右，右手心向左），手腕前侧距裤缝线约 30cm。行进速度为 110 ~ 116/min。

图 6-5　齐步

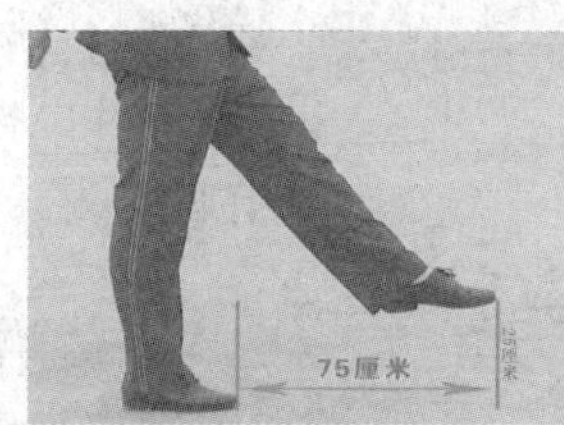

图 6-6　正步

3. 跑步

口令：跑步——走。

要　领　如图 6-7 所示，听到预令，两手迅速握拳（四指蜷握，拇指贴于食指第一关节和中指第二节），提到腰际，约与腰带同高，拳心向内，肘部稍向里合。听到动令，上体微向前倾，两腿微弯，同时左脚利用右脚掌的蹬力跃出约 85cm，前脚掌先着地，身体重心前移，右脚照此法动作；两臂前后自然摆动，向前摆臂时，大臂略垂直，肘部贴于腰际，小臂略平，稍向里合，两拳内侧各距衣扣线约 5cm；向后摆臂时，拳贴于腰际。行进速度为 170 ~ 180 步/min。

图 6-7　跑步

图 6-8　朝踏步

4. 便步

口令：便步——走。

要　领　用适当的步速、步幅行进，两臂自然摆动，上体保持良好姿态。

5. 踏步

停止间口令：踏步——走。

行进间口令：踏步。

要　领　如图 6-8 所示，两脚在原地上下起落（抬起时，脚尖自然下垂，离地面约 15cm；落下时，前脚掌先着地），上体保持正直，两臂按照齐步或者跑步摆臂的要领摆。

6. 立定

口令：立——定。

要　领　齐步、正步和礼步时，听到口令，左脚再向前大半步着地（脚尖向外约 30°），两腿挺直，右脚取捷径迅速靠拢左脚，成立正姿势。跑步时，听到口令，再跑两步，然后左脚向前大半步（两拳收于腰际，停止摆动）着地，右脚取捷径靠拢左脚，同时将手放下，成立正姿势。踏步时，听到口令，左脚踏一步，右脚靠拢左脚，原地成立正姿势（跑步的踏步，听到口令，继续踏两步，再按照上述要领进行）。持枪立定时，在右脚靠拢左脚后，迅速将托底钣（95 式班用机枪托底）轻轻着地。其余要领同徒手。

7. 移步（5 步以内）

（1）右（左）跨步。

口令：右（左）跨×步——走。

要　领　上体保持正直，每跨一步并脚一次，其步幅约与肩同宽，跨到指定步数停止。

（2）向前或者后退。口令：向前×步——走。

后退×步——走。向前移步时，应当按照单数步要领进行（双数步变为单数步）。向前一步时，用正步，不摆臂；向前三步、五步时，按照齐步走的要领进行。向后退步时，从左脚开始，每退一步靠脚一次，不摆臂，退到指定步数停止。

8. 步法变换

步法变换，均从左脚开始。

（1）齐步、正步互换，听到口令，右脚继续走一步，即换正步或者齐步行进。

（2）齐步换跑步，听到预令，两手迅速握拳提到腰际，两臂前后自然摆动；听到动令，即换跑步行进。

（3）齐步换踏步，听到口令，即换踏步。

（4）跑步换齐步，听到口令，继续跑两步，然后换齐步行进。

（5）跑步换踏步，听到口令，继续跑两步，然后换踏步。

（6）踏步换齐步或者跑步，听到“前进”的口令，继续踏两步，再换齐步或者跑步行进。

三、行进间转法

1. 齐步、跑步向右（左）转

口令：向右（左）转——走。

要　领　左（右）脚向前半步（跑步时，继续跑两步，再向前半步），脚尖向右（左）约 45°，身体向右（左）转 90°时，左（右）脚不转动，同时出右（左）脚按照原步法向新方向行进。

半面向右（左）转走，按照向右（左）转走的要领转 45°。

2. 齐步、跑步向后转

口令：向后转——走。

要　领　左脚向右脚前迈出约半步（跑步时，继续跑两步，再向前半步），脚尖向右约 45°，以两脚的前脚掌为轴，向后转 180°，出左脚按照原步法向新方向行进。

转动时，保持行进时的节奏，两臂自然摆动，不得外张；两腿自然挺直，上体保持正直。

四、坐下、蹲下、起立

1. 坐下

（1）徒手坐下。

口令：坐下。

要　领　如图 6-9 所示，左小腿在右小腿后交叉，迅速坐下（坐凳子时，听到口令，左脚向左分开约一脚之长；女军人穿着裙服坐凳子时，两腿自然并拢），手指自然并拢放在两膝上，上体保持正直。

图 6-9　徒手坐下

（2）携枪坐下。

口令：枪靠右肩——坐下。

要　领　携枪坐下时，两腿按照徒手坐下的要领进行，尔后枪靠右肩（枪面向右），右手自然扶贴护木，左手手指自然并拢，放在左膝上。

（3）携便携式折叠写字椅坐下。

要　领　当听到“放凳子”的口令时，左手将折叠写字椅提至身前交于右手，右手反握支脚上横杠，左手移握写字板和座板上沿，两手协力将支脚拉开；然后上体右转，两手将折叠写字椅轻轻置于脚后，写字板扣手朝前，恢复立正姿势；当听到“坐下”的口令时，迅速坐在折叠写字椅上。

使用折叠写字椅的靠背或者写字板时，应当按照“打开靠背”或者“打开写字板”的口令，调整折叠写字椅和坐姿；组合使用写字板时，根据需要确定组合方式和动作要领。

（4）背背囊（背包）坐下。

要 领 听到“放背囊（放背包）”的口令时，两手协力解开上、下扣环，握背带；取下背囊（背包），上体右转，右手将背囊（背包）横放在脚后，背囊口向右（背包口向左）；按照口令坐在背囊（背包）上。携枪（筒）放背囊（背包）时，先置枪（架枪、筒），后放背囊（背包）。

2．蹲下

口令：蹲下。

要 领 如图 6-10 所示，右脚后退半步，前脚掌着地，臀部坐在右脚跟上（膝盖不着地），两腿分开约 60°（女军人两腿自然并拢），手指自然并拢放在两膝上，上体保持正直。蹲下过久，可以自行换脚。持枪时，右手移握护木（95 式班用机枪，握上护盖前端；冲锋枪、自动步枪和 40 火箭筒的携带方法不变），左手手指自然并拢，放在左膝上。

图 6-10 蹲下

3．起立

口令：起立。

要 领 全身协力迅速起立，成立正姿势或者成持枪、肩枪（筒）立正姿势。班用机枪架枪和 40 火箭筒架筒时，起立后取枪、筒。携背囊（背包）起立时，当听到“取背囊（背包）——起立”的口令后，按照放背囊（背包）的相反顺序进行。

携便携式折叠写字椅起立时，当听到“取凳子——起立”的口令后，按照放折叠写字椅的相反顺序进行。

五、脱帽、戴帽、整理着装、敬礼

1．脱帽

口令：脱帽。

要 领 如图 6-11 所示，立姿脱帽时，双手捏帽檐或者帽前端两侧，将帽取下，取捷径置于左小臂，帽徽朝前，掌心向上，四指扶帽檐或者帽墙前端中央处，小臂略成水平，右手放下。

图 6-11　脱帽

2. 戴帽

口令：戴帽。

要　领　双手捏帽檐或者帽前端两侧，取捷径将帽迅速戴正。

3. 整理着装

整理着装通常在立正的基础上进行。

口令：整理着装。

要　领　两手（持自动步枪时，将枪夹于两腿间）从帽子开始，自上而下，将着装整理好。必要时，也可以相互整理。整理完毕，自行稍息。听到“停”的口令，恢复立正姿势。

4. 敬礼

（1）举手礼。

口令：敬礼。

要　领　如图 6-12 所示，上体正直，右手取捷径迅速抬起，五指并拢自然伸直，中指微接帽檐右角前约 2cm 处（戴卷檐帽、无檐帽或者不戴军帽时微接太阳穴，约与眉同高），手心向下，微向外张（约 20°），手腕不得弯曲，右大臂略平，与两肩略成一线，同时注视受礼者。

（2）注目礼。

要　领　面向受礼者成立正姿势，同时注视受礼者，并目迎目送（右、左转头角度不超过 45°）。

（3）举枪礼。

口令：向右看——敬礼。

要　领　右手将枪提到胸前，枪身垂直并对正衣扣线，枪面向后，离身体约 10cm，枪口与眼同高，大臂轻贴右肋；同时左手接握表尺上方，小臂略平，大臂轻贴左肋；同时转头向右注视受礼者，并目迎目送（右、左转头角度不超过 45°）。

5. 礼毕

口令：礼毕。

要　领　行举手礼者，将手放下；行注目礼者，将头转正；行举枪礼者，将头转正，右手将枪放下，使托前踵轻轻着地，同时左手放下，成持枪立正姿势。

6. 停止间敬礼

要　领　当首长进到距本分队（部队）适当距离时，指挥员下达“立正”的口令，跑步到首长前 5～7 步处敬礼。待首长还礼后礼毕，再向首长报告。例如，“团长同志，×连正在进行队列训练，应到××名，实到××名，请指示，连长×××”。报告完毕，待首长指示后，答“是”，再敬礼。待首长还礼后礼毕，跑步回到原来位置，下达“稍息”口令或者继续进行操练。

图 6-12　敬礼

7. 行进间敬礼

要　领　由带队指挥员按照单个军人行进间敬礼的规定实施，队列人员按照原步法行进。

第三节　分队队列动作

一、集合、离散

1. 集合

（1）班集合。

1）成班横队集合时。

口令：成班横队（二列横队）——集合。

要　领　基准兵迅速到班长左前方适当位置，成立正姿势；其他士兵以基准兵为准，依次向左排列，自行看齐。

2）成班二列横队时，单数士兵在前，双数士兵在后。

口令：成班纵队（二路纵队）——集合。

要　领　基准兵迅速到班长前方适当位置，成立正姿势；其他士兵以基准兵为准，依次向后排列，自行对正。

3）成班二路纵队时，单数士兵在左，双数士兵在右。

（2）排集合。

1）成排横队集合。

口令：成排横队——集合。

要　领　基准班在指挥员前方适当位置，成班横队迅速站好；其他班成班横队，以基准班为准，依次向后排列，自行对正、看齐。

2）成排纵队集合。

口令：成排纵队——集合。

要　领　基准班在指挥员右前方适当位置，成班纵队迅速站好；其他班成班纵队，以基准班为准，依次向右排列，自行对正、看齐。

（3）连集合。

1）成连横队集合。

口令：成连横队——集合。

要　领　队列内的连指挥员或者基准排，在指挥员左前方适当位置，成横队迅速站好；各排和连部成横队，以连指挥员或者基准排为准，依次向左排列，自行对正、看齐。

2）成连纵队集合。

口令：成连纵队——集合。

要　领　队列内的连指挥员或者基准排，在指挥员前方适当位置，成纵队迅速站好；各排和连部成纵队，以连指挥员或者基准排为准，依次向后排列，自行对正、看齐。

3）成连并列纵队集合。

口令：成连并列纵队——集合。

要　领　队列内的连指挥员或者基准排，在指挥员左前方适当位置，成纵队迅速站好；各排和连部成纵队，以连指挥员或者基准排为准，依次向左排列，自行对正、看齐。

（4）营集合。营集合，通常规定集合的时间、地点、方向、队形、基准分队及应当携带的武器、器材和装具等事项。

各连按照营的规定，由连长整队带往营的集合地点，随即向基准分队取齐，然后，跑步到距主持集合的指挥员5～7步处报告人数。例如，“营长同志，×连应到××名，实到××名，请指示”。

（5）团集合，参照营集合的规定实施。

2. 离散

离散是使列队的单个军人、分队、部队各自离开原队列位置的一种队列动作。

（1）离开。

口令：各营（连、排、班）带开（带回）。

要　领　队列中的各营（连、排、班）指挥员带领本队迅速离开原列队位置。

（2）解散。

口令：解散。

要　领　队列人员迅速离开原列队位置。

二、整齐、报数

1. 口令及要领

（1）口令："向右（左）看——齐""以××为准，向中看——齐""向前——看""向前——对正""报数"。

（2）要领。

1）向右（左）看齐。听到"向右（左）看——齐"的口令，基准兵不动，其他士兵向右（左）转头，眼睛看右（左）邻士兵的腮部，前四名能通视基准兵，自第五名起，以能通视到本人以右（左）第三人为度。听到"向前——看"的口令，迅速将头转正，恢复立正姿势。

2）向中看齐。当指定以×××为准（或者以第×名为准）时，基准兵应答"到"，同时左手握拳高举，大臂前伸与肩略平，小臂垂直举起，掌心向右。听到"向中看——齐"的口令后，其他士兵按照向左（右）看齐的要领实施。听到"向前——看"的口令后，基准兵迅速将手放下，其他士兵迅速将头转正，恢复立正姿势。

3）班一路纵队整齐。听到"向前——对正"的口令后，基准兵不动，其余士兵以基准兵为准，迅速调整成75cm距离，向前对正。

4）班横队报数。听到"报数"的口令后，队列人员从右至左依次以短促洪亮的声音转头报数，最后一名不转头。

5）班纵队报数。听到"报数"的口令后，队列人员由前向后依次以短促洪亮的声音向左转头报数，最后一名不转头。

2. 指挥与动作要点

（1）士兵转头的角度以看到右（左）邻士兵腮部为度，转头迅速、整齐一致。

（2）向中看齐时，基准兵答"到"和左手握拳高举时迅速，动作规范。

（3）听到"向前——看"的口令，基准兵放手和其他士兵将头转正的动作协调一致。

（4）转头和报数要同时。

三、行进、停止

1. 口令及要领

口令：齐步——走、正步——走、跑步——走、立——定。

要 领 横队行进以右翼为基准，纵队行进以先头为基准（二路纵队行进以左翼为基准）。

（1）行进，班长应当下达"×步——走"的口令。听到口令，基准兵向正前方前进，其他士兵向基准翼看齐，保持规定的间隔、距离行进。行进中，需要时，用"一二一"（调整步伐的口令）、"一二三四"（呼号）或者唱队列歌曲，以保持步伐的整齐和振奋士气。

（2）停止，班长应当下达"立——定"的口令。听到口令，按照立定的要领实施，动作要整齐一致。停止后，听到"稍息"的口令，先自行对正、看齐，再稍息。

2. 指挥与动作要点

（1）横队行进时，班长由班横队的中央前跑步进到队列的左侧前，面向队列下达"×步——走"的口令，并随着队列的行进而不断变换方向（始终面向队列），基准兵向正前方行进，其他士兵向基准翼（右翼）靠拢、标齐。

（2）反排行进时，班长的指挥位置不变（在队列的右前方），基准向正前方行进，其他士兵向左翼靠拢、标齐。

（3）纵队行进时，班长在队列的左侧中央前下达口令（不变换指挥位置，使队列围绕指挥员转)。基准兵向正前方行进，其他士兵向前对正并保持好与前一名士兵 75cm 的距离。

(4) 立定后，听到“稍息”的口令，先标齐（对正），再按先后顺序稍息；行进停止后，班长的指挥位置不在队列中央前时，不能下达“向右（左）看——齐”的口令。

(5) 班长位于队列中央前，下达“稍息”口令时，队列人员只能做“稍息”动作，而不能做“看齐”的动作。

四、方向变换

方向变换，是改变队列面对的方向的一种队列动作。

1. 横队和并列纵队方向变换

停止间，通常是左（右）转弯或者左（右）后转弯，必要时可以向后转。停止间口令：“左（右）转弯，齐（跑）步——走”，或者“左（右）后转弯，齐（跑）步——走”。“向后——转，齐（跑）步——走”(当需要向后转走时，应当先下“向后——转”的口令，待方向变换后，再下“齐步——走”或者“跑步——走”的口令)。

行进间口令：“左（右）转弯——走”，或者“左（右）后转弯——走”。

要　领　一列横队方向变换时，轴翼士兵踏步，并逐渐向左（右）转动；外翼第一名士兵用大步行进并同相邻士兵动作协调，逐步变换方向（越接近轴翼者，其步幅越小)，其他士兵用眼睛的余光向外翼取齐，并保持规定的间隔和排面整齐，转到 90°或者 180°时踏步并取齐，听口令前进或者停止。

数列横队和并列纵队方向变换时，第一列轴翼士兵停止间用踏步、行进间用小步，外翼士兵用大步行进，保持排面整齐，边行进边变换方向，转到 90°或者 180°后，听口令前进或者停止；后续各列按照上述要领，保持间隔、距离，取捷径进到前一列转弯处，转向新方向跟进。

2. 纵队方向变换

停止间，通常是左（右）转弯，或者左（右）后转弯，必要时可以向后转。

停止间口令：“左（右）转弯，齐（跑）步——走”，或者“左（右）后转弯，齐（跑）步——走”；“向后——转，齐（跑）步——走”(按照横队和并列纵队向后转走的方法实施)。

行进间口令：“左（右）转弯——走”，或者“左（右）后转弯——走”。

要　领　一路纵队方向变换，基准兵在左（右）转弯时，按照单个军人行进间转法（停止间，左转弯走时，左脚先向前 1 步）的要领实施，在左（右）后转弯时，用小步边行进边变换方向，转到 90°或者 180°后，照直前进；其他士兵逐次进到基准兵的转弯处，转向新方向跟进。

数路纵队方向变换时，按照数列横队和并列纵队方向变换的要领实施。

第四节　国旗、军旗的掌持升降

一、国旗的掌持

国旗由一名掌旗员掌持，两名护旗兵护旗，护旗兵位于掌旗员两侧。掌旗员和护旗兵应当具备良好的军政素质和魁梧匀称的体形。

掌持国旗的姿势为扛旗。

要　领　右手将旗扛于右肩，旗杆套稍高于肩，右臂伸直，右手掌心向下握旗杆，左手放下。听到“齐步——走”的口令，开始行进。

二、国旗的升降

要 领 掌持旗时，掌旗员将旗交给护旗兵，由两名护旗兵协力将国旗套（挂）在旗杆绳上并系紧，掌旗员将国旗抛展开的同时，由护旗兵协力将旗升至旗杆顶。

降旗时，由护旗兵解开旗杆绳并将旗降下，掌旗员接扛于肩。

下半旗时，先将国旗升至旗杆顶，然后徐徐降至旗顶与旗杆顶之间的距离为旗杆全长的三分之一处。降旗时，先将国旗升至旗杆顶，然后再降下。

升、降国旗时，掌旗员应当面向国旗行举手礼。

三、军旗的掌持

军旗由部队首长指派一名掌旗员掌持，两名护旗兵护旗。护旗兵携自动步枪（冲锋枪）成挂枪姿势，位于掌旗员两侧。

掌旗员通常由连、排级军官或者士官充任，护旗兵由士兵充任。掌旗员和护旗兵应当具备良好的军政素质和魁梧匀称的体形。

1．掌旗姿势

掌持军旗的姿势分为持旗、扛旗和端旗。

要 领 立正时，右臂自然下垂，右手持旗杆，使旗杆垂直立于右脚外侧。稍息时，持旗姿势不变。

要 领 听到“齐步——走”的预令后，左手握旗杆套下方约10cm处，两手协力将旗上提，扛于右肩，旗杆套稍高于肩，右臂伸直，右手掌心向下握旗杆，左手放下。听到动令，开始行进。

要 领 右手握旗杆套下约10cm处，右臂向前伸直，右手约与肩同高，左手握旗杆下部，左小臂斜贴于腹部。

2．扛旗、端旗互换

（1）扛旗换端旗。

口令：正步——走。

要 领 听到“正步——走”的口令后，在左脚落地时，左手在右手腕处握旗杆；在右脚落地时，右手移握距旗杆套约10cm处；再出左脚的同时，右臂向前伸直，左手向后压，两手协力转换成端旗姿势，继续行进。

（2）端旗换扛旗。

口令：齐步——走。

要 领 听到“齐步——走”的口令后，在左脚落地的同时，收右臂，左手前推，将旗扛于右肩；在右脚落地时，右手移握旗杆下部，右臂伸直；再出左脚的同时，左手放下，换齐步行进。

复习思考题

1．队列训练的目的意义是什么？

2．单个军人队列动作有哪些？

第七章 军 事 地 形 学

教学目的

了解地形对作战行动的影响，掌握地形图的基本知识，学会现地使用地形图的方法。

教学重点

（1）地形对作战行动的影响。
（2）现地使用地形图。
（3）地形图基本知识。

教学难点

（1）判定方位及按图行进。
（2）地图比例尺。
（3）比例尺的表示形式。
（4）图上距离的量算。

军事地形学是研究和利用地形的一门学科，是部队的必训科目之一。它主要包括地形对军事行动的影响，识别与现地使用军用地图，标绘要图、简易测图、制作沙盘及航空相片判读等。本章着重介绍地形对作战行动的影响、地形图知识、现地使用地图等内容。

第一节 地形对作战行动的影响

一、地形的概念及分类

1. 地形的概念

地形是地貌和地物的总称。地貌是指地表面平坦和起伏的自然状态，如山地、丘陵地、平原等。地物是指分布在地面上人工建造或自然形成的固定性物体，如居民地、道路、江河、森林等。

2. 地形的分类

由于不同的地貌和地物的错综结合，形成了各种不同类型的地形。依地貌的状态，可分为平原、丘陵地、山地和高原；依地物的分布和土壤性质，可分为居民地、水网稻田地、江河和湖泊、山林地、石林地、黄土地形、沙漠和戈壁、草原、沼泽等；依对军队战斗行动的影响，可分为开阔地、隐蔽地和断绝地等。

二、几种主要地形对战斗行动的影响

地形是影响军事行动诸多因素中的重要因素之一。军队的活动都是在一定地形条件下实施的，都要受到地形条件的影响和制约。如军队的运动、观察、射击、工程构筑、隐蔽伪装、

技术兵器的运用、防原子和防化学，以及后勤保障等，都和地形有着密切的关系。所以，古今中外的军事家、指挥员对研究和利用地形都十分重视，把地形条件视为用兵的主要条件。战争经验证明，无论进攻和防御，在其他条件都具备的情况下，善于利用地形，可以减少损失，取得胜利；不善于利用地形，会给战斗增加困难，甚至遭到失败。不同的地形有其不同的特点，因而对作战行动的影响也不同。

1. 平原

地面平坦宽广，海拔一般在 200m 以下的地区叫平原。平原地区地面平坦、交通发达、人烟稠密、物产丰富，因此平原地区地形平坦、视界良好，便于观察射击、部队机动、后勤补给。平原地区地形平坦开阔，一般无险可守。因此，居民地、高大的土堆、土堤通常成为攻守双方争夺的要点。

2. 丘陵地

地面起伏较缓，高差一般在 200m 以下的高地叫丘陵。许多丘陵交错连绵的地区叫丘陵地。丘陵地高差不大，山顶圆浑，谷宽岭低，坡度平缓，人烟较稠密，物产较丰富，交通较发达，江河水流平缓。丘陵地利于军队机动集结、分散隐蔽，便于大作战，对原子武器袭击有较好的天然防护作用。由于丘陵地地貌起伏，制高点、主要高地则是攻、防双方争夺的要点。丘陵地一般攻守皆易。

3. 山地

地面起伏显著，高差一般在 200m 以上的高地叫山。群山交错的地区叫山地。我国山地面积分布很广，约占全国面积的 33%。山地地形复杂，山高坡陡谷深，地形断绝，江险流急，交通不便，人烟稀少，物资缺乏，气象多变。山地对军队机动、展开、指挥、通信、补给都有一定困难。但便于隐蔽和凭险固守，能减少核武器爆炸杀伤效能。山地的制高点、山垭口和隘路，往往是山地作战敌我双方争夺的要点，夺取这些地方，对确保战斗胜利有重要意义。山地地形对攻防战斗各有利弊，但一般说来还是易守难攻。

4. 高原

地面比较平缓，海拔在 500m 以上起伏较外围较陡的地区。其特点是空气稀薄，气候寒冷，人烟稀少。军队在高原行动体力消耗大、武器装备的效能难以充分发挥。

5. 沙漠

沙漠是指地面为沙尘覆盖的荒漠。其主要特点日照强烈，昼夜温差大，降水少，植被稀少，风沙活动频繁，人烟稀少。沙漠地区作战，不易掌握方向。不便隐蔽，体力消耗大，后勤补给和供水困难。

6. 岛屿

岛屿是指完全被水包围的陆地。其特点是面积狭小，淡水资源少，岛屿通道狭小，暗礁多。岛屿通常易守难攻，但部队机动补给受限，易四面受敌。

7. 草原

草原上生长的多是草本和木本饲用植物，草原地势广阔平坦。其主要特点是居民地稀少，水源不足，农产品缺乏，但地域开阔。

草原便于部队快速机动，有良好的视界射界。但判定方位、指示目标和隐蔽伪装较困难。

8. 水网稻田地

水网稻田地是指江河、沟渠、湖泊、池塘、水稻田交织密布的地区，其特点是地势平坦开阔，但受水网分割，道路少且狭窄。部队在水网稻田地作战受制因素较多，协同指挥困难，车辆机动受限，不易构筑坚固工事。

除上述几种地形外，山林地、居民地、沼泽地等也都有自己的特点，对军事行动也都有不同的影响。

第二节 地 图 的 识 别

军队作战离不开军用地图。军用地图是“协同作战的共同语言”“行军的无声向导”“军队的眼睛”，是指挥员的“左膀右臂”。地图能较准确、详细地显示地形的起伏状态，居民地、道路、江河的分布，森林土壤的种类，桥梁的质量、通行能力，以及各种有军事价值的独立地物，还可以在图上量取距离、坐标、方位角、面积，判定高程、高差和坡度等。利用地图为作战服务，不受敌情、气候和时间的限制。

现代战争，战场范围广阔，情况多变，指挥复杂，军队对地图的依赖性有增无减。地图成了军队机动、组织指挥作战必不可少的工具。经验证明，指挥员如能正确地利用地图，就能顺利完成任务，反之，就可能在战斗中遭受挫折。

一、地图的概述

地图是地球表面的缩写。将空地地形按一定的投影方法和比例关系，用规定的符号、颜色和注记综合绘制的图，叫地图。

1. 地图的特性

地图具备以下五个特性。

（1）一定的数学法则（采取适当的投影方法定比例关系）；

（2）有特定的图式符号；

（3）有规定颜色；

（4）有规定的文字、数学注记；

（5）经过一定的制图结合。

2. 地图的分类

地图分别以内容、比例尺、制图区域范围、用途、介质表达形式和使用方法等作为标志进行分类。

（1）按内容可分为普通地图和专题地图两类。

（2）按比例尺分类。地图按比例尺分类是一种习惯上的做法。在普通地图中，按比例尺可分为以下几种。

1）大比例尺地图。比例尺大于等于 1:100000 的地图。

2）中比例尺地图。比例尺在 1:100000～1:1000000 之间的地图。

3）小比例尺地图。比例尺小于等于 1:1000000 的地图。

（3）按制图区域范围分类。

1）按自然区域划分，可分为世界地图、大陆地图、洲地图等。

2）按政治行政区域划分，可分为国家地图、省（区）地图、市地图、县地图等。

（4）按使用方式分类。可分为桌面用图（地形图、地图集等）、挂图（教学挂图等）、随身携带的地图（小图册、折叠地图等）、专用地图（盲文地图、航空地图、航海地图等）等。

（5）按介质表达形式分类。可分为纸质地图、丝绸地图、塑料地图，以及以磁盘、光盘为介质的电子地图、数字地图等。

（6）特种地图。

二、地图比例尺

1. 地图比例尺概念

图上某线段的长与相应实际水平距离之比，叫地图的比例尺。地图比例尺的大小是按比值的大小衡量的。地图比例尺越大，显示的地形越详细，精度越高，但所含地形的范围就越小；地图比例尺越小，则情况相反。地图比例尺是在地图上量算长度和面积的依据。其计算方法为，地图比例尺=图上长/相应的实地水平距离。例如，地图上两点间的长为 1cm，而实地该两点间的水平距离为 50000cm，那么，这幅地图的比例则为 1:50000。

2. 地图比例尺的大小及特点

地图比例尺的大小是按其比值的大小决定的。比值的大小可依比例尺分母来衡量，分母越大，则比值越小，比例尺也就越小；分母越小，则比值越大，比例尺也就越大。我国现有的七种比例尺地形图共划分为三类：大比例尺线地图（1:10000、1:25000、1:50000），中比例尺地图（1:100000，1:200000）和小比例尺地图（1:500000、1:1000000）。

1:10000 和 1:25000 地形图，对地理显示最为精确、详细，每幅图包括的实地范围较小，主要供团以下分队研究地形，组织指挥战斗行动、重点设防、国防工程设计时使用。

1:50000 地形图，对地形的显示比较详细、准确，是经过实地调查测绘的，从图上能精确量测角度、距离、坡度和坐标等数据，可用于确定炮兵射击诸元，分析研究地形，是师、团、司令部组织训练和指挥作战的基本用图。

1:100000 地形图，多数根据 1:50000 地形图编绘的，较 1:50000 地图概括，具有 1:50000 图的特点，主要供装甲、机械化部队和师、军以上司令部组织计划战斗行动使用，还可供炮兵射击、空降兵选着陆场使用，也是合成军队的基本用图。

1:200000 和 1:50000 地形图是根据 1:100000 编绘的，能以较小的幅面显示较大地区的地形概貌，主要供指挥机关研究兵力部署，拟定战役计划，指挥陆空大兵团协同作战时作用。

1:1000000 地形图，是根据 1:200000 和 1:50000 地形图编绘的，主要供航空兵领航和陆海空三军领导机关研究战役方向，进行战略、战役规划部署，解决战略、战役方面的作战任务使用。

地图比例尺的大小，决定着图上显示地形的详略。一幅地图，当图幅面积一定时，比例尺越大其图幅所包括的实地范围就越小，但图上显示的内容就越详细；比例尺越小，其图幅包括的实地范围就越大，但图上显示的内容就越简略。因此，利用大比例尺地图，便于研究细部地形和直接在图上组织、指挥军队的战斗行动；在中、小比例尺地形图上，便于总览地形概况和计划、指导战役和战略行动。

3. 图上距离的量读

两点间距离的量读主要包括三种方法：①用两脚规在直线比例尺上比量；②用厘米尺和地形图比例尺量算；③用里程表量读。

（1）用两脚规在直线比例尺上比量。如图 7-1 所示，在地形图上用两脚规量得两点之间的张距后，在直线比例尺上进行比量。比量时，根据两脚规张距的大小，使一脚落在尺身的整分划上，另一脚落在尺头上。本例直线比例尺为 1:50000，故尺头上每一小分划为 50m，左端卡在第五个小分划上，故为 250m。因此土堆至独立房之间的水平距离为，1000m+250m= 1250m。当需要量算图上折线段时，先将全线各折线段分段比量，然后取和，即得全长。

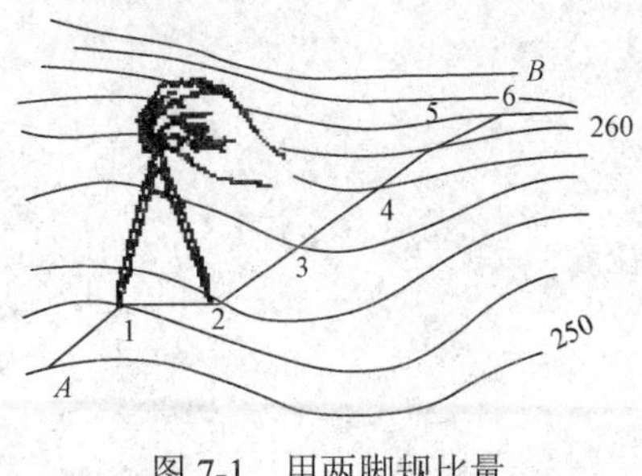

图 7-1　用两脚规比量

（2）用厘米尺和地形图比例尺量算。首先用厘米尺量出两点间的图上实际长度，然后根据地形图比例尺，计算出两点间的实地水平距离。计算公式：实地距离=图上长度×比例尺分母，如在 1:10000 地图上量取两点长度为 1.2cm，则实地水平距离为 1.2×10000=120m。

（3）用里程表量读。通常用指北针上的里程表进行。里程表由表盘、指针、滚轮组成。表盘按圆周刻画，由内向外分别刻画 1:25000、1:50000、1:100000 三种里程。量读前，先转动滚轮使指针“归零”，然后右手持指北针，使滚轮从图上起点开始沿所量之线均匀地向前推至终点。推进时，应始终保持表盘竖平面与地形图图面大约垂直。些时指针所指的表盘相应比例尺的位置上的读数，即两点间的实地水平距离。当利用里程表上现有表盘分划，量读 1:250000、1:500000 比例尺地形图上的距离时，量读前，先判出所使用地形图比例尺相对于里程表表盘注记的某比例尺的缩小倍数，然后在图上量取距离，最后将所量取的距离乘以事先判定的缩小倍数，即可得到与所量之间的比例尺相应的点间距离。

三、地物符号

1. 地物符号概念及特点

在地形图上，结合一定文字或数字注记用来表示实地地物的统一规定的图形符号即为地物符号。

居民地

河流、苗圃

公路、桥梁

图 7-2　正形符号

（1）符号的图形与地物的平面形状相似的为正形符号，如图 7-2 所示。

（2）符号的图形与地物的侧面形状相近的为侧形符号，如图 7-3 所示。

（3）符号的图形与地物的有关意义相应的为象征符号，如图 7-4 所示。

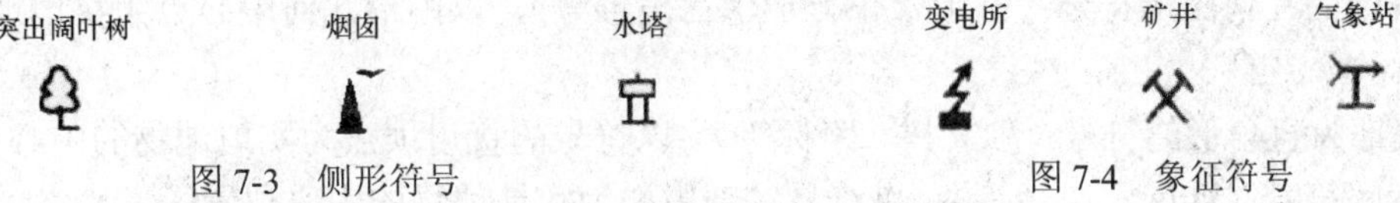

图 7-3　侧形符号　　　　图 7-4　象征符号

2. 地物符号的分类

（1）比例尺符号。依据实地地物的外部轮廓线，按地图的比例尺缩绘，内部的填充按需要配制的一种图形符号，如图 7-5 所示。通常表示实地面积较大的地物，如居民地、森林、江河等。

常见的比例尺地物符号包括居民地、河流（双线）、水库、水塘、竹林等地物符号。

（2）非比例尺符号。有些地物，如三角点、水准点、独立树和里程碑等，轮廓较小，无法将其形状和大小按比例绘到图上，则不考虑其实际大小，而采用规定的符号表示之，这种符号称为非比例尺符号，如图 7-6 所示。

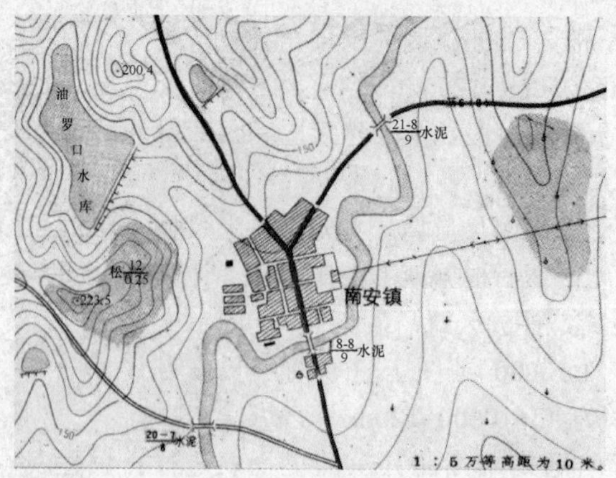

图 7-5　比例尺符号

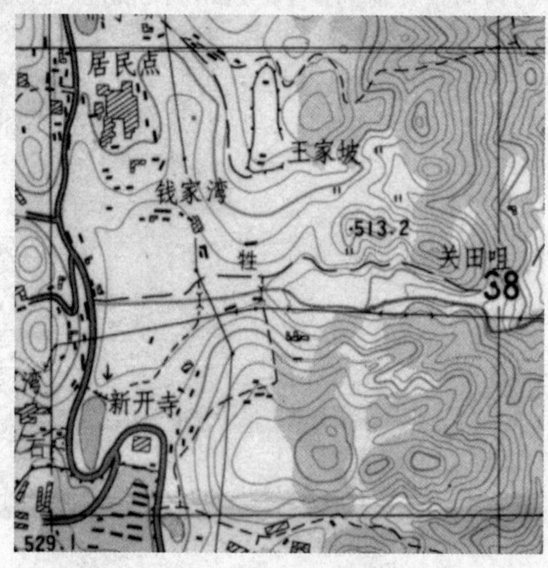

图 7-6　非比例尺符号

非比例尺符号不仅其形状和大小不按比例绘出，而且符号的中心位置与该地物实地的中心位置关系，也随各种不同的地物而异，在测图和用图中应注意下列几点。

1）规则的几何图形符号（圆形、正方形、三角形等），以图形几何中心点为实地地物的中心位置。

2）底部为直角形的符号（独立树、路标等），以符号的直角顶点为实地地物的中心位置。

3）宽底符号（烟囱、岗亭等），以符号底部中心为实地地物的中心位置。

4）几种图形组合符号（路灯、消火栓等），以符号下方图形的几何中心为实地地物的中心位置。

5）下方无底线的符号（山洞、窑洞等），以符号下方两端点连线的中心为实地地物的中心位置。各种符号均按直立方向描绘，即与南图廓垂直。

常见的非比例尺地物符号包括独立房、独立石、独立树、水塔、变电所、高压线杆、土堆、军控点、三角点、突出房屋等地物符号。

（3）半比例尺符号（线形符号）。对于一些带状延伸地物（如道路、通信线、管道、垣栅等），其长度可按比例尺缩绘，而宽度无法按比例尺表示的符号称为半比例符号，如图 7-7 所示。这种符号的中心线，一般表示其实地地物的中心位置，但是城墙和垣栅等，地物中心位置在其符号的底线上。

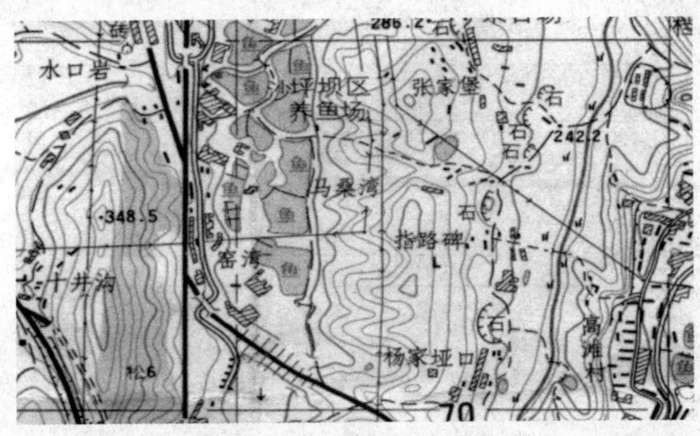

图 7-7　半比例尺符号

常见的半比例尺地物符号包括道路、管线、围墙、栅栏、铁丝网、境界线、水坝线、土堤线、单线河流、细长的独立房屋等地物符号。

（4）地物注记。用文字、数字或特有符号对地物加以说明者，称为地物注记，如图 7-8 所示。

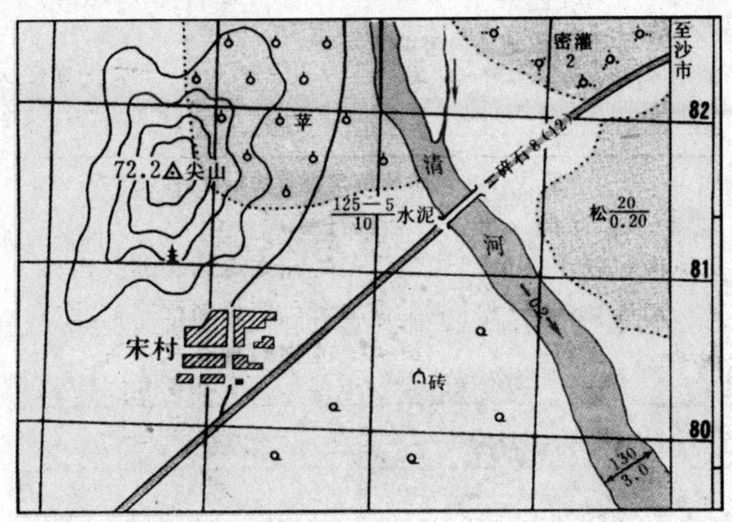

图 7-8　说明和配置符号及注记规定

1）文字注记。文字名称注记，如居民地、水系、山系等。

2）文字说明注记。说明地物性质和特征。如水的咸淡、公路质量等。

3）数字注记。用数字表示地物的数量、特征。①单个式数字注记“N”，如高度、深度、比高、流速、里程、界碑编号等；②分数式数字注记“N/M”；如分子中的长度、宽度、高度，分母中的深度、粗度、载重等。

四、地貌的判读

1. 等高线显示地貌的原理

等高线是由地面上高程相等的各点连接而成的曲线。等高线的构成原理是：假想把一座山从底到顶按相等的高度一层一层水平切开，山的表面就出现许多大小不同的截口线，然后把这些截口线垂直投影到同一平面上，便形成一圈套一圈的曲线图形。因为同一条曲线上各点的高程都相等，所以叫等高线，如图 7-9 所示。

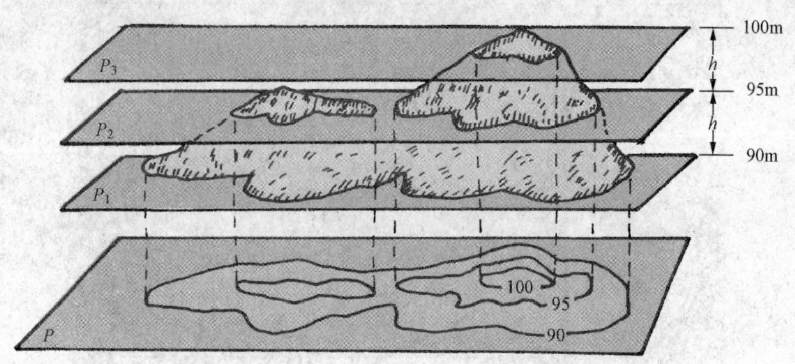

图 7-9 等高线显示地貌的原理

2. 等高线的特点

（1）在同一条等高线上各点的高度相等，并各自闭合。不同高程的等高线不能相交（等高封闭）。

注意，等高线是闭合曲线，一般情况下互不相交。但当通过绝壁、陡坎时，曲线可能会出现重合；若通过悬崖时，曲线会出现相交现象。

（2）在同一幅地图上，等高线多，山就高；等高线少，山就低；凹地相反（多高少低）。

（3）在同一幅地图上，等高线间隔密，实地坡度陡；等高线间隔稀，实地坡度缓（密陡稀缓）。

（4）等高线的弯曲形状与相应实地地貌形态相似（形似实地）。

（5）等高线跨河时，不能直穿河流，须绕经上游正交于河岸线，中断后再从彼岸折向下游。

3. 等高线的种类

等高线按其作用不同，分为首曲线、计曲线、间曲线与助曲线四种，如图 7-10 所示。

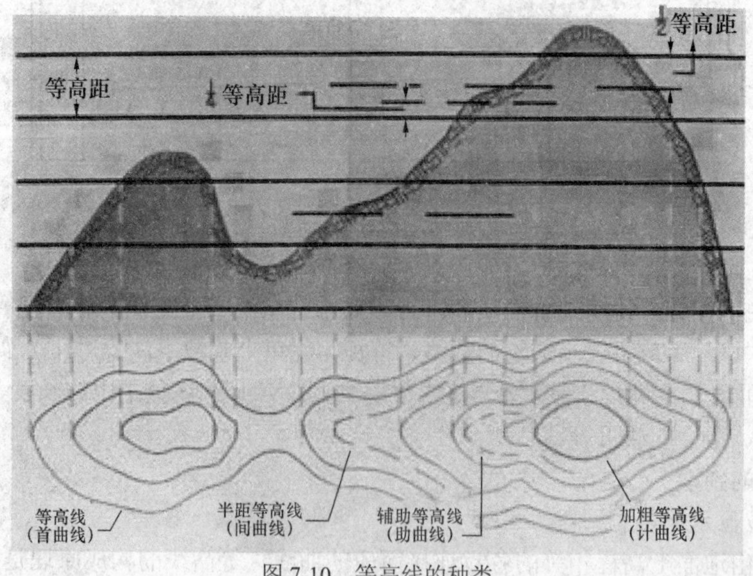

图 7-10 等高线的种类

（1）首曲线，又叫基本等高线，是按规定的等高距测绘的细实线，用以显示地貌的基本形态。

（2）计曲线，又叫加粗等高线，从规定的高程起算面起，每隔五个等高距将首曲线加粗为一条粗实线，以便在地图上判读和计算高程。

（3）间曲线，又叫半距等高线，是按二分之一等高距描绘的细长虚线，主要用以显示首曲线不能显示的某段微型地貌。

（4）助曲线，又叫辅助等高线，是按四分之一等高距描绘的细短虚线，用以显示间曲线仍不能显示的某段微型地貌。

间曲线和助曲线只用于显示局部地区的地貌，故除显示山顶和凹地各自闭合外，其他一般都不闭合。还有一种与等高线正交、指示斜坡方向的短线叫示坡线，与等高线相连的一端指向上坡方向，另一端指向下坡方向，如图 7-11 所示。

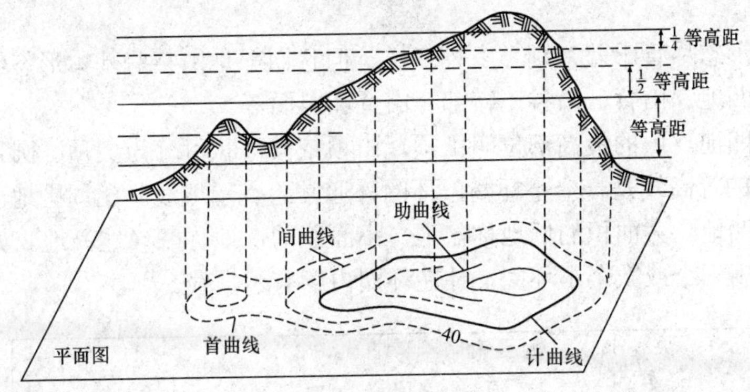

图 7-11　各等高线示意图

4. 高程起算和注记

我国规定，把“1956 年黄海平均海水面”作为全国统一的高程起算面，高于该面为正，低于该面为负。从黄海平均海水面起算的高程，叫真高，也叫海拔或绝对高程。从假定水平面起算的高程，叫假定高程或相对高程。地貌、地物由所在地面起算的高度，叫比高。起算面相同的两点间高程之差，叫高差，如图 7-12 所示。

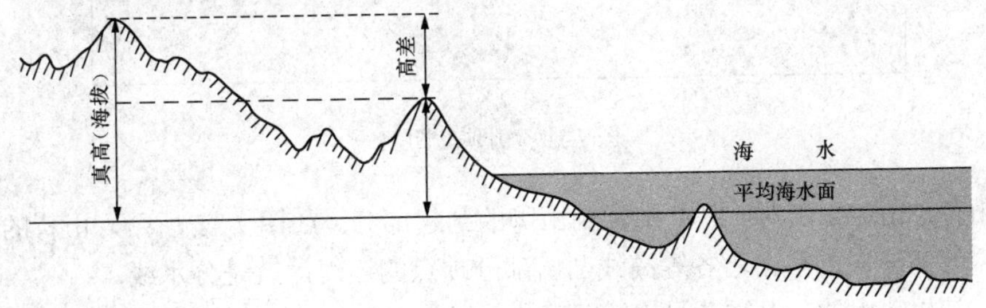

图 7-12　高差示意图

地形图上的高程注记包括三种，即控制点高程、等高线高程和比高，如图 7-13 所示。控制点（包括三角点、埋石点、水准点等）的高程注记用黑色，字头朝向北图廓；等高线的高程注记用棕色，字头朝向上坡方向；比高注记与其所属要素的颜色一致，字头朝向北图廓。

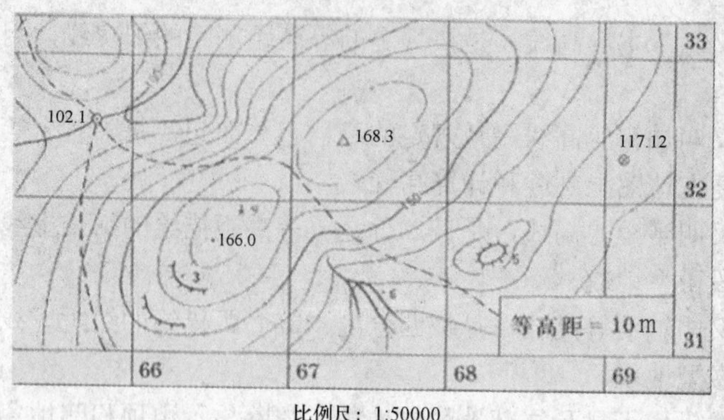

比例尺：1:50000

图 7-13　高程注记

5. 地貌识别

地貌的外表形态尽管千差万别，多种多样，但它们都是由某些基本形态组成的，这些基本形态为山顶、凹地、山背、山谷、鞍部、山脊和斜面等。

（1）山顶、凹地。山的最高部位叫山顶。山顶依其形状可分为尖顶、圆顶和平顶。如图 7-14 所示，山顶的等高线是一个小环圈，环圈外通常绘有示坡线。比周围地面低下，且经常无水的低地，叫凹地。大面积的低地称盆地，小面积的低地称凹（洼）地。如图 7-14 所示，凹地的等高线是用一个或数个小环圈，并在环圈内绘有示坡线。

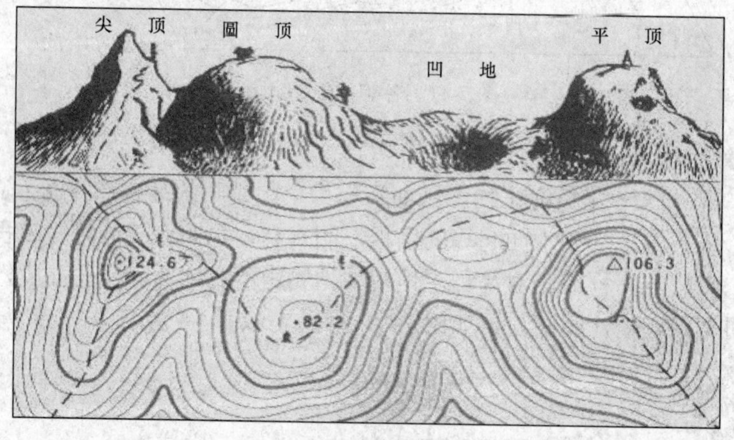

图 7-14　山顶与凹地

（2）山背、山谷。山背，是从山顶到山脚的凸起部分。如图 7-15 所示，山背的等高线以山顶为准，等高线向外凸出，各等高线凸出部分顶点的连线，就是分水线。

山谷，是相邻山背、山脊之间的低凹部分。如图 7-16 所示山谷的等高线以山顶或鞍部为准，等高线向里凹入（或向高处凸出），各等高线凹入部分顶点的连线，就是合水线。

（3）鞍部、山脊。鞍部是相连两山顶间的凹下部分，其形如马鞍状，故称鞍部。图 7-17 所示是用一对表示山背的等高线和一对表示山谷的等高线显示鞍部的。

山脊是由数个山顶、山背、鞍部相连所形成凸棱部分。山脊的最高棱线叫山脊线，如图 7-18 所示。

图 7-15 山背

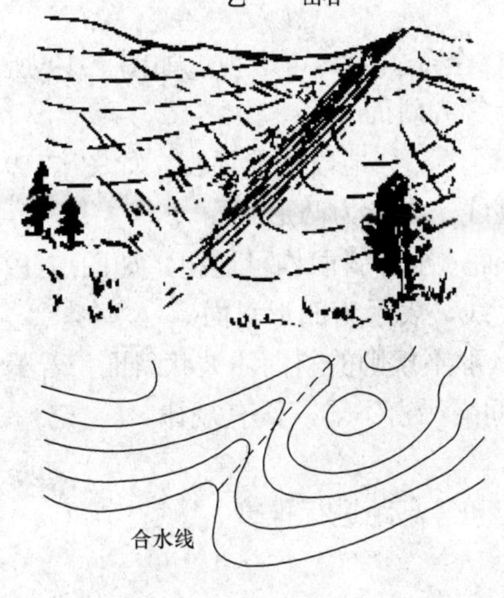

图 7-16 山谷

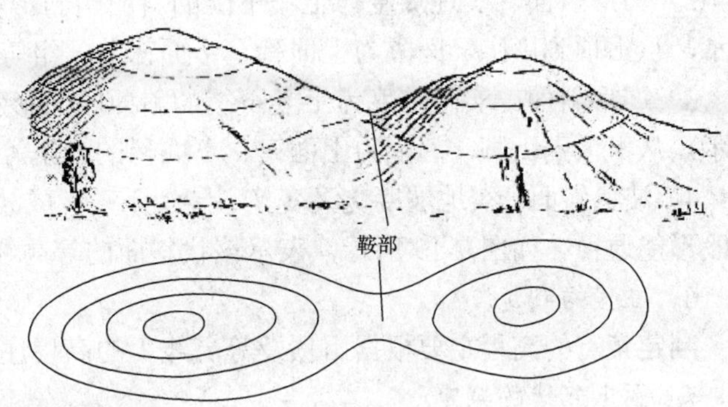

图 7-17 鞍部

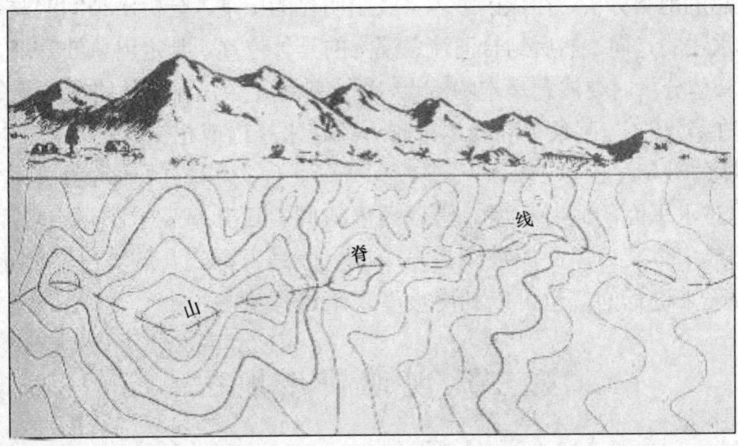

图 7-18 山脊

（4）斜面（见图 7-19）。从山顶到山脚的倾斜面叫斜面，也叫斜坡或山坡。在地图上明确斜面的具体形状，对定向越野有一定价值。斜面按其形状可分为以下几种。

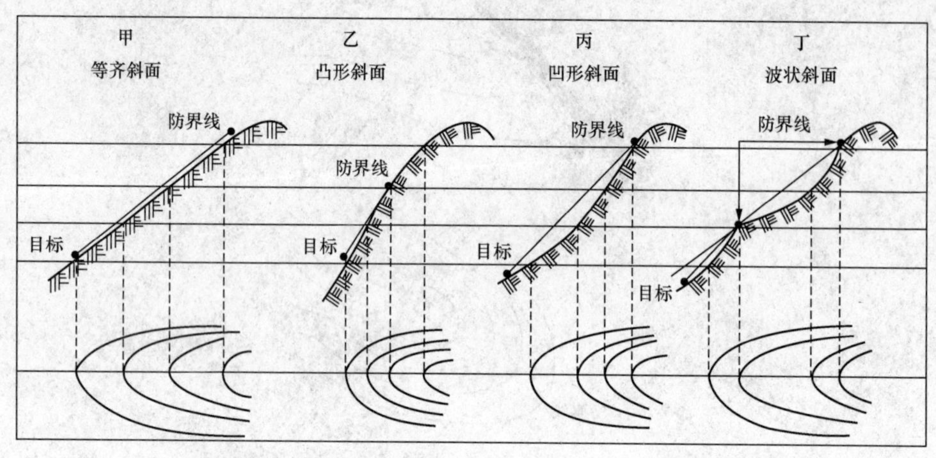

图 7-19 斜面

1）等齐斜面。实地坡度基本一致的斜面叫等齐斜面，全部斜面均可通视。如图 7-19 所示，从山顶到山脚，间隔基本相等的一组等高线，表示为等齐斜面。

2）凸形斜面。实地坡度为上缓下陡的斜面叫凸形斜面，部分地段不能通视。如图 7-19 所示，从山顶到山脚，间隔为上面稀、下面密的一组等高线，表示为凸形斜面。

3）凹形斜面。实地坡度为上陡下缓的斜面叫凹形斜面，全部斜面均可通视。如图 7-19 所示，从山顶到山脚，间隔为上面密、下面稀的一组等高线，表示为凹形斜面。

4）波状斜面。实地坡度交叉变换、陡缓不一，成波状形不规则的斜面叫波状斜面，若干地段不能通视。如图 7-19 所示，表示该状斜面的等高线间隔稀密不均，没有规律。

6. 高程的判定

判定某点的高程主要根据山顶及等高线上的高程注记和等高距进行推算。

7. 图上起伏的判定

判定起伏就是在地图上判定哪儿是上坡，哪儿是下坡，哪儿是平地。判定起伏时，首先要对判定区域进行总的地势分析，在该区域内，找出明显的山顶，分析山顶间的联系，找出山脊及主要分水线、合水线的走向，然后结合河流、溪沟的具体位置，判定出总的升降方向。分析总的地势之后，进行具体分析时要注意基本的一点，即在地图上，凡属运动路线与某条等高线近似平行是平路外，其他现象（与某条等高线越来越近或越来越远或相交）则不是上坡就是下坡。

8. 图上坡度的判定

坡度即斜面对水平面的倾斜程度，常以角度或倾斜百分率表示。判定坡度，即判定运动路线的某一局部或山体某一斜面的坡度为多少度，或是百分之几的坡度。判定坡度的方法是根据等高线的间隔来进行的，也可以利用坡度尺来进行量测。

第三节 现地使用地图

学习军事地形学是为了正确、熟练地使用地图。为此，必须掌握好判定方位、实地对照地图和按地图行进三个方面的技能和要领。

一、判定方位

行军、作战中，必须随时判定方位，只有了解了实地的方位，才能正确地使用地图。判定方位的方法主要包括以下几种。

1. 利用指北针判定

这是一种最简便、最基本的方法。判定时，把指北针放平，待磁针稳定后，磁针红色一端所指的方向，即为实地磁北方向。

2. 利用太阳和时表判定

通常情况下，早上 6 时太阳在东方，12 时太阳在南方，18 时在西方。根据这一规律，便可以利用太阳和时表判定概略方位。判定时，先将时表放平，以表盘中心和时针所指的时数（每日 24 小时计算）折半位置的延长线对向太阳，此时，表的中心通过“12”的方向即为北方。

3. 利用北极星判定

夜间还可用北极星判定，找出北极星，面向北极星，正面是北，背后是南，右面是东，左面是西。

4. 根据各种地物特征判定

根据地物的特征判定方向，常包含以下几种方法。

（1）突出树的枝叶，通常南面茂密，北门稀疏。树皮一般是北门的较粗糙，树上的年轮，北面较密，南面的较稀。

（2）大岩石和大树的北面通常较潮湿，并长有青苔。

（3）建筑物土堆等，北面的积雪较多，且融化较慢，土坑等陷物体则相反。

（4）我国大部分地区尤其是北方，庙门多朝向南方。

二、地图与现地对照

使用地图时应注意随时同现地进行对照，注意观察周围地形变化，以保持正确的方向和位置。要领通常包括标定地图、确定站立点在图上的位置和对照地形。

1. 标定地图

标定地图的方法主要包括以下几种。

（1）指北针标定。用指北针标定地图，可按磁子午线标定。先以指北针的直尺切于磁子午线，并使准星的一端朝向北图廓，然后转动地图，使磁针北端对准“0”分划（指标），地图即已标定。

（2）依直长地物标定。利用直长地物（直长的路段、河渠、电线等）标定地图，可先在图上找到这段直长地物，对照两侧地形，使地图和现地的关系位置概略相符，再转动地图，使地图上的直长地物与现地直长地物的方向一致，地图即已标定。

（3）依明显地形点标定。依据明显地形点标定地图，先确定站立点在图上位置，再选定远方的一明显地形点（山顶、独立地物等），并将直尺切于图上的站立点和该地形点上，然后转动地图，通过直尺边照准现地明显的地形点，地图即已标定。

2. 确立站立点在地图上的位置

确立站立点在地图上的位置，是地图与实地对照的依据。

（1）依明显地形点判定。当站立在明显地形点上时，从图上找出该点的符号，即是站立点的图上位置。如果站立点在明显地形点旁时，可先标定地图，对照周围明显的地形细部，找出其与站立点的关系位置，即可判定站立点的图上位置。

（2）用截线法确定。当站立点在直长物地上时，可用截线法确定站立点的图上位置。先标定地图，在直长地物的翼侧选择图上和现地都有的明显地形点，将直尺边切于图上该地形点上，然后转动直尺，照准现地该地形点，并描画方向线，方向线和直长地物符号的交点，即为站立点的图上位置。

（3）用后方交会法确定。站立点附近无直长地物或明显地形时，可采用后方交会法确定站立点的图上位置。先标定地图，选择图上和现地都有的两个明显地形点，在图上一个地形点上插一细针，将直尺边靠针转动，照准现地相应的地形点，并描画方向线；再用同样的方法照准另一地点，并描画方向线，图上两方向线的交点，就是站立点的图上位置。

3．对照地形

对照实地的地形，首先应选择一个视野开阔的位置。先对照特殊明显的地形，后对照一般的地形，再由近及远、由点到线，或逐段分片地进行对照。

三、按图行走

军队行进的基本方法，是对照地形沿道路行进，辅助方法是按方位角越野行进。训练时，按地图行进是在完成以上各阶段的基本训练之后进行的，是识图、用图的综合性运用。

无论是道路行进，还是按方位角越野行进，都必须抓好出发前的准备和途中对照检查这两个环节。图上准备必须认真、细致、具体，做到一标、二量、三熟记。

（1）一标。即将行进的路线、沿途各方位物（岔路口、转弯点、居民地的进出口等），都标绘在地图上，或绘制成略图。

（2）二量。量算行进路线上各阶段的里程，计算出行进所需的时间。行军路线较长时，应按明显的标准物，分段量取各段和全程里程，计算时间，并注记在图上。

（3）三熟记。熟记行进的路线。按照行进的顺序，把每一段道路的里程，特别是对转弯处，河流、桥梁、岔路口、居民地的进出口附近的方位物及地形特征，熟记在脑子里。

行进时做到方向明、路线明和位置明。①方向明指在出发点要标定地图，对照地形，明确行进的方向，防止一开脚就走错路；②路线明指对行进的路线和里程，做到心中明确；③位置明指行进中，途经每一个岔路口、转弯点时，都要随时对照现在的地形，明确站立点在地图上的位置，做到“人在实地走、心在图上移”。

复习思考题

1．地形对战斗行动有何影响？

2．判定方位的方法有哪些？

3．按地图徒步行进应注意哪些问题？

第八章 综 合 训 练

教学目的

了解行军与宿营的基本理论，熟悉组织实施的基本程序，初步掌握野外生存知识。

教学重点

（1）行军与宿营的主要目的、规程与基本方法。

（2）野外生存的基本技能。

教学难点

行军与急行军的规章制度，宿地的选择、帐篷的搭建及野外生存意外情况的处理方法。

第一节 行 军 与 宿 营

一、行军

1. 行军概述

（1）行军的含义与地位。行军，是军队沿指定路线进行的有组织的移动。目的是为了转移兵力，争取主动，形成有利态势。

信息化战争背景下，战场空间扩大，军队的机动能力提高，战斗行动迅猛，情况变化急剧，为了争取主动，使兵力兵器在一定的时间和空间占据优势，就必须适时机动，这就使机动在战斗中的地位和作用明显提高。机动已成为部队快速反应的重要因素，如果离开了机动，战斗就会缺乏活力。

（2）高寒山地行军的特点与要求。

1）高寒山地行军的特点。

第一，隐蔽困难，生存问题尤为突出。隐蔽伪装行动困难；受敌空中打击威胁大；受敌地面袭扰威胁大；路难行易翻车，人员易出现“高原反应”、冻伤、雪盲，产生非战斗减员。

第二，行动快速高效，组织指挥复杂。行动转换快，组织时间紧迫；参加兵种分队多；行军中易遇道路阻断、遭敌袭扰。

第三，高寒山地环境特殊，组织保障困难。运输保障、工程保障、警戒保障、通信保障、给养保障、卫勤保障都有诸多不便。

2）高寒山地行军的要求。

第一，正确选择行军路线。避开雪崩、岩崩危险地区，“以迂为直”，少翻山，少涉水。

第二，合理确定行军部署。徒步行军部署应符合作战意图，既要便于走，又要便于打和应付各种意外情况。做到便于指挥（指挥位置靠前），便于运动（前方指挥运动保障组），便于迅速展开和投入战斗（尖兵、兵种分队居中）。

第三，加强行军过程中的指挥协同。建立可靠的通信联络；多种预案；灵活指挥，及时正确处置行军中的各种情况。

第四，加强侦察、警戒和伪装。通过前方尖兵等查明敌情；派出观察警戒，分队提高警惕；利用不良天气与有利地形隐蔽。

第五，充分准备、周密组织。根据受领的任务，详细研究敌情、地形和道路的状况并进行判断。

第六，全面组织各种保障。应当采取防冻、防滑、保暖和防雪盲措施；武器装备、车辆和器材应当做好在低温条件下工作的准备，严格执行冰雪道路驾驶操作规程。

（3）行军的分类。

按方式分：徒步行军、摩托化行军和两者相结合的行军及履带行军。

按时间分：昼间行军和夜间行军。

按行程和强度分常行军、急行军、强行军。①常行军是指按正常的每日行程和时速进行的行军；②急行军是以最快的速度实施的行军，执行紧急任务时采用，应提高行军速度，减少休息时间，必要时轻装，其速度一般比常行军快三分之一；③强行军是以加快行军速度、减少休息时间并加大每日行程的方法实施的行军。

按行军的方向分向敌行军、背敌行军和侧敌行军。

（4）行军间距。行军队形通常成一路纵队。徒步行军时，分队可成一路或两路纵队，沿道路的右侧或两侧行进，行进中，排与排之间的距离约 30～50m，连与连之间的距离约 80～100m；摩托化行军时，本队内车与车之间的距离约 50m，在尘土较大、坡度较陡、急弯较多或通过沾染区时，可适当增大车间距离。

2. 行军组织

分队指挥员受领任务后，在理解上级意图和本分队任务的基础上，应迅速召集所属和配属分队指挥员传达任务，分析判断情况，确定行军方案，按时完成行军警戒准备工作。

（1）确定行军方案。在行军中要想及早发现敌之行动，遇到情况沉着冷静，必须周密制定行军（行动）方案。正确的行军方案依赖于对情况准确的判断，必须重视对各种情况的分析和判断。

（2）下达行军命令。行军命令主要内容包括敌情；行军任务、目的和路线；行军队形及序列；友邻分队的情况；出发点、调整点及通过的时间；大休息、宿营（集结）位置及到达的时间；对空火力的组织，防敌袭击的措施；指挥观察所的位置；通信联络的方法；完成准备的时限。

（3）组织行军保障。在高寒山地行军，物资器材消耗大，人员极易疲劳，保障相当困难。因而，指挥员必须根据实际情况，周密计划、全面组织各种保障，确保任务的按时完成。组织行军保障工作主要从以下几方面开展：①组织侦察；②组织警戒；③组织通信联络；④组织对空防护；⑤做好物资器材准备；⑥组织技术保障；⑦做好思想和组织准备。

（4）检查行军准备。连指挥员在出发前，应对所属分队行军准备完成情况进行督促和检查。检查事项主要包括各分队落实和动员情况，物资器材的准备情况，卫生保障情况等。检查可由军政主官分头进行，对检查中发现的问题要及时解决。检查完毕后，指挥员应将完成行军准备的情况及时报告上级。

3. 行军指挥

正确实施指挥是分队达成行军目的之关键，行军指挥必须做到走得准、联得上、走得安全、不被伏击，这就要求连（排）指挥员应不间断地了解沿途的敌情、地形、道路情况，掌握行军方向、路线和速度，加强对复杂地形和路段的搜索、警戒，严防敌方突然袭击和伏击，随时保持各级的联络，组织分队迅速隐蔽地前进。

（1）组织装载、登车。摩托化行军时，分队指挥员应率所属人员准时到达装载登车（集合）地点。有敌情顾虑时，应派出警戒，掩护部队装载登车。根据登车场的地幅大小，车辆可横向排列或纵向排列，纵向排列时，车距通常为 50m。登车前，指挥员应明确所属各分队乘坐的车辆编号和登车顺序。各班（排）通常成两路纵队，按照先物资器材和重火器后人员的顺序装载登车。在有敌情顾虑时，为避免登车场拥挤，各分队可按行军序列依次进入登车场，先到先装载登车。人员登车完毕，车辆立即驶离登车场进入道路疏开编队。无敌情顾虑时，分队应统一带入登车场，按统一时间装载登车。

（2）按时出发，通过调整地区（点）。不论在上级编成内行军，还是单独行军，连都需按预定的出发时间出发或通过出发调整点。由于高寒山地地形较为复杂，调整地区（点）通常应设在行军中易发生混乱、迷路、堵车或需在该点调整队形、速度的地点，以避免迷路等意外的发生，而且天气道路等条件的变化，也将导致预定到达调整点的时间的改变。指挥员应密切指挥联络，调整速度，保证行军的顺利进行。

（3）掌握行进方向和速度，保持通信联络。高寒山地地形复杂，连（排）指挥员应正确掌握行进方向。需要向导带路时，应适时指定熟悉当地情况的向导带路，地形复杂时，可由军官、骨干组成方向组随尖兵班行动，负责带路。按图行进时，指挥员应从图上按行进顺序标记明显地物，行进中应勤对照，经常判定站立点，以检查行进方向；按方位角行进时应熟记沿途地形特征，按照定方向、定通过点、定到达每点的时间距离的方法保持行进方向。

（4）严格遵守纪律，适时组织休息。行军中应严守纪律和行动秘密，做好宣传鼓动工作，发扬团结互助精神，维护秩序，不得擅自超越、改道，保持适当的速度，在遇有雪崩常发区、道路滑坡区等危险地段时，应听从指挥，保持冷静，避免不必要的伤亡。行军中指挥员应适时组织休息。徒步行军首次小休息通常在行军 30min 后进行，时间为 5～10min，然后每 1～2h 休息一次，时间为 10～20min。摩托化行军小休息通常每 2～3h 休息一次，时间为 20～30min，白天车距 20～30m，夜间为 15～20m。小休息地点应选择在便于隐蔽的路段上，人员及车辆应当靠道路右边，保持原来队形，并注意隐蔽与防空；人员及时下车活动，排除大小便，检查维护车辆，整理装载的物资器材，条件恶劣时应适当缩短时间。夜间休息时，人员不准随意离队，武器、装具随身携带，出发前清点人数，检查装备。高寒山地行军通常不进行大休息。如有必要，大休息点应在日行程一半以上，时间为 1～2h。选择具有良好的隐蔽条件和水源并避开风口且向阳的地点。休息时派出警戒和值班火器，指挥车辆疏散停靠，隐蔽伪装；督促人员野炊就餐，人员禁止躺卧睡觉，以免冻伤；治疗伤员，检修车辆，加水加油，并请求上级调整补充损坏的车辆、装备。指挥员应抓紧时间调查敌情、地形、道路状况，视情况调整尖兵车与向导。休息结束后迅速撤回警戒，登车前进。

二、宿营

1. 宿营概述

（1）宿营的概念。宿营是指部队离开常驻营房进行的住宿，目的是使部队得到休息和整顿。

宿营的方式包括露营、舍营和两者相结合。舍营和露营的区别在于前者在房内，后者是在房外利用帐篷、简易篷子等住宿。

（2）宿营的特点与要求。

1）宿营特点。

第一，条件简陋，环境恶劣。战时条件下的高寒山地露营，步兵连通常是根据上级意图在野外选择地域搭设帐篷露营，条件较为简陋，并且恶劣的高寒山地环境给分队的露营带来生存上的威胁，增大分队住宿的难度。

第二，居住分散，指挥不便。为减少敌火力对宿营分队造成损伤，分队露营时通常疏散配置，各分队住宿位置相对分散。为隐蔽宿营企图，宿营时无线电通信应保持静默，指挥员通常采取简易通信手段实施指挥，不便及时、有效地指挥分队行动。

第三，威胁增大，防护困难。信息化条件下，由于敌人的侦察能力、隐蔽突防能力和火力打击能力空前提高，加之宿营分队本身的防护能力较弱，宿营地域一般缺乏完善的防护工事和设施，从而给安全宿营造成了很大的威胁。

2）宿营要求。

第一，加强纪律教育。由于高寒山地地区是少数民族聚居的地区，社情民情复杂，民风民俗独特。因此分队在组织高寒山地宿营时，应进行群众纪律、民风民俗及少数民族政策和尊重少数民族生活习惯教育。同时加强防奸保密工作，遵守好各项纪律。

第二，充分利用地形进行伪装。宿营地域的伪装，是防敌侦察和隐蔽分队宿营企图的重要措施之 。指挥员在选择露营地域时，要充分考虑地形因素，确定露营部署时要充分利用便于隐蔽、便于生活的地形地物，并采取各种有效手段，结合现地环境，进行切实巧妙的伪装，必要时，可设置假营地迷惑敌人，达到伪装的目的。

第三，加强侦察、警戒和防护。为防止敌人来自空中或地面的突然袭击，分队在任何情况下露营时，应派出侦察警戒，特别是对空中的侦察，并规定防敌空袭的警报信号，确保分队安全休息，减少损伤。同时在疏散地域内，人员、车辆和重火器应构筑必要的防护工事，派出的值班火器应以防空火器为主。此外，在敌有可能利用化学武器的地区露营时，还应建立防化观察哨，制定对核、化学和生物武器的防护措施。

第四，严格宿营管理。分队到达露营地域后，应迅速组织露营。在露营过程中，指挥员大量的工作是对所属人员、车辆和生活的管理，禁止人员随意走动，检查维修，搞好伙食和卫生管理，使人员的体力通过宿营得以迅速恢复。

2. 宿营的组织指挥与管理

（1）选择宿营地。分队宿营地域通常由上级确定，单独宿营时自行选定。根据敌情、地形情况灵活采取预先或临时选定两种方法。

预先选择通常由指挥员先在图上确定位置，然后派出设营组，预先进入宿营地域查明宿营地域的敌情、地形、社情和居住条件，区分各分队的位置，选择停车场和进出道路，准备给养，组织警卫，迎接分队进驻。在敌人刚撤离或战斗刚结束的地域宿营时，应先派搜索分队进行搜索。

临时选定，一般是敌情顾虑不大，地形有利或分队战斗后急需休整的情况下实施。

1）高寒地区宿营地选择的要求。在高寒山地选择宿营地应当按照小集中、大间隔的要求，做到“四有”“三避开”“二不要”“一注重”。

“四有”即有良好的地形，便于疏散隐蔽；有良好的避风地点，便于防寒取暖，如凹地、高地一侧的台地上和小居民地等；有充足的水源，便于饮水、用水；有良好的进出道路，便于机动展开和迅速投入战斗。

“三避开”即避开明显独立目标，如大的集镇、交通枢纽，便于防敌空袭；避开山洪水道、油库高压电和易崩倒的危险地点；避开严重的沾染地和传染区。

“二不要”即不要在雪线以上地点宿营，以防人员冻伤和遭风暴袭击；不要在深谷、雨裂宿营，以防泥石流、冰川、雪崩、山洪的损坏。

“一注重”即宿营时应选择比较干燥，地势较高、通风良好、蚊蝇较少的地方。

2）宿营地面积。宿营地域的面积，通常连约 $1km^2$，排（班）应当相对集中，隐蔽配置。

（2）确定宿营部署。宿营前，应当派出设营组。设营组通常由指挥员指定的人员率各分队代表、必要的警卫分队和卫生人员组成，负责现地区分各分队的宿营位置，选择指挥观察所和停车场位置，调查当地社情、疫情、水源和水质等情况，分配水源，组织警戒，引导分队进入。敌情威胁较大时，应当先搜索后进驻。

宿营部署是部（分）队宿营时对兵力所做的区分和配置。当敌情威胁较小或集结地域有良好的地形时可采取集团部署，适当缩小宿营地域内各分队之间的间隔距离，以便于指挥和管理；当敌情威胁较大时，应尽量采取分散部署。

1）确定露营部署。露营时，通常选择和利用有利地形，疏散隐蔽配置。人员可以利用制式和就便器材或者挖掩体宿营，也可以在车辆上露营；车辆应当离开道路，隐蔽在便于进出的地点。冬季选择在避风向阳的位置，夏季应当避开山洪水道和易坍塌的位置。视情况构筑人员、车辆掩体，并严密伪装。

露营地域的部署主要包括各排及配属分队宿营地的区分和紧急集合、紧急疏散场的区分及露营警戒部署，部署应根据敌情、地形而定。步兵分队通常部署在受敌威胁较大的外侧，火器分队通常部署在宿营地内侧便于发扬火力的地域，指挥所通常位于宿营地域中央便于指挥的地点，紧急集合场应选择在营地内或附近便于集中的地点，紧急疏散场应选择在便于疏散隐蔽的地点。露营警戒部署主要包括观察报知勤务的派遣、班哨、步哨、游动哨、潜伏哨和警卫哨的部署等，为防止敌滑雪分队突然袭击，派出的警戒分队要配备便于在冰雪地上运动的输送工具和滑雪器材，此外还应组织形成环形警戒。

2）确定舍营部署。分队在组织舍营时，其舍营部署通常根据敌情、社情、宿营时间、地形等因素在行军命令中确定，也可临时确定。当敌情威胁较小或有足够的房舍时，可采取集团部署，适当缩小宿营地域内各分队之间的间隔距离，以便指挥和管理；当敌情威胁较大时，应采取分散部署。部署时，应以排、班为单位，尽量在居民地边缘区配置，并离开重要交叉路口、桥梁和有明显方位的街区。人员配置在房屋内，车辆配置在建筑物外面便于隐蔽的地点，并严密伪装，露营和宿营相结合时，应将救护所配置在房舍内。

舍营地域的部署主要包括各分队舍营地的区分和紧急集合、紧急疏散场的区分及舍营警戒部署，舍营地的区分应根据房舍条件，尽量按建制住房。步兵分队通常部署在火器分队的外侧，指挥所通常位于宿营地域中央便于指挥的地点，紧急集合场应选择在宿营地内或附近便于集中的地点，紧急疏散场应选择在便于疏散隐蔽的地点。舍营警戒部署主要包括观察报知勤务的派遣、班哨、步哨、游动哨、潜伏哨和警卫哨的部署等。

3）确定宿营部署后的工作。

第一，明确各排（班）的住房或露营地，确定次日主要任务及应做的准备。

第二，明确宿营的通信联络信（记）号及口令和指挥员的位置。

第三，制定隐蔽伪装和灯火管制的措施，根据情况划分防空袭疏散区，组织构筑必要的工事，消除车轮轨迹、人员足迹。

第四，明确遭敌核化学武器及遭敌突然袭击时的行动。

（3）进入宿营地后的工作。分队到达宿营地域时，应在设营人员引导下，隐蔽进入指定地域，若是尖兵连自己组织宿营，在有敌情顾虑的情况下，进入宿营地域前，应组织对宿营地域进行侦察、搜索、查明情况，对水源进行检查和警戒，然后再指挥分队进入驻地。进入宿营地后，应迅速指定对空观察哨和值班火器（或分队）。根据情况向有敌情顾虑的方向派出排哨、班哨、步哨、游动哨和潜伏哨。

1）组织警戒。进入宿营地后的第一件大事就是要迅速指定对空观察哨和对空（地）值班火器（或值班分队）。根据情况向有敌情顾虑的方向派出班哨、步哨、游动哨、潜伏哨，派出的数量和距离应根据敌情、地形和分队展开所需的时间而定。高寒地区派出警戒的数量应稍多，距离可适当缩短，轮换要勤。在宿营地内派出警戒哨。连队在上级编成内宿营时，通常只派出直接警戒。在任何情况下，宿营地域内都应派出警戒哨。摩托化行军宿营时，应加强对车辆的警戒。

2）组织休息，搞好管理。宿营部署完毕后，各排应迅速进入指定宿营地，然后做如下工作：①卸载、卸装，打扫卫生，露营时选定和架设帐篷，挖厕所；②明确（寻找）水源，明确饮水、用水的方法，明确做饭、开饭地点，分队通常以野战炊事车制作热熟食为主，有时组织炊事班野炊和战斗班野炊，组织野炊时，应派出警戒，明确野炊的位置方式，明确隐蔽伪装措施、时间、要求及注意事项等；③检查、维修、保养车辆，加油加水；④擦拭武器，整理装具，补充弹药，准备器材；⑤安排好伤病员，穿刺脚泡，烤晒衣服；⑥军官深入排班，检查督促分队尽快休息，加强查铺查哨。

3）伪装宿营地域。为了防止敌侦察和空袭，应采取各种措施严密伪装宿营地。对帐篷、车辆、技术兵器等固定目标，应尽可能配置在有利地形上，采取制式器材与就便器材相结合的方法进行伪装，伪装要注意与现地背景一致。

露营地的进出道路应选择在背敌方向上，人员行走时应避免集中踩踏，并将被踩倒的树枝、杂草恢复原样。宿营地内应尽量减少人员走动，器材装具尽量搬入帐篷（房屋）或加以遮盖，野炊应利用拂晓和傍晚进行，并利用散烟灶或其他散烟措施，减少炊烟。

4）拟制和呈报宿营报告。进入宿营地确定宿营部署后应迅速搜集行军和宿营情况，及时向上级报告。报告的方式包括文字和口述两种，连通常向营呈报（附宿营部署图），排通常向连口述报告。

（4）情况处置。在宿营中，可能会遇到各种情况，遇到情况要准确判断，果断处置，灵活指挥。

1）敌火力袭击时。立即发出警报，组织指挥分队迅速进入指定疏散地区隐蔽，并采取防护措施，同时可组织对空火器射击。敌袭击后，视情况继续宿营或根据上级指示转移宿营地。

2）遭小股敌人袭扰时。应当以值班分队或者就近分队，在民兵的配合下迅速围歼或者驱逐。当敌兵力较大时，应当迅速抢占有利地形，顽强抗击，同时注意边战斗边查明情况，及时报告上级。

3）当敌在我宿营地附近空降时。立即报告上级，并指挥分队迅速抢占敌空降地区要点，根据上级指示，在友邻和民兵的协同下歼敌于立足未稳或掩护主力迅速撤离宿营地区。

4）收到敌核、生化武器袭击的警报时。迅速进入疏散区利用地形工事进行隐蔽，利用制式或就便武器进行防护。袭击后，应抢救伤员、灭火、清除沾染、消毒，将情况报告上级，根据命令组织撤出沾染区。

第二节 野 外 生 存

野外生存即人在住宿无着的山野丛林中求生。深入敌后的特种部队、侦察兵和空降兵、海军陆战队，以及在战斗中与部队失去联系的战士和失事的空勤人员，在孤立无援的敌后或生疏的荒野丛林和孤岛上，在仪器断绝的情况下，更需要野外自下而上的本领。一名合格的军人，除了有战斗力外，还应该具有很强的生存能力。为了在战争状态下保持强盛的战斗力，平时就要加强生存训练，熟悉并掌握野外生存的办法和手段。要像军人那样培养坚定的意志品质，就要积极参加野外生存训练，提高自己的综合素质水平。

如果去参加野外生存训练，需要做哪些准备工作呢？要有一双适合野外行走的鞋；服装要统一，在保暖、轻便前提下，要有防潮、防刮功能；帽子应该与服装一致；宿营必备的防潮垫和睡袋；野餐用的水壶、饭盒；夜间照明用的手电等。除此之外，本书将在以后的内容里详细介绍必备物品。

一、野外生存常识

1. 利用自然特征判定方向

军人在没有地形图和指北针等制式器材的情况下，要掌握一些利用自然特征判定方向的方法。

利用太阳判定方位非常简单。可以用一根标杆（直杆），使其与地面垂直，把一块石子放在标杆影子的顶点 A 处；约 10min 后，当标杆影子的顶点移动到 B 处时，再放一块石子。将 A、B 两点连成一条直线，这条直线的指向就是东西方向。与 AB 连线垂直的方向则是南北方向，向太阳的一端是南方。

利用指针式手表对太阳的方法判定方向。方法是：手表水平放置将时针指示的（24h 制）时间数减半后的位置朝向太阳，表盘上 12 点时刻度所指示的方向就是概略北方。假如现在时间是 16 时，则手表 8 时的刻度指向太阳，12 时刻度所指的就是北方。

利用地物特征判定方位是一种辅助方法。使用时，应根据不同情况灵活运用。独立树通常南面枝叶茂盛，树皮光滑。树桩上的年轮线通常是南面稀、北面密。农村的房屋门窗和庙宇的正门通常朝南开。建筑物、土堆、田埂、高地的积雪通常是南面融化得快，北面融化得慢。大岩石、土堆、大树南面草木茂密，而北则易生青苔。

在野外迷失方向时，切勿惊慌失措，而是要立即停下来，冷静地回忆一下所走过的道路，想办法按一切可能利用的标志重新制定方向，然后再寻找道路。最可靠的方法是“迷途知返”，退回于原出发地。

在山地迷失方向后，应先登高远望，判断应该向什么方向走。通常应朝地势低的方向走，这样容易碰到水源，顺河而行最为保险，这一点在森林中尤为重要。因为道路、居民点常常是滨水临河而筑的。

如果遇到岔路口，道路多而令人无所适从时，首先要明确要去的方向，然后选择正确的道路。若几条道路的方向大致相同，无法判定，则应先走中间那条路，这样可以左右逢源，即便走错了路，也不会偏差太远。

2. 复杂地形行进方法

在山地行进，为避免迷失方向，节省体力，提高行进速度，应力求有道路不穿林翻山，有大路不走小路。如没有道路，可选择在纵向的山梁、山脊、山腰、河流小溪边缘，以及树高林稀、空隙大、草丛低疏的地形上行进。要力求走梁不走沟，走纵不走横。

行进时，能大步走就不小走。这样几十公里下来，可以少走很多步。疲劳时，应用放松的慢步来休息，而不停下来。攀登岩石时，应对岩石进行细致的观察，慎重地识别岩石的质量和风化程度，确定攀登的方向和路线。

攀登岩石的基本方法是“三点固定”法，即两手一脚或两脚一手固定后再移动剩余的一手或一脚，使身体重心上移。手脚要很好地配合，避免两点同时移动，一定要稳、轻、快，根据自己的情况选择最合适的距离和最稳固的支点，不要跨大步和抓、蹬过远的点。

攀登 30°以下的山坡可沿直线上升。攀登时，身体稍向前倾，全脚掌着地，两膝弯曲，两脚呈外“八字形”，迈步不要过大过快。坡度大于 30°时，一般采取“之”字形攀登路线。攀登时，腿微曲，上体前倾，内侧脚尖向前，全脚掌着地，外侧脚尖稍向外撇。在行进中不小心滑倒时，应立即面向山坡，张开两臂伸直两腿，脚尖翘起，使身体尽量上移，以减低滑行的速度。这样，就可设法在滑行中寻找攀引和支撑物。千万不要面朝外坐，因为那样不但会滑得更快，而且在较陡的斜坡上还容易翻滚。

河流是山区和平原地区经常遇到的障碍。遇到河流不要草率入水，要仔细观察之后再确定渡河的地点和方法。山区河流通常水流湍急，水温低，河床坎坷不平。涉渡时，为了保持身体平衡，应当用一根杆子支撑在水的上游方向，或者手执重达 15～20kg 石头。集体涉渡时，可三人或四人一排，彼此环抱肩部，身体最强壮的位于上游方向。

3. 采捕食物的方法

野外生存获取食物的途径主要有两种：一种是猎捕野生动物，另一种是采集野生植物。猎捕野生动物首先要知道动物的栖息地，掌握动物的生活规律，然后再采取压捕、套猎、捕兽卡及射杀等方法进行猎捕。这需要在专家指导下经过较长时间的训练和实践后才能真正掌握。下面仅简单介绍一些可食用昆虫和可食野地生植物的种类、食用方法。

目前，世界上人们在食用的昆虫包括蜗牛、蚯蚓、蚂蚁、蝉（知了）、蟑螂、蟋蟀、蝴蝶、蝗虫子、蚱蜢、湖蝇、蜘蛛、螳螂等。人们对吃昆虫虽然不习惯，甚至感到厌恶，但在万不得已的情况下，为维持生命，保持战斗力，继而完成任务，不妨一试。但是应注意，一定要煮熟或烤透，以免昆虫体内的寄生虫进入人体，导致中毒或得病。

常见的可食昆虫有：①蝗虫，浸酱油烤着吃，煮或炒也可以；②螳螂，去翅后烤或炒，煮也可以；③蜻蜓，干炸后可食；④蝉，生吃或干炸，幼虫也可食；⑤蜈蚣，干炸，但味道不佳；⑥天牛，幼虫可生食或烤；⑦蚂蚁，炒食，味道好；⑧蜘蛛，除去脚烤食；⑨白蚁，可生食或炒食；⑩松毛虫，烤食。

可食野生植物包括可食的野果、野菜、藻类、地衣、蘑菇等。对可食野生植物的识别是野外自下而上知识的主要内容。我国地域广大，适合各种植物生长，其中能食用的有 2000

种左右。中国常见的可食野果有山葡萄、笃斯、黑瞎子果、茅莓、沙棘、火把果、桃金娘、胡颓子、乌饭树、余甘子等，特别是野栗子、椰子、木瓜更容易识别，是应急求生的上好食物。常见的野菜有苦菜、蒲公英、鱼腥草、马齿苋、刺儿草、荠菜、野苋菜、扫帚菜、菱、莲、芦苇、青苔等。野菜可生食、炒食、煮食或通过煮浸食用。

但是，一般人需要在专家指导下经过一定时间的训练才能掌握这些知识，这里介绍一种最简单的鉴别野生植物有毒无毒的方法，供紧急情况下使用。通常将采集到的植物割开一个小口子，放进一小撮盐，然后仔细观察是否改变原来的颜色，通常变色的植物不能食用。

4. 获取饮用水的方法

获取饮用水的途径通常有两条：一条是挖掘地下水，另一种是净化地面水。本书只介绍从地表水获取饮用水的方法。

通常雨水可以直接饮用。下雨时，可用雨布、塑料布大量收集雨水，也可用空罐头盒、杯子、钢盔等容器收接雨水。

当没有可靠的饮用水又无检验设备时，可以根据水的色、味、温度、水迹，概略鉴别水质的好坏。纯净水的在水层浅时无色透明，深时呈浅蓝色。可以用玻璃杯或白瓷盛水观察。通常水越清水质越好，水越浑则说明杂质多。一般清洁的水是无味的，而被污染的水则时常带有一些异味。地面水的水温，因气温变化而变化，浅层地下受气温影响较小，深层地下水水温低而恒定。如果所取样的水不符合这些规律，则水质一般都有问题。此外还可以用一张白纸，将水滴在上面晾干后观察水迹。清洁的水无斑迹，如有斑迹则说明水中有杂质，水质差。

在野外最好不要饮用从杂草中流出的水，而以从断崖或岩石中流出的清水为佳。饮用河流或湖泊中的水时，可在离水边 1～2m 的沙地上挖个小坑，坑里渗出的水较之直接从河湖中提取的水清洁。

在野外，可以用饮水消毒片、漂白粉精片及明矾等药品净化水。在专家指导下，还可用一些含有黏液质野生植物净化水。切记，不论多么口渴，都不要饮用不洁净的水，万不得已时，也要把水煮开再喝。

5. 野外常见的伤病的防治

（1）昆虫叮咬的防治。在野外为了防止昆虫叮咬，人员应穿长袖衣和裤，扎紧袖口、领口，皮肤暴露部位涂搽防蚊药。不要在潮湿的树阴和草地上坐卧。宿营时，烧点艾叶、青蒿、柏树叶、野菊花等驱赶昆虫。被昆虫叮咬后，可用氨水、肥皂水、盐水、小苏打水、氧化锌软膏涂抹患处止痒消毒。

蚂蟥是危害很大的虫类。遇到蚂蟥叮咬时，不要硬拔，可用手拍或用肥皂液、盐水、烟油、酒精滴在其前吸盘处，或用燃烧着的香烟烫，让其自行脱落，然后压迫伤口止血，并用碘酒涂搽伤口以防感染。部队行进中，应经常查看有无蚂蟥爬到脚上。如在鞋面上涂些肥皂、防蚊油，可以防止蚂蟥上爬。涂一次的有效时间约为 4～8h。此外，将大蒜汁涂抹于鞋袜和裤脚，也能起到驱避蚂蟥的作用。

（2）昏厥。野外昏厥多是由于摔伤、疲劳过度、饥饿过度等原因造成的。主要表现为脸色突然苍白，脉搏微弱而缓慢，失去知觉。遇到这种情况，不必惊慌，一般过一会儿便会苏醒。醒来后，应喝些热水，并注意休息。

（3）中毒。其症状包括恶心、呕吐、腹泻、胃疼、心脏衰弱等。遇到这种情况，首先要洗胃，快速喝大量的水，用指触咽部引起呕吐，然后吃蓖麻油等泻药清肠，再吃活性炭等解毒药及其他镇静药，多喝水，以加速排泄。为保证心脏正常跳动，应喝些糖水、浓茶，暖脚并立即送医院救治。

（4）中暑。其症状是突然头晕、恶心、昏迷、无汗或湿冷，瞳孔放大，发高烧。发病前，常感口渴头晕，浑身无力，眼前阵阵发黑。此时，应立即在阴凉通风处平躺，解开衣裤带，使全身放松，再服十滴水、人丹等药。发烧时，可用凉水浇头，或冷敷散热。如昏迷不醒，可掐人中穴、合容穴使其苏醒。

（5）冻伤。如发现皮肤有发红、发白、发凉、发硬等现象，应用手或干燥的绒布磨擦伤处，促进血液循环，减轻冻伤。轻度冻伤用辣椒泡酒涂擦便可见效。如发生身体冻僵的情况，不要立即将伤者抬进温暖的室内，应先摩擦肢体，做人工呼吸，待伤者恢复知觉后，再到较温暖的地方抢救。

（6）蜇伤。被蝎子、蜈蚣、黄蜂等毒虫蜇伤，伤口红肿、疼痒，并伴有恶心、呕吐、头晕等症状。要先挤出毒液，然后用肥皂水、氨水、烟油、醋等涂擦伤口，或将马齿苋捣碎，汁冲服，渣外敷。也可用蜗牛洗净捣净后捣碎涂在伤口上。此外，蒜汁对蜈蚣咬伤很有疗效。

（7）毒蛇咬伤时的急救方法。

1）患者应保持镇定。切勿惊慌、奔跑，以免加速毒液吸收和扩散。在平静的状况下，将病人迅速护送医院。

2）绑扎伤肢。立即用止血带或橡胶带或随身所带的绳、带等在肢体被咬伤的上方扎紧，缠扎紧度以阻断淋巴和静脉回流为准（成人一般将止血带压力保持在 13.3kPa 左右），缠扎时应留一较长的活的结头，便于解开，每 15～30min 放松 1～2min，避免肢体缺血坏死，急救处理结束后，可以解除。一般不要超过 2h。

3）扩创排毒。缠扎止血带后，可用手指直接在咬伤处挤出毒液，在紧迫情况时可用口吸吮（口应无破损或龋齿，以免吸吮者中毒），边吸边吐，再以清水、盐水或酒漱口。首次吸毒至少 0.5～1h，重症或肿胀未消退前，作十字形切开后再吸，以后可将患肢浸在 2%冷盐水中，自上而下用手指不断挤压 20～30min。咬伤后超过 24h，一般不再排毒，如伤口四周肿胀明显，可在肿胀处下端每隔 3～6cm 处，用消毒钝头粗针平刺直入 2cm，如手足部肿胀时，上身肢体者穿刺八邪穴（四个手指指缝之间），下肢者穿刺八风穴（四个足趾趾缝之间），以解除毒液，加速退肿。

4）蛇药。为中草药制成的成药，可供口服和外敷，亦有针剂。其中蛇药、蛇伤解毒片及注射液、蛇药酒等，对多种毒蛇的咬伤有显著的解毒作用。这些药物在行军前应选购备用。

这里介绍一下有毒蛇和无毒蛇的区分和预防。区别：①毒蛇一般头大颈细，头呈三角形，尾短而突然变细，体表花纹比较鲜艳；②无毒蛇一般头呈钝圆形，颈不细，尾部颀长，体表花纹多不明显；③毒蛇与无毒蛇最根本的区分是，毒蛇的牙痕为单排，无毒蛇的牙痕为双排。预防：①打草惊蛇，把蛇赶走；②在山林地带宿营时，睡前和起床后，应检查有无蛇潜入；③不要随便在草丛和蛇可能栖息的场所坐卧，禁止用手伸入鼠洞和树洞内；④进入山区、树林、草丛地带应穿好鞋袜，扎紧裤腿；⑤遇见毒蛇，应远道绕过，若被蛇追逐时，应向上坡跑，或忽左忽右地转弯跑，切勿直跑或直向下坡跑。

二、野外生存的基本技能

1. 火的引燃及实际应用

首先是要寻找到易燃的引火物，如枯草、干树叶、桦树皮、松针、松脂、细树枝、纸、棉花等。

其次是捡拾干柴，干柴要选择干燥、未腐朽的树干或枝条。要尽可能选择松树、栎树、柞树、桦树、槐树、山樱桃、山杏之类的硬木，燃烧时间长，火势大，木炭多。不要捡拾贴近地面的木柴，贴近地面的木柴湿度大，不易燃烧，且烟多熏人。

接下来是要清理出一块避风、平坦、远离枯草和干柴的空地。将引火物放置中间，上面轻轻放上细松枝、细干柴等，再架起较大较长的木柴，然后点燃引火物。火堆的设置要因地制宜，可设计成锥形、星形、“并”字形、并排形、屋顶形、牧场形等。也可利用石块支起干柴或在岩石壁下面，把干柴斜靠在岩壁上，在下面放置引火物后点燃即可。

一般情况下，在避风处挖一个直径 1m 左右，深约 30cm 的坑。如果地面坚硬无法挖坑也可找些石块垒成一个圆圈，圆圈的大小根据火堆的大小而定。然后将引火物放在圆圈中间，上面架些干柴后，点燃引火物引燃干柴即成篝火。如果引火物将要燃尽时干柴还未燃起，则应从干柴的缝隙中继续添入引火物，直到把干柴燃烧起来为止，而不要重新架柴点火。点篝火最好选在近水处，或在篝火旁预备些泥土、沙石、青苔等用于及时灭火。

2. 方向判断

正确辨认方向的基本方法如下。

（1）罗盘（指北针）。一个优质的罗盘是野外行军的必备品。但要记住，罗盘指针指向“北”或“N”，这个方向是磁北方向，与实际的北方向有一个偏差角度，应计算出磁偏角的数差，以取得准确的罗盒方向。

（2）带指针的手表。将手表托平，表盘向上，转动手表，将时针指向太阳。这时，表的时针与表盘上的 12 点形成一个夹角，这个夹角的角平分线的延长线方向就是南方。

（3）北极星。北极星是最好的指北针，北极星所在的方向就是正北方向。

（4）北斗七星。也就是大熊星座，像一个巨大的勺子，在晴朗的夜空是很容易找到的，从勺边的两颗星的延长线方向看去，约间隔其 5 倍处，有一颗较亮的星星就是北极星。

（5）立竿见影。在晴朗的白天，用一根直杆，使其与地面垂直，插在地上，在太阳的照射下形成一个阴影。把一块石子放在影子的顶点处，约 15min 后，直杆影子的顶点移动到另一处时，再放一块石子，然后将两个石子连成一条直线，向太阳的一面是南方，相反的方向是北方，直杆越高、越细、越垂直于地面，影子移动的距离越长，测出的方向就越准。

（6）树木、苔藓。树冠茂密的一面应是南方，稀疏的一面是北方。苔藓的道理与之相反。另外，通过观察树木的年轮也可判明方向。年轮纹路疏的一面朝南方，纹路密的一面朝北方。积雪融化的地方定是朝南方的。

（7）迷途知返。在深山密林中，不仅会迷失方向，同时也会迷失路径。更多的时候，走在毫无人烟的林间密径，又没留下任何路标，自己还不断地欣赏着“无限风光在险峰”和“山到绝处我为峰”的豪情，当自己开始意识到不对时，已是身处险境，不知原有的路径在何处。心急之下，挥刀而上，砍出一条“血路”，却发现眼前山连山、峰挨峰，看不到尽头，来时的路已辨认不清，又生怕再次迷路，是走是留犹豫不定。

一般情况，在发现迷路的时候，自己离原有的路径不超过 20min。这时不要着急，更不能乱喊乱跑，应冷静下来，仔细回忆一下刚才走过的泉水、大石、大树、水流、洞穴、山峰、岔路口等参照物，然后凭着自己的记忆寻找自己的足迹，退回到原来的路线上。

有一种可行的办法就是立刻分析山势走向和地理地貌的环境，然后判断出是否有野生动物并寻找到其走过的痕迹，沿着“兽道”走出险境，但必须非常警觉，以免遭到野兽的袭击或狩猎者设下的套、夹的伤害。一般来说山鞍或山脊会有兽道。

不论是在林木遮蔽的山林中，还是在丛草盖地的山坡上，低头近看，根本找不出路迹来，只有远看，看到几十米以外，才能隐约地看出一条草枝微斜、草叶微倾、叶背微翻的痕迹，然后再由远而近、由近再远、远近比较之后，就能分辨出路来了。

3. 野外寻找水源

（1）听。凭借灵敏的听觉器官，多注意山脚、山涧、断崖、盆地、谷底等是否有山溪或瀑布的流水声，有无蛙声和水鸟的叫声等。如果能听到这些声音，说明已经离有水源的地方不远了，并可证明水源是流动的活水，可以直接饮用。但要特别注意的是，不要把风吹树叶的“哗哗”声当作流水的声音。

（2）嗅。通过鼻子，尽可能地嗅到潮湿气味，或因刮风带过来的泥土腥味及水草的味道。然后沿气味的方向寻找水源。当然这需要有一定经验积累。

（3）观察。凭着丰富的经验和知识，去观察动物、植物、气象、气候及地理环境等也可以找到水源。

以下是几种在不同环境中可行的寻找水源方法。

（1）根据地形地势（地理环境），判断地下水位的高低。如山脚下往往会有地下水，低洼处、雨水集中处，以及水库的下游等地下水位均高。另外，在干河床的下面，河道的转弯处外侧的最低处，往下挖掘几米左右就能有水。但泥浆较多，需净化处理后，方可饮用。

（2）根据气候及地面干湿情况寻找水源。如在炎热的夏季地面总是非常潮湿，在相同的气候条件下，地面久晒而不干不热的地方地下水位较高；在秋季地表有水汽上升，凌晨常出现像纱中似的薄雾，晚上露水较重，且地面潮湿，说明地下水位高，水量充足；在寒冷的冬季，地表面的隙缝处有白霜时，地下水位也比较高；春季解冻早的地方和冬季封冻晚的地方及降雪后融化快的地方地下水位均高。

（3）根据植物生长情况寻找水源。生长着香蒲、沙柳、马莲、金针（也称黄花）、木芥的地方，水位比较高，水质也好；生长着灰菜、蓬蒿、沙里旺的地方，也有地下水，但水质不好，有苦味或涩味，或带铁锈。初春时，其他树枝还没发芽时，独有一处树枝已发芽，此处有地下水；入秋时，同一地方其他树叶已经枯黄，而独有一处树叶不黄，此处有地下水。另外，还如三角叶杨、梧桐、柳树、盐香柏，这些植物只长在有水的地方，在它们下面定能挖出地下水来。

（4）根据动物、昆虫的活动情况寻找水源。夏蚊虫聚集，且飞成圆柱形状的地方一定有水；有青蛙、大蚂蚁、蜗牛居住的地方也有水；另外，燕子飞过的路线和衔泥筑巢的地方，都是有水源和地下水位较高的地方。再有，鹌鹑傍晚时向水飞，清晨时背水飞；斑鸠群早晚飞向水源，这些也是判断水源的依据。

（5）根据天气变化寻找水源。天空出现彩虹的地方，肯定有雨水；在乌黑、带有雷电的积雨云下面，定有雨水或冰雹；在总有浓雾的山谷里定有水源；收集露水也可缓解些燃眉之急。

（6）直接从植物中取水。在南方的丛林中，到处都有野芭蕉，也叫仙人蕉。这种植物的芯含水量很大，只要用刀将其从底部迅速砍断，就会有干净的液体从茎中滴出，野芭蕉的嫩芯也可食用，在断粮的情况下，可以充饥。如果能找到野葛藤、葡萄藤、猕猴桃藤、五味子藤等藤本植物也可从中获取饮用水。另外，在春天树木要发芽之时，还可从桦树、山榆树等乔木的树干及枝条中获取饮用水。注意，千万不要饮用那些带有乳浊液的藤或灌、乔木的汁液，有毒。另外，还可以从芦荟、仙人掌及其果实中获取饮水。不过，从植物中获取的饮用“水”，容易变质，最好即取即饮，不要长时间存放。

上述取水方法在野外缺水时是有效的。然而，单纯地依靠上述方法去寻找水源却不是长久之计，且很复杂很辛苦。只限于少数人员（3～7 人）和短时间（3～5 天），不适合人员众多或时间过长。就安全而言，最好不要远离水源一两天的路程，也不要单枪匹马独闯丛林。

在极度疲惫干渴之际，找到了水源，最好不要立即狂饮，应该就当时的环境条件对水源进行必要的净化和消毒处理，以避免因饮水而中毒或染上疾病。

4. 野外饮用水的净化处理

一般说来，除泉水和井水（地下深水井）可直接饮用外，不管是河水、湖水、溪水、雪水、雨水、露水，还是通过渗透、过滤、沉淀而得到的水，最好都应进行消毒处理后再饮用。消毒的方法如下。

（1）将净水药片放入水容器中，搅拌摇晃，静置几分钟，即可饮用，也可灌入壶中存储备用。一般情况下，一片净水药片可对 1L 的水进行消毒，如果遇到水质较混浊可用几片净水药片进行消毒。目前，军队都采用此法在野外对水进行消毒。

（2）如果没有净水药片，可以用随身携带的医用碘酒代替净水药片对水进行消毒。在已净化过的水中，每一升水滴入 3～4 滴碘酒，如果水质混浊，则在每升水中滴入的碘酒要加倍。搅拌摇晃后，静置的时间也应长一些，20～30min 后，即可饮用或备用。

（3）利用亚氯酸盐，即漂白剂，也可以起到消毒的作用。在已净化的水中，每升水滴入漂白剂 3～4 滴，水质混浊则加倍，摇晃均匀后，静置 30min，即可饮用或备用。只是水中有些漂白剂的味道，注意不要把沉淀的浊物一同喝下去。

（4）如果以上的消毒药物均没有，正巧随身携带有野炊时用的食醋（白醋也行），也可以对水进行消毒。在净化过的水中倒入一些醋汁，搅匀后，静置 30min 后便可饮用。只是水中有些醋的酸味。

（5）在海拔不太高（海拔 3000m 以下）且有火种的情况下，把水煮沸 5min，也是对水进行消毒的很好的方法。

（6）如果寻找到的水是咸水时，用地椒草与水煮沸，这虽不能去掉原来的咸味，却能防止发生腹痛、腹胀、腹泻。如果水中有重金属盐或有毒矿物质，应用浓茶与水煮沸，最后出现的沉淀物不要喝。

目前，有一种饮水净化吸管，在野外非常实用，形如一支粗钢笔，经它净化的水无菌、无毒、无味，无任何杂质，不需经过沸煮即可饮用，很轻便。

另外要提醒注意的是，在水源紧缺的情况下，要合理安排饮用水，不要为一时口渴而狂饮。另外，在野外工作或探险中，喝水也要讲究科学性。如果一次喝太多，身体会将吸收后多余的水分排泄掉，这样就会白白浪费很多水。如果在喝水时，一次只喝一两口，然后含在口中慢慢咽下，过一会儿感觉到口渴时再喝一口，慢慢地咽下，这样重复饮水，既可使身体将喝下的水充分吸收，又可滋润口舌咽喉。一标准水壶（9～11L）的水量，运用正确的饮水方法，可使一个单兵在运动中坚持 6～8h，甚至更长些。

复习思考题

1．什么是行军，行军的分类有多少？

2．什么是宿营，对宿营有什么具体要求？

3．野外生存的基本技能有哪些？

附录A　中华人民共和国兵役法

[1984年5月31日第六届全国人民代表大会第2次会议通过，根据1998年12月29日第九届全国人民代表大会常务委员会第6次会议《关于修改〈中华人民共和国兵役法〉的决定》第1次修正；根据2009年8月27日第十一届全国人民代表大会常务委员会第10次会议《关于修改部分法律的决定》第2次修正；根据2011年10月29日第十一届全国人民代表大会常务委员会第23次会议《关于修改〈中华人民共和国兵役法〉的决定》第3次修正]

第一章　总　　则

第一条　根据中华人民共和国宪法第五十五条“保卫祖国、抵抗侵略是中华人民共和国每一个公民的神圣职责。依照法律服兵役和参加民兵组织是中华人民共和国公民的光荣义务”和其他有关条款的规定，制定本法。

第二条　中华人民共和国实行义务兵与志愿兵相结合、民兵与预备役相结合的兵役制度。

第三条　中华人民共和国公民，不分民族、种族、职业、家庭出身、宗教信仰和教育程度，都有义务依照本法的规定服兵役。

有严重生理缺陷或者严重残疾不适合服兵役的人，免服兵役。

依照法律被剥夺政治权利的人，不得服兵役。

第四条　中华人民共和国的武装力量，由中国人民解放军、中国人民武装警察部队和民兵组成。

第五条　兵役分为现役和预备役。在中国人民解放军服现役的称现役军人；经过登记，预编到现役部队、编入预备役部队、编入民兵组织服预备役的或者以其他形式服预备役的，称预备役人员。

第六条　现役军人和预备役人员，必须遵守宪法和法律，履行公民的义务，同时享有公民的权利；由于服兵役而产生的权利和义务，由本法和其他相关法律法规规定。

第七条　现役军人必须遵守军队的条令和条例，忠于职守，随时为保卫祖国而战斗。

预备役人员必须按照规定参加军事训练、执行军事勤务，随时准备参军参战，保卫祖国。

第八条　现役军人和预备役人员建立功勋的，得授予勋章、奖章或者荣誉称号。

第九条　中国人民解放军实行军衔制度。

第十条　全国的兵役工作，在国务院、中央军事委员会领导下，由国防部负责。

各军区按照国防部赋予的任务，负责办理本区域的兵役工作。

省军区（卫戍区、警备区）、军分区（警备区）和县、自治县、市、市辖区的人民武装部，兼各该级人民政府的兵役机关，在上级军事机关和同级人民政府领导下，负责办理本区域的兵役工作。

机关、团体、企业事业单位和乡、民族乡、镇的人民政府，依照本法的规定完成兵役工作任务。兵役工作业务，在设有人民武装部的单位，由人民武装部办理；不设人民武装部的单位，确定一个部门办理。

第二章　平　时　征　集

第十一条　全国每年征集服现役的人数、要求和时间，由国务院和中央军事委员会的命令规定。

县级以上地方各级人民政府组织兵役机关和有关部门组成征集工作机构，负责组织实施征集工作。

第十二条　每年十二月三十一日以前年满十八周岁的男性公民，应当被征集服现役。当年未被征集的，在二十二周岁以前仍可以被征集服现役，普通高等学校毕业生的征集年龄可以放宽至二十四周岁。

根据军队需要，可以按照前款规定征集女性公民服现役。

根据军队需要和本人自愿，可以征集当年十二月三十一日以前年满十七周岁未满十八周岁的公民服现役。

第十三条　国家实行兵役登记制度。每年十二月三十一日以前年满十八周岁的男性公民，都应当在当年六月三十日以前，按照县、自治县、市、市辖区的兵役机关的安排，进行兵役登记。经兵役登记并初步审查合格的，称应征公民。

第十四条　在征集期间，应征公民应当按照县、自治县、市、市辖区的兵役机关的通知，按时到指定的体格检查站进行体格检查。

应征公民符合服现役条件，并经县、自治县、市、市辖区的兵役机关批准的，被征集服现役。

第十五条　在征集期间，应征公民被征集服现役，同时被机关、团体、企业事业单位招收录用或者聘用的，应当优先履行服兵役义务；有关机关、团体、企业事业单位应当服从国防和军队建设的需要，支持兵员征集工作。

第十六条　应征公民是维持家庭生活唯一劳动力的，可以缓征。

第十七条　应征公民正在被依法侦查、起诉、审判的或者被判处徒刑、拘役、管制正在服刑的，不征集。

第三章　士兵的现役和预备役

第十八条　现役士兵包括义务兵役制士兵和志愿兵役制士兵，义务兵役制士兵称义务兵，志愿兵役制士兵称士官。

第十九条　义务兵服现役的期限为二年。

第二十条　义务兵服现役期满，根据军队需要和本人自愿，经团级以上单位批准，可以改为士官。根据军队需要，可以直接从非军事部门具有专业技能的公民中招收士官。

士官实行分级服现役制度。士官服现役的期限一般不超过三十年，年龄不超过五十五周岁。

士官分级服现役的办法和直接从非军事部门招收士官的办法，由国务院、中央军事委员会规定。

第二十一条　士兵服现役期满，应当退出现役。因军队编制员额缩减需要退出现役的，经军队医院诊断证明本人健康状况不适合继续服现役的，或者因其他特殊原因需要退出现役的，经师级以上机关批准，可以提前退出现役。

士兵退出现役的时间为部队宣布退出现役命令之日。

第二十二条 士兵退出现役时，符合预备役条件的，由部队确定服士兵预备役；经过考核，适合担任军官职务的，服军官预备役。

退出现役的士兵，由部队确定服预备役的，自退出现役之日起四十日内，到安置地的县、自治县、市、市辖区的兵役机关办理预备役登记。

第二十三条 依照本法第十三条规定经过兵役登记的应征公民，未被征集服现役的，办理士兵预备役登记。

第二十四条 士兵预备役的年龄，为十八周岁至三十五周岁，根据需要可以适当延长。具体办法由国务院、中央军事委员会规定。

第二十五条 士兵预备役分为第一类和第二类。

第一类士兵预备役包括下列人员：

（一）预编到现役部队的预备役士兵；

（二）编入预备役部队的预备役士兵；

（三）经过预备役登记编入基干民兵组织的人员。

第二类士兵预备役包括下列人员：

（一）经过预备役登记编入普通民兵组织的人员；

（二）其他经过预备役登记确定服士兵预备役的人员。

预备役士兵达到服预备役最高年龄的，退出预备役。

第四章 军官的现役和预备役

第二十六条 现役军官由下列人员补充：

（一）选拔优秀士兵和普通高中毕业生入军队院校学习毕业的学员；

（二）选拔普通高等学校毕业的国防生和其他应届优秀毕业生；

（三）直接提升具有普通高等学校本科以上学历表现优秀的士兵；

（四）改任现役军官的文职干部；

（五）招收军队以外的专业技术人员和其他人员。

战时根据需要，可以从士兵、征召的预备役军官和非军事部门的人员中直接任命军官。

第二十七条 预备役军官包括下列人员：

（一）退出现役转入预备役的军官；

（二）确定服军官预备役的退出现役的士兵；

（三）确定服军官预备役的普通高等学校毕业学生；

（四）确定服军官预备役的专职人民武装干部和民兵干部；

（五）确定服军官预备役的非军事部门的干部和专业技术人员。

第二十八条 军官服现役和服预备役的最高年龄由《中华人民共和国现役军官法》和《中华人民共和国预备役军官法》规定。

第二十九条 现役军官按照规定服役已满最高年龄的，退出现役；未满最高年龄因特殊情况需要退出现役的，经批准可以退出现役。

军官退出现役时，符合服预备役条件的，转入军官预备役。

第三十条 退出现役转入预备役的军官，退出现役确定服军官预备役的士兵，在到达安置地以后的三十日内，到当地县、自治县、市、市辖区的兵役机关办理预备役军官登记。

选拔担任预备役军官职务的专职人民武装干部、民兵干部、普通高等学校毕业生、非军事部门的人员，由工作单位或者户口所在地的县、自治县、市、市辖区的兵役机关报请上级军事机关批准并进行登记，服军官预备役。

预备役军官按照规定服预备役已满最高年龄的，退出预备役。

第五章　军队院校从青年学生中招收的学员

第三十一条　根据军队建设的需要，军队院校可以从青年学生中招收学员。招收学员的年龄，不受征集服现役年龄的限制。

第三十二条　学员完成学业考试合格的，由院校发给毕业证书，按照规定任命为现役军官、文职干部或者士官。

第三十三条　学员学完规定的科目，考试不合格的，由院校发给结业证书，回入学前户口所在地；就读期间其父母已办理户口迁移手续的，可以回父母现户口所在地，由县、自治县、市、市辖区的人民政府按照国家有关规定接收安置。

第三十四条　学员因患慢性病或者其他原因不宜在军队院校继续学习，经批准退学的，由院校发给肄业证书，回入学前户口所在地；就读期间其父母已办理户口迁移手续的，可以回父母现户口所在地，由县、自治县、市、市辖区的人民政府按照国家有关规定接收安置。

第三十五条　学员被开除学籍的，回入学前户口所在地；就读期间其父母已办理户口迁移手续的，可以回父母现户口所在地，由县、自治县、市、市辖区的人民政府按照国家有关规定办理。

第三十六条　军队根据国防建设的需要，可以依托普通高等学校招收、选拔培养国防生。国防生在校学习期间享受国防奖学金待遇，应当参加军事训练、政治教育，履行国防生培养协议规定的其他义务；毕业后应当履行培养协议到军队服现役，按照规定办理入伍手续，任命为现役军官或者文职干部。

国防生在校学习期间，按照有关规定不宜继续作为国防生培养，但符合所在学校普通生培养要求的，经军队有关部门批准，可以转为普通生；被开除学籍或者作退学处理的，由所在学校按照国家有关规定办理。

第三十七条　本法第三十二条、第三十三条、第三十四条、第三十五条的规定，也适用于从现役士兵中招收的学员。

第六章　民　　兵

第三十八条　民兵是不脱产的群众武装组织，是中国人民解放军的助手和后备力量。

民兵的任务是：

（一）参加社会主义现代化建设；

（二）执行战备勤务，参加防卫作战，抵抗侵略，保卫祖国；

（三）为现役部队补充兵员；

（四）协助维护社会秩序，参加抢险救灾。

第三十九条　乡、民族乡、镇、街道和企业事业单位建立民兵组织。凡十八周岁至三十五周岁符合服兵役条件的男性公民，经所在地人民政府兵役机关确定编入民兵组织的，应当参加民兵组织。

根据需要，可以吸收十八周岁以上的女性公民、三十五周岁以上的男性公民参加民兵组织。

国家发布动员令后，动员范围内的民兵，不得脱离民兵组织；未经所在地的县、自治县、市、市辖区人民政府兵役机关批准，不得离开民兵组织所在地。

第四十条　民兵组织分为基干民兵组织和普通民兵组织。基干民兵组织是民兵组织的骨干力量，主要由退出现役的士兵以及经过军事训练和选定参加军事训练或者具有专业技术特长的未服过现役的人员组成。基干民兵组织可以在一定区域内从若干单位抽选人员编组。普通民兵组织，由符合服兵役条件未参加基干民兵组织的公民按照地域或者单位编组。

第七章　预备役人员的军事训练

第四十一条　预备役士兵的军事训练，在现役部队、预备役部队、民兵组织中进行，或者采取其他组织形式进行。

未服过现役预编到现役部队、编入预备役部队和编入基干民兵组织的预备役士兵，在十八周岁至二十四周岁期间，应当参加三十日至四十日的军事训练；其中专业技术兵的训练时间，按照实际需要确定。服过现役和受过军事训练的预备役士兵的复习训练，以及其他预备役士兵的军事训练，按照中央军事委员会的规定进行。

第四十二条　预备役军官在服预备役期间，应当参加三个月至六个月的军事训练；预编到现役部队和在预备役部队任职的，参加军事训练的时间可以适当延长。

第四十三条　国务院和中央军事委员会在必要的时候，可以决定预备役人员参加应急训练。

第四十四条　预备役人员参加军事训练、执行军事勤务的伙食、交通等补助费用按照国家有关规定执行。预备役人员是机关、团体、企业事业单位工作人员或者职工的，参加军事训练、执行军事勤务期间，其所在单位应当保持其原有的工资、奖金和福利待遇；其他预备役人员参加军事训练、执行军事勤务的误工补贴按照国家有关规定执行。

第八章　普通高校和普通高中学生军事训练

第四十五条

普通高等学校的学生在就学期间，必须接受基本军事训练。

根据国防建设的需要，对适合担任军官职务的学生，再进行短期集中训练，考核合格的，经军事机关批准，服军官预备役。

第四十六条

普通高等学校设军事训练机构，配备军事教员，组织实施学生的军事训练。

第四十五条第二款规定的培养预备役军官的短期集中训练，由军事部门派出现役军官与普通高等学校军事训练机构共同组织实施。

第四十七条

普通高中和中等职业学校，配备军事教员，对学生实施军事训练。

第四十八条

普通高等学校和普通高中学生的军事训练，由教育部、国防部负责。教育部门和军事部门设学生军事训练的工作机构或者配备专人，承办学生军事训练工作。

第九章 战时兵员动员

第四十九条 为了对付敌人的突然袭击，抵抗侵略，各级人民政府、各级军事机关，在平时必须做好战时兵员动员的准备工作。

第五十条 在国家发布动员令以后，各级人民政府、各级军事机关，必须迅速实施动员：

（一）现役军人停止退出现役，休假、探亲的军人必须立即归队；

（二）预备役人员、国防生随时准备应召服现役，在接到通知后，必须准时到指定的地点报到；

（三）机关、团体、企业事业单位和乡、民族乡、镇的人民政府负责人，必须组织本单位被征召的预备役人员，按照规定的时间、地点报到；

（四）交通运输部门应当优先运送应召的预备役人员、国防生和返回部队的现役军人。

第五十一条 战时根据需要，国务院和中央军事委员会可以决定征召三十六周岁至四十五周岁的男性公民服现役，可以决定延长公民服现役的期限。

第五十二条 战争结束后，需要复员的现役军人，根据国务院和中央军事委员会的复员命令，分期分批地退出现役，由各级人民政府妥善安置。

第十章 现役军人的待遇和退出现役的安置

第五十三条 国家保障现役军人享有与其履行职责相适应的待遇。现役军人的待遇应当与国民经济发展相协调，与社会进步相适应。

军官实行职务军衔等级工资制，士官实行军衔级别工资制，义务兵享受供给制生活待遇。现役军人享受规定的津贴、补贴和奖励工资。国家建立军人工资的正常增长机制。

现役军人享受规定的休假、疗养、医疗、住房等福利待遇。国家根据经济社会发展水平提高现役军人的福利待遇。

国家实行军人保险制度，与社会保险制度相衔接。军人服现役期间，享受规定的军人保险待遇。军人退出现役后，按照国家有关规定接续养老、医疗、失业等社会保险关系，享受相应的社会保险待遇。现役军人配偶随军未就业期间，按照国家有关规定享受相应的保障待遇。

第五十四条 国家建立健全以扶持就业为主，自主就业、安排工作、退休、供养以及继续完成学业等多种方式相结合的士兵退出现役安置制度。

第五十五条 现役军人入伍前已被普通高等学校录取或者是正在普通高等学校就学的学生，服役期间保留入学资格或者学籍，退出现役后两年内允许入学或者复学，并按照国家有关规定享受奖学金、助学金和减免学费等优待；入学或者复学后参加国防生选拔、参加国家组织的农村基层服务项目人选选拔，以及毕业后参加军官人选选拔的，优先录取。

义务兵和服现役不满十二年的士官入伍前是机关、团体、企业事业单位工作人员或者职工的，服役期间保留人事关系或者劳动关系；退出现役后可以选择复职复工。

义务兵和士官服现役期间，入伍前依法取得的农村土地承包经营权，应当保留。

第五十六条 现役军人，残疾军人，退出现役军人，烈士、因公牺牲、病故军人遗属，现役军人家属，应当受到社会的尊重，受到国家和社会的优待。军官、士官的家属随军、就业、工作调动以及子女教育，享受国家和社会的优待。

第五十七条　现役军人因战、因公、因病致残的，按照国家规定评定残疾等级，发给残疾军人证，享受国家规定的待遇和残疾抚恤金。因工作需要继续服现役的残疾军人，由所在部队按照规定发给残疾抚恤金。

现役军人因战、因公、因病致残的，按照国家规定的评定残疾等级采取安排工作、供养、退休等方式妥善安置。有劳动能力的退出现役的残疾军人，优先享受国家规定的残疾人就业优惠政策。

残疾军人、患慢性病的军人退出现役后，由安置地的县级以上地方人民政府按照国务院、中央军事委员会的有关规定负责接收安置；其中，患过慢性病旧病复发需要治疗的，由当地医疗机构负责给予治疗，所需医疗和生活费用，本人经济困难的，按照国家规定给予补助。

现役军人、残疾军人参观游览公园、博物馆、展览馆、名胜古迹享受优待；优先购票乘坐境内运行的火车、轮船、长途汽车以及民航班机；其中，残疾军人按照规定享受减收正常票价的优待，免费乘坐市内公共汽车、电车和轨道交通工具。义务兵从部队发出的平信，免费邮递。

第五十八条　义务兵服现役期间，其家庭由当地人民政府给予优待，优待标准不低于当地平均生活水平，具体办法由省、自治区、直辖市人民政府规定。

第五十九条　现役军人牺牲、病故，由国家发给其遗属一次性抚恤金；其遗属无固定收入，不能维持生活，或者符合国家规定的其他条件的，由国家另行发给定期抚恤金。

第六十条　义务兵退出现役，按照国家规定发给退役金，由安置地的县级以上地方人民政府接收，根据当地的实际情况，可以发给经济补助。

义务兵退出现役，安置地的县级以上地方人民政府应当组织其免费参加职业教育、技能培训，经考试考核合格的，发给相应的学历证书、职业资格证书并推荐就业。退出现役义务兵就业享受国家扶持优惠政策。

义务兵退出现役，可以免试进入中等职业学校学习；报考普通高等学校以及接受成人教育的，享受加分以及其他优惠政策；在国家规定的年限内考入普通高等学校或者进入中等职业学校学习的，享受国家发给的助学金。

义务兵退出现役，报考公务员、应聘事业单位职位的，在军队服现役经历视为基层工作经历，同等条件下应当优先录用或者聘用。

服现役期间平时荣获二等功以上奖励或者战时荣获三等功以上奖励以及属于烈士子女和因战致残被评定为五级至八级残疾等级的义务兵退出现役，由安置地的县级以上地方人民政府安排工作；待安排工作期间由当地人民政府按照国家有关规定发给生活补助费；本人自愿选择自主就业的，依照本条第一款至第四款规定办理。

国家根据经济社会发展水平，适时调整退役金的标准。退出现役士兵安置所需经费，由中央和地方各级人民政府共同负担。

第六十一条　士官退出现役，服现役不满十二年的，依照本法第六十条规定的办法安置。

士官退出现役，服现役满十二年的，由安置地的县级以上地方人民政府安排工作；待安排工作期间由当地人民政府按照国家有关规定发给生活补助费；本人自愿选择自主就业的，依照本法第六十条第一款至第四款的规定办理。

士官服现役满三十年或者年满五十五周岁的，作退休安置。

士官在服现役期间因战、因公、因病致残丧失工作能力的，按照国家有关规定安置。

第六十二条 士兵退出现役安置的具体办法由国务院、中央军事委员会规定。

第六十三条 军官退出现役，国家采取转业、复员、退休等办法予以妥善安置。作转业安置的，按照有关规定实行计划分配和自主择业相结合的方式安置；作复员安置的，按照有关规定由安置地人民政府接收安置，享受有关就业优惠政策；符合退休条件的，退出现役后按照有关规定作退休安置。

军官在服现役期间因战、因公、因病致残丧失工作能力的，按照国家有关规定安置。

第六十四条 机关、团体、企业事业单位有接收安置退出现役军人的义务，在招收录用工作人员或者聘用职工时，同等条件下应当优先招收录用退出现役军人；对依照本法第六十条、第六十一条、第六十三条规定安排工作的退出现役军人，应当按照国家安置任务和要求做好落实工作。

军人服现役年限计算为工龄，退出现役后与所在单位工作年限累计计算。

国家鼓励和支持机关、团体、企业事业单位接收安置退出现役军人。接收安置单位按照国家规定享受税收优惠等政策。

第六十五条 民兵、预备役人员因参战、参加军事训练、执行军事勤务牺牲、致残的，学生因参加军事训练牺牲、致残的，由当地人民政府依照军人抚恤优待条例的有关规定给予抚恤优待。

第十一章 法 律 责 任

第六十六条 有服兵役义务的公民有下列行为之一的，由县级人民政府责令限期改正；逾期不改的，由县级人民政府强制其履行兵役义务，并可以处以罚款：

（一）拒绝、逃避兵役登记和体格检查的；

（二）应征公民拒绝、逃避征集的；

（三）预备役人员拒绝、逃避参加军事训练、执行军事勤务和征召的。

有前款第二项行为，拒不改正的，不得录用为公务员或者参照公务员法管理的工作人员，两年内不得出国（境）或者升学。

国防生违反培养协议规定，不履行相应义务的，依法承担违约责任，根据情节，由所在学校作退学等处理；毕业后拒绝服现役的，依法承担违约责任，并依照本条第二款的规定处理。

战时有本条第一款第二项、第三项或者第三款行为，构成犯罪的，依法追究刑事责任。

第六十七条 现役军人以逃避服兵役为目的，拒绝履行职责或者逃离部队的，按照中央军事委员会的规定给予处分；构成犯罪的，依法追究刑事责任。

现役军人有前款行为被军队除名、开除军籍或者被依法追究刑事责任的，不得录用为公务员或者参照公务员法管理的工作人员，两年内不得出国（境）或者升学。

明知是逃离部队的军人而雇用的，由县级人民政府责令改正，并处以罚款；构成犯罪的，依法追究刑事责任。

第六十八条 机关、团体、企业事业单位拒绝完成本法规定的兵役工作任务的，阻挠公民履行兵役义务的，拒绝接收、安置退出现役军人的，或者有其他妨害兵役工作行为的，由县级以上地方人民政府责令改正，并可以处以罚款；对单位负有责任的领导人员、直接负责的主管人员和其他直接责任人员，依法予以处罚。

第六十九条　扰乱兵役工作秩序，或者阻碍兵役工作人员依法执行职务的，依照治安管理处罚法的规定给予处罚；使用暴力、威胁方法，构成犯罪的，依法追究刑事责任。

第七十条　国家工作人员和军人在兵役工作中，有下列行为之一，构成犯罪的，依法追究刑事责任；尚不构成犯罪的，给予处分：

（一）收受贿赂的；

（二）滥用职权或者玩忽职守的；

（三）徇私舞弊，接送不合格兵员的。

第七十一条　县级以上地方人民政府对违反本法的单位和个人的处罚，由县级以上地方人民政府兵役机关会同行政监察、公安、民政、卫生、教育、人力资源和社会保障等部门具体办理。

第十二章　附　　则

第七十二条　本法适用于中国人民武装警察部队。

第七十三条　中国人民解放军根据需要配备文职干部。本法有关军官的规定适用于文职干部。

第七十四条　本法自1984年10月1日起施行。

附录B 中华人民共和国国防法

（1997年3月14日第八届全国人民代表大会第五次会议通过）

第一章 总 则

第一条 为了建设和巩固国防，保障社会主义现代化建设的顺利进行，根据宪法，制定本法。

第二条 国家为防备和抵抗侵略，制止武装颠覆，保卫国家的主权、统一、领土完整和安全所进行的军事活动，以及与军事有关的政治、经济、外交、科技、教育等方面的活动，适用本法。

第三条 国防是国家生存与发展的安全保障。国家加强武装力量建设和边防、海防、空防建设，发展国防科研生产，普及全民国防教育，完善动员体制，实现国防现代化。

第四条 国家独立自主、自力更生地建设和巩固国防，实行积极防御战略，坚持全民自卫原则。国家在集中力量进行经济建设的同时，加强国防建设，促进国防建设与经济建设协调发展。

第五条 国家对国防活动实行统一的领导。

第六条 保卫祖国、抵抗侵略是中华人民共和国每一个公民的神圣职责，中华人民共和国公民应当依法履行国防义务。

第七条 国家和社会尊重、优待军人，保护军人的合法权益，开展各种形式的拥军优属活动。中国人民解放军和中国人民武装警察部队开展拥政爱民活动，加强军政、军民团结。

第八条 中华人民共和国在对外军事关系中，维护世界和平，反对侵略扩张行为。

第九条 国家和社会对在国防活动中做出贡献的组织和个人，采取各种形式给予表彰和奖励。违反本法和有关法律，不履行国防义务或者危害国家军事利益的，依法追究法律责任。

第二章 国家机构的国防职权

第十条 全国人民代表大会依照宪法规定，决定战争和和平的问题，并行使宪法规定的国防方面的其他职权。

全国人民代表大会常务委员会依照宪法规定，决定战争状态的宣布，决定全国总动员或者局部动员，并行使宪法规定的国防方面的其他职权。

第十一条 中华人民共和国主席根据全国人民代表大会的决定和全国人民代表大会常务委员会的决定，宣布战争状态，发布动员令，并行使宪法规定的国防方面的其他职权。

第十二条 国务院领导和管理国防建设事业，行使下列职权：

（一）编制国防建设发展规划和计划；

（二）制定国防建设方面的方针、政策和行政法规；

（三）领导和管理国防科研生产；

（四）管理国防经费和国防资产；

（五）领导和管理国民经济动员工作和人民武装动员、人民防空、国防交通等方面的有关工作；

（六）领导和管理拥军优属工作和退出现役的军人的安置工作；

（七）领导国防教育工作；

（八）与中央军事委员会共同领导中国人民武装警察部队、民兵的建设和征兵、预备役工作以及边防、海防、空防的管理工作；

（九）法律规定的与国防建设事业有关的其他职权。

第十三条 中央军事委员会领导全国武装力量，行使下列职权：

（一）统一指挥全国武装力量；

（二）决定军事战略和武装力量的作战方针；

（三）领导和管理中国人民解放军的建设，制定规划、计划并组织实施；

（四）向全国人民代表大会或者全国人民代表大会常务委员会提出议案；

（五）根据宪法和法律，制定军事法规，发布决定和命令；

（六）决定中国人民解放军的体制和编制，规定总部以及军区、军兵种和其他军区级单位的任务和职责；

（七）依照法律、军事法规的规定，任免、培训、考核和奖惩武装力量成员；

（八）批准武装力量的武器装备体制和武器装备发展规划、计划。协同国务院领导和管理国防科研生产；

（九）会同国务院管理国防经费和国防资产；

（十）法律规定的其他职权。

第十四条 国务院和中央军事委员会可以根据情况召开协调会议，解决国防事务的有关问题。会议议定的事项，由国务院和中央军事委员会在各自的职权范围内组织实施。

第十五条 地方各级人民代表大会和县级以上地方各级人民代表大会常务委员会在本行政区域内，保证有关国防事务的法律、法规的遵守和执行。

地方各级人民政府依照法律规定的权限，管理本行政区域内的征兵、民兵、预备役、国防教育、国民经济动员、人民防空、国防交通、国防设施保护、退出现役的军人的安置和拥军优属等工作。

第十六条 地方各级人民政府和驻地军事机关根据需要召开军事联席会议，协调解决本行政区域有关国防事务的问题。

军地联席会议由地方人民政府的负责人和驻地军事机关的负责人共同召集。军地联席会议的参加人员由会议召集人确定。

军地联席会议议定的事项，由地方人民政府和驻地军事机关依照各自的权限办理，重大事项应当分别向上级报告。

第三章 武 装 力 量

第十七条 中华人民共和国的武装力量属于人民。它的任务是巩固国防，抵抗侵略，保卫祖国，保卫人民的和平劳动，参加国家建设事业，全心全意地为人民服务。

第十八条 中华人民共和国的武装力量必须遵守宪法和法律，坚持依法治军。

第十九条 中华人民共和国的武装力量受中国共产党的领导。武装力量中的中国共产党组织依照中国共产党章程进行活动。

第二十条 国家加强武装力量的革命化、现代化、正规化建设，增强国防力量。

第二十一条 中华人民共和国的武装力量应当适应现代战争的要求，加强军事训练，开展政治工作，提高保障水平，全面提高战斗力。

第二十二条 中华人民共和国的武装力量，由中国人民解放军现役部队和预备役部队、中国人民武装警察部队、民兵组成。

中国人民解放军现役部队是国家的常备军，主要担负防卫作战任务，必要时可以依照法律规定协助维护社会秩序；预备役部队平时按照规定进行训练，必要时可以依照法律规定协助维护社会秩序，战时根据国家发布的动员令转为现役部队。

中国人民武装警察部队在国务院、中央军事委员会的领导指挥下，担负国家赋予的安全保卫任务，维护社会秩序。民兵在军事机关的指挥下，担负战备勤务、防卫作战任务，协助维护社会秩序。

第二十三条 中华人民共和国武装力量的规模应当与保卫国家安全和利益的需要相适应。

第二十四条 中华人民共和国的兵役分为现役和预备役。现役军人和预备役人员的服役制度由法律规定。国家依照法律规定对现役军人和预备役人员实行衔级制度。

第二十五条 国家禁止任何组织或者个人非法建立武装组织，禁止非法武装活动，禁止冒充现役军人或者武装力量组织。

第四章 边防、海防和空防

第二十六条 中华人民共和国的领陆、内水、领海、领空神圣不可侵犯。国家加强边防、海防和空防建设，采取有效的防卫和管理措施，保卫领陆、内水、领海、领空的安全，维护国家海洋权益。

第二十七条 中央军事委员会统一领导边防、海防和空防的防卫工作。地方各级人民政府、国务院有关部门和有关军事机关，按照国家规定的职权范围，分工负责边防、海防和空防的管理和防卫工作，共同维护国家的安全和利益。

第二十八条 国家根据边防、海防和空防的需要，建设作战、指挥、通信、防护、交通、保障等国防设施。各级人民政府和军事机关应当依照法律、法规的规定，保障国防设施的建设，保护国防设施的安全。

第五章 国防科研生产和军事订货

第二十九条 国家建立和完善国防科技工业体系，发展国防科研生产，为武装力量提供性能先进、质量可靠、配套完善、便于操作和维修的武器装备以及其他适用的军用物资，满足国防需要。

第三十条 国防科技工业实行军民结合、平战结合、军品优先、以民养军的方针。国家统筹规划国防科技工业建设，保持规模适度、专业配套、布局合理的国防科研生产能力。

第三十一条 国家促进国防科学技术进步，加强高新技术研究，发挥高新技术在武器装备发展中的先导作用，增加技术储备，研制新型武器装备。

第三十二条 国家对国防科研生产实行统一领导和计划调控。国家为承担国防科研生产任务的企业事业单位提供必要的保障条件和优惠政策。地方各级人民政府应当对承担国防科研生产任务的企业事业单位给予协助和支持。

承担国防科研生产任务的企业事业单位必须完成国防科研生产任务，保证武器装备的质量。

第三十三条　国家采取必要措施，培养和造就国防科学技术人才，创造有利的环境和条件，充分发挥他们的作用。国防科学技术工作者应当受到全社会的尊重。国家逐步提高国防科学技术工作者的待遇，保护其合法权益。

第三十四条　国家根据国防建设的需要和社会主义市场经济的要求，实行国家军事订货制度，保障武器装备和其他军用物资的采购供应。

第六章　国防经费和国防资产

第三十五条　国家保障国防事业的必要经费。国防经费的增长应当与国防需求和国民经济发展水平相适应。

第三十六条　国家对国防经费实行财政拨款制度。

第三十七条　国家为武装力量建设、国防科研生产和其他国防建设直接投入的资金、划拨使用的土地等资源，以及由此形成的用于国防目的的武器装备和设备设施、物资器材、技术成果等属于国防资产。国防资产归国家所有。

第三十八条　国家根据国防建设和经济建设的需要，确定国防资产的规模、结构和布局，调整和处分国防资产。

国防资产的管理机构和占有、使用单位应当依法管理国防资产，充分发挥国防资产的效能。

第三十九条　国家保护国防资产不受侵害，保障国防资产的安全、完整和有效。禁止任何组织或者个人破坏、损害和侵占国防资产。未经国务院、中央军事委员会或者国务院、中央军事委员会授权的机构批准，国防资产的占有、使用单位不得改变国防资产用于国防的目的。国防资产经批准不再用于国防目的的，依照有关法律、法规的规定管理。

第七章　国 防 教 育

第四十条　国家通过开展国防教育，使公民增强国防观念、掌握国防知识、发扬爱国主义精神，自觉履行国防义务。普及和加强国防教育是全社会的共同责任。

第四十一条　国防教育贯彻全民参与、长期坚持、讲求实效的方针，实行经常教育与集中教育相结合、普及教育与重点教育相结合、理论教育与行为教育相结合的原则。

第四十二条　国务院、中央军事委员会和省、自治区、直辖市人民政府以及有关军事机关，应当采取措施，加强国防教育工作。

一切国家机关和武装力量、各政党和各社会团体、各企业事业单位都应当组织本地区、本部门、本单位开展国防教育。

学校的国防教育是全民国防教育的基础。各级各类学校应当设置适当的国防教育课程，或者在有关课程中增加国防教育的内容。军事机关应当协助学校开展国防教育。

教育、文化、新闻、出版、广播、电影、电视等部门和单位应当密切配合，采取多种形式开展国防教育。

第四十三条 各级人民政府应当将国防教育纳入国民经济和社会发展计划，保障国防教育所需的经费。

第八章 国防动员和战争状态

第四十四条 中华人民共和国的主权、统一、领土完整和安全遭受威胁时，国家依照宪法和法律规定，进行全国总动员或者局部动员。

第四十五条 国家在和平时期进行动员准备，将人民武装动员、国民经济动员、人民防空、国防交通等方面的动员准备纳入国家总体发展规划和计划，完善动员体制，增强动员潜力，提高动员能力。

第四十六条 国家建立战略物资储备制度。战略物资储备应当规模适度、储存安全、调用方便、定期更换，保障战时的需要。

第四十七条 国务院和中央军事委员会共同领导动员准备和动员实施工作。一切国家机关和武装力量、各政党和各社会团体、各企业、事业单位和公民，在和平时期必须依照法律规定完成动员准备工作；在国家发布动员令后，必须完成规定的动员任务。

第四十八条 国家根据动员需要，可以依法征用组织和个人的设备设施、交通工具和其他物资。

县级以上人民政府对被征用者因征用所造成的直接经济损失，按照国家有关规定给予适当补偿。

第四十九条 国家依照宪法规定宣布战争状态，采取各种措施集中人力、物力和财力，领导全体公民保卫祖国，抵抗侵略。

第九章 公民、组织的国防义务和权利

第五十条 依照法律服兵役和参加民兵组织是中华人民共和国公民的光荣义务。各级兵役机关和基层人民武装机构应当依法办理兵役工作，按照国务院和中央军事委员会的命令完成征兵任务，保证兵员质量。其他有关国家机关、社会团体和企业、事业单位应当依法完成民兵和预备役工作，协助兵役机关完成征兵任务。

第五十一条 企业事业单位应当按照国家的要求承担国防科研生产任务，接受国家军事订货，提供符合质量标准的武器装备或者军用物资。企业事业单位应当按照国家规定，在交通建设中贯彻国防要求。车站、港口、机场、道路等交通设施的管理单位应当为现役军人和军用车辆、船舶的通行提供优先服务，按照规定给予优待。

第五十二条 公民应当接受国防教育。公民和组织应当保护国防设施，不得破坏、危害国防设施。公民和组织应当遵守保密规定，不得泄露国防方面的国家秘密，不得非法持有国防方面的秘密文件、资料和其他秘密物品。

第五十三条 公民和组织应当支持国防建设，为武装力量的军事训练、战略勤务、防卫作战等活动提供便利条件或者其他协助。

第五十四条 公民和组织有对国防建设提出建议的权利，有对危害国防的行为进行制止或检举的权利。

第五十五条 公民和组织因国防建设和军事活动在经济上受到直接损失的，可以依照国家有关规定取得补偿。

第十章　军人的义务和权益

第五十六条　现役军人必须忠于祖国，履行职责，英勇战斗，不怕牺牲，捍卫祖国的安全、荣誉和利益。

第五十七条　现役军人必须模范地遵守宪法和法律，遵守军事法规，执行命令，严守纪律。

第五十八条　现役军人应当发扬人民军队的优良传统，热爱人民，保护人民，积极参加社会主义物质文明、精神文明建设，完成抢险救灾等任务。

第五十九条　军人应当受到全社会的尊重。国家采取有效措施保护现役军人的荣誉、人格尊严，对现役军人的婚姻实行特别保护。现役军人依法履行职责的行为受法律保护。

第六十条　国家和社会优待现役军人。国家保障现役军人享有与其履行职责相适应的生活福利待遇。对在条件艰苦的边防、海防等地区或者岗位工作的现役军人在生活福利等方面给予优待。国家实行军人保险制度。

第六十一条　国家妥善安置退出现役的军人，为转业军人提供必要的职业培训，保障离休退休军人的生活福利待遇。

县级以上人民政府负责安置转业军人，根据其在军队的职务等级、贡献和专长安排工作。

接收转业军人的单位应当按照国家有关规定，在生活福利待遇、教育、住房等方面给予优待。

第六十二条　国家和社会抚恤优待残疾军人，对残疾军人的生活和医疗依法给予特别保障。

因战、因公致残或者致病的残疾军人退出现役后，县级以上人民政府应当及时接收安置，并保障其生活不低于当地的平均生活水平。

第六十三条　国家和社会优待现役军人家属。抚恤优待烈士家属和因公牺牲、病故军人的家属，在就业、住房、义务教育等方面给予照顾。

第六十四条　民兵、预备役人员和其他人员依法参加军事训练，担负战备勤务，防卫作战任务时，应当履行自己的职责和义务；国家和社会保障其享有相应的待遇，按照有关规定对其实行抚恤优待。

第十一章　对外军事关系

第六十五条　中华人民共和国坚持互相尊重主权和领土完整。互不侵犯、互不干涉内政、平等互利、和平共处五项原则，独立自主地处理对外军事关系，开展军事交流与合作。

第六十六条　中华人民共和国支持国际社会采取的有利于维护世界和地区和平、安全、稳定的与军事有关的活动，支持国际社会为公正合理地解决国际争端、军备控制和裁军所做的努力。

第六十七条　中华人民共和国在对外军事关系中遵守同外国缔结或者加入、接受的有关条约和协定。

第十二章　附　　则

第六十八条　本法关于军人的规定，适用于中国人民武装警察部队。

第六十九条　中华人民共和国特别行政区的防务，由特别行政区基本法和有关法律规定。

第七十条　本法自公布之日起施行。

参 考 文 献

[1] 陈德第等. 国防经济大辞典. 北京：军事科学出版社，2001.
[2] 梁守德. 面向21世纪的中国国际战略. 北京：中国社会科学出版社，1998.
[3] 新时期学校国防教育课题组编. 大学国防教育. 北京：兵器工业出版社，2003.
[4] 姚有志. 国防理念与战争战略. 北京：解放军出版社，2007.
[5] 张志伟等. 众志成城：中国的国防法规. 乌鲁木齐：新疆青少年出版社，2005.
[6] 中国人民解放军国防大学军队建设研究所. 江泽民国防和军队建设思想学习读本. 北京：中共党史出版社，2002.
[7] 高金钿. 国际战略学概论. 北京：国防大学出版社，2001.
[8] 宋时轮. 中国大百科全书：军事卷（1，2卷）. 北京：中国大百科全书出版社，1989.
[9] 温宗仁. “三个代表”思想与新世纪军队建设. 北京：军事科学出版社，2001.
[10] 廖国良等. 毛泽东军事思想发展史. 北京：解放军出版社，1991.
[11] 匡壁民，杨胜利. 军事理论教程. 北京：军事谊文出版社，2006.
[12] 胡绳. 中国共产党的七十年. 北京：中共党史出版社，1991.
[13] 江泽民. 论党的建设. 北京：中央文献出版社，2001.
[14] 冯特君. 邓小平国际战略思想研究. 北京：北京出版社，2004.
[15] 刘洪义. 当代军事理论新编. 北京：军事科学出版社，2006.
[16] 刘龙华. 高技术军事世界. 北京：国防大学出版社，1993.
[17] 康绍邦，宫力等. 国际战略新论. 北京：解放军出版社，2006.
[18] 中国现代国际关系研究院. 国际战略与安全形势评估. 北京：时事出版社，2006.
[19] 张勤德. 现代国防大典. 北京：中央文献出版社，1999.
[20] 艾跃进. 军事思想纵横谈. 天津：南开大学出版社，2005.
[21] 房功利. 中国国防战略演变研究（1949—2002）. 国防，2001（7）.
[22] 总政治部. 基层军官理论学习读本. 北京：解放军出版社，1995.
[23] 总政治部. 军队高中级干部理论学习读本. 北京：解放军出版社，1997.
[24] 中共中央宣传部. 习近平总书记系列讲话读本. 北京：学习出版社、人民出版社，2016.